五四文化思潮与
中国楚辞学的转型

李金善　赵　然　著

人民出版社

责任编辑:王怡石

图书在版编目(CIP)数据

五四文化思潮与中国楚辞学的转型/李金善,赵然 著. —北京:人民出版社,
　2023.7

ISBN 978－7－01－024073－2

Ⅰ.①五… Ⅱ.①李…②赵… Ⅲ.①五四运动-社会思潮-研究②楚辞研究
　Ⅳ.①D092.6②I207.223

中国版本图书馆 CIP 数据核字(2021)第 249174 号

五四文化思潮与中国楚辞学的转型
WUSI WENHUA SICHAO YU ZHONGGUO CHUCIXUE DE ZHUANXING

李金善　赵　然　著

人民出版社 出版发行
(100706　北京市东城区隆福寺街 99 号)

北京盛通印刷股份有限公司印刷　新华书店经销

2023 年 7 月第 1 版　2023 年 7 月北京第 1 次印刷
开本:710 毫米×1000 毫米 1/16　印张:22.25
字数:350 千字

ISBN 978－7－01－024073－2　定价:99.00 元

邮购地址 100706　北京市东城区隆福寺街 99 号
人民东方图书销售中心　电话 (010)65250042　65289539

序

　　李金善先生是先秦两汉文学研究的著名学者,楚辞研究专家,是中国屈原学会原副会长、著名楚辞专家魏际昌先生的高足,著作丰富,影响广远。在屈原及楚辞研究方面,出版有《宋代骚体文学的嬗变》、传记著作《屈原》等著作,还编选过《骚体诗选》,完成过"诗经与楚辞的民族文化背景""诗经与楚辞创作主题的文化心态""骚体文学辑注""屈原与先秦士文化精神"等与屈原及楚辞相关的研究项目,发表过多篇有关屈原研究的重要论文,并长期担任中国屈原学会理事、常务理事。赵然教授是学术新锐,所著《学术转型与游国恩楚辞研究》一书,受到相关领域研究专家的充分肯定。最近,李金善教授和赵然教授的新著《五四文化思潮与楚辞学的转型》即将付梓,因李金善教授曾在北京大学担任先师褚斌杰先生高级访问学者,与我有同门之谊。命我先睹,幸何如之。

　　1919年发生的五四运动,虽然常常被看作是一场文化运动,但就影响而言,毫无疑问,五四运动首先是一个影响深远的革命事件,而其中最重要的成果就是把俄国十月革命的红色火种引入到中国,不但给中国送来了马克思列宁主义,而且影响到20世纪中国的政治发展方向。如果说五四运动改变了中国近代革命的走向,也是完全可以成立的。

　　作为新文化运动的五四运动,以民主和科学为旗帜,政治上追求民主,文化上追求科学,是吸引辛亥革命以后中国人的最响亮的口号。民主政治是孙中山等辛亥革命先驱所追求的重要理想,而科学文化则是西学东渐以来更多的中国有识之士的共同追求。虽然容闳的《生活在中国与美国》被翻译为《西学东渐记》并出版是1915年的事情,但西学东渐的历史最迟可以从明朝末年算起,到晚清和民国初期达到高潮,20世纪的楚辞研究,也深深印有西学东渐的印记。可以说,没有西学东渐,就没有20世纪中国楚辞学的转型。而五四新文化运动则是漫长的西学东渐过程中一个质变的事件。如果说在五四运动以前,"中学为体,西学为用"的观点体现了中国人兼容中国文化和西方文化的想象,而随着五四运动提出了"打倒孔家店"的口号,西方文化在时尚文化圈子之中,无疑取得了压倒性的优势。李金善教授和赵然教授把"五四新文化运动"作为研究近代中国楚辞学转型的一个节点,无疑是非常有眼光的。

探究近代中国楚辞研究的转型,我们同样需要关注京师大学堂成立以后从日本引进的西方现代分科教育学科体系。在这个学科体系下,中国古代的"文学之士"的"文学"著作,被分别纳入历史、文学、哲学诸西方学科门类。作为《汉书·艺文志》中"诗赋"一类,楚辞具有西方学科分科的"文学门"学科特性,但中国古代学者对楚辞的研究远远不是西方分科的"文学门"所能涵盖的,这就为受西方分科之学影响的20世纪楚辞学者从多学科研究屈原及楚辞提供了无限可能性,这也正是中国近代楚辞学转型的动力。同时,随着20世纪的中国与西方世界的密切联系,以及1919年至1949年这个阶段不断兴起的各种革命运动,马克思列宁主义理论和民族主义、启蒙主义、女性主义等思潮,以及社会学、文化人类学、文化地理学等研究方法,都影响到了中国学者的楚辞研究。长期以来,研究楚辞学术史的学者虽然也关注到这个阶段楚辞研究者的成绩,以及其中的变化,但对这个阶段的楚辞研究进行系统而全面的考察仍然是空白。本书弥补了这一空白,并对其中的重要学者和重要问题都有高屋建瓴而又深入细致的论述,相信读者诸君阅读此书后,能够有足够的获得感。

我在一篇小文中曾粗浅地把2200多年的楚辞研究史分为三个阶段:第一阶段是屈原事迹网罗及楚辞收集整理阶段,第二阶段是楚辞文献诠释阶段,第三阶段是以环境、时代、思想、内容、形式、影响为主要着眼点的楚辞的综合研究阶段。第一阶段到第二阶段的分界线是刘向,第二阶段到第三阶段的分界线是王国维。王国维撰写《屈子文学之精神》的时间虽然在五四运动发生之前,但他的研究方法和路径更多的是体现了西化特征的。而五四运动以后的楚辞研究的转型,实际上就是在西方分科的学科体系支撑下,把楚辞纳入不同的分科中,从不同维度对屈原及其楚辞进行多学科多角度的考察。楚辞学研究内容的开拓、研究方法的创新等与此相关,而楚辞研究成果的丰富更是与这种变化正向相关。

虽然近代楚辞学研究的转型体现了强烈的西化倾向,开创了楚辞研究的新阶段,但到了今天,我们在返回来看近代楚辞学的转型,可能和当时参与其中的学者有不同的立场。不过,中国楚辞研究史的三个阶段,只有侧重点的不同,而没有截然的研究鸿沟。也就是说,对屈原事迹的网罗和对楚辞的收集整理、对楚辞文献的诠释、对楚辞的综合研究,实际上在每一个阶段,都是可以很容易找到个案支持的。所谓你中有我,我中有你,特殊性和普遍性的交织,是楚辞学研究历史广泛性和深刻性的重要体现。近代楚辞学研究的转型,终究不能也不应该改变中国传统文化的价值认同。屈原及楚辞研究,也仍然应该回归到中国文化的阐释框架之中,才能最全面和最贴近地体现阐释的有效性。李金善教授和赵然教授的研究,帮助楚辞研究者总结了历史,并在历史检讨之中,给我们提供了一面镜子。作为一位从事相关研究的学者,我对李金善教授和赵然教授充满了敬佩和感激。

《五四文化思潮与楚辞学的转型》凝聚着两位学者多年辛勤耕耘的心血,以及长期关注中国楚辞学史、关注 1919 年至 1949 年中国学术变迁的心得。该书的出版,必将推动五四运动和中国文化转型的相关问题的研究,也会提升我们对近代中国楚辞研究转型的认识。

祝贺李金善教授和赵然教授,也期待着两位教授继续引领屈原及楚辞研究的方向,在未来的岁月里不断做出新贡献。

方 铭

2021 年 5 月 17 日

目　　录

引　言

　　五四运动前后中西文化交汇,形成中国思想史上的一个高峰,中国的思想界开始向现代化转型。作为中国传统学术的楚辞学不可避免地受到当时各种社会思潮的影响。这一时期的楚辞学上接古代楚辞学,下开现代楚辞学。楚辞学的转型主要体现在中西文化的融合、多学科的交叉以及新研究方法的运用中。

　　20世纪初,梁启超、钱穆、陈登原等学者对一些社会思潮进行了研究,着眼点在古代社会思潮和文学的关系上。1949年以后的30年中,学界关于中国社会思潮与文化关系的研究取得了一定的进展。改革开放以后,中国关于社会思潮的研究重新兴起。1978年,复旦大学历史系成立了中国文化思想研究室。1979年,中国社科院成立了近代史研究所,设置了文化史研究室,奠定了中国文化史研究的基础。

　　20世纪80年代中后期,西方文化理论大量输入中国,活跃了学术气氛。学者们着重从文化史与社会思潮的关系上进行研究。研究成果有论文《近代中国文化结构的变化》(龚书铎),《文化结构与近代中国》(庞朴)和著作《文化的民族性与时代性》(庞朴)等都结合文化结构、文化性质研究中国近代历史,推动了近代文化史的研究。《近代传统与思想文化》(李侃)和《中国近代文化史》(张昭军、孙燕京)研究的范围涉及了文学发展。这些成果多是从大文化的角度对近代和五四以来的社会思潮进行研究,并没有把楚辞学与文化思潮紧密结合起来。

　　20世纪90年代以后,文化史学界对近代文化与社会思潮的研究进一步深入。首先是研究重心发生了变化,近代民族主义、保守主义等思潮引起了学者的注意。其次是把社会思潮史和文化史结合起来提出了文化思潮的概念。著作《晚清国粹派文化思想研究》(郑师渠)、《权势转移——近代中国的思想、社会与学术》(罗志田)没有局限于精英人物的思想研究,而是在文化史、社会史和学术史中寻找契合点。

21世纪关于社会文化思潮的研究呈现出多元化的趋势,著作《现代中国思想的兴起》(汪晖)、《国家与学术——清季民初关于"国学"的思想论争》(罗志田)推动了对20世纪前期社会思潮史的研究。《近代中国文化转型研究》(耿云志)考察了鸦片战争至五四运动时期中国社会的文化发展史,强调了文化转型和社会思潮的关系,并关注一些外来社会思潮对文化转型的影响。

五四以来楚辞研究开始受到人们的关注,目前学界对社会思潮和楚辞关系的探讨较少。20世纪初在各种社会思潮活跃与文学研究的转型时期,知识分子重新审视对诗人屈原和楚辞的研究。在西学东渐、中西交融的时代背景下孕育出一批既了解西方文学观念和哲学思维又深谙中国传统文化的大家,如王国维、梁启超、刘师培、胡适、鲁迅、谢无量、游国恩、闻一多等,他们把中西文化、社会思潮和楚辞研究结合起来。这时中国的楚辞学已跳出传统经学批评的套路,逐步形成了审美的、文化的、比较的、综合的现代楚辞学的批评视野与研究模式。

自许寿裳《屈原和鲁迅》一文肇始,开启五四以来现代学术界对屈原与楚辞的研究,如民族主义思潮与楚辞学、文化人类学思潮与楚辞学、启蒙思潮与楚辞学、文化地理思潮与楚辞学、女性主义思潮与楚辞学、马克思主义与楚辞学等。这些研究有别于传统的凭借直观领悟和内省体验所形成的感悟式、印象式批评,形成了逻辑推演的理性认识。批评家们不但就具体的楚辞文本进行评论,而且开始思考一些抽象的文学理论问题。批评主旨从对"道"的考察和弘扬转向了对"人"本身的思索。

本书以五四以来新文化思潮和五四以来楚辞学为主要研究对象,以文化思潮为中心结合楚辞学研究的两个高潮,即以北京为中心的第一个高潮(1919—1937)和以昆明为中心的第二个高潮(1938—1949)。

五四新文化运动之后,北京的一批楚辞学者游国恩、陆侃如、胡适、鲁迅等一方面继承了楚辞学学术传统,对楚辞学的研究方法、研究对象及其研究价值重新进行了思考;另一方面结合当时的文化思潮,从学术实用的角度对楚辞进行了研究,为现代楚辞学奠定了基础。

1938 年后,昆明成为了楚辞研究的中心,这批学者多有留学海外的经历,西方的文化对他们产生了深刻的影响,如闻一多、姜亮夫等。他们在楚辞研究中引入了文化人类学、民俗学、神话学、宗教学等多种研究方法。另外,在上海以苏雪林、何天行为代表的楚辞学者继承了古史辨派的余韵,用传统方法考量屈原与楚辞的价值。在重庆,郭沫若将楚辞学与文学的社会功能相结合;在香港,以饶宗颐为代表的楚辞学者注重经义考据,与上海的楚辞研究遥相呼应。

本书通过对楚辞以及相关史料进行系统梳理,从各角度对屈原、屈赋等进行具体的细化研究,将文化思潮与学者的楚辞研究密切结合,力图做到宏观阐释与微观分析并重,弥补前人相关研究的不足。本书研究目的在于探讨五四以来楚辞学的转型与文化思潮之间的关系,梳理近代以来楚辞学的发展脉络,从而为新世纪楚辞学的发展提供借鉴。

第一章　传统楚辞学的发展

　　楚辞学作为中国传统学术的一个分支，历经两千多年的发展，对中国文学乃至中华民族精神产生了巨大的影响。晚清以来，随着中国社会的变革以及中西文化的碰撞，楚辞学加速了从传统学术向现代学术迈进的进程。

第一节　传统楚辞学的成就

　　楚辞学是以一部文学作品为研究对象而形成的一门显学，历代学者对它进了不懈的研究，取得了丰硕的成果，逐渐形成了内容丰富的学术体系。《楚辞》是以屈原为主的一组文人作品，这些诗歌是屈原心声的真实流露，也是屈原人格精神的集中体现。楚辞是在楚国文化的基础上，融合中国先秦乃至中国上古物质文化和精神文化而形成一部文化史，内容涉及语言、民俗、神话、宗教等诸多方面。屈原和他生活的时代是中国历史上思想和文化空前活跃的时代，楚辞是中华上古文明的产物，是中国文化史上一个奇特文化现象，是中国多元文化的汇聚和呈现。《楚辞》作为是中国古代第一部个人诗歌总集，从编订成书至今近两千年的时间里，中国历史上没有任何一位作家的文学作品像它一样经历了丰富的"阅读史"。楚辞学不仅涉及历史的遗迹，而且涉及人生的思考；不仅是知识的探寻，更是价值的抉择。楚辞的传播史和它的阅读史紧密联系在一起，不同的历史时代、不同的读者、不同的阅读经历都凝聚在楚辞学中形成了丰富的内涵。

　　楚辞学传统自西汉刘向以来逐步形成，其中凝聚着历史和文化心理的积淀，包含着研究理念和方法，体现着特定的思维模式，因此有必要对楚辞学传统充分认识,把握住了楚辞学的传统,也就抓住了这一中国传统学术的根,有利于全面认识中国楚辞学,楚辞学史的研究应该包括楚辞学史传统的研究。近代以来各种学术思潮渗入已经有两千多年学术传统的楚辞学中,诸多学者颇有建树,值得专门总结。对比传统楚辞学与现代楚辞学,需要认真研究近代以来的楚辞学实践,既要摒弃虚无主义态度,又要摒弃横扫一切的偏激。我们需要借鉴前人的经验教训,继承发展中国传统治学精神,为今人提供一些学术规范和行之有效的治学方法。

一、楚辞学的内容开拓

就楚辞学而言,研究内容是其最主要的组成部分,包括文学、语言学、文献学、文体、作者研究。

(一)作为文学文本的楚辞研究

楚辞产生于战国末年的楚国,以大诗人屈原为代表。那时人们的文学观念还处在朦胧阶段,是零散的,不能清楚地认识文学的性质和特征。西汉淮南王刘安《离骚传》的片段是目前见到的楚辞作为文学认识最早的文献。

如果说孔子对《诗经》的论述奠定了中国诗经学的基础,那么刘安对《离骚》的评价也就奠定了中国楚辞学的基调。他直接影响到了汉代司马迁对楚辞乃至文学观念的认识。刘安的这一段文字涉及到了楚辞文学的创作来源、文学评价标准、作家研究。关于楚辞的创作来源,刘安继承了先秦的"诗言志"说,认定《离骚》是屈原怨愤之情的抒发,"国风好色而不淫,小雅怨诽而不乱。若离骚者,可谓兼之矣"正是对《离骚》文学风格的一个评定。他文笔简约、言辞含蓄;他所言尽管是平常事物,但是含义深刻;他所谈之事,虽近在眼前,但表达的意蕴却极为深远。刘安认为屈原精神可与日月争光,他的观点深深影响了后人对屈原的认识,李白《江上吟》"屈平词赋悬日月,楚王台榭空山丘"显然这是继承"推此志也,虽与日月争光可也"的诗歌表达。

汉代设立五经博士,朝廷掌握经学。汉代楚辞学分成了两条道路,一条是经学之路,经学家马融、王逸等人为其做注;另一条是文学之路,班固在《艺文志》中把《离骚》列入《诗赋略》。"大儒孙卿及楚臣屈原离谗忧国,皆作赋以风,咸有恻隐古诗之义。其后宋玉、唐勒,汉兴枚乘、司马相如,下及扬子云,竞为侈丽闳衍之词,没其风谕之义。"①班固认为屈原创作《离骚》的目的是表达自己离谗忧国之情、讽谏君王之志。

魏晋时期,挚虞的《文章流别志论》中从文体演变的角度分析了楚辞与赋体之间的关系。他说:"《楚辞》之赋,赋之善者也。故扬子称赋莫深于《离骚》。贾谊之作,则屈原俦也。古诗之赋,以情义为主,以事类为佐。今之赋,以事形为本,以义正为助。"②南北朝时期刘勰的《文心雕龙》对楚辞进行了较为系统的研究,把楚辞的文学研究又向前推进了一步。《文心雕龙》专辟一章《辨骚》,对楚辞的艺术成就进行了综合评价,涉及文学的内容、文学的形式、文体特点、作家评价等诸多方面,在《通变》《声律》《章句》《比兴》《练字》《时序》《物色》《才略》等章节分别又有散论。

唐代国势强盛,精神开放,思想活跃,屈原的精神品格为人们所景仰。楚辞作为一种文化遗存,唐人对于前人的楚辞研究存在两种不同的声音,一种是对楚辞文学成就的赞赏,一种是对楚辞文学的批判。

唐人非常推崇屈原的华美文采,奉之为文学的典范。魏徵撰《隋书·经籍志》,评价屈原之作"气质高丽,雅致清远,后之文人,咸不能逮"③。大诗人李白把屈原的作品奉为上品,他创作了骚体诗《代寄情楚词体》寄托自己志向不能伸,仕途不可求的悲哀之情。杜甫在《戏为六绝句》中说:"不薄今人爱古人,清词丽句必为邻。窃攀屈宋宜方驾,恐与齐梁作后尘。"在杜甫眼里屈原的作品是"清词丽句",是他学习的典范。韩愈称屈原为古代"豪杰之士"的代表,他在《进学解》中评价楚辞"沈浸浓郁,含英咀华"。他在《送孟东野序》中说:"大凡物不得其平则鸣。……楚,大国也,其亡也,以屈原鸣。"④

唐代对楚辞的文学成就也有负面的批评。王勃说:"屈宋导浇源于前,枚

---

① (汉)班固:《汉书·艺文志》,中华书局1999年版,第1383—1384页。
② 穆克宏、郭丹编:《魏晋南北朝文论全编》,远东出版社2012年版,第79页。
③ (唐)魏徵等:《隋书·经籍志》,中华书局2000年版,第705页。
④ (清)董浩等编:《全唐文·送孟东野序》第六册卷五五五,中华书局1983年版,第5612—5613页。

马张淫风于后。谈人主者,以宫室苑囿为雄。叙名流者,以沉酗骄奢为达。"①
他认为淫丽文风始自屈原,以后的枚乘、司马相如等进一步推进,文学作品内
容极力描写宫室苑囿,表现骄奢淫逸的生活。古文运动的先驱柳冕在《与徐
给事论文书》中说:"文章本于教化"②,"自屈宋以降,为文者本于哀艳,务于
恢诞,亡于比兴,失古义矣"③。他在《谢杜相公论房杜二相书》中,甚至指责
屈原作品是"亡国之音","魏晋江左,随波而不反"。在柳冕看来,屈宋文风为
君子所不屑。唐人对楚辞的这种态度显然是比较偏激的,其主要出发点是对
六朝以来华丽文风的矫枉过正,这是统治者倡导教化的结果。"经术尊则教
化美,教化美则文章盛,文章盛则王道兴"。贾至将文学创作的邪风昌炽,全
都归于"骚人"丽词的影响。

宋代的楚辞研究深深打上了理学的烙印。宋代理学大兴,以儒家学说为
中心讨论天道性命问题,兼容佛道两家理论,为官方哲学。这一时期出现了大
量的楚辞研究著作,注释、考证、解说楚辞成为了宋代楚辞学的热点。其中有
杨万里《天问天对解》一卷,钱杲之《离骚集传》一卷,吕祖谦《离骚章句》一
卷,林至《楚辞故训传》六卷,《楚辞草木疏》一卷,《楚辞补音》一卷,吴仁杰
《离骚草木疏》,谢翱《楚辞芳草谱》一卷,林应辰《龙冈楚辞说》一卷,周紫芝
《楚辞赘说》一卷,刘庄孙《楚辞补音释》。另外还有晁补之的"《楚辞》三书",
洪兴祖《楚辞补注》,朱熹《楚辞集注》,黄伯思《校定楚辞序》。比较有代表性
的当属洪兴祖、晁补之、朱熹和黄伯思的著作。

晁补之的"《楚辞》三书",即《重编楚辞》十六卷、《续楚辞》二十卷、《变离
骚》二十卷。其中《续楚辞》《变离骚》这两部楚辞体作品选集没有保存下来,
晁补之《鸡肋集》第三十六卷的六篇序言保存了一些片段。六篇序言为《离骚
新序》上中下、《续楚辞序》、《变离骚序》上下。从辑佚的文献中可以看出晁补

---

① (清)董诰等编:《全唐文·王子安集·上吏部裴侍郎启》第二册卷一八〇,中华书局 1983 年
版,第 1829 页。
② (清)董诰等编:《全唐文·与徐给事论文书》第六册卷五二七,中华书局 1983 年版,第
5356 页。
③ (清)董诰等编:《全唐文·与徐给事论文书》第六册卷五二七,中华书局 1983 年版,第
5356—5537 页。

之的楚辞观,体现了他对楚辞文学成就的总体把握。他评价扬雄的《反离骚》:"《反离骚》非反也,合也……非反其纯洁不改此度也,反其不足以死而死也。则是《离骚》之义,待《反离骚》而益明。"①他认为扬雄的《反离骚》形式上是批驳《离骚》,实为扬屈二人思想相合,扬雄并不是反对屈原的创作追求,而是反对屈原以死谏君王的做法。从本质上来说,《反离骚》是在进一步彰明《离骚》的意义。

汉魏六朝人心目中露才扬己、个性激扬的屈原到了宋代开始儒化,晁补之就是屈原形象儒化过程中的关键人物。晁补之认为《诗》亡之后,"君臣之道微,寇敌方兴,而原一人焉,以不获乎上而不怨,犹眷顾楚国,系心怀王,不忘而望其改也,夫岂曰'是何足与言仁义也'云耳。则原之敬王,何异孟子?其终不我还也,于是乎自沉"②。君臣之道衰微,唯独屈原一人孤身举起君臣伦理大义,屈原的精神与孟子忠君思想没有区别。

晁补之对屈原作品的艺术创作手法也有独到的见解,他提出了"寓言说"。宋之前人们评价屈原作品中的艺术想象时往往用"诡异""谲怪"之辞,至晁补之提出"寓言说",可谓在屈原作品文学的研究上又向前迈进了一步。他看到了屈原夸张怪诞的想象之下隐藏的情志,神话描写只是诗人创作的一种手段,寓情明志才是最终目的。

洪兴祖把屈原的行为和精神与儒家的忠君爱国思想紧密结合起来。他认为屈原对怀襄二王极尽忠臣之心,置生死毁誉而不顾,足见其爱君之诚。再加上他与楚王是同姓,只能以死报君,沉江殉国。屈原为人臣尽了忠君之心,为同宗尽了同姓之义。因此洪兴祖说:"……虽流放废斥,犹知爱其君,眷眷而不忘,臣子之义尽矣。"③在洪兴祖眼里,屈原俨然成了一个忠君爱国的儒生形象。

到南宋时期,楚辞宋学的印记也越发明显。朱熹是思想家,又是政治家,

---

① (宋)晁补之:《变离骚序》上,《鸡肋集》第三十六卷,文津阁版《四库全书》第373集,商务印书馆2005年版,第837页。

② (宋)晁补之:《续离骚序》,《鸡肋集》第三十六卷,文津阁《四库全书》第373集,商务印书馆2005年版,第836页。

③ (宋)洪兴祖:《楚辞补注》,中华书局2013年版,第50页。

他对屈原与楚辞的研究自然体现出他的政治思想和社会观点。他批评当时社会"如人有重病,内自心腹,外达四支,无一毛一发不受病者",毫无隐晦地抨击朝廷派系斗争,以至于66岁时被削去官职和名号。朱熹生活的时代政治环境险恶,其注楚辞以抒发心中郁闷。《四库全书总目》说朱熹《楚辞集注》的宗旨在于"以灵均放逐寓宗臣之贬,以宋玉《招魂》抒故旧之悲耳"①,符合实际情况。朱熹对屈原舍生取义的行为大加赞赏,再次申明了屈原忠君之旨。他以儒家的立场评价了屈原的行为:"虽其不知学于北方,以求周公、仲尼之道,而独驰骋于变风变雅之末流,以故醇儒庄士或羞称之,然使世之放臣、屏子、怨妻、去妇扲泪讴唫于下,而所天者幸而听之,则于彼此之间天性民彝之善,岂不足以交有所发,而增夫三纲五典之重?"②可见,朱熹的楚辞研究完成了屈原儒化的进程,他着重揭示了屈原的忠君爱国之志,申明生死大义。

朱熹作为新儒家学说的代表,强调心与性的关系。朱熹说:"今且以理言之,毕竟却无形影,只是这一个道理。在人,仁、义、礼、智,性也,然四者有何形状,亦只是有如此道理。有如此道理,便做得许多事出来,所以能恻隐、羞恶、辞逊、是非也。"③依此而论,屈原之心忠清洁白,源于他的君子大节。他强调的是:"君子之于人也,取其大节之纯全,而略其细行之不能无弊。"④"屈原之心,其为忠清洁白,固无待于辩论而自显。"⑤朱熹用新儒家的理学思想来衡量屈原的行为,探讨屈原人格的魅力,无疑他把屈原形象的研究推到了一个新的高度。不可否认,朱熹的观点也有其局限性,他在拒绝"怨君说"的同时,又强化了"忠君说",屈原成了他思想学说的载体。

宋代另外一位为楚辞文学研究做出重要贡献的是黄伯思。他著有《校定楚词》十卷、《翼骚》一卷。《校定楚词》已经失传,其中的《校定楚词序》尚存,通过这篇序言黄伯思的楚辞观可见一斑。《校定楚词序》已经涉及了楚辞学两个重要的问题,楚辞文本研究和楚辞文体的发生与发展。他确定了"楚辞"

---

① （清）永瑢等:《四库全书总目》卷一四八,中华书局2008年版,第1268页。
② （宋）朱熹:《楚辞集注·序》,上海古籍出版社2001年版,第2页。
③ （宋）黎靖德编:《朱子语类》第一册卷四,中华书局1986年版,第63—64页。
④ （宋）朱熹:《楚辞集注·后语》,上海古籍出版社2001年版,第240页。
⑤ （宋）朱熹:《楚辞集注》,上海古籍出版社2001年版,第240页。

之名起于汉代,楚辞与楚地的地理环境和文化习俗紧密联系在一起。他一个特别突出的贡献在于界定了到底什么是"楚辞",即"书楚语、作楚声、纪楚地、名楚物,故可谓之楚辞"①。黄伯思认为后世一些人的摹拟之作不能称作楚辞。他说:"近世文士,但赋其体韵,其语言杂燕粤、事兼夷夏,而亦谓之楚词,失其指矣。"②这是楚辞学史上第一次对楚辞和楚辞拟作做出了一个相对科学的界定。他也看到了楚辞这种文学样式在历史发展中的变异,文学艺术在继承和传播的过程当中出现了一些新的情况,即"言杂燕粤,事兼夷夏"。

元代的楚辞研究相对薄弱,专著较少,且多散佚,研究内容散见于诗、词、散曲、小说和绘画当中。元代楚辞研究有新的突破,一是对楚辞作家的研究有了新的视角,二是对楚辞的文体研究有了新的开拓。郑震首先提出了屈、陶并举论,读骚"养其气质,老其才智",陶渊明"兴趣高远,追淳古之风,归于性情之正,毋为时之所夺焉"③。这开启了元代楚辞学史上一个极为特殊的文化现象——将积极入世的屈原与归隐田园的陶渊明相提并论。郑震之子郑思肖延续了父亲的观点,赞美屈原的美政理想,悲痛于他的不逢明君。姚燧把屈原和陶渊明列入四贤之中,他欣赏"屈原之爱君",赞美"陶潜之明达"④。屈原与陶渊明,一个沉江殉国、一个归隐田园,元代士人将二人并称,正是他们忠君爱国和报国无门矛盾心态的反映。

楚辞的文体研究以祝尧为代表,集中体现在《古赋辩体》中。他认为楚辞是为赋体之祖,他提出"古赋者,诚当祖骚而宗汉"⑤。他把赋分为三种:"诗人之赋""骚人之赋""词人之赋"。《诗经》中的赋是"诗人之赋",屈赋为"骚人之赋",宋玉以后的赋为"词人之赋"。因此楚辞体上承《诗经》,下开赋体,成为赋之祖。祝尧探讨了楚辞与游仙赋的关系,认为《远游》就是最早的游

① (宋)黄伯思:《校定楚词序》,《东观余论》卷下,文津阁《四库全书》第281册,商务印书馆2005年版,第43页。
② (宋)黄伯思:《校定楚词序》,《东观余论》卷下,文津阁《四库全书》第281册,商务印书馆2005年版,第43页。
③ (宋)郑思肖:《郑思肖集·心史·自序》,上海古籍出版社1991年版,第3—4页。
④ (元)姚燧:《归来园记》,《牧庵集》卷八,文津阁《四库全书》第401册,商务印书馆2005年版,第434页。
⑤ (元)祝尧:《古赋辩体》卷三,文津阁《四库全书》第457册,商务印书馆2005年版,第65页。

仙赋。

明代楚辞文学研究大致可以分成前后两个时期。前期是复古思潮影响下的楚辞研究，在"文必秦汉，诗必盛唐"的前提下，楚辞特别受到尊崇。以王世贞为代表的士人同情屈原的遭遇，赞美他的高洁之志，欣赏他的忠君之情。他在《楚辞序》中批评了"孔子独废楚"，"孔子而不遇屈氏则已，孔子而遇屈氏，则必采而列之《楚风》"①他的观点影响了明代后期楚辞学。前期楚辞研究的另一个特点就是朱熹的《楚辞集注》备受推崇。何乔新从儒家的立场出发强化了朱熹的观点。"朱子以豪杰之才、圣贤之学，当宋中叶，阨于权奸，迄不得施，不啻屈子之在楚也。"②

后期王阳明心学盛行，楚辞学术风气也随之转变，开始对前一时期的研究成果进行反思。学者不再盲从推崇朱熹《楚辞集注》，王逸的《楚辞章句》开始重新受到重视，王鳌主张将王、朱二人的著作参照使用。在心学思潮的推动下楚辞学散发出新的活力，出现了许多新的学术观点。汪瑗在《楚辞集解》中认为屈原所谈的"义"和"善""深得吾儒性理之学"③，战国时"仁义之谈、性理之说者，不独孟子"，"屈子之所学所养可知矣"。"孰谓自从删后更无诗，而续仲尼之统者轲氏可独专其美哉？故后世哀屈子之穷，吾独喜屈子之高；后世爱屈子之词，吾独尊屈子之道也。"④汪瑗在《屈原投水辨》中提出了一个新的论断，屈原并非沉江而死。他还对屈原的忠心事君、同姓之义提出了质疑。他以殷之三仁微子、箕子、比干为例，说明微子、箕子弃国而去，终抱祭器归周，"圣贤之去国，非欺君卖国者所可同，盖以为道在吾，不可自我而绝也"⑤。汪瑗的这些论断虽然有待深入论证，但挑战传统的精神是可贵的。

明末清初，社会动荡，民族矛盾尖锐，内忧外患丛生，基于现实的需要，楚

---

① （明）王世贞：《楚辞续》，《弇舟四部稿》卷六十七，文津阁《四库全书》第 428 册，商务印书馆 2005 年版，第 12 页。
② （元）何乔新：《楚辞序》，《椒丘文集》卷九，文津阁《四库全书》第 417 册，商务印书馆 2005 年版，第 267 页。
③ （明）汪瑗：《楚辞集解》，北京古籍出版社 1994 年版，第 67 页。
④ （明）汪瑗：《楚辞集解》，北京古籍出版社 1994 年版，第 67 页。
⑤ （明）汪瑗：《楚辞集解·楚辞蒙引》，北京古籍出版社 1994 年版，第 345 页。

辞学者强调学术研究要还屈原的本来面貌,黄文焕在《楚辞听直》中强调了兴亡之感、误国之痛。"臣之贤奸,均上帝所生,国之兴亡,均上帝所主。天帝何不只生闲勿生奸,只生贤以辅一姓之国,毋生贤以辅易姓之国?"①胡应麟的《诗薮》探讨了楚辞艺术发展的规律和历史地位。他认为在诗体从四言诗到五言,再到七言、律诗、绝句的变化过程中,《离骚》处于关键性的位置。从诗体风格而言,"宏丽之端,实自《离骚》发之"②。

清代的学术研究,王国维有"学术三变"之说,楚辞学也呈现三个阶段的变化。清初以王夫之、钱澄之等人为代表,将国家时局、个人身世都融汇到了楚辞研究中。中叶朴学兴起,学者以考据的方式探讨楚辞,如蒋骥的《山带阁注楚辞》、戴震的《屈原赋注》等。鸦片战争之后,西方列强的坚船利炮打开了中国的大门,面对严酷的时局,知识分子追求变革的学风逐渐兴起,求新求变成为这一时期楚辞学的一大特点,王闿运的《楚辞释》与廖平的《楚词讲义》成为楚辞学新派的代表。姜亮夫说:"大抵闿运为学,能深思,而失之于好奇。凡篇中训释大义,处处有本,令人叹其精允,而时时诡异,令人觉其不安云。"③

(二)作为语言学文本的楚辞研究

楚辞是屈原在楚地方言基础之上加工润色成的文学作品。由于年代久远,语言不断发展变化,至汉代,人们读懂楚辞已经不是件容易的事了。于是汉武帝招刘安为《离骚》做传,之后又有朱买臣言说楚辞。《汉书·朱买臣传》:"会邑子严助贵幸,荐买臣。召见,说《春秋》,言《楚词》,帝甚说之。"④这说明到汉武帝时,楚辞与当时流行的语言已经有了差异,需要解说才能理解。《汉书·王褒传》中记载的为汉宣帝时期召九江被公诵读楚辞。楚辞的音和义与当时的语言已经不同,要想读懂必须找熟悉楚音楚义之人。

在中国传统楚辞学中,楚辞音义是语言学研究的重要组成部分。根据姜

---

① (明)黄文焕:《楚辞听直·听直合论·听天问》,南京大学出版社2017年版,第277—278页。
② (明)胡应麟:《诗薮·内篇》,上海古籍出版社1979年版,第4页。
③ 姜亮夫:《姜亮夫全集·楚辞书目五种》第五集,云南人民出版社2002年版,第266页。
④ (汉)班固:《汉书·朱买臣传》,中华书局1999年版,第2108页。

亮夫《楚辞书目五种》和《楚辞书目五种续编》收录情况看，楚辞音义方面的著述有 34 种，最早的楚辞音义著作当属晋人徐邈《楚辞音》一卷，《隋书·经籍志》和《艺文志》都有记载，宋以后诸家书目则无著录，可知此书到宋代已经亡佚。南朝宋诸葛民、孟奥均有《楚辞音》一卷，皆已亡佚。

现存最早的楚辞音义著作是隋代释智骞的《楚辞音》一卷，唐写本残卷。敦煌石室原有藏本，今藏于法国巴黎国民图书馆，残卷仅存 84 行，研究价值很高。① 闻一多肯定了《楚辞音》发现的意义，《楚辞音》不仅保留了隋释智骞楚辞音义研究的成果，而且保存了郭璞楚辞注的孑遗，是研究楚辞音义的宝贵资料。《楚辞音》最主要的贡献是对协韵的研究。协韵之说起于梁陈，人们在读诗书时以当时的音读起来凿枘不合，于是凡是与今韵不相合者，便称之为协韵。至隋，释智骞读楚辞，不合当时之音者以楚音自协②。

明代楚辞音义的研究进入了一个新阶段，陈第的《屈宋古音义》三卷，屠本畯的《楚骚协韵》十卷，张学礼、胡文焕的《离骚直音》六卷，夏鼎的《楚辞韵宝》，弋汕、毛晋的《辞译韵释字》，还有阙名的《楚辞疑字直音补》，另外还有杨慎、焦竑等人的著述对楚辞音义研究都有涉及。如果说释智骞的楚辞音义研究在协韵上是"立"的话，那么陈第协韵的研究就是"破"。他从事物发展的角度分析了叶音产生的根源，"盖时有古今，地有南北，字有更革，音有转移，亦势所必至。故以今之音读古之作，不免乖剌而不入，于是悉委之叶"③。陈第考屈宋作品其音与《诗》《易》合，与《诗》《易》不合者又与周、秦、汉、魏的歌谣诗赋合。陈第以古音注楚辞开明清楚辞音义研究的先河，《四库全书总目》评价说："自陈第作《毛诗古音考》《屈宋古音义》，而古音之门径始明。"④

清代关于楚辞的音义著作有顾凤毛的《楚辞韵考》、王献唐的《楚辞韵

---

① 上海古籍出版社、法国国家图书馆编：《法藏敦煌西域文献·楚辞音》第十四册，上海古籍出版社 2001 年版，第 306—308 页。

② 协韵是《楚辞音》中所特有的一种现象，王重民言："今绎是书，多有谓协韵作某音者，协韵之说，前所未有。所协之音，殆即所谓为楚声者耶？"王重民：《巴黎敦煌残卷叙录》卷四，《敦煌丛刊初集》第 9 册，第 171 页。如"古"字，《楚辞音》注曰"协韵作故音"。《法藏敦煌西域文献·楚辞音》第十四册，上海古籍出版社 2001 年版，第 308 页。

③ （明）陈第：《毛诗古音考　屈宋古音义》，中华书局 2008 年版，第 10 页。

④ （清）永瑢等：《四库全书总目》卷四十二，中华书局 2003 年版，第 367 页。

考》、李寿容的《离骚音韵》、陈昌齐的《楚辞辨韵》一卷,张德纯的《离骚正音》《离骚本韵》,刘维谦的《楚辞叶音》一卷,高钟的《楚辞音韵》,蒋骥的《楚辞说韵》一卷,戴震的《屈原赋注·音义》三卷,王念孙的《毛诗群经楚辞古韵谱》二卷,江有诰的《楚辞韵读》附宋赋韵读一卷,马徵麔的《楚辞音》,李篁仙的《离骚音韵》,蒋曰豫的《离骚释韵》一卷,毛详麟的《楚辞校文》,另外还有顾炎武的《音学五书》、江永的《古韵标准》。与明代相比,清代楚辞音义研究又有了长足的发展。其中江永、戴震、王念孙、江有诰等人是清代楚辞古音研究的代表人物。

顾炎武在陈第研究的基础上对古音进行系统研究,列出了《古音表》。《四库全书总目》经部小学类:

> 自陈第作《毛诗古音考》《屈宋古音义》,而古音之门径始明。然创辟榛芜,犹未及研求邃密。至炎武乃探讨本原,推寻经传,作《音学五书》以正之。①

之后江永在《古韵标准》里对顾炎武的古韵体系进一步完善,顾炎武的《古音表》共分为 10 部,江永《古韵标准》分为 13 部。王念孙将《诗经》、群经、《楚辞》综合考量,把古音分为 21 韵部,比江有诰多出 3 个韵部。姜亮夫评价:"取材较历来诸家为严,故结论亦较诸家为周。"②

楚辞音义为研究古今汉语发展演变提供了一个样本,由此可以窥出汉语发展演变的一个清晰的脉络。

(三)作为文献文本的楚辞研究

古代楚辞文献种类繁多、内容庞杂,包括楚辞的辑集、注释、考证、评议、辩论、图绘、绍述等,辑集、注释占到了楚辞文献中较大的一部分。自刘向、刘歆父子以后,王逸、朱熹等诸家的辑录、注释一共有 114 种(据姜亮夫的《楚辞书目五种》)。根据《史记》的记载来看,汉初已经有楚辞之书,但对楚辞篇目说法不一。阜阳出土的汉简存《离骚》《涉江》两篇。后淮南王刘安辑《离骚》《九辩》《九歌》《天问》《九章》《远游》《卜居》《渔父》,并附上自己的作品《招

---

① (清)永瑢等:《四库全书总目》卷四十二,中华书局 2003 年版,第 367 页。
② 姜亮夫:《姜亮夫全集·楚辞书目五种》,云南人民出版社 2002 年版,第 325 页。

隐士》共九篇作品结集,奠定《楚辞》一书的基本形态。他又为《离骚》作传,这是楚辞辑注、评论的开始。刘向、刘歆校书,续增《招魂》《九怀》《七谏》,加上自己的作品《九叹》,共十三篇。王逸见到的是十六篇本的楚辞,依次做章句,并附《九思》一篇。战国至秦汉,历经四百年的时间,多人陆续纂集而成今本规模。宋洪兴祖补注,朱熹集注。此后的目录学家、版本学家在此基础上不断进行深入研究,形成了传统的楚辞学辑录研究。

现代楚辞文献学不仅延续了古代文献学的传统,而且也拓展了新的视角,如出土文献与楚辞文献学、计算机算法与楚辞信息的检测、网络化楚辞文献资源智能检索系统等。楚辞文献学研究范围的拓展对楚辞文献资源的收集、整理和利用都有重要的价值。例如对文献类型的研究,可以更科学地对文献群加以划分,从而提高文献管理水平;对文献流的研究,便于科学建设图书馆馆藏资源,提高文献收集水平;专科文献学的研究,有益于对各学科文献资源的开发利用。现代楚辞学的发展使它融古代文学、古代汉语、文献学、计算机科学等于一体,形成交叉学科。现代楚辞文献学内容涉及古典文学文献整理研究的理论和方法,也涉及自然科学的相关知识。

二、楚辞学的研究方法

汉武帝"罢黜百家,独尊儒术",以儒术治国,在意识形态领域建构了一套以儒家学说为核心的理论体系。在这样的背景下,王逸试图把屈原与楚辞纳入经学体系,他的楚辞研究带有明显的经学色彩。他在《楚辞章句》中开宗明义,称《离骚》为"经","《离骚经》者,屈原之所作也"。"屈原执履忠贞而被谗邪,忧心烦乱,不知所诉,乃作《离骚经》。离,别也。骚,愁也。经,径也。言己放逐离别,中心愁思,犹依道径,以风谏君也。"①王逸把"经"解释为"径"②,并且认为《离骚经》之"经"本来就是原文,把楚辞纳入经学体系,用心可谓良苦。王逸以经学为原则,把屈原定义为一个忠臣。在文本和文字的考证方面,王逸重名物训诂,释义详实。王逸使用了汉代经学家普遍使用的一种训诂方

---

① （宋）洪兴祖:《楚辞补注》,中华书局 2013 年版,第 1—2 页。
② 洪兴祖已证王逸"经"说之非,《楚辞补注·离骚经序》中按语云:"古人引《离骚》未有言'经'者,盖后世之士祖述其词,尊之为经耳,非屈原意也。逸说非是。"

法——声训法。声训法萌芽于先秦、盛行于两汉，是一种因声求义，以读音相同或相近的字来解释词义的训诂方法。这也就决定了声训法或多或少会有经学的色彩，甚至含有某种政治倾向。如《离骚》"昔三后之纯粹兮"，王逸注为"后"为"君"，"谓禹、汤、文王也"。①《离骚》"众女嫉余之蛾眉兮"注云："众女，谓众臣。女，阴也，无专擅之义，犹君劝臣随也。"

《五臣注文选》中楚辞注代表了唐代楚辞注释的水平。在五臣注楚辞之前，唐有李善注本。李善并未为楚辞作注，他只是在王逸注的基础上进行了删节，内容更为简洁。五臣注本，每节先引王逸注，后加上自己的注释，疏解文义。五臣注的一个特点就是发挥王逸训诂，浅显易懂。之后还有陆善经注《楚辞》，是个普及本，解释词语，辨析旨意。

朱熹的《楚辞集注》从理学要义出发，强化忠君、淡化屈原的怨愤之情和抗争精神。朱熹使用声训法，古书注音的主要方法读若、如字、读破、直音、反切等在集注中都有明确标示。与王逸的因声求义不同，朱熹单纯注明语音，这是楚辞音韵的发展与进步。如《离骚》："摄提贞于孟陬兮，惟庚寅吾以降。""陬，侧鸠反，又子侯反。降，叶乎攻反。"②《楚辞集注》的词语注释多用引申义，汉学楚辞研究多用本义。如《大招》"直赢在位"，王逸注："赢，馀。"朱熹注："直赢，谓理直而才有馀者。"他将"赢"引申为多才之义。

明王阳明心学滋生，学术风气大变，楚辞研究明显呈现心学特点。汪瑗《楚辞集解》是心学影响下的一部重要的楚辞研究著作，是明代楚辞研究中有代表性的成果。他在训诂学上使用了音训、义训、字训等方法，先释字，后串讲大义，力求解释清楚而详实。正如他在自序中所言："宁为详，毋为简。宁芜而未剪，毋缺而未周。务令昭然无晦，卓然有征，以无失扶抑邪正之意，庶可以得原之情于万一乎。"③汪瑗严格遵循了这个原则，把作品中的每一个字句都解释的清清楚楚。如《离骚》："纷吾既有此内美兮，又重之以修能。"下注：

"纷，盛貌。内美，承上二章祖父日月名字而总结之，重音仲，犹再也，非轻重之重。修能，长才也。言己既有此盛美，而又重之以修能，以见

① （宋）洪兴祖：《楚辞补注》，中华书局2013年版，第7页。
② （宋）朱熹：《楚辞集注》，上海古籍出版社1979年版，第3页。
③ （明）汪瑗：《楚辞集解》，北京古籍出版社1994年版，第4—5页。

才德之全备也。或曰:修亦美也,如后修姱之修。亦通。二句乃结上起下之词。"①

明清之际时局动荡、民族矛盾尖锐、学术交融增强。黄文焕《楚辞听直》、李陈玉《楚词笺注》等著作也以阐发大义为主,在音韵、训诂等方面都有涉及。尽管这些学者的研究各有优劣,但是都体现出义理、辞章、考据趋于融合的态势。康乾之后政治高压,朴学大盛,楚辞研究也明显带有朴学特点。如蒋骥、戴震、王念孙、陈本礼等人注释时广征博引、精心考证,代表性的著作有《山带阁注楚辞》《屈原赋注》《毛诗群经楚辞韵谱》等。王国维言:"国初之学创于亭林,乾嘉之学创于东原、竹汀。"②清初在顾炎武经世致用学风的影响下,戴震埋头经、史、小学,重训诂、考据,治学严谨,成为乾嘉考据之学的开拓者。其治学路径为:"经之至者道也;所以明道者其词也;所以成词者字也。由字以通其词,由词以通其道,必有渐。……一字之义,当贯群经,本六书,然后为定。"③其著作《屈原赋注》成为清代楚辞考据之学的代表作,融词语注解、名物考证、地理沿革、音韵考订为一体,力求做到审定精核,考释翔实。

晚清以后,西方新思想、新学说涌入中国,学术领域也随之出现了新的变化。虽然刘熙载、俞樾、王闿运等还坚守着传统,甚至王闿运还把公羊学派专求微言大义的学风带入楚辞学,但西学东渐的学风已经势不可挡,代表人物有梁启超、马其昶、刘师培等。梁启超可谓是中国楚辞学"开眼看世界的第一人",他把西方心理学的研究方法引入楚辞学,为楚辞学从传统向现代的学术转型开启了新的方向。

传统楚辞学在两千年的历史长河中积累了丰富的研究方法,形成了既有中国传统学术特色的研究方法,又有楚辞学研究的特点,为楚辞学向现代化转型打下了深厚的学术基础。

三、楚辞学的治学态度

屈原及楚辞研究,自西汉至清,历代学人坚持不懈,成绩斐然,形成了楚辞

---

① (明)汪瑗:《楚辞集解》,北京古籍出版社1994年版,第37页。
② 王国维:《观堂集林·沈乙庵先生七十寿序》,河北教育出版社2003年版,第574页。
③ (清)戴震:《戴震文集》第九卷,中华书局1980年版,第140页。

学的学术传统。

（一）**严谨求实**

楚辞作为中国古代文学的重要组成部分，在文学史中有着极其重要的地位。从古至今，楚辞研究都是历代文学活动的中心内容之一。由于年代久远，资料散佚，楚辞的传播与接受从口诵至笔录，从传习至摹拟，中间多有错漏讹误之处，这为研究增添了难度。这就注定了楚辞研究严谨求实的特质。

自汉初开始，宫廷中便出现了以"楚声"为代表的娱乐节目，推动了楚辞的传播与兴盛，进入了汉代楚辞学的准备阶段。西汉前期，汉代楚辞学开始萌芽。淮南王刘安是自战国末期至西汉前期第一个对屈原作品进行研究整理之人。当时的淮南国都城寿春，是战国时期楚国的最后一个都城，也是曾经的楚文化中心，民间传唱、散佚着诸多版本的楚文学作品，这为刘安搜集整理楚辞提供了便利条件。除此之外，刘安地位尊贵，财力雄厚，门下广招才能之士，明辨真伪，查漏补缺，将屈原作品整理成集。此外，西汉前期关于楚辞训解的佚说颇多，往往众说纷纭，刘安在对屈原作品进行了大量研究整理的基础上，又奉汉武帝之命作《离骚传》。《离骚传》的创作目的和具体内容，可从班固《离骚序》中窥得一二。《离骚传》中既包含着对《离骚》创作风格以及思想内容的评价，也包含着对其中词句典故的考证注释，提出了一些新的见解。刘安对屈原代表作品《离骚》成体系的研究使楚辞学开始成为了一门专门的学问，奠定了中国楚辞学的基调。他细致整理、严谨训释的精神也体现出楚辞学严谨求实的治学传统。

而后，司马迁在《史记》屈原列传、《太史公自序》以及《报任安书》中都对楚辞有所探讨。他为屈原作传，并存录了屈原的部分作品，介绍了以屈原为首的楚辞作家群，为后世的屈原与楚辞研究保留了较为完整的史料。屈原列传中的论"骚"之言，将刘安《离骚传》中的部分内容引入，并赋予了新的意义。司马迁从屈原的身世背景、个人品格以及当时的政治环境出发，深入探讨了《离骚》的创作动机，以及其中所意欲表达的情感内容，逻辑极为严密。

汉元帝、成帝年间，刘向编辑了十六卷本的《楚辞》，这在楚辞学史上具有标志性意义，他为中国楚辞学的发展做出了杰出贡献。刘向、刘歆父子是我国西汉时期著名的文学家、经学家和目录学家，严谨的作风、求实的精神贯穿于他们学术研究的生命历程当中。据《汉书·艺文志》记载，刘向每编辑完成一部书之后，都要"向辄条其篇目，撮其指意，录而奏之"①。这就是各书当中的《叙录》，其中内容主要包括"篇目编次、校勘说明、作者介绍、评论思想内容、探究学术源流、考辨真伪、权衡价值等"②。当编辑《楚辞》十六卷的时候，他也同样秉持着这种作风，为中国楚辞学积累了宝贵的财富。

与前人不同的是，西汉末年的文学家扬雄，则经历了由"反骚"到赞屈原的思想变化过程。扬雄对于屈原及《离骚》的态度和评价，主要集中在《反离骚》《法言》等作品当中。这两部作品的时间跨度长达约三十年，在这三十年当中，扬雄的命运几经转折，心理状态也发生了变化，相应的，他对楚辞的研究也有了逐渐成熟的认知。扬雄在《反离骚》当中肯定了屈原的高洁品格与卓越才华，但并不赞同他投江自沉的行为，并对此进行了讽刺，这表明扬雄对屈原采取的斗争方式并不赞同。到了创作《法言》时期，已经是扬雄晚年，他切身体会过朝代更迭的痛苦，一改前言，认为屈原之智"如玉如莹，爰变丹青"，至此扬雄已经变成了赞赏的态度。他的思想变化过程，他对离骚的反复思考与揣摩，也体现了学术上的体悟钻研过程，表现出强烈的探索精神与思考的严谨性。

及至东汉，班固在《离骚赞序》《离骚经章句序》以及《汉书》的一些杂评当中论及屈原与楚辞，首次称屈原为"楚贤臣"，因"以忠信见疑"，"痛君不明，信用群小，国将危亡，忠诚之情，怀不能已"，故作离骚。班固还从审美的角度对屈原作品的文学性和艺术性进行了赞扬，认为"其文弘博丽雅，为辞赋宗"，点明楚辞对后世的影响，"后世莫不斟酌其英华，则象其从容"③。班固摒弃传统成见，对楚辞本身的艺术特色进行了客观评价，标志着汉代楚辞学的正式转型。王逸是汉代《楚辞》研究的集大成者，他的《楚辞章句》成为汉代楚辞学的代表著作。王逸对《楚辞》作了认真而全面的训释，保存了很多楚辞早期的研究资料。如他审慎地保留了当时汉人对同一词语的不同解释，为后人的进一步研究提供了方便。

总之，汉代是楚辞学的开创和定型时期，诸多研究者秉持着严谨求实的学风，分辨史料真伪，总结传承作品。楚辞汉学开创的严谨求实的学风一直延续

---

① （汉）班固：《汉书·艺文志》，中华书局1999年版，第1701页。
② 踪凡：《刘向父子的汉赋研究》，《文献》2002年第1期。
③ （宋）洪兴祖：《楚辞补注》，中华书局2013年版，第50页。

至今。

魏晋南北朝时期，生于晋武帝年间的文学家郭璞曾经为楚辞作注释，虽然原书已毁，但在敦煌残卷《楚辞音》中尚且留存着四处痕迹。除此之外，郭璞亦为《尔雅》《方言》《山海经》《穆天子传》等书作注，皆得以留存至今，其中的注释考究严谨，也为楚辞学保留了宝贵资料。如《离骚》中有"启《九辩》与《九歌》兮，夏康娱以自纵"，对此王逸的注释为"九州之物，皆可辩数，九功之德，皆有次序，而可歌也"，这明显是为了宣扬传统的儒家思想而刻意贴近，较为生硬牵强，亦与通篇语境语义不甚相符。郭璞认为，《九辩》《九歌》是传说中被夏后启偷到人间用于作乐的乐章，以此神话传说作为背景，显然对于《离骚》的解读有着更为深刻的意义。

魏晋时期，郭璞更加注重文本的解读，而刘勰的《文心雕龙》则更加注重从《楚辞》的审美性和文学性方面的探讨。刘勰根据楚辞的特征和影响，对《离骚》在文学史上的地位和价值进行了更加深刻的辨识。他将《离骚》从辞赋中分出，以《辨骚》一篇进行了单独讨论，文中他把《离骚》与《诗经》并列，给予了楚辞极高的地位。钟嵘的《诗品》则将楚辞的相关作家系统化，这样更加易于分析作家流派和作品风格，能对楚辞进行更加全面的研究。

梁代昭明太子萧统主持编纂了《文选》，出于对屈原高尚人格的崇敬之情，萧统在《文选》中收录了十三篇《楚辞》作品。至唐代，《文选》广为流传，先后有不少学者为之作注。唐显庆三年，李善将六十卷《文选》注本上奏朝廷。在李善所注的《文选》当中，每有典故必明出处，并征引了大量典籍，体现出了严谨的学术态度。

宋代楚辞学以阐说精微见长，无论是洪兴祖的《楚辞补注》、朱熹的《楚辞集注》，还是黄伯思的《校定楚辞序》、吴仁杰的《离骚草木疏》都用力至勤。王逸章句中关于草木的注释多本于《山海经》。吴仁杰楚辞中的香草花木虽然有寄托之意，但多有穿凿附会之弊。如第一卷"荃荃"一条，"荃不察余之中情兮"："王逸注荃香草以喻君也，恶数指斥尊者，人君被服芬香，故以香草为谕。洪庆善曰：……庄子得鱼忘荃。崔音孙云：香草可以饵鱼。"①宋人严谨的治学

---

① （宋）吴仁杰：《离骚草木疏》第一卷，中华书局 1987 年版，第 1 页。

精神由此可见一斑。

元代初期,文人受到轻视,元代文学也趋向于注重通俗文学,因而楚辞学呈现出一派萧条的景象,研究专著甚少。即便如此,仍有刘庄孙《楚辞补注音释》、谢翱《楚辞芳草谱》、吾丘衍《九歌谱》等作品出现,但大多都已经散佚。其中《楚辞芳草谱》是训释《楚辞》中草木的专著,是楚辞史上唯一一本专列芳草类并为之训释的著作,研究深入,辩证严谨。

明清一直延续了中国传统楚辞学严谨求实的治学精神,在历史考证、音韵训诂等诸多方面广泛搜求事实,审查证据。如明代汪瑗的《楚辞集解》,遵循"其有洞而无疑者,则从而尊之;有隐而未耀者,则从而阐之;有诸家之论互为异同者,俾余弟珂博为搜采,余以意断之。宁为详,毋为简"①,以此作为注解楚辞的原则。王夫之《楚辞通释》以经世致用为标准,立论尚实贵真,并以理之所当为原则,对于楚辞中的篇目进行了相应的删减增录。清代林云铭为学精思,更是立志要做到"万驳千翻,止求其大旨吻合、脉络分明,使读者洞如观火,还他一部有首有尾、有端有绪之文"②,因而作《楚辞灯》。在清代,经世致用的学风逐渐发展成了以实事求是为特点的朴学,体现出学者认真严谨的治学态度,蒋骥、王念孙、戴震等均是这一学风的代表人物,他们的著作《山带阁注楚辞》《毛诗群经楚辞韵谱》《屈原赋注》从考据、音韵、训诂等多个角度进行了研究,为楚辞学做出了贡献。

总而言之,由于楚辞学独有的特性,便注定了学者们要以严谨考据、认真求实的学术态度从事研究,这样研究者才能逐渐把其中的精神内核、语义、形音从贯穿千年的传播流变当中提取出来,还原其本真面貌。

(二)挑战权威

楚辞学是在不断的提出问题与质疑问题中演进的,根据主要产生争议的内容可以分为对于屈原人格与思想情感的认识、对于作品当中具体内容注释的理解,以及对于作者的考辨三种类型。

楚辞学之所以能够在学术史上保持着蓬勃的生命力,除了楚辞这种文学

---

① （明）汪瑗:《楚辞集解·自序》,北京古籍出版社 1994 年版,第 4—5 页。
② （清）林云铭:《楚辞灯序》,华东师范大学出版社 2012 年版,第 2 页。

形式独特的艺术魅力之外,还在于屈原精神对历代文人的感召与共鸣。屈原忠君爱国、志行高洁,为了追求理想执着不懈,成为历代文人名士在品格上学习的典范。汉代楚辞学前无古人,自行创立新说。汉初刘安站在儒家的立场上,试图用解《诗经》的方法去解读《楚辞》,把《楚辞》放到《诗经》的框架内理解屈原的情感。司马迁没有拘泥刘安的套说,提出了自己的看法"屈原放逐,乃赋《离骚》"。他反对刘安赋予屈原的"中庸"精神,主张屈原应该珍惜生命,离开楚国,去他国施展才华。扬雄早期的《反离骚》直接挑战了刘安和司马迁的观点,在楚辞学史上引起了强烈的学术争鸣。扬雄在开篇言明自己创作《反离骚》之目的为"钦吊楚之湘累",他惋惜屈原明明不该以身殉国,申明创作此篇的原因也并非批判,而是有感于屈原之高尚人格,以示钦敬。扬雄之"反",并非反屈原之精神,而反的是他明明可以隐德自珍却选择投江殒命。实际上这种痛惜的情感倾向在贾谊、刘安、司马迁的作品中均有体现,至扬雄才明确地表达出来,并上升为对屈原不知进退之道的议论,敢于提出质疑,这实际上是一种思想的进步。当然随着社会背景的变化以及个人阅历的增加,到了扬雄晚年,他的观点已经转为了对屈原品格的全面肯定。

东汉班固的观点则更加偏激,他在《离骚序》中说:"然责数怀王,怨恶椒兰,愁神苦思,强非其人,忿怼不容,沉江而死,亦贬絜狂狷景行之士。"①班固对屈原"露才扬己""数责淮王"的强烈个性进行了批评,同时亦不赞同他舍身殉命的人生选择。他甚至否定了刘安对于屈原"虽与日月争光可也"的评价,认为言过其实。他不同意屈原指责怀王、怨恨权臣,称屈原"露才扬己""忿怼不容",对屈原的品行进行了不遗余力的批判。班固的观点引起了后世的争鸣。面对扬雄的尊崇痛惋,班固的批判指责,王逸从始至终都对屈原忠贞高洁的高贵品质不遗余力地进行肯定,认为屈原的行为符合儒家的道德规范,为人臣子的准则就应该是"以忠正为高,以伏节为贤",并认为屈原之"怨"是出于对社稷的忠诚。他认为《诗经》可以怨主刺上,且曾经得到孔子的推崇,那么屈原以优游婉顺之辞指责怀王、怨恨权臣又有什么不可以呢? 对于班固的"露才扬己"说,王逸指出"殆失厥中矣","且人臣之义,以忠正为高,以伏节为

---

① (汉)班固:《离骚序》,见(宋)洪兴祖:《楚辞补注》,中华书局2013年版,第49页。

贤。故有危言以存国,杀身以成仁"。① 王逸的许多观点可以说是与班固针锋相对的,今天看来,《离骚章句序》似乎是与《反离骚序》论战的文章。

宋代的洪兴祖也秉持王逸的观点,并且十分推崇屈原的忠贞爱国之心,认为班固等人的见解"无异妾妇儿童之见"②。洪兴祖在《楚辞补注》中提到,屈原"虽身被放逐,犹徘徊而不忍去。生不得力争而强谏,死犹冀其感发而改行,使百世之下,闻其风者,虽流放废斥,犹知爱其君,眷眷而不忘,臣子之义尽矣。非死为难,处死为难。屈原虽死,犹不死也"③。

明末清初的黄文焕也在《楚辞听直》中表示,"千古忠臣,当推屈子为第一……自汉代以及有宋,人人尊其辞,即人人诋其忠,以为忿怼、以为狷狭、以为忠而过。夫臣之于忠,只有不及耳,安得过哉!"④黄文焕认为,屈原是在穷途末路的情况下才选择了投江自尽,而非有意自残躯体,责怪君王,前人如此见解,是未能读通楚辞所致。

除了这些反对者之外,亦有部分学者支持了班固的观点。南北朝时期的颜之推也对屈原的品德进行了批评,称"自古文人,多陷轻薄,屈原露才扬己,显暴君过",不符合儒家思想。楚辞宋学延续了宋代理学大胆怀疑的精神,这也是楚辞宋学中最宝贵的学术传统。宋代学术疑古思辨,敢于打破思维定势,向传统和权威挑战,以朱熹为代表的宋代学者开创了楚辞研究新天地。宋学楚辞跳出了训诂的传统,开创了义理楚辞研究的新领域。朱熹同样不赞同屈原不得楚王信任便沉江而死的行为,他发扬宋代疑古辨伪的精神,对楚辞进行了重新解读。他认为屈原从头就被人错解了,在他看来屈原本是"一个忠诚恻怛爱君底人"。在《离骚》序言中,朱熹对屈原投水而死的原因另有新见,他认为屈原"不忍见其宗国将遂危亡,遂赴汨罗之渊自沉而死"⑤,这种观点大胆质疑、勇于创新,体现出对固化思维模式的一种突破,代表着勇于开拓的学术精神。朱熹的楚辞研究影响深远,尽管他依旧在封建思想的框架下解说楚辞,

① (宋)洪兴祖:《楚辞补注》,中华书局 2013 年版,第 48—49 页。
② (宋)洪兴祖:《楚辞补注》,中华书局 2013 年版,第 51 页。
③ (宋)洪兴祖:《楚辞补注》,中华书局 2013 年版,第 50 页。
④ (明)黄文焕:《听直合论·听忠》,南京大学出版社 2017 年版,第 223—224 页。
⑤ (宋)朱熹:《楚辞集注》,上海世纪出版集团 2013 年版,第 2 页。

无法超越历史文化的限制，但是他已经跳出了传统楚辞学训诂的路子，开辟出楚辞义理研究的方向。明清两代实施文化专制，加强对学者的思想钳制，学术受到禁锢，在这种形势下，楚辞研究者始终坚持对学术的探索，明代中期至晚清楚辞学领域涌现出的学术著作超过前几代的总和。

汉代楚辞的集大成之作《楚辞章句》是目前现存最早也最系统的楚辞注本。王逸表达了对前人楚辞注释和评价的不满，他想要达到令楚辞"章决句断，事事可晓"的目的。《楚辞章句》在博采众长之外，不囿旧说，提出了很多创新性的解释。如对"离骚"的解释，王逸不同于司马迁和班固的观点。"离，别也。骚，愁也。经，径也。言以放逐离别，中心愁思，犹陈直道径以讽谏君也。"①《楚辞章句》汇集了两汉楚辞学的成果是无可厚非的权威之作，后世楚辞的研究者莫不以此为范式，因此，在继承精华的基础上《楚辞章句》也同样要接受相应的质疑和补充。如魏晋南北朝时期的文学家郭璞，便曾经为楚辞作注，今原书虽已散佚，但亦可在其他著作中窥得其注释楚辞的痕迹。郭璞作注的特点是翔实严谨，这就在很大程度上弥补了王逸的不足。如《远游》中有"怀琬琰之华英"一句，王逸注为"咀嚼玉英，以养神也"②，显得含糊其辞，而郭璞则提及《汲冢书》曰："桀伐岷山，得女二人，曰琬曰琰。桀爱二女，斫其名于苕华之玉，苕是琬，华是琰也。"③而到了宋代，洪兴祖的《楚辞补注》更是以"既发王义之幽微，亦抒个人之见解"④为目的，对王逸原著较为简略的地方都进行了详尽的考证，同时更对原注的不妥之处进行了大胆纠正。

楚辞产生于先秦时代，从汉代开始又出现了大量的拟骚体文学作品，由于这些作品年代久远、流传广泛，因而部分篇章在创作者问题上多有争议，学术界对此讨论不断。辨别一些作品究竟是出自屈原之手，还是后人仿作，这显然有非常重要的意义。如《招魂》一文，关于作者问题的争议从汉代便开始了，司马迁将《招魂》首次归为了屈原之作；至东汉，王逸在《楚辞章句》中一改前

---

① （汉）王逸：《楚辞章句》卷一，明隆庆五年朱氏夫容馆刻本1571年版，第2页。

② （宋）洪兴祖：《楚辞补注》，中华书局2013年版，第168页。

③ 胡小石：《胡小石论文集·〈楚辞〉郭注义征》，上海古籍出版社1982年版，第60页。

④ 姜亮夫：《姜亮夫全集·楚辞书目五种》第五册，云南人民出版社2002年版，第35页。

人之说,以为"《招魂》者,宋玉之所作也。"①此后,王逸这一观点为大多数学者所接受,宋代朱熹的《楚辞集注》和洪兴祖的《楚辞补注》作为楚辞学史上的权威性著作,二者均继承并明确了王逸的观点。直至明代,黄文焕大胆质疑,这才再一次引发了《招魂》作者问题的争论。在《楚辞听直》中,他从《招魂》中涉及的礼仪、季节以及"离骚共二十五篇"三个方面进行了论证,认为其创作者实为屈原,为后世开启了新思路。自黄文焕之后,这种观点得到了进一步发挥,清代林云铭在《楚辞灯》中,从文本的角度进行分析,认为"故余决其为原自作者,以首尾有自叙、乱词,及太史公传赞之语,确有可据也"②。由此可见林云铭支持了《招魂》为屈原所作的观点。清代方东树亦在《昭昧詹言》中提到"吾读屈子他篇……未有诡于《招魂》者也"③,他从行文风格的角度进行分析,亦认为《招魂》乃屈原所作。虽然明清时期屈原说占据了主导地位,但并不代表无人持其他观点。明代陆时雍在《楚辞疏》中提出,《招魂》应是宋玉招师之作,而被召者为屈原,"屈原束发事主……弟子宋玉……乃广侈其乐以招之"。④ 清代王夫之的《楚辞通释》中亦提及此观点。

　　作为继屈原之后"好辞而以赋见称"的重要作家,宋玉的作品也同样面临着很多争议。王逸《楚辞章句》中将《九辩》《招魂》二篇归至宋玉名下。班固《汉书·艺文志·诗赋略》中则认为宋玉一共有"赋十六篇",但并未将篇目列出。梁代萧统《文选》中提及的《风赋》《高唐赋》《神女赋》《登徒子好色赋》以及《对楚王问》五篇,刘勰在《文心雕龙》中言及"宋玉《风》《钓》",增加的《钓赋》一篇,《艺文类聚》《古文苑》等类书中提到的《笛赋》《大言赋》《小言赋》《讽赋》《舞赋》五篇,南宋末陈仁子编《文选补遗》中增加的《微咏赋》一篇,明刘节《广文选》中载《高唐对》《郢中对》两篇,累加起来,正是十六篇之数。在这个过程当中,宋玉的作品亦经历了反复质疑与讨论。南宋张樵认为《舞赋》为宋玉所作这一说法为后人误指,真实作者应为汉代傅毅,《笛赋》的创作时

---

① （宋）洪兴祖:《楚辞补注》,中华书局 2013 年版,第 197 页。
② （清）林云铭:《楚辞灯》,华东师范大学出版社 2012 年版,第 170 页。
③ （清）方东树:《昭昧詹言》,人民文学出版社 1961 年版,第 345 页。
④ （明）陆时雍:《楚辞疏》楚辞卷九,《续修四库全书》第 1301 册,上海古籍出版社 2002 年版,第 447 页。

间则与宋玉卒年不合,因此亦不应归到宋玉名下。明代胡应麟在《诗薮》中说:"唯大小言辞气滑稽,或当是一时戏笔,余悉可疑。"①焦竑在《笔乘》卷三中对"《九辩》为宋玉招师"的说法提出怀疑,认为《九辩》通篇均是悲愤之言,而无哀悼之意,主张《九辩》是屈原自作。随着学者不断大胆地质疑与讨论,以及对一些出土资料的缜密考证,宋玉辞赋的篇目最终大致确定了《九辩》《高唐赋》《神女赋》《登徒子好色赋》《风赋》《对楚王问》《大言赋》《小言赋》《讽赋》《笛赋》《钓赋》十一篇。

楚辞文字古奥,流传久远,思想内容深刻,体现了创作者强烈的个性和自我意识。由于这种特殊性,在对楚辞研究的过程中学者们往往是通过有限的史料,跳过一定的历史时空对屈原与楚辞进行隔空解读。这种情况使得对于楚辞的研究更多地带有了研究者所处的时代背景及其个人经历的痕迹。柯马丁所言:"与《诗经》不同,《楚辞》从未得到过帝国的官方承认,但它对后来整个中国文学的影响却是实实在在、意义重大的。"②对楚辞的研究,对屈原执着的歌颂与赞美,最初是由文人们的自发行为引起的,受到一定感情倾向的影响。怀着这种心情,历代学者不囿于前人研究成果的固化模式,敢于大胆质疑,挑战权威;另一方面,又严谨求实,砥砺钻研,体现出学术研究创新性与分寸感的完美结合,也为后世的学术研究方法提供了参考模式。

第二节　传统楚辞学的缺憾

传统楚辞学虽然取得了不少学术成果,但是也不得不承认传统楚辞学还存在不少缺憾,如重人伦研究忽略科学评判、重经学价值忽略科学评估等。在楚辞学向现代化转型的过程中这些缺憾就成为前进中的羁绊,新楚辞学就要挣脱这些束缚,走向自由发展的新天地。

---

① (明)胡应麟:《诗薮·杂编》,上海古籍出版社 1979 年版,第 247 页。
② 孙康宜、宇文所安主编:《剑桥中国文学史》上卷,生活·读书·新知三联书店 2013 年版,第 106 页。

一、重人伦研究忽略科学评判

中国古代的人伦观念始于先秦时期。在原始社会,人们为了维持整个氏族的发展与延续,集体获取食物,不得不思考人与人、人与自然之间的和谐相处之道,从而产生了最早的人伦规范。进入奴隶制社会之后,人伦规范呈现德、神一体化的特征,德、孝、友、恭、敬等人伦观念出现在人们的日常生活当中。直至春秋战国时期被孔子、孟子等儒家学者发扬成为一套规范的体系,彻底形成了中国传统封建社会的人伦观,并一直延续下去。

在这种情况之下,文学自然也会由此受到观念的影响。梁启超认为,中国学术重心从胚胎时代就定位于人际伦理的研究。在封建社会当中,学术往往为统治秩序服务,人们对于文学价值的评判也往往以维护当时的统治为出发点。人与自然的关系在文学研究进程当中一以贯之,并将最后的研究结果归结在"天人合一"的理论当中,以假想的"天之德行"来解释人类社会,把人的德行升华为自然法则,思想倾向重于客观研究。中国传统楚辞学也是如此,存在重人伦研究忽略科学评判的弊端,甚至为教化需要曲解文学作品,从人际伦理的角度出发进行阐释,穿凿附会,偏离了学术研究的轨道。

中国文学史上的首篇拟骚之作《吊屈原赋》,为汉代贾谊在被贬谪去长沙做长沙王太傅的路上而作,贾谊的经历使其产生了与屈原强烈的共鸣,因而创作了这篇悼念屈原的文学作品。刘安为《离骚》作传亦是如此,身世经历让他对屈原的作品极易产生共鸣。有学者言刘安《离骚传》的观点"是中国整个封建社会评论屈原的基调,至今罕见有人脱其窠臼。其中竟似影影绰绰有为刘安自己鸣其冤者,识者可鉴焉"①。而后亦有扬雄、班固等人,因屈原投江之举不符合其"明哲保身"的观念,而对这一行为提出了批评,班固甚至上升到了抨击屈原人格的层面。之所以产生这样的矛盾争议,是因为在汉代大一统的环境下,士人们一方面积极进取,想要提出自己的政治主张,为官入仕;另一方面,却又被君主专制建立起来的严格规范所束缚,使士人们不得不形成了一种

---

① 牟怀川:《应该正确评价刘安》,中国屈原学会编:《楚辞研究》,齐鲁书社1988年版,第412页。

"明哲保身""全身远祸"的自保观念。从根源上来说，这些思想还是出于对封建统治的维护，后世更有人为了彰显此点有意曲解楚辞和屈原。如南北朝时期颜之推在《颜氏家训》中从儒家的中庸之道出发，批评屈原的"轻薄"和"露才扬己"，以求达到明哲保身的目的。更有甚者，有人会为了支持自己的某些主张而牵强附会，往往不顾原文含义，强行联系到统治秩序上去，如五臣注对楚辞的阐释便迎合君王喜好，如《离骚》："屯余车其千乘兮，齐玉轪而并驰"，五臣注曰："车所以载己，言君子以德自载，亦如车焉。聚千乘者，言道德之多，并运于己，所在可驰走。"①《涉江》："深林杳以冥冥兮，乃猿狖之所居"，五臣注曰："喻国之昏乱，邪巧生焉，非贤智所能处也。"②这就注定脱离作品内容，无视历史事实，完全靠穿凿想象，偏离了学术研究的轨道。

历史上人们在对楚辞进行注疏时往往局限于自身的成见，这导致对楚辞的解读主观思想和政治目的过于浓厚。这种成见由于受到社会环境、政治背景等因素的影响，容易产生对作品的臆测。这就会造成他们对楚辞的解读脱离作品本身所具有的理性意义，文本被曲解成统治者希望看到的观点，从而沦为用以论辩和教化的工具，严重影响了学术研究的科学性。这是中国传统楚辞学研究方法中的通病。

二、重经学价值忽略文学评估

汉代是中国楚辞学的肇始时期，传统楚辞学从诞生之日起就与经学紧密结合在一起。随着汉代经学思潮兴起，以经解骚逐渐成为了汉代楚辞学的主流。"思维模式和思维方式，是比立场观点更具有稳定性和持久性的东西。它在相当长的时间内，不会随着时代的不同和社会条件的更易而变化，因此成为文化传统的一个重要基因。"③刘安评解说楚辞以《诗经》为尺度，"《国风》好色而不淫，《小雅》怨诽而不乱，若《离骚》者可谓兼之矣"。在刘安看来，楚辞兼有国风与小雅之旨，他力图用汉代人解说《诗经》内涵的方式去解说楚

---

① （宋）洪兴祖：《楚辞补注》，中华书局 2013 年版，第 46 页。
② （宋）洪兴祖：《楚辞补注》，中华书局 2013 年版，第 130 页。
③ 王元化：《20 世纪末的文化审视·五四新文化运动的再认识》，学林出版社 2000 年版，第 14 页。

辞。其目的是以经学为指导，以《诗经》为模板，提高楚辞的地位。之后在两千多年的楚辞学史中，众多学者沿着楚辞经学化的路线继续研究，淡化了楚辞艺术和学术成就的研究。楚辞学仿佛因此被限制在了一个从出生就打造好的框架之中。

为了力证屈原的作品符合儒家评判标准，王逸提出了《离骚》"依托《五经》以立义"的观点，"'帝高阳之苗裔'，则'厥初生民，时惟姜嫄'也；'纫秋兰以为佩'，则'将翱将翔，佩玉琼琚'也；'夕揽洲之宿莽'，则《易》'潜龙勿用'也……"①除此之外，王逸又举《诗经》类比，以此来反对前人对于屈原的批判："屈原之词，优游婉顺……而论者以为'露才扬己'、'怨刺其上'、'强非其人'，殆失厥中矣。"②可见，王逸认为，屈原的作品符合儒家"温柔敦厚"之道，因此无可非议。

刘勰对《离骚》非常推崇，在《文心雕龙》中将《辨骚》篇归于"文之枢纽"的地位。但即便如此，他依旧以经学的标准评判《离骚》，对楚辞中"合乎经典思想的地方给与了很高的评价，但对跟经典思想不适合的地方又加以很严厉的批判，要把屈原楚辞放在文学历史的主流外边"③。刘勰在《辨骚》篇中举例："至于讬云龙，说迂怪，丰隆求宓妃，鸩鸟媒娀女，诡异之辞也……士女杂坐，乱而不分，指以为乐，娱酒不废，沉湎日夜，举以为欢，荒淫之意也；摘此四事，异乎经典者也。"④

到了宋代，疑经辨伪思想盛行，朱熹虽然力图突破传统经学的束缚，但在他的作品当中依旧体现了一种以经学为标准的解读方式。朱熹的《离骚序》中，大部分内容承自王逸，王逸将屈原自沉的原因解释为"不忍以清白久居浊世，遂赴汨渊自沉而死"⑤。朱熹却以为如此解读不符经典，因而将此原因归结为"不忍见其宗国将遂危亡，遂赴汨罗之渊自沉而死"⑥。"经学家的思维

---

① （宋）洪兴祖：《楚辞补注》，中华书局 2013 年版，第 49 页。
② （宋）洪兴祖：《楚辞补注》，中华书局 2013 年版，第 49 页。
③ （日）甲斐胜二：《〈文心雕龙〉论屈原与〈楚辞〉在文学史上的地位》，文心雕龙学会编：《论刘勰及其〈文心雕龙〉》，学苑出版社 2000 年版，第 413 页。
④ 范文澜：《文心雕龙注》，人民出版社 1958 年版，第 46—47 页。
⑤ （宋）洪兴祖：《楚辞补注》，中华书局 2013 年版，第 2 页。
⑥ （宋）朱熹：《楚辞集注》，上海古籍出版社 1979 年版，第 2 页。

模式是重因袭,轻发展;重保守,轻开拓;重阐释,轻创新"①,因此在经学思维模式的框架下,传统楚辞学的研究范围比较受限制,学者的着眼点在经学价值上,尤其是对义理的阐释更是集中于在经学的视角内。

游国恩在《楚辞概论》中梳理了传统楚辞学的流派,将其分成四派:训诂派、义理派、考据派、音韵派。这四个派别围绕楚辞的经学价值展开,并随着时代的发展而不断注入新的内容。宋学楚辞在理学的指导下重在阐发义理,明代心学继续延续宋学的思维模式。到了清代,考据之风盛行。晚清时期的王闿运作为今文经学的代表人物著有《楚辞释》,以公羊学对于《春秋》的解读方式笺注楚辞,探究其中的微言大义。《楚辞释》参照王逸的《楚辞章句》对《楚辞》进行了重新注解。《楚辞释》成书于清朝末年,外有侵略战争,内有农民起义,整个国家处于内忧外患当中,传统学术也受到了新文化、新思想的冲击。在这种背景下,王闿运将对于《楚辞》的解读与时政联系在一起,从而寄托自己在政治上的理想,带有明显的经世致用色彩。为了与现实中自身所处的环境相符,王闿运为屈原设计了人生目标以及政治观点。如《离骚》中有"指九天以为正兮",《楚辞释》解读为"己欲反王,乃被诬忘雠,故指天正之也"②。王闿运为了表达自己的政治理念,把屈原的行为与当前的政治背景联系在一起,将"兴楚反王"摆在了一个极为重要的位置上。他反复强调的结果使屈原的形象变得单一呆板,《楚辞》失去应有的思想内涵与艺术神韵,书中穿凿附会之说随处可见,楚辞沦为王闿运表达政治观点的工具,这些都限制了楚辞学领域的开拓。

近代以后,西方学术传入中国,启发了中国楚辞学者的研究思路,开始借鉴西方的文化思潮和研究方法开拓楚辞学的研究内容,这才迎来了楚辞学多样化发展的20世纪。

---

① 赵霈霖:《现代学术文化思潮与诗经研究——二十世纪诗经研究史》,学院出版社2006年版,第43页。

② 杜松柏编:《楚辞汇编·楚辞释》第七册,新丰出版公司1986年版,第19页。

第二章　近现代社会与楚辞学的转型

近代以来楚辞学的转型一方面与楚辞学呈现的学术特征密切相关,另一方面又与近代社会的发展密切相关。近代楚辞学术特征为其向现代化转型提供了必要的学术准备,半殖民地半封建的社会现实、中西文化交流的增多以及新闻出版业的兴起为楚辞学向现代化转型提供了必要的社会条件。

第一节　近现代转型期楚辞学的学术特征

近代楚辞学的最大特点是开始由传统向现代化转型。楚辞学的转型是指从鸦片战争以后至中华人民共和国成立之前,楚辞学在研究理念、研究方法、研究范畴、研究成果等方面的变化。它是以传统楚辞学为基础,依据西方现代学术的标准建立的一整套楚辞学现代学术体系。晚清是楚辞学转型的萌芽期,五四以来是楚辞学由传统学术向现代学术的转变期,中华人民共和国成立后建立了完整的现代楚辞学体系。

一、研究理念的变化

从文化传承的角度来说,任何一个时代的学术研究都离不开社会历史环境的影响,因为一旦脱离具体的历史环境,既无法弄清学术研究的思路,也无法在历史与现实的交融点中去审视学术本身。随着时代的发展,中国传统的学术思想逐渐受到西方外来思想的影响,并与之融合;随着经济的发展,学者对于文学作品的审视和解读也会产生全新的角度与立足点;随着科技的进步,在学术研究的过程中,学者可以将传统手段与现代先进的研究工具相结合,这也会对研究理念产生影响。除此之外，还有政治、哲学、宗教、风俗、社会思潮、地域文化等方面，都会成为影响学术理念的因素。从楚辞学本身的性质来说，楚辞学是人文学科，这就注定了在研究过程中不能像自然科学那样进行实验，且必须将其放到社会历史环境中去考察。文学满足的是人们的精神需求，文学研究的不断深化是文化传承的必然结果，那么从不断满足这种需要的角度看，学术研究的理念也将不断发生变化。

（一）由直觉思维向逻辑思维转变

逻辑思维主要是一种来自于西方的思维方式，追求概念的明确、判断的恰当和推理的严密。中国传统学术的研究更多强调的则是直觉思维，做出判断与分析的依据主要基于个人主观情感倾向。因为两种思维方式不同，西方从一开始就用概念建立了一整套哲学体系，中国传统学术探讨则多使用一些感悟性的词语进行描述，这导致在学术研究中不能完全确定其规范性，不同的人会在相同的事物和词语中延伸出不同的理解和阐释。

直觉，说得更形象些就是事物在头脑中的影像。中国古代人的这种直觉思维模式直接影响到了中国古代的学术研究。如前文所提到的，历代学者多有为表达自身观点而曲解他人之作，牵强附会、不顾实际的情况便是受到了这种思维方式的影响。虽然丰富的情感有助于激发文学创作的激情，但也容易产生主观性过强等弊病。随着学者们认知水平与研究能力的不断提高，以及受西方文化传播的影响，楚辞学在从传统学术向现代学术过渡的过程中逐步摒弃直觉思维，向逻辑思维转变。游国恩首开逻辑思维研究的先河，他的楚辞研究严格按照逻辑顺序进行，环环相扣，层层推理，彻底摆脱了传统的直觉思维模式。以他的第一部楚辞学著作《楚辞概论》为例，首先，此书在章节设计上遵循一定的逻辑顺序。全书共分为六编，第一编为总论，内容涉及楚辞的名称、楚辞与北方文学、楚辞与南方文学、楚辞与楚国、楚辞在文学史上的位置；第二编为九歌，包括《九歌》的历史与分章、《九歌》的作者与时代、《九歌》的意义与艺术；第三编为屈原，包括屈原传略、屈原的作品，分别对《天问》《离骚》等作品逐一分析；第四编为宋玉，包括宋玉传略及其作品，并对《九辩》进行了详细的分析；第五编为楚辞的余响，包括总说及对贾谊、淮南小山庄忌、东方朔、王褒、刘向、王逸等人的作品的论述；第六编为楚辞的注家。总体来看，作为新时期楚辞学专著的开山之作,游国恩的研究思路已经突破了传统学术的直觉思维方式,全书按照一个严密的逻辑顺序架构,把楚辞还原到其所处的社会历史环境,既考察它与其他文学样式的内在联系,又分析它与地理文化的关系。因此他既具有历史的眼光,又具有完整的宏观视角,这已经与传统楚辞学的研究思路有很大的差别。其次,在具体论述上,此书分别从南方文学、北方文学、楚国本土三个角度来探讨了楚辞的起源。其中楚国本土情况又从民俗、音乐、地理三方面进行研究。游国恩用文化进化论的观点研究了《九歌》与屈赋之间的关系,综合利用民俗学、神话学、宗教学等其他学科的理论知识来解读《招魂》,这些都是中国古代楚辞学著作中未曾出现过的。"《楚辞概论》是楚辞研究史上传统观点和现代方法之间的分水岭式的著作。"①《楚辞概论》成为传统楚辞学向现代学术迈进过程中的奠基之作,为后世的楚辞研究提供了范式。

（二）由经学研究向科学研究转变

在传统楚辞学中,屈原和楚辞被纳入了儒家的政治和伦理道德体系。当学者的理想难以实现、国家和社会动荡不安的时候,屈原和楚辞蕴含的情感就成为他们心灵归属的家园。他们需要坚持道德操守和人格理想,进而实现"齐家治国平天下"的远大抱负,因此"以经解骚"始终贯穿于楚辞学的发展进程之中。

1922年胡适发表《读楚辞》一文,这在楚辞学史上成为一个标志性的节点事件。尽管有人把它当成屈原否定论的发难之作,但是学术界更不容忽视的是《读楚辞》在楚辞学史上的积极意义。胡适在楚辞学领域首先触及传统学者从不敢触及的"雷区"——经学。"我很盼望国中研究《楚辞》的人平心考察我的意见,修正他或反证他,总期使这部久被埋没,久被'酸化'的古文学名著能渐渐的从乌烟瘴气里钻出来,在文学界里重新占一个不依傍名教的位置。"②他希望楚辞的研究能够摆脱经学的束缚,走上真正的文学研究的路子。战国时期的屈原被汉代以后的人完全"儒教"化,成了一种"复合物",一种"箭

---

① 沈玉成、高路明:《楚辞研究的集大成者游国恩》,王瑶主编:《中国文学研究现代化进程》,北京大学出版社1996年版,第432页。

② 胡适:《胡适文存》第二集,黄山书社1996年版,第65页。

垛式"的人物,完全被封建统治者的"君臣大义"所覆盖。

胡适提出,"传说中的屈原,若真有其人,必不会生在秦汉以前"①。这句话并非对于屈原出生年代的否定,而是表明生于战国时代的屈原绝对不会是后世学者在各种注疏中所塑造出的那位"温柔敦厚,忠于君王"的形象。秦汉之前的"君臣之义"与秦汉之后逐渐形成的忠君思想有很大不同,君臣之义强调的是君王与臣子的双向义务,便如《孟子·离娄下》中所言:"君之视臣如手足,则臣视君如腹心;君之视臣如犬马,则臣视君如国人;君之视臣如土芥,则臣视君如寇仇。"②当君主行为失当之时,臣子不必忠心不贰。后世的忠君思想才是经学中所反复强调的,以此来套用屈原之形象,显然有失妥当。汤炳正在《现代楚辞批评史》序言中说:"逮至'五四'运动,清算旧文化之风大起,胡适诸人又把辨伪工作推向新高潮。如果说廖季平否定屈原的存在,只是晚清以来今文经学派的一个发展,那么,胡适否定屈原的存在,则更带有'五四'疑古思潮的新特征。"③汤炳正所谓"新特征"就是对旧文化的清算,因此胡适《读楚辞》一个最重要的意义就是引导人们重新认识楚辞、认识屈原,让楚辞学从经学回归科学。之后谢无量、陆侃如、游国恩等人的楚辞研究明显剥离了经学的研究理念,真正把现代意识和科学观念引入楚辞学领域。楚辞学研究理念的转变,不仅使研究方向、研究内容发生了根本变化,同时也为研究方法的更新奠定了基础。

二、研究方法的增多

传统楚辞学的研究内容主要集中在文字训诂、名物考证、音韵研究和义理阐释四方面,这就决定了传统楚辞学的研究方法主要表现在两个方面:一是直觉感悟,一是分析归纳。中国传统楚辞学的研究理念是直觉思维,这就直接影响楚辞学的研究方法。直觉感悟就是建立在直觉思维基础之上的研究方法,它避开了理性的逻辑思维,寻求字句间的微言大义,义理阐释是其主要内容。分析归纳法则用文字训诂和名物考证、音韵研究。这些研究方法在传统楚辞

---

① 胡适:《胡适文存》第二集,黄山书社1996年版,第66页。
② 杨伯峻:《孟子译注·离娄章句下》,中华书局1960年版,第186页。
③ 汤炳正:《现代楚辞批评史·序言》,湖北教育出版社1990年版,第1—2页。

学的研究中广泛应用,取得了丰富的研究成果。晚清以后,西学渐进,随着学术研究理念的变化,楚辞学研究内容不断拓展,传统的研究方法开始日益显现出局限性,新的研究方法也开始出现。

(一)马克思主义方法

用马克思主义的方法进行楚辞研究成为现代楚辞学研究的一个最主要的特点。

辛亥革命以后,中国虽然推翻了几千年的封建帝制,但是并没有成立真正意义上的民主共和国。中国政局混乱,旧的思想文化体系崩溃,知识分子寻找新的出路,新文化运动蓬勃兴起。以陈独秀、李大钊为代表的知识分子抱着改造国民、开展启蒙的理想宣传民主、科学。他们把着眼点放在旧传统的摧毁和新文化的建设方面,这也使中国的学术研究面貌焕然一新。李大钊是最早把马克思主义介绍到中国来的知识分子,经过他与陈独秀等一批人的倡导,马克思主义很快成为当时社会上最有影响的思想。以至于 1922 年梁启超发出了这样的感叹:"如今'新文化运动'这句话,成了一般读书社会的口头禅;马克思差不多要和孔子争席,易卜生差不多要推倒屈原。"[1]马克思主义在中国的传播,也影响到了中国的楚辞研究。

学界一般认为郭沫若是最早运用马克思主义研究楚辞的学者。20 世纪20 年代郭沫若接受了马克思主义,并用马克思主义的方法展开学术研究。1925 年东渡日本以后,"他没有分文收入,生活无着落,一家五口,靠一点归国费和典当衣物勉强糊口"[2]。即使在这样困苦的情况下,郭沫若仍坚持学习马克思主义。他称赞列宁有"致密的头脑",是"真挚的思想家",认为"马克思主义在我们所处的这个时代是唯一的宝筏"[3]。由于郭沫若的政治思想发生了很大变化,他的文艺观点也随之发生了变化。他把马克思主义的研究方法应用到楚辞研究领域,取得了一系列的成果。在《屈原研究》中,他运用经济基础和上层建筑的关系分析屈原所处时代的社会形态;他还运用阶级分析的方法,探讨屈原所处时代的社会发展形态、阶级关系、阶级斗争的形势,并在此基

---

①　梁启超:《梁启超全集·五十年中国进化概论》,中华书局 1989 年版,第 4030 页。
②　王继权、童炜钢:《郭沫若年谱上》,江苏人民出版社 1983 年版,第 179 页。
③　王继权、童炜钢:《郭沫若年谱上》,江苏人民出版社 1983 年版,第 179 页。

础上分析屈原思想、行为和文学成就。郭沫若的马克思主义研究方法为五四以来楚辞学带来了一股新鲜气息,他对屈原身世、屈原时代、屈原思想、文学成就等方面的论述都向纵深化方向发展,超越了前人的研究。郭沫若的楚辞研究明显带有五四文学革命以来的激进色彩,他全新的研究方法推动了中国楚辞学向现代学术迈进的步伐。但是我们也不得不承认,郭沫若的研究也存在主观色彩浓厚、论据不足等问题,甚至有时把屈原形象意识形态化。

运用马克思主义方法论进行楚辞研究的还有游国恩、姜亮夫等人。游国恩的研究重点在于用马克思主义的方法从文学的角度来进行研究,姜亮夫的研究重点在文献学。建国以后运用马克思主义从事楚辞研究的还有何其芳的《屈原和他的作品》、詹安泰的《屈原》、唐弢的《屈原纪念》等。

(二)心理学研究方法

心理学是一门研究行为和心理活动的学科,在 19 世纪末成为一门独立的学科,随着中西学术的交流传入中国。一些中国的学者把心理学的知觉、认知、情绪、人格、行为、人际关系等相关知识应用到了楚辞学领域,开启了楚辞心理学的研究方法。梁启超作为中国近代思想家、政治家、教育家虽不以楚辞研究见长,但他是中国使用楚辞心理学研究方法的第一人。方铭在《20 世纪新楚辞学建立的过程考察》一文中指出:"20 世纪新楚辞学的建构是从解构传统楚辞学甚至是解构屈原开始的……梁启超发表了《屈原研究》之讲演,使新《楚辞》学的建立有了轮廓。"[1]

梁启超用心理学的方法分析屈原的理想、人格及自杀的原因。他尝试解释屈原个体心理机能在社会行为与社会动力中的角色。梁启超的研究特色在于通过对屈原思想认识、心理状态以及人格形成的细致剖析,描绘其复杂心态,一改前代学者以自身经历主观解读屈原的论述方法。

1918 年底,梁启超自上海启程,1919 年 2 月初,先抵达伦敦,后赴巴黎,1920 年 1 月由马赛归国。梁启超游历欧洲各地,开阔了眼界,他既看到了欧洲列强的弱肉强食,也看到了"西方文明破产"。这引起了梁启超的反思,他

---

[1] 方铭:《20 世纪新楚辞学建立的过程考察》,《淮阴师范学院学报(哲学社会科学版)》2000 年第 4 期。

开始对比中西方文化,重新重视中国传统文化的价值,在这种背景下梁启超写了《屈原研究》。梁启超的楚辞研究著述不多,主要有《要籍解题及其读法》中的《楚辞》部分、《老孔墨以后学派概观》的第二节第五部分,其他著述中偶有散见。他看到欧洲一些学者在"科学万能梦"破灭之后开始把目光投向中国的传统文化,这给梁启超极大的信心。他在《欧洲心影录》中提出,中国不会灭亡,中国人应尊重传统文化,借鉴西方的科学研究方法发挥传统文化的价值。梁启超大胆尝试了用西方心理学的方法研究楚辞。他认为《天问》是"对于万有的现象和理法怀疑的烦闷,是屈原文学思想的出发点。"认为《九歌》是"集中最'浪漫式'的作品"。解读《招魂》道:"总之这篇是写怀疑的思想历程最恼闷是苦痛处。"①他认为屈原富有个性,是一个"有怪脾气的人",他的性格形成与他的经历有密切关系。他曾参加齐国会盟,也曾经被放逐山野,独居很久。之所以会产生楚辞这种独特的文学形式,是因为屈原独特的人格和特立独行的行为。他从心理学的视角分析了屈原自杀的原因。梁启超把当时的楚国社会比做屈原的恋人,屈原"极诚专虑的爱恋"着这个恋人,可这个"恋人老不理会他"。他"结果拿自己生命去殉那'单相思'的爱情"。在梁启超看来"屈原脑中,含有两种矛盾元素。一种是极高寒的理想,一种是极热烈的感情",因此"他在哲学上有很高超的见解,但他决不肯耽乐幻想,把现实的人生丢弃"②。

梁启超在学术研究上以"善变"、"多变"而著称,他的楚辞学研究方法之变开启了近现代楚辞心理研究的思路。正如其在《释革》所言:

> "外境界无时而不变,故人事淘汰无时而可停。其能早窥破于此风潮者,今日淘汰一部分焉,明日淘汰一部分焉,其进步能随时与外境界相应。"③

正是由于梁启超在学术上的求新、求变,主动淘汰掉不适于时代者,才能带来楚辞学新的研究方法,为20世纪楚辞心理学的研究开辟了道路。梁启超是一位学者,同时又是一个失败的政治家。他与屈原不论是命运还是性格上都有相似之处。他们才华横溢,心中充满爱国的激情,却又仕途不得志。因此

① 梁启超:《梁启超全集·屈原研究》,北京出版社1999年版,第4037页。
② 梁启超:《梁启超古典文学论著》,上海书店出版社2013年版,第267—268页。
③ 梁启超:《饮冰室合集1》文集第九种,中华书局1989年版,第41页。

梁启超在研究屈原心理时更多的融入了自己的人生体验,甚至从内心深处来说无法区分屈原与自我。这也就造成梁启超的楚辞研究中有的地方偏向主观臆断,而不是非常客观、准确。

除此之外,这一阶段亦有支伟成的《楚辞之研究》、游国恩的《楚辞概论》等著述,共同沿着楚辞心理学的方法继续深入研究,并取得了丰硕的成果。

三、研究范畴的拓展

楚辞学研究理念、研究方法的变化,必然带来研究内容的变化。此时,古代楚辞学中从未出现的研究内容都出现在了学者的研究视野中。

(一)楚辞神话学

19世纪中叶后,欧洲出现了许多神话学派,如语言学派和人类学派。五四运动以后,中国神话学的研究开始出现,其中的代表人物有蒋观云、周作人、闻一多、顾颉刚、杨堃、黄石、茅盾、钟敬文等人。神话学研究在中国的发展也拓宽了楚辞学的范畴,楚辞神话学成为五四运动以来楚辞学的一个新动向。

楚国位于中国南部长江流域的沅湘一带,民间"信巫鬼,好淫祀",巫祝文化十分繁盛。屈原生于此地,也受到这种风气的影响,神话的内容在他笔端多有呈现,表现出奇伟瑰丽的风格。如《离骚》中五次游历、求女以及升天、远游的场景中描绘了大量的天神与灵物意象,讲述了一些神灵的故事,"启《九辩》与《九歌》兮,夏康娱以自纵"。"羿淫游以佚畋兮,又好射夫封狐。"《九歌》是由民间祭祀悦神之歌发展而来的作品,其中不光涉及了东皇太一、云中君、大司命与少司命等神明形象,还增加了对于神话的想象与创造,赋予众神以人性,细腻的情感表达和形象化的外形描写令他们的形象鲜活起来。楚辞中保存的上古神话可以和《山海经》《尚书》等作品中保存的神话互为补充,构成中国上古神话的三维结构模式。五四运动以后,鲁迅首次指出了《楚辞》对神话研究的价值,茅盾则从理论上进一步阐述了楚辞与神话的关系,他认为:"《楚辞》是研究中国神话时最重要的书籍,其中屈原之作《离骚》与《天问》包含许多神话材料,恐怕《淮南子》《列子》等书内的神话材料有些是源自《楚辞》。"[1]

---

① 茅盾:《茅盾说神话》,上海古籍出版社1999年版,第148页。

茅盾认为,《楚辞》中保存了十分丰富的神话材料,其中以南方民族的神话内容居多,原生态地保存了中国古代神话的初始面貌,对后世神话著作的发展产生了重要影响。茅盾也是中国最早进行楚辞神话学研究的学者之一,从 1918年开始,茅盾阅读了大量希腊、罗马、印度、古埃及的著作,并开始了楚辞神话学的研究,1925 年他写成《楚辞与中国神话》。

闻一多、苏雪林、姜亮夫等也都展开了楚辞神话学的研究,其中具有代表性的是闻一多的《高唐神女传说之分析》《伏羲考》。他们的研究开辟了五四以来楚辞学的新领域,并深深影响了当代楚辞学。中华人民共和国成立之后涌现出了一大批楚辞神话学研究的成果,如萧兵的《楚辞与神话》《楚辞新探》《楚辞与美学》等,学者们在楚辞神话学的研究上取得了不凡的成就。

(二)楚辞文化学

文化学是以研究人类文化现象及其发生发展规律的一门综合性的人文科学。文化学重在考察人类文化各个层面或子系统之间的相互关系,从而揭示这些文化现象背后的共同本质与普遍规律。文化学在 18 世纪已经萌芽,19世纪末 20 世纪初日渐成熟,随着中西交流日益增多,中国学者开始对其产生了浓厚的兴趣。

五四以来楚辞学者把楚辞与地理、民俗等文化学的研究内容联系起来,开拓了楚辞文化学的研究领域,取得了丰硕的成果,并成为 20 世纪中国楚辞学研究的一个热点问题。楚辞文化学包括楚辞地理学、民俗学、楚辞音乐等诸多方面的内容。

《易经》:"仰以观于天文,俯以察于地理,是故知幽明之故。"[①]这是目前见到的最早关于地理一词的记载。地理学作为一个学科可以分为自然地理学及人文地理学,楚辞地理学的研究侧重于人文地理学。其实在传统楚辞学中虽然也涉及了楚辞地理学的内容,但是并没有把它当成楚辞研究的一个重要组成部分。晚清以后随着现代学科的规范,地理学与文学等学科开始出现交叉研究,20 世纪后楚辞地理学的研究侧重于文化地理的研究。

较早开展楚辞地理学研究的是近人刘师培,其论文《南北文学不同论》认

---

① 　(三国)王弼:《周易注》,中华书局 2011 年版,第 344 页。

为中国南北地理风俗习惯的差异导致南北文学的差异。他从地理环境、社会风俗等多种因素出发,考证屈原作品属于南方文学,它同时吸收了北方文化的因子。

梁启超、饶宗颐等人也展开了相关楚辞地理的研究。梁启超考证了屈原作品中出现的沅、湘、洞庭、澧浦、鄂渚、方林等 17 处地名。饶宗颐早年致力于研究地方史志,积多年之功完成《楚辞地理考》,童书业作序:"考据之学,愈近愈精,读宗颐饶君之书,而益信也。君治史地学,深入堂奥,精思所及,往往能发前人所未发",其"信而有徵,并治世治古地理者,未能或之先也。"①饶宗颐还从音乐学的角度研究楚地音乐与楚辞的关系。王国维是较早提出南北文化融合形成屈原与楚辞这一现象的学者。他在《屈子文学之精神》中阐发了屈原文学思想及其成就形成的原因,即南方文化的特质与北方儒家文化的共同作用。苏雪林、闻一多等人则从民俗学的角度继续深入研究。中华人民共和国成立以后,何光岳、吴广平等学者进一步研究,与之前的学者相比,他们更注重实地调查。

(三)楚辞考古学

晚清殷墟甲骨卜辞的发现给学术界带来了一股考古之风。学术界开始怀疑已有文献资料的真实性,重视考古发现。

王国维首先提出了"二重证据法","吾辈生于今日,幸于纸上之材料外,更得地下之新材料。由此种材料,我辈固得据以补正纸上之材料,亦得证明古书之某部分全为实录,即百家不雅训之言亦不无表示一面之事实。此二重证据法,惟在今日始得为之"②。在研究楚辞的过程中,王国维改变了古代楚辞学单纯以文献考据为基础的固有模式,从楚辞文化的本源性方面进行论述。文献考据的方式通常容易掺杂读者的主体意志,难以真正还原其本来面目,因而王国维提出要从楚文物的考证方面入手,以"地下之新材料"与"纸上之材料互证"。在《屈子文学之精神》一书当中,王国维从地域的角度论述南北方文化差异,解读屈原文学创作特征之由来,言道"由此观之,北方人之感情诗

---

① 饶宗颐:《饶宗颐二十世纪学术文集》第十一卷,新丰出版股份有限公司 2003 年版,第 75 页。
② 王国维:《王国维文集·古史新证·总论》第四卷,中国文史出版社 1997 年版,第 2 页。

歌的也,以不得想象之助,故其所作遂止于小篇。南方人之想象亦诗歌的也,以无深邃之感情之后援,故其想象亦散漫而无所丽,是以无纯粹之诗歌。而大诗歌之出,必须俟北方人之感情与南方人之想象合而为一,即必通南北驿骑而后可,斯即屈子其人也。"①王国维通过充分的理论支撑与背景分析对屈原和楚辞进行文化还原,从而提出"屈子南人而学北方之学者也,南方学派之思想,本与当时封建贵族之制度不能相容。故虽南方之贵族,亦常奉北方之思想焉。观屈子之文,可以征之。"②王国维敏锐的学术感悟能力直接开启了楚辞考古的新时期,二重证据法乃至三重证据法都被运用于楚辞学上,开拓了20世纪楚辞学新领域,产生了许多新的研究成果。

另外,楚辞辨伪随着楚辞考古学的发展逐步走上科学化的道路。楚辞语言学、楚辞艺术评论学、楚辞美学等新的研究领域也都成为五四以来楚辞学研究的新范畴。

第二节 半殖民地半封建社会与楚辞学

楚辞学现代学术规范的建立是自鸦片战争以后近一百年的时间。大致分期为:一从鸦片战争爆发到清朝灭亡,是楚辞学现代化的萌芽期;二从辛亥革命到1949年中华人民共和国成立,是楚辞学现代化的发展期;三从中华人民共和国成立以后,是现代学术的完善期。本书涉及现代楚辞学的萌芽期和发展期,重点考察的是从五四新文化运动到中华人民共和国成立这一阶段楚辞学现代化进程中呈现出的特点。

一、半殖民地半封建社会

每每越是在国家山河破碎的社会背景下,楚辞中屈原挚恋祖国的情怀,坚持正义、不屈于群小的伟大人格精神便越能够充分发挥作用,激发人们的民族

---

① 王国维:《王国维遗书·静庵文集续编·屈子文学之精神》第三册,上海书店出版社2011年版,第636页。

② 王国维:《王国维遗书·静庵文集续编·屈子文学之精神》第三册,上海书店出版社2011年版,第637页。

意识与抗争精神。由于楚辞学不因时代更迭而磨灭的精神特质,它永远能够随着时代社会思潮的变化而不断调整发展方向,丰富自身内涵,从而获得不息的生命力。

(一)民族意识的觉醒

中国近代民族意识的觉醒经历了大致三个阶段,分别为鸦片战争、洋务运动以及孙中山领导的民主革命三个阶段。在这个过程中,中华民族自觉不断升华、民族意识日益强烈,这成为整个中华民族觉醒的重要标志。

鸦片战争不同于以往中国历史上任何一次民族危机,以前的民族侵略都是少数民族入侵以汉文化为中心的中原地区。实际上对于整个中华民族来说,这并不能造成真正的打击,反倒正是因为这样的融合,才使得封建大一统国家中的华夏文化得以不断地发展和传承。然而自鸦片战争失败之后,民族危机是来源于欧洲文明,这对华夏文化的优越感造成了沉重打击,同时也激起了中国人强烈的民族意识。因而近代思想家呼吁必须凝聚民众力量、增强民族自信心。

林则徐发出了"志切同仇,恨声载道。若不灭尽尔畜,誓不具生"[1]的呐喊。魏源提出"欲平海上之倭患,先平人心之积患","愤与忧,天道所以倾否而之泰也,人心所以违寐而之觉也,人才所以革虚而之实也"[2],主张把民众从"天朝上国的迷梦"中唤醒。通过早期中国思想家的努力,中国人的民族意识开始觉醒,民族情感在农民、官员、知识分子等不同社会群体身上表现出来。

洪秀全领导太平天国运动是一场既反对清朝封建统治,又反对外国列强侵略的农民起义。贫苦农民树立起了朴素的民族意识和平等观念,表现出强烈的叛逆精神,这标志着中国农民阶层民族意识的觉醒。但是由于中国农民先天的局限性,加上清政府和列强的联合围剿,太平天国运动最终也摆脱不掉失败的命运。太平天国运动尽管失败了,却动摇了清王朝统治的基础。

在统治集团内部的部分有志之士,开始意识到国家的处境已经十分险恶,希望能够找到一条既能"剿平内患"又能"防御外侮"的道路。洋务派主张学

---

[1] 辽宁大学历史系编:《中国近代史资料选编·尽忠报国全粤义民申谕英夷告示》第一分册(上册),1978 年版,第 71 页。

[2] (清)魏源:《海国图志·原叙》,岳麓书社 1998 年版,第 1—2 页。

习外国先进的科学技术,以实现富国强兵抵御外国侵略。洋务派期望能够通过引进西方军事设备、机器生产和科学技术来挽救清政府的统治。由于没有看到问题的根源所在,洋务运动最终以甲午中日战争的惨败告终。这一次的失败却推进了中国对于近代化道路的探索,使中国人民族意识开始普遍觉醒。

梁启超1902年首次提出了民族主义的概念:"民族主义者何?各地同种族、同言语、同宗教、同习俗之人,相视如同胞,务独立自治,组织完备之政府,以谋公益而御他族是也。"①梁启超深入分析了欧美民族主义与国家发展之间的密切关系,他认为民族主义是西方国家强盛的一个重要思想缘由:"民族主义者,世界最光明正大公平之主义也,不使他族侵我之自由,我亦毋侵他族之自由。其在于本国也,人之独立,其在于世界也,国之独立。"②1901年梁启超在《中国史叙论》中首次提出了"中国民族"的说法,继而在1902年《论中国学术思想变迁之大势》中正式提出了"中华民族"。以孙中山为首的革命党人喊出了"驱除鞑虏,恢复华夏"、"振兴中华"的时代最强音。1905年孙中山在《民报》发刊词中提出"民族、民主、民生"的"三民主义","要救中国,想中国民族永远存在,必要提倡民族主义"③。孙中山在此基础上进一步丰富了民族主义的内涵,使其逐渐具有整体对外的含义。

近代民族意识在向理性化、现代化方向迈进。民族意识是在对传统民族意识的理性批判和反思中觉醒的,是在反对帝国主义和封建专制主义的过程中出现的,它对外抵御列强,对内凝聚力量,为新民族精神的形成奠定了坚实的基础。

(二)经世实学的再兴

清乾嘉以后社会积弊日益严重,经世学派更加注重学以致用,解决实际问题,尤其是重大的社会问题,希望真正起到济世功效。面对经济颓败、民不聊生、官贪吏污的社会现状,经世派发出了改革图新的呼吁。龚自珍引《易经说》:"穷则变,变则通,通则久。"④魏源说:"天下无数百年不弊之法,无穷极

---

① 梁启超:《梁启超全集·新民说》,北京出版社1999年版,第656页。
② 梁启超:《梁启超全集·国家思想变迁异同论》,北京出版社1999年版,第459页。
③ 孙中山:《孙中山全集·三民主义·民族主义》第九卷,中华书局2011年版,第188页。
④ (清)龚自珍:《龚自珍全集·乙丙之际箸议第七》,上海人民出版社1975年版,第6页。

不变之法。"①他还明确提出了治学四原则："必有验于事""必有资于法""必有验于今""必有乘于物"②。鸦片战争之前经世实学虽然有明显的思想局限性，未能建立起反映新时代内容的理论体系，但是经世致用学派所创造的思想解放、面向现实的学风标志着中国文化发展新动向。尤其是经世学派变革图存、谋求富国强兵的思想对于鸦片战争后的维新派起到了极为重要的启蒙作用。学者自觉担负起时代的重任，把这种经世精神当做自己行动指南，希望能够达到针砭时弊、救国于危难之中的效果。

在这样的背景下，经学家俞樾和王闿运在经世实学思潮的影响下展开楚辞研究。

俞樾治学的宗旨在于"通经致用"，他认为应该遵循孟子的"返本"思想，在以传统道德为本的前提下强调道德教化。他发展了今文经学的公羊思想，进一步突出道德的基础地位。他所谓"致用"是以传统道德为本，尊孔子、孟子、荀子为"一圣二贤"。俞樾以乾嘉学派的实事求是为其治学精神，提倡"原本经典""通晓古言，推明古制，即训诂名物以求义理，而微言大义存其中矣"③，反对空谈义理。俞樾认为："自来治经者，其要有三，曰义理，曰名物，曰训诂。三者之中，固以义理为重。"④他在《群经平议·仪礼》强调通过"治小学"以贯通《仪礼》大义，通过对名物语词的训诂而凸现《仪礼》中的微言大义。

俞樾形成了自己"以疑存疑"、"大胆质疑"的学术个性和风格。在俞樾的著作中，常常保存两种不同说法。后世学者梁启超、刘师培、钱玄同等非常赞成俞樾的这种"以疑存疑"的态度。"俞氏这种解经的态度，实在是我们的好榜样。"⑤俞樾的这种做法为后世学者留下更广的研究空间，对之后一二十年传统学术发展都产生了重要影响。他的经世实学是从清代乾嘉学派传承下来

①（清）魏源：《魏源集·筹鹾篇》下册，中华书局 2018 年版，第 442 页。
②（清）魏源：《魏源集·皇朝经世文编叙》上册，中华书局 2018 年版，第 155 页。
③（清）俞樾：《春在堂全书·春在堂杂文一·重建诂经精舍记》第四册，凤凰出版传媒集团 2010 年版，第 20 页。
④（清）俞樾：《春在堂全书·春在堂杂文续编卷二·何崤青〈五经典林〉序》第四册，卷二，凤凰出版传媒集团 2010 年版，第 75 页。
⑤ 钱玄同：《钱玄同文集·重论经今古文学问题》第四卷，中国人民大学出版社 1999 年版，第 218—219 页。

的实事求是的精神和方法。在中国传统学术向近现代学术的转型过程中,俞樾求新求异、重实证的学风发挥了积极的作用。

王闿运是今文经学的又一代表人物,也是晚清学术嬗变中的一个重要环节。作为晚清传统型的知识分子,他抱定经世致用的理念。他的思想不是儒家经学简单的回归,而是儒家修身、齐家、治国、平天下精神的复兴。

王闿运有着从清末到五四之间83年的生活历程,这也是中国近代社会最为激烈动荡的时期。他亲眼见证了鸦片战争、太平天国运动、洋务运动、甲午中日战争、戊戌变法、辛亥革命等中国近代史上的大事件。身处乱世的王闿运相信儒家的传统经学可以适用于当世,经典思想能够挽救时局、调整社会秩序。他一生致力于公羊学的研究,成为晚清今文经学的代表人物之一。《湘绮府君年谱》记载其19岁时:"盖自是始欲通经致用,非仅诂训词章而已。"①从此,王闿运便将"通经致用"这一理念作为自己的经学价值取向,而非训诂词章的繁琐考证。他治经采取古今视界融合的视角,打破了今文经学和古文经学的壁垒。从当时的社会背景、文化思潮,探寻经典本身的"微言大义",从而以其来解决社会现实问题。因此他的经世实学思想既有中国传统经学的成分,又有鲜明的时代特色。这些也反映在他的楚辞学研究中,他是从传统楚辞学向现代楚辞学过渡时期的一个关键人物。

二、传统楚辞学的新风向

在西方列强的摧残之下,清末的中国满目疮痍,民不聊生。中国的学术界分成新旧两派,新派求新求变,希望采用西方学术研究的新方法;旧派则继承经世实学的方法,在旧说中寻求突破。在这种学术背景下,传统楚辞学开始了向近代楚辞学转型的艰难历程。在学术旧派的内部首先出现了俞樾、王闿运这样的探索者。

(一)俞樾为代表的朴学研究之风

俞樾,生于1821年,卒于1907年,浙江德清人,字荫甫,号曲园居士。清末著名学者。他传统文化造诣很深,精通文学、经学、古文字、书法。他是现代

①　王代功:《清王湘绮先生年谱》卷一,台湾商务印书馆1978年版,第14页。

诗人俞平伯的曾祖父,培养出了章太炎、吴昌硕、日本人井上陈政等学者。

俞樾以朴学治经,从文字训诂入手,"治小学,不摭商周彝器,谓多后世所伪托,辨形体,识通假"①,提出了许多独到的见解。俞樾承乾嘉朴学的余绪,将楚辞学的考据之风进一步发展。俞樾的楚辞学著作有《读楚辞》一卷,《楚辞人名考》一卷,《百大家评点王注楚辞》十七卷。《百大家评点王注楚辞》是俞樾辑录的前人评楚辞的内容,他以洪兴祖的《楚辞补注》为原本,篇目与次序均与之相同,眉批部分辑录他人评点,自己不做任何评价。

最能体现俞樾楚辞研究成果的是《俞楼杂纂》第二十四卷的中的《读楚辞》部分。这是以读书札记形式呈现的楚辞研究成果,共 40 条,研究内容涉及文字、词语、地名、人名、器物的考证。俞樾重点指出王逸注的错误,以"愚按"的形式引出自己的观点。《读楚辞》中俞樾不仅收录了屈原和宋玉的内容,还涉及王逸、东方朔等人的拟骚作品。

在词语考释上,俞樾不拘前人之说,紧扣文章主旨,简明通达。例如,"邸余车兮方林",王注"邸,舍也"。

> 愚按:邸当读为楮。《尔雅·释言》:楮,柱也。凡车止而弗驾,必有木以楮柱其轮,使之勿动,古谓之轫。《离骚》"朝发轫于苍梧兮",注曰:轫,楮轮木也。邸余车,即楮余车。氐声与者声相近,故邸得通作楮。《说文》:"土部,坻或做渚。"即其例矣。②

俞樾根据王注"朝发轫于苍梧兮"的注释,考证"邸"当读为"楮"。他根据《说文》《尔雅》等文献对"邸"的考释,撇开了就字训字的做法,寻求楚辞作品内部的联系。这是他区别于传统考据学内容琐碎、片段化的一个亮点。

在文字考证方面,俞樾的见解非常独特。如《大招》"五谷六仞,设菰粱只",俞樾先引王注:"注曰:七尺曰仞。"进而阐释自己对于"仞"字的考证,认为七尺曰仞之说不可通,世上不可能出现长四丈二尺之谷穗。

> 仞也字本作牣。《说文》:"牛部,牣满也。"《文选》《上林赋》"虚宫观而勿牣",《子虚赋》"充牣其中者不可胜计",并以牣为之五谷,六仞言谷

① 周骏富、蔡冠洛辑:《清代七百名人传》,周骏富辑:《清代传记丛刊》第三辑,明文书局 1985 年版,第 1655 页。
② (清)俞樾:《春在堂全书·读楚辞》第四册,凤凰出版传媒集团 2010 年版,第 555 页。

之数五,而充仞其中者六,盖并下菰梁数之,以见其多也。①

俞樾指出了王注与洪注的不足,他根据生活实际,否定了前人的谷穗为"六仞"之说,谷穗不可能长为四丈二尺。"仞",本字为"牣",为"满"之意,当言谷穗饱满。俞樾对"仞"字的考证,基于生活常识出发,又结合"仞"的本字,考察其在楚辞中的意义,这是合情合理的。

除文字考证和词语考释方面,俞樾还对名物方面的考证颇有创新,善于从别人忽略的一些地方入手,发现疑点,阐释清楚。《远游》中"凌天地以径度"一句,"天地"的解释,历来注家忽视。王逸没有单独注释,含混的释为"乾坤",洪兴祖则认同了王逸的观点,没再做解释。俞樾则认为"天地"当为"天池"之误。"《九歌》'与女沐兮咸池',注曰'咸池,星名,盖天池也'。王逸作《九思》亦有'沐盥浴兮天池'句,乃解此句则以乾坤释之,其所据本已误矣。"②

在人名的考证上,俞樾的一些观点影响深远,其中最为著名的当属"彭咸"的考释。王逸《楚辞章句》:"彭咸,殷贤大夫,谏其君,不听,自投水而死。"自王注后,历代学者多从其说。虽也有学者对此说表示怀疑,如钱杲之《离骚集传》"彭咸未闻",戴震《屈原赋注》说彭咸"书阙不可考矣",但多语焉不详。俞樾释为"彭咸疑彭祖之后,与屈子同出高阳故,一再言之亲切而有味也","彭咸即彭铿,铿成双声字"。俞樾之说影响深远,闻一多从其说,并在《离骚解诂》中做了进一步补充:"铿咸不只双声,元音亦同,惟韵尾略异耳。"③他根据《列仙传》,认为彭铿即彭祖。

《俞楼杂纂》中第三十卷收录了俞樾《楚辞人名考》,内容分为五大类,涉及古帝王 20 条、古诸侯 24 条、古人 67 条、古妇人 19 条、神人 46 条,共 176 条。在这一卷中俞樾只集录人名及其在《楚辞》中的出处,并未作详细考释。究其原因,一方面是由于俞樾作为一个朴学家做学问的态度使得没能做进一步深入的研究,一方面是由于所涉及的内容年代久远,不可考论。在《楚辞人

---

① (清)俞樾:《春在堂全书·读楚辞》第四册,凤凰出版传媒集团 2010 年版,第 558 页。
② (清)俞樾:《春在堂全书·读楚辞》第四册,凤凰出版传媒集团 2010 年版,第 556 页。
③ 闻一多:《闻一多全集·楚辞编·离骚解诂乙》第五卷,湖北人民出版社 1994 年版,第 295 页。

名考》中俞樾存疑很多,给后人留下了更多的研究空间。如在古帝王"夏康"一词条下:"夏太康也,见《离骚经》。按《离骚经》:'启九辨与九歌兮,夏康娱以自纵。'注曰:启子太康也,王怀祖先生《读书补志余编》则云夏当读为下,言启窃九辩与九歌於天,因以康娱自纵於下也。其说甚塙,然则太康不见于骚经,今姑依旧注存之。"①

俞樾虽然在校订文字、考证名物、诠释历史等诸多方面有功劳,但是他对楚辞文字语义的理解也存在诸多歧义,也有擅改原文的缺点。如《天问》中"闵妃匹合,厥身是继",王逸的注释为:"闵,忧也,言禹所以忧无妃匹者,欲为身立继嗣也。"俞樾则言"正文但有闵字,文义未明,而妃匹合三字连文,亦殊重复,疑本作'闵亡妃合',即王注所谓忧无妃匹也。亡与匹形似,又涉注文有匹字,误亡作匹"②。此举虽在文意上容易讲通,但是单纯以"形似"来解释,显然过于轻率,不能成为确定的依据。俞樾此举固然有不妥之处,却为后来游国恩等人的《天问》错简考证打下了基础。

总之,俞樾以扎实的朴学功底对楚辞学做了进一步的探索和整理,使楚辞学这一传统学术在一个风雨飘摇的王朝焕发出一丝生机,为20世纪楚辞学的勃兴做了前期的准备。五四以后闻一多、游国恩等人深受其影响,有朴学余风,尤其是在训释字意、考订作者等方面论断精当。

(二)以王闿运为代表的疑古之风

当以俞樾为首的朴学学者在追求楚辞文字、词语、名物等详细考证时,另一经学公羊派的学者王闿运却摈弃了尚实之风,专意于求微言、重异议。此时中国的楚辞学再次面临一场学术变革,王闿运和廖平开创了楚辞学疑古求异的风气。

王闿运,湖南湘潭人,字壬秋,号湘绮,生于1833年,卒于1916年。他一生勤于治学,交游广,著述丰富,在经学、文学、书法、史学、教育等多个领域卓有建树,特别是在经学研究方面自成一家。他的学术思想深刻地影响了晚清的学术界。

---

① (清)俞樾:《春在堂全书·读楚辞》第四册,凤凰出版传媒集团2010年版,第622页。
② (清)俞樾:《春在堂全书·读楚辞》第四册,凤凰出版传媒集团2010年版,第554页。

王闿运生长在"惟楚有才"的湘中，深受湖湘文化的熏陶和影响，这也许是他注楚辞的缘由。湖湘文化是中华文明中一朵奇葩，不仅孕育了瑰丽的楚辞，还形成了"心忧天下，敢为人先，百折不挠，兼容并蓄"的文化精髓。自南宋时期，朱熹、张栻至湖南讲学，此地的理学思想便十分兴盛，直至清代中期乾嘉汉学兴盛，过于重视考据训诂而忽视现实价值。正如钱穆所说，"清儒考证之学，盛起于吴、皖，而流衍于全国，独湖湘之间被其风最稀。"①这种文化精神在王闿运身上体现得淋漓尽致。湖湘文化造就了王闿运的性格，王闿运的著述又为湖湘文化注入了新鲜的血液，他的楚辞研究更成为中国传统楚辞学的转折点。

晚清公羊学说勃然兴起有其深刻的历史原因，董仲舒构建的今文公羊学说具有变易性、解释性特点，它与特定的社会环境结合能产生巨大的影响力。西方列强入侵是今文公羊学说复兴的一个原因。清王朝风雨飘摇，思想界面临严重的危机，需要有新的哲学观为社会变革开辟道路，今文公羊学成为在文化上接受西方近代进化论的桥梁。王闿运治楚辞延续其公羊派的做法，探求微言大义，致力于经世致用，不避穿凿附会。因此王闿运的楚辞研究既有传统楚辞学注释、校勘等方面求实的态度，又有奇谲、怪异的论调。

王闿运的《楚辞释》十一卷，涉及《离骚》《九歌》《天问》《九章》中的《惜诵》《涉江》《哀郢》《抽思》《怀沙》《思美人》《惜往日》《橘颂》《悲回风》《远游》《卜居》《渔父》《九辩》《招魂》《高唐赋》。王闿运注释的篇目不依洪兴祖，也不从朱熹。他的注释依王逸章句，对其中的部分词语另有注释，但并不以训诂见长。王闿运逐句释词，先引王注，后加自己的注释，最后疏通大义。如"纷吾既有此内美兮，又重之以修能。扈江离与辟芷兮，纫秋兰以为佩"。他对王逸的注释进行了修正和补充。如：

> 修，治也。扈，读若扈，从之扈。江离，盖芎药也。离，离也。芷，止也。兰，阑也。皆言辟恶香草，言去邪秽，自洁清也。与，於，通用字，於犹而也。辟，擗也，犹析也。②

①　钱穆：《中国近三百年学术史》，商务印书馆 1997 年版，第 638 页。
②　杜松柏编：《楚辞汇编·楚辞释》第七卷，新丰出版公司 1986 年版，第 11—12 页。

王逸释"修"为"远",王闿运释"修"为"治"。王闿运修正了王逸的注解,释"修"为"治"比释"修"为"远"更为贴切。"江离",王逸宽泛的解释为"香草",王闿运注释的较为具体,他推测为芍药。二人在"辟"字上注释差异较大,王逸释为"幽也",为形容词;王闿运释为"擗也,犹析也",动词。王逸注释的出发点,可能是从"江离"与"辟芷"的对应上,所以他把"辟"释为形容词。王闿运释"辟"为动词,这样与"扈江离"对应,从语义上也可以说通。他虽不以训诂见长,但是他的解释不拘泥于古解,而从求实的角度出发,为后人提供了一个全新的视角。

王闿运用"微言大义"的手法治楚辞,其注释精炼,但求大义。《离骚》中"吾令羲和弭节,望崦嵫而勿迫"注曰:"崦嵫,日所入,喻怀王已去位也。迫,急也。怀王归谋愈急,则愈不成。"①王闿运释楚辞为求微言大义,多穿凿附会、标新立异。王闿运之说,多是想象之辞,没有充分的依据,不能令人信服。如求有娀之佚女、留有虞之二姚,王闿运解释成废顷襄王、另立新王之说,没有史料做支撑,故不可信。姜亮夫:"清人《楚辞》之作,以戴东原之平允,王闿运之奇邃,独步当时,突过前人,为不可多得云。然篇篇求与时世相应,句句关切怀襄两世,遂至附会过多,不足以服人。"②

王闿运从今文经学视角关注楚辞,有其特定的时代背景。晚清以后中国社会面临前所未有的挑战,原有的社会政治、经济、文化都受到外来因素的冲击。清政府实行专治统治,大兴文字狱钳制人们思想。政府把那些被认为触犯君权的文字均视为异端,从重处理。一方面,这从思想意识上巩固了清朝的统治;另一方面,这是对中华民族文化的摧残。清政府的思想专治使得广大知识分子转入故纸堆中从事考证之学,改变了学术的发展方向。禁锢思想意识,也禁锢了生产技术,导致社会发展和生产力水平逐步与西方国家拉开差距。近代以来,中国国家和民族危机加重,一批知识分子专注今文经学,关心时局却又不敢涉足政治。他们依托圣人之言讥讽时政,王闿运的《楚辞释》也受这种学风的影响,求新、求变,其辞多谲怪。王闿运说楚辞用公羊学派的路数,专

---

① 杜松柏编:《楚辞汇编·楚辞释》第七卷,新丰出版公司1986年版,第47页。

② 姜亮夫:《姜亮夫全集·楚辞书目五种》第五册,云南人民出版社2003年版,第265页。

求微言大义,不避穿凿附会。如王闿运认为楚怀王疏远屈原,被困于秦国,屈原用计让怀王与秦王会于黄棘。王闿运认为,顷襄王初年时屈原在朝廷中地位很重要,怀王被秦国扣留后,屈原为了能让怀王返回楚国,积极谋划,准备从汉中进入秦国,但考虑到楚国无人执政,后留在楚国。若依王氏之说,屈原主张与秦修好,这些与史料记载大相径庭,《史记》中的屈原主张联齐抗秦。王闿运认为屈原在顷襄王初年时在朝廷中地位很重要,这与传统史料上记载的屈原曾遭疏斥和放逐不同。王闿运的说法很新奇,但多穿凿附会和想象之词。晚清的今文经学家面对封建王朝的衰落和西方列强的入侵,以及传统解读经典的方式受文本的限制等问题,"微言大义"恰好可以让他们自由地表达见解。王闿运通过注释楚辞表达他对时局的看法。王闿运生于湖南,受到湖湘本土情结的影响,自幼便对《楚辞》产生了浓厚的兴趣。他26岁中举,为咸丰皇帝的智囊肃顺效力。咸丰死后,肃顺成为皇权争斗的牺牲品,王闿运则被贴上了"肃党"的标签,政治生涯从此画上了句号。王闿运空怀大志,虚负其才,一心想要建功立业,却得不到赏识,遗憾之下,他只得将自己的经世济民之志倾注在对《楚辞》的诠释当中。

　　总体而言,王闿运的楚辞研究成果"独步当时,突过前人",具有一定的创新性,符合新旧思想交替之时学术求新求变的需求,但也有一定的缺陷。姜亮夫肯定其在清代楚辞学史上做出的突出贡献之外,也批评了王闿运楚辞研究"篇篇求与时世相应,句句关切怀襄两世,遂至附会过多,不足以服人"①的缺点。按照学术发展的内在规律,从另一个角度反映了楚辞学发展到这一时期已经在向求新求变的道路上探寻,只是学者们没有意识到楚辞学到底该向哪一个方向发展。王闿运的观点影响了廖平的楚辞研究,他关于楚辞的著述虽然不多,却直接开启了20世纪楚辞疑古的学术思潮。

　　(三)以廖平为代表的中西融合之风

　　廖平(1852—1932年),四川人,在中国近代学术史上占有重要位置。他一生治经学研究,融合古今中西学说,建立了富有时代特色的经学理论体系。

　　廖平自幼家贫,勤于苦读。张之洞任四川学政期间,廖平深受其赏识,入

---

① 　姜亮夫:《姜亮夫全集·楚辞书目五种》第五册,云南人民出版社2003年版,第265页。

尊经学院深造。张之洞重乾嘉汉学的文字训诂，而廖平更钟情于宋学研究考据。张之洞离开四川后，廖平师从王闿运。他继承了王闿运今文经学的研究方法，不拘泥于文字训诂、名物考证，主张透过文字表象去探求隐涵着的微言大义。因此廖平的学术研究非常灵活，他治楚辞沿着王闿运开辟的道路继续前行，对以后的楚辞疑古说产生了重要的影响。

纵观廖平一生的学术观点，以"多变"著称。他自己曾说为学当精进不已，不可故步自封，当求"十年一大变，三年一小变。每变愈上，不可限量"，"变贵不再枝叶，而贵在主宰"，"若三年不变，已属庸材，至十年不变，则更为弃材"①。廖平早期学术思想发生过两次变化，即由宋学转向东汉古文经学、由东汉古文经学转向西汉今文经学。在转向今文经学之后，廖平又有了接下来的六次转变，前三变为"今古学"，后三变为"天人学"。在这一时期的初变当中，廖平著《今古学考》，提出以礼制平分今古。他主张古文经为周公所创，今文经为孔子所创，并比较了两者的异同。他认为古文经学尊崇周公，主《周礼》；今文经派尊崇孔子，主《王制》。虽然两家在"王制"与"礼制"上有分歧，但是历史上两家可"同治中国"。二变中，廖平又著《古学考》和《知圣篇》，这一次他从尊孔尊经的今文经学出发，认为今文经乃孔子真传，而古文经乃刘歆伪作，不可凭信，因此要"尊今抑古"。三变中，廖平的代表著作有《古今学考》《知圣续篇》等。这一次他提出要以疆域划分今古学，《诗》《书》《易》《周礼》等古学为大统，《春秋》《王制》等今学为小统，并且承认它们都是孔子之作。四变的代表作有《天人学考》《论理约编》等，主张天学人学，人学二经为《尚书》《春秋》，天学二经为《诗》《易》。五变中，廖平之弟子黄镕作《五变记》，指出人学三经为《礼》《春秋》《尚书》，天学三经为《乐》《诗》《易》。《春秋》为小统以治国，《尚书》为大统以平天下。六变中，廖平著《诗经经释》《易经经释》专讲天学。由此看来廖平的学术理论建构不仅突破了今文经学的界限，而且还突破了整个经学的界限。他构建学术理论的素材也是丰富多样的，既有中国古代的经传诗赋，又有西方的天文地理；既有中国的堪舆术数，又有西方宗教的神话哲学。他说："迄于今日，邪说横流，甚谓'孔子毕生海外未经游历，

① 舒大刚编：《廖平全集·整理前言》第一卷，上海古籍出版社 2015 年版，第 13 页。

地球未尝梦见'。将欲废孔毁经，别求宗主。此非孔经之咎，乃诸儒解经之咎也"。① 在廖平看来孔子的学说是无所不包的，不仅涉及中国古代，而且适用于当世。孔子在其学说中已经暗示精义大道，只不过是以前的儒者并没有真正全面认识孔子的学说。廖平的经学观点直接影响到他的楚辞研究。

廖平的楚辞研究成果是《楚词讲义》等，收录在《六译馆丛书》中，这是他向学生授课的提纲。这部《楚词讲义》共十课和一个序言，内容虽然不多，但是其中的观点却很独特，从某种程度上来说是对传统楚辞学观念的颠覆。如果说廖平的老师王闿运的楚辞研究天马行空、多主观臆测，那么廖平则逐步否定了楚辞是屈原的作品，他的观点直接影响了 20 世纪楚辞学中屈原否定论的形成。

廖平最主要的观点有：楚辞为秦博士所做，假托屈原之名；楚辞属于天学，源于道家；辞赋出于诗学。楚辞研究自刘安肇始，诸多学者没有怀疑过屈原其人。廖平却直接提出楚辞非屈原所作：

> 《秦本纪》：始皇三十六年，"使博士为《仙真人诗》"，即《楚词》也。《楚词》即《九章》、《远游》、《卜居》、《渔父》、《大招》诸篇。著录多人，故词重意复，工拙不一，知非屈子一人所作。当日始皇有博士七十人，命题之后，各有呈撰，年湮岁远，遗佚姓氏。②

俞樾、王闿运、廖平三位学者发近代以来楚辞学转型的先声。20 世纪以后，特别是新文化运动后各种思潮百花齐放，为楚辞学向现代化转型提供了思想储备。

第三节　中西文化的交融与楚辞学

思想文化领域的变革对这一时期楚辞学也产生了影响。开眼看世界的中国人引进了许多新的思想、新的学说，这给古老的楚辞学带来了一股新风。在

① （清）廖平：《五变记笺述》，刘梦溪主编：《中国现代学术经典·廖平蒙文通卷》，河北教育出版社 1996 年版，第 258 页。
② 舒大刚编：《廖平全集·楚辞讲义》第十卷，上海古籍出版社 2015 年版，第 347 页。

中外文化大激荡、大碰撞、大融汇的时代,楚辞学以开放的胸怀容纳了西方的一些先进理念、先进方法,逐步走出古代楚辞学的范畴,走向一个崭新的天地。

一、中西文化的交融

中国历史悠久,文化绵延数千年,毫无疑问有着自己内在的发展动力,然而近代以来中国文化与西方相比发展相对迟缓。直到鸦片战争之后,林则徐、魏源等一批知识分子痛定思痛,积极变革,学习西方的经济、文化、技术,中西文化日渐融合,开启了一个文化自觉的新时代,为楚辞学转型提供了必要的文化背景、学术背景。

从当时学者对西方文化的态度来看,有一批开明人士主张学习西方的先进文化,还有部分学者提出不光要学习西方文化,还要灵活变通以求自强。

(一)中西交融的态度——师夷长技

古老的中国文化源远流长,有着十分旺盛的内在活力,在近代历史上却形成了迟滞难以发展的局面。清朝统治者盲目自信,以"天朝上国"自居,思想狭隘,为了防止臣民外流、物资外溢实行闭关锁国政策,坚持"严夷夏大防"。而此时欧洲经济、科技等正在以前所未有的速度迅速发展。鸦片战争以后一批先进的知识分子开始觉醒,魏源、林则徐等一批有远见的知识分子改变妄自尊大的观念,开始正视敌强我弱的现实。他们"开眼看世界",主张学习国外先进的科学技术,实现国家富强,抵御外国侵略,开创了中国近代学习西方的先河。这在中国文化史上是向近代迈出转折的第一步,尽管这一步非常的艰难,但是对于中国学人思想解放来说无疑是重要的进步。他们开始认识到,中国人必须洞悉夷情。

近代文化先驱必须要冲破文化政策和文化心理的牢笼。乾隆皇帝在给英国女王的敕谕中说:"天朝物产丰盈,无所不有,原不藉外夷货物,以通有无。"①当时有人认为运到中国的洋货都是"奇巧无用之物"、"有伤王化",只会骗取钱财。鸦片战争以后,清朝政府迫于形势不得不起用一些了解夷情的

---

① 中国历史第一档案馆编:《英使马戛尔尼访华档案史料汇编》,国际文化出版公司1996年版,第84页。

人,尽管当时人们在文化观念上还有所冲突,但是也必须承认开放是大势所趋,"悉夷"是社会的需要。林则徐是中国近代史上最早意识到"夷情"重要性的知识分子,他从注重实效的立场出发,认真了解国外的情况,纠正自己认识上的偏差,成为中国近代研究中西文化的第一人。他组织人翻译报纸、研究对华评论、了解西方历史地理和经济法律等情况。他的这些做法远远超过了"制夷"的初衷,成为中国近代新生文化的发端。魏源在《海国图志》中提出:"为以夷攻夷而作,为以夷款夷而作,为师夷长技以制夷而作。"①魏源也提出:"欲制外夷者,必先悉夷情始;欲悉夷情者,必先立译馆翻夷书始;欲造就边才者,必先用留心边事之督抚始"②。他提出设译馆"专充夷书夷史",是中国人了解西方世界的一个最为直接的窗口。"攻夷之策二:曰调夷之仇国以攻夷,师夷之长技以制夷。"③林则徐、魏源提出的"悉夷"是前提,"师夷"是手段,"制夷"为目的。他们既不盲目排外,也不屈膝媚外,而是对西方侵略者做出了最积极、最有力的回应。这些举措是中国进入近代文化的先声,开启了认识西方世界的序曲。在林则徐和魏源的带动下出现了一大批先决之士,"开眼看世界"成为一种无法阻挡的文化潮流。在这一时期有林则徐编的《四洲志》(1841年),魏源著《海国图志》(1842年),还有梁廷枏著《海国四说》(1846年),徐继畬著《瀛环志略》(1848年)等。尽管这些著作在认识上还有一些缺陷,但是他们敢于直面国家的形势、清醒地认识外部世界便是一种进步。清朝政府迫于形势,开始起用解夷情的人,"悉夷"是社会的需要,开放是大势所趋。

这一时期中国的知识分子表现出勇敢反对陋习的思想解放精神,也表现出致力于中国富强的远见。魏源写道:

> 西史言俄罗斯之比达王聪明奇杰,因国中技艺不如西洋,微行游于他国船厂、火器局学习工艺,反国传授,所造器械,反甲西洋,由是其兴勃然,遂为欧罗巴洲最雄大国。故知国以人兴,功无幸成,惟厉精淬志者,能足国而足兵。④

---

① （清）魏源:《海国图志·原叙》,岳麓书社 1998 年版,第 1 页。
② （清）魏源:《海国图志·议战》,岳麓书社 1998 年版,第 26 页。
③ （清）魏源:《海国图志·筹海篇一》,岳麓书社 1998 年版,第 1 页。
④ （清）魏源:《海国图志·筹海篇三》,岳麓书社 1998 年版,第 31 页。

我们从中可以看出,魏源的观点已经包含着深远的革新意识,他用世界性的眼光审视中国的新问题,寻求中国的富强之路。丁伟志、陈崧在评价林则徐和魏源的"师夷长技以制夷"时说,这"是作为一种振兴国家的方略而提出来的"。"于中国近代文化思想的发展而言,它是因揭出一个新的价值标准、新的行为准则、新的文化观念,而成为中国近代文化名副其实的'创榛辟莽,前驱先路'。"①

(二)中西交融的方式——变通自强

如果说以林则徐和魏源为代表的思想界"师夷长技以制夷"的观点是中国近代知识分子的觉醒,那么以曾国藩、李鸿章为代表的洋务派的"变通自强"则成为近代以来与"师夷长技"的第一次交锋。林则徐和魏源等人的观点主要是停留在观念上的革新,并没有大规模的付诸行动。而以曾国藩和李鸿章为代表的洋务派则在中国大兴实业,不仅引进了西方的军事装备,而且把资本主义国家的机械制造业也引进中国,开创了中国自强运动的新局面。洋务派承认了西方文明的成果,这对中国旧文化壁垒产生了一种强烈的冲击,也标志着中国人对自强的认识达到了一个新的层次。

李鸿章对"师夷长技"的认识逐渐从学习外国的利器,过渡到了学习西方的先进成果,"师其法而不必尽用其人;欲觅制器之器与制器之人"。虽然他们对科学成果的认识还比较肤浅,认识的重心在于学习西方先进的技艺,但是他们开启了一个向西方学习科学技术的新阶段。李鸿章深谙"穷则变,变则通"的道理,他看到日本通过学习西方先进技术,开始走向强国之路。他认为中国必须要"变通",不能抱残守缺。李鸿章的"变通"从世界形势出发,认识中国的国情,这已经具有了新的时代内容。尽管李鸿章的变通是为了维护皇权的利益,并未能触及中国的封建制度的根基,但是这种"变通"已经具有了世界性的眼光,是一种创举。他们抱着"中兴"的目的发展实业,寻求国家的自强之路。

另一位学者王韬的认识比李鸿章更为激进,主张扫除积弊,"变通新法"。

---

① 丁伟志、陈崧:《中西体用之间——晚清文化思潮论述》,中国社会科学文献出版社 2009 年版,第 26 页。

他提出讲求武备、整顿海防、慎固守御、改易营制、习练兵士、精制器械六项自强之法。由此可以看出，王韬对世界形势有着更为清醒的预见。他的过人之处在于阐明了中国一方面必须抓住"变通"、"自强"的时机；另一方面要从海防、军事、科举、贸易等诸多方面去寻找强国的出路。

二、楚辞学的"西用"

19世纪中叶以后洋务运动兴起，洋务派并没有认识到引进西方先进技术后将会带来的思想文化观念上的震荡。保守派敏感地意识到了中西文化的冲突，于是开始了长达三十多年的中西学之争。这场中西学之争，涉及政治、经济、文化、宗教、习俗等各个领域，说到底是两种文化观念、两种价值取向的交锋，最终形成了"中学为体，西学为用"的文化观，这对于西方近代文明的传播起了积极作用。

（一）楚辞学美学意识的萌发

较早把西方的美学观引入楚辞学的应该说是王国维和梁启超。

王国维首开以西方美学观念研究楚辞的先河。1906年，王国维发表《屈子文学之精神》一文，对屈原和屈原作品的精神做了全面、多角度的梳理，凸显了其文艺批评中的美学观念，也成为探讨王国维美学观的一个重要路径。王国维从审美需要、审美想象、审美批评的标准上重新考察屈原和楚辞，建立了楚辞现代美学批评的一个基本范式，这也是对中国传统文论的一次突破。

王国维深受叔本华、尼采和康德哲学思想的影响，开中国用美学观念研究楚辞的先河。1899年，王国维从日本教员田冈的文集中知道了汗德（即康德）、叔本华，萌生了研究"西洋哲学"的想法。1902年，王国维开始接触西方的社会学、心理学、逻辑学、哲学等。这一年他被通州师范学堂聘任为心理学、哲学、伦理学教员，任教期间通读了叔本华、康德的著作。1903年撰写了《哲学辨惑》《论教育之宗旨》《叔本华像赞》《汗德像赞》，翻译了《西洋论理学史要》。1904年，王国维到江苏师范学堂任教，继续研究叔本华的思想并深受其影响。他用西方的哲学理论研究中国的传统文化，撰写了《孔子之美育主义》。这一年是王国维研究西方文化成果丰硕的一年，他完成了《尼采之教育观》《叔本华之遗传说》《汗德之哲学说》《汗德像赞》《叔本华之哲学及其教育学说》《书叔本华遗传说后》《叔本华与尼采》等著作。1905年,王国维致力于康德学说的研究,完成了《论近年之学术界》《论新学语之输入》。他在《论近年之学术界》中对近代以来的中国学术进行了梳理,提出:"吾国今日之学术界,一面当破中外之见,而一面毋以为政论之手段,则庶可有发达之日欤?"①在《论新学语之输入》中,他说:"言语者,思想之代表也,故新思想之输入,即新言语输入之意味也","夫普通之文字中,固无事于新奇之语也,至于讲一学,治一艺,则非增新语不可"②。在他看来中国学术中增加西方词语是学术发展的必然,新的词语的输入代表着新思想的输入。1906年,王国维完成了两部介绍康德的著作《德国哲学大家汗德传》《汗德之伦理学及宗教论》。他还把德国的美学家席勒介绍到中国,撰写了《教育家之希尔列尔(即席勒)传》。同年,王国维完成了关于楚辞研究的文章《屈子文学之精神》,与之同时期的《文学小言十七则》中也涉及了关于屈原和楚辞的内容。由此可见,在王国维的楚辞研究中有浓重的西方美学理论色彩就不足为奇。

王国维在楚辞研究中论及了审美意识、审美想象、审美情感、天才论和人格论的关系等方面的问题,这在楚辞学史上尚属首次。

审美意识即审美价值标准、审美价值取向,包括审美观念、审美趣味和审美理想。③ 王国维在《屈子文学之精神》一文中,将道德政治思想区分成南北两派:"一帝王派,一非帝王派。"帝王派是入世派,是热情派;非帝王派是遁世派,是冷性派。前者以孔子为代表,是北方学派;后者以老子为代表,是南方学派;文学源于这两种思想,这也决定了文学审美意识的不同,一派热情,一派冷性,由此文学的表现形式和审美趣味也截然不同。北方学派以诗代表"北方学派之思想者也",南方学派以散文为代表,表现的是南方的想象特质。据此王国维以为,北方文学重在表达思想,南方文学重在发挥想象,表达理想和情感。他批判了德国美学家希尔列尔(即席勒)的定义:"诗歌者,描写人生者也",认为这一定义太过于狭隘,应该从更广阔的角度去看待,自然及人生都可以成为诗歌所描写的对象。他从辩证的角度出发,采用"新学语"来辨析审

---

① 王国维:《王国维文集·论近年之学术界》第三卷,中国文史出版社1997年版,第39页。
② 王国维:《王国维文集·论新学之输入》第三卷,中国文史出版社1997年版,第41页。
③ 杨恩寰:《美学引论》,人民出版社2005年版,第197页。

美的主观和客观方面。"故古代之诗,所描写者,特人生之主观的方面,而对人生之客观的方面,及纯处于客观界之自然,断不能以全力注之也。故对古代之诗,前之定义,苦其广,而不苦其隘也。"①这里王国维吸收了西方哲学中的"主观""客观"两个词语来论述文学的审美价值。他确定了审美的客观条件,把自然和人生作为一个审美客体,探求其审美价值,这在楚辞学论著中也是首次出现。

"审美想象是一种自由把握和创造形式的审美能力。在审美活动中,审美想像遵循接近、类似、对比等联想律,以表象为基元,融合理解与情感,对表象进行加工制作,从而创造一个新的意象,一个审美想象世界。"②王国维的楚辞研究借鉴了西方美学论著中关于想象的阐述,如康德的观点:天才是想象力和理解力的自由和谐。在中国的古代文论中虽然也有关于想象的研究,如刘勰《文心雕龙》中的《神思》篇、陆机的《文赋》等,但是王国维把楚辞中关于想象的论述纳入了西方的美学体系,探讨审美想象的成因、表现形式及其功能。

南北学派审美想象的成因基于"道德政治上之思想"。诗之宗旨"以描写人生为事",而人生者并非孤立生活之外,考察文学的审美想象当在"家族国家及社会中之生活也"。北方派与南方派理想的不同也就决定了他们审美想象的差异,"北方派之理想,置于当日之社会中。南方派之理想,则树于当日之社会外"③。或者说北方派的理想在于改造旧社会,南方派之理想在于创造新社会。这在文学创作的过程当中表现为北方重"坚忍之志,强毅之气",南方"长于思辩,而短于实行","故遁世无闷,嚣然自得"。王国维由此认为南方人之想象力之伟大胜于北方,在南方的文学创作当中,善于使用比类等手法来表达自己的想象,诸如庄周的言大语小、屈子的散漫无所依。屈原所创作的作品,既有北方人的情感,也具有南方人的想象力,"彼之丰富之想像力,实与庄、列为近"④。这种想象是创造性的想象,屈原通过他对现实生活中事物的

---

① 王国维:《王国维文集·屈子文学之精神》第一卷,中国文史出版社1997年版,第31页。
② 杨恩寰:《美学引论》,人民出版社2005年版,第186页。
③ 王国维:《王国维文集·屈子文学之精神》第一卷,中国文史出版社1997年版,第31页。
④ 王国维:《王国维文集·屈子文学之精神》第一卷,中国文史出版社1997年版,第33页。

观察,创造出从未有过的新奇的意象。

审美想象突破了审美感知的局限性,使屈原在对表象的把握中有理性的规范。在王国维的论述中这种规范就是"彻头彻尾的北方之思想"。他为屈子之审美想象找到了与其对应的形式:"变三百篇之体,而为长句,变短什而为长篇,於感情之发表,更为宛转矣。此皆古代北方文学之所未有,而其端自屈子开之。然所以驱使想像而成此大文学者,实由其北方之朒挈的性格。此庄周等之所以仅为哲学家,而周秦间之大诗人,不能不独数屈子也。"①王国维论述了与屈原想象力相适应的文学表现形式以及其所创造的新奇意象,这种新意象是内在情感的表现和抒发形式。从形式而言,屈子之文变三百篇短句为长句,更有利于表达婉转的情感。王国维看来屈原创作的作品是文学的"雄者",之所以成为文学雄者是因为他具有丰富的想象力,并创造了独特文学形式。

王国维是近代楚辞研究中最早关注审美情感的学者之一。在他看来,审美情感是审美想象的内驱力,它决定了创作者思想的差异;审美情感是文学创作中最为活跃的因素。王国维根据春秋以前道德政治上之思想分成帝王派与非帝王派。帝王派主张入世,非帝王派主张遁世。帝王派的情感特点是热情,非帝王派的情感特点是冷性。正是由于二者情感的不同,使二者形成不同的创作主张和创作风格。帝王派注重整个国家和民族情感的表达,非帝王派则注重个人情感的表达。他把中国文学创作中的情感分成了两大类:一类是"模山范水"之情感,一类是"深邃之感情"。至于屈原在楚辞中表达的审美情感是建立在其审美理想之上,由审美想象驱动的情感。"北方人之感情诗歌的也,以不得想象之助",而屈原的作品将北方人的感情与南方人的"散漫"想象融合在一起形成了独特的楚辞。他在《文学小言·四》中说:"文学者,不外知识与感情交代之结果而已。苟无锐敏之知识与深邃之感情者,不足与於文学之事。"②在王国维看来,文学创作是丰富知识与深邃情感结合而成的,没有"深邃之感情者"就不要涉足文学。"屈子感自己之感,言自己之言者也。"③

---

① 王国维:《王国维文集·屈子文学之精神》第一卷,中国文史出版社 1997 年版,第 33 页。
② 王国维:《王国维文集·文学小言·四》第一卷,中国文史出版社 1997 年版,第 26 页。
③ 王国维:《王国维文集·文学小言·十》第一卷,中国文史出版社 1997 年版,第 27 页。

屈子的创作不仅在表达自己的经历,而且是在谈自己的情感,有着独特性,体现了他的情感态度和价值取向。文学创作需要有"肫挚之感情",这是驱动想象的动力。诗歌是北方的产物,诗人创作需要丰富的情感,屈原是受到北方诗歌的影响。

在美学中通常把审美创造力叫做天才,它包括想象力、才能和灵感。哲学史上康德对天才做了重要论述:"天才就是:主体在自由运用其诸认识能力方面的禀赋的典范式的独创性。"①康德认为天才的独创性是非常重要的,这种独创性必须要符合理性的规范。因此在康德看来天才就是想象力和理解力达到自由和谐状态的表现,其中想象力更为重要。黑格尔认为,"天才是真正能创造艺术作品的那种一般的本领以及在培养和运用这种本领中所表现的活力"②。在"西体中用"文化语境中,王国维深受康德和黑格尔的美学理论的影响,他把"天才论"用于楚辞的研究。他接受了康德的关于天才的论述,强调天才不仅具有丰富的想象力,而且要具备学问和德行才能够产生出真正的大文学。想象力、学问、德性三者成为出现"真正大文学的必要条件"。屈原是"旷世而不一遇"的天才,其创作的楚辞是"真正的大文学"。在中国楚辞学史上王国维第一次使用"天才"论述楚辞,尽管他对天才的认识并不完整,与美学意义上的天才有一定的距离,如没有看到创作者敏锐观察力和灵活巧妙的构思能力等,但是这并不妨碍他以西方美学的视角去认知楚辞。

在王国维眼里,天才产生的条件是人格,因此他在楚辞研究中提出了"人格"论。"三代以下之诗人,无过於屈子、渊明、子美、子瞻者,此四子者若无文学之天才,其人格亦自足千古。故无高尚伟大之人格,而有高尚伟大文章者,殆未之有也。"③王国维在评价作家与作品时把"人格"提到了重要的位置上。19世纪以后,在西方哲学史上,伴随欧洲现代浪漫主义思潮的兴起,在德国出现了一种新型美学,它把诗看作为解决人生价值和意义问题的重要依据,而不仅仅是一种艺术现象。尼采在"唯意志论"的基础上建立的"人格论"是把意志的独立特质推向了极端。王国维作为中国20世纪的文化先驱,深受尼采的

---

① ［德国］康德:《判断力批判》,人民出版社2002年版,第163页。
② ［德国］黑格尔:《美学》第一卷,商务印书馆2009年版,第360页。
③ 王国维:《王国维文集·文学小言·六》第一卷,中国文史出版社1997年版,第26页。

影响,他在心态上迈出了由传统到现代人格转换中最具决定性的一步,体现出一种全新的人格价值取向。他认为文学创作者的人格与文学作品的质量是一致的,有了伟大的人格,才能有伟大的文学作品。这体现了他"别求新声于异邦"的探索意识与对个人生命力量的高度推崇与刻意追求。

(二)楚辞学现代方法的运用

心理学、统计学等研究方法开始在楚辞学中使用,打破了传统学术中依靠臆测和想象进行研究的局面。

梁启超在研究楚辞的过程中也采用了中国传统学术与西方科学相结合的方式,使楚辞学变得更加系统、明晰。这种科学性突出表现在他把楚辞与西方心理学理论紧密联系起来进行了积极的探索。如果说王国维的楚辞研究是从社会群体入手,探求屈原的个人情感与楚辞创作,迈出了楚辞美学研究重要的一步,那么梁启超是从屈原的个性心理入手,探求其楚辞创作的缘由和自杀的动机,他是现代楚辞心理学研究的第一人。他既探求了屈原创作的心理个性,又探求了接受者的心理过程。

首先,梁启超从心理学上进一步探求了屈原内心世界的矛盾。这是古代楚辞学中较少涉及的问题。屈原内心世界的矛盾涉及宇宙和人生的问题,屈原通过作品《远游》和《天问》集中探讨了这两个问题。

王逸认为《远游》虽然"托配仙人","周历天地","然犹怀念楚国,思慕旧故"。梁启超基于对西方哲学的理解,彻底否定了王逸对《远游》的看法,"《远游》一篇,是屈原宇宙观人生观的全部表现。是当时南方哲学思想之现于文学者"①。他认为文学与哲学是平行发展的,屈原生活的时代哲学勃兴,因此文学随之高涨,在文学中也体现着哲学的内容。对于人生问题的探求也让屈原处于一个矛盾的境地,让他无法解决。梁启超眼里的屈原看到了"人类社会的痛苦",他慨叹"长太息以掩涕兮,哀民生之多艰"。这种社会痛苦的缘由在于人类道德的堕落。他心目中的屈原致力于社会改革,"要多培植些同志",但是让他最痛心的事儿是看着这些"从前满心希望的人"堕落下去。屈原坚持正义,坚持"独立不迁"主义,排斥"迁就主义"。这是梁启超对屈原的

---

① 梁启超:《梁启超全集·屈原研究》,北京出版社 1999 年版,第 4037 页。

人生观做出的一个精辟总结。"'我决定要打胜他们，打不胜我就死。'这是屈原人格的立脚点，他说也是如此说，做也是如此做。"①

梁启超认为《天问》前半部分是屈原在探求宇宙的问题，通过对宇宙开辟神话和历史神话的疑问表达自己怀疑和烦闷的心理，然而他没有找到解决的途径，这是屈原文学思想的出发点。梁启超认为"《天问》纯是神话文学"，有一种神秘性，"活象希腊人思想"。② 从这一角度看，梁启超在研究中国文化时依旧贯穿着"西方学术"的精神。他站在西学的视角下重新审视"中学"，也正是如此才把"中学"推进到一个新的发展阶段。晚年他曾经说："宇宙是不圆满的，正在创造之中，待人类去努力。所以天天流动不息，常为缺陷，常为未济。"③

其次，梁启超认为屈原自杀的真正原因是性格，是一个性格悲剧。他的自杀"在思想家中为绝无仅有之事"，然究其原因"乃感于人生问题之不能解决，不堪其苦闷"。他批判了西方道德论中"自杀是懦弱"的观点，相反认为屈原的自杀是勇敢的行为。

梁启超分析屈原一面以"极莹彻之理性"感"天地之无穷"；一面以"极热烈之感情"念"民生之长勤"。两者之间存在着不可调和的矛盾，因此屈原之"苦闷乃不可状"④，这是"极高寒的理想与""极热烈的感情"的矛盾。这样的性格导致他一面"达观天地的无穷"，一面"悲悯人生的长勤"，这两方面在脑里轮转。屈原"盖痛心疾首于人类之堕落，自觉此种生活，一刻不能与之共，结果只有舍之而去，譬犹有洁癖之人不以死易洁也"⑤。他渴望能够找到前途的一线光明，他上下而求索，却越寻觅越觉黑暗。他决心和"恶社会奋斗"，先是以服饰显示出与众不同，最后他决心反抗社会，以性命相搏。梁启超在《要籍解题及其读法》中进一步分析了屈原的性格悲剧，现实的冷酷与他内心的"滚热的感情"形成了巨大的矛盾。当二者无法协调时，屈原只能以自杀结

① 梁启超：《梁启超全集·屈原研究》，北京出版社 1999 年版，第 4040 页。
② 梁启超：《梁启超全集·屈原研究》，北京出版社 1999 年版，第 4043 页。
③ 梁启超：《饮冰室合集·文集》第四十集，中华书局 1989 年版，第 13 页。
④ 梁启超：《梁启超全集·老孔墨以后学派概观·屈原》，北京出版社 1999 年版，第 3318 页。
⑤ 梁启超：《梁启超全集·老孔墨以后学派概观·屈原》，北京出版社 1999 年版，第 3318 页。

束。他从作家的性格入手分析屈原悲剧和楚辞产生的原因。在梁启超看来正是屈原极端的性格才导致他与这个社会不能相容,最终走向自杀;正是由于屈原极端的性格才能产生出楚辞这样奇特的文学。正如徐志啸评价说:"……最早全面评价屈原其人及其作品,具有突破前人传统格局特点,并提出一系列新见卓识的,当推杰出的近代启蒙主义者、著名文学批评家梁启超。"①

梁启超在《老孔墨以后学派概观》中涉及文艺批评的两个着眼点,时代心理和作者个性。他对楚辞学的一大贡献就是引入了西方文艺心理学的观点研究楚辞,开中国近代文艺心理学研究的先河。受西方文化影响,他摆脱了前人楚辞训诂的窠臼,从宏观的历史文化背景和微观的屈原个性心理入手探求屈原的创作心理。他把屈原置于社会环境、个人成长、个性心理等矛盾冲突焦点的位置,探寻其心路历程。这为后世的楚辞研究者提供了全新的思路,也是西方文化对梁启超楚辞研究的重要影响。

除此之外,梁启超也对屈原的身世经历以及相关作品进行了考辨。在这个过程中,他同样综合运用了比较研究、统计等从西方引入的科学研究方法。梁启超认为:"欲知历史真相……最要的是看出全个社会的活动变化。全个社会的活动变化,要集积起来比较一番才能看见。往往有很小的事,平常人绝不注意者,一旦把他同类的全搜集起来,分别部居一研究,便可以发现出极新奇的现象而且发明出极有价值的原则。"②这一创见对于楚辞学的研究可以说是至关重要的,因为年代久远,史料不全,作品真伪更是难辨。资料的缺失一直是先秦文学研究当中需要克服的难点,在这种情况下,对已有作品内容的相互印证考辨就成了十分重要的环节。秉持着这种观点,梁启超利用历史统计的方法,从屈原的作品中统计出沅、湘、洞庭等17处地名,并由此推断屈原的生平行迹。他运用比较研究法,将《楚辞》与《诗经》进行横向比较。梁启超认为《诗经》是中原遗声,以温柔敦厚为主,在现实主义的描写上面取得了巨大的成功;而《楚辞》则是南方新体,富有想象力,开创了中国文学的浪漫主义传统。由此,他将欧洲18世纪到19世纪浪漫主义与现实主义等流派的观点,引

---

① 徐志啸:《近代楚辞研究述评》,《思想战线》1992年第5期。
② 梁启超:《梁启超全集·历史统计学》,北京出版社1999年版,第4045页。

入到了楚辞学的研究当中。梁启超不光将《楚辞》与国内传统作品进行对比，还将其置于世界文化的视野当中，从艺术形式、思想精神等内外方面来进行比较，寻找同与不同。同时，他还在楚辞作品之间进行比较，以此辨别作品真伪，推断其产生的年代。

在楚辞学的研究上，梁启超既不拘泥于传统旧说，也不一味崇拜西方理论。他的学术成果是中西方文化研究结合的产物，在对传统楚辞学研究的继承中引入先进理论，谋求创新，实现了文学思想和文学观念的转变。梁启超在历史上是一位很有影响力的政治家，也是中国现代学术精神的缔造者，特别是在中国楚辞学由古代向现代学术转型的时期。他面临着必须消解旧的学术体系建立现代学术体系的任务。首先他表现出一种"批判精神"，其次是"为我所用"的精神，这些都统一到他所提倡的"自由精神"上。

第四节　新闻出版业兴起与楚辞学

中国楚辞学在近代的发展、变化过程中出现了许多新的问题，形成了许多新的研究专题，这些新问题与近代中国文化的发展密切相关，如果学界不对这些新问题、新内容进行分析、研究，就不能对近代以来楚辞学有比较准确的了解和把握，尤其是五四以后新文化影响下的楚辞学。

近现代新闻出版业的兴起是中国文化发展史上的一件大事。没有近现代意义上的中国新闻出版业，难以想象 20 世纪特别是五四新文化运动之后，中国楚辞学发展的走向将会怎样。纵观 20 世纪的楚辞学的发展历程，呈现出许多新问题，有传统学术观念与现代学术观念的碰撞，有中国楚辞与世界文学的交融，有学者审美追求的创新，有楚辞传播方式的变革，等等。可以说 20 世纪，特别是五四新文化运动之后，中国社会的风云变幻都在楚辞学中有不同程度的反映。

一、中国古代楚辞研究成果的出版

中国楚辞学出版史与中国出版史密切相关。楚辞及其研究著述的出版经历了初期的手抄版、雕版、活字印刷版、机械印刷和现代印刷五个阶段。

（一）汉唐的楚辞学成果的出版

秦火以后,汉代文化兴盛,笨重的简、贵重的缣帛阻碍了文化的传播和发展,人们急需一种既经济便宜又携带方便的书写材料,纸应运而生。

据《后汉书·蔡伦传》记载:"自古书契多编以竹简,其用缣帛者谓之纸,缣贵而简重,并不便于人。伦乃造意,用树肤、麻头及敝布、鱼网为纸。元兴元年奏上之,帝善其能,自是莫不从用焉,故天下咸称'蔡侯纸'。"①蔡伦使用新的原材料进一步改进了造纸的工艺流程,大大降低了造纸成本。东汉末期造纸技术又有新发展,出现了光亮整洁适于手写的"左伯纸"。纸作为价格低廉、适于书写的媒介,为东汉后期王逸的《楚辞章句》传播创造了必要条件。当然在很长的一段时期内,中国楚辞学著作存在简、帛、纸并存的状态。

东晋桓玄之乱后桓玄掌握政权,他意识到纸作为书写材料的价值,公元404年,他废简用纸,这是中国历史上统治者下令用纸最早的记载,标志着使用两千多年的竹、木简从此退出历史舞台。这一时期的楚辞学著述还是依赖手抄,抄书风气盛行,直接导致了古代佣书业的兴起,这一职业集中了许多贫穷而又饱读诗书的人。

隋唐两代抄书、佣书业更为发达。政府部门都配备了大量的专业书写手,并对相关部门从事手抄复制的职官做了明确的规定。根据《旧唐书·职官志（一）》的记载,政府的职官中有校书郎、正字、典书、楷书手、拓书手、笔匠、熟纸装潢匠等,分工十分明确。如"正字"属于"正第九品下阶","永徽令改入上阶,垂拱令复旧"。"弘文馆校书"属于"纵第九品上阶。"②《旧唐书·职官志（二）》"史馆:史官。……楷书手二十五人,典书四人,亭长二人,掌固六人,装潢直一人,熟纸匠六人。"③政府在史馆中设立与抄书相应的官员数量,明确其具体分工。《旧唐书·职官志（三）》"崇文馆:（贞观中置,太子学馆也。）学士,直学士,员数不定。学生二十人,校书二人,从九品下。令史二人,典书二

---

① （南朝）范晔:《后汉书·蔡伦传》,中华书局 2000 年版,第 1697 页。
② （后晋）刘昫:《旧唐书·职官一·志第二十二》第六册第四十二卷,中华书局 1975 年版,第 1802 页。
③ （后晋）刘昫:《旧唐书·职官二·志第二十三》第六册第四十三卷,中华书局 1975 年版,第 1852—1853 页。

人,揭书手二人,书手十人。"①可见唐朝的抄书、佣书业已经十分成熟。目前可以见到的有敦煌旧钞本隋代释智骞撰《楚辞音》残卷,唐钞卷子本南朝梁萧统的《文选集注·楚辞二卷》。敦煌旧钞本隋代释智骞撰《楚辞音》残卷的书法较为古朴、苍劲,而唐钞卷子本楚辞中的文字相对来说比较飘逸、洒脱。唐朝书法家欧阳询手抄草书《九歌》,宋代米芾书《离骚经》《九歌》,都是手抄楚辞中的艺术珍品。

手抄楚辞书籍促进了楚辞的传播,也保留了精美的书法作品。手抄的书籍虽然满足了文化发展早期人们对知识的需求,但是从传播速度和传播范围来说,受到很大的局限。手抄书籍有一个致命的弱点就是在书写过程中难免会出现错误、疏漏等。此后雕版印刷术和活字印刷术的出现从一定程度上弥补了抄书的弊端,特别是泥活字印刷术的出现,使楚辞的印刷成本大大降低,传播范围进一步扩大,宋代也随之成为楚辞学史上的第二个研究高潮,楚辞进入宋学阶段。

(二)宋元的楚辞学成果的出版

宋代刻书事业十分兴盛,既有官方刻书,又有私家刻书,坊间刻书也有了很大发展。

官刻起源于唐代后期,兴盛于五代时期,后一直被各代所沿用。宋代既有中央刻印的书籍,又有地方刻印的书籍。中央刻本以国子监本最为著名,但是宋代监本书流传至今的很少,目前可以见到的楚辞学著作有吴仁杰的《离骚草木疏》四卷,为宋庆元六年(1200年)国子监刻本。地方刻书名目众多,楚辞学中可以见到的就是章贡郡斋刻本。楚辞学官方刻书有章贡郡斋刻本,朱熹的《楚辞集注》八卷、《楚辞辩证》二卷,扬雄的《反离骚》一卷。宋端平二年(1235年)朱熹的这两部著作又出现了新的刻本。需要特别指出的是,朱熹既是宋代的刻书家又是楚辞的研究者。"据徐德明《朱熹刻书考略》统计,朱熹家刻本总计54种,其中既有自己的著述,也有先贤同辈的文章。"②

---

① (后晋)刘昫:《旧唐书·职官二·志第二十四》第六册第四十三卷,中华书局1975年版,第1908页。
② 元青:《中国近代出版史稿》,南开大学出版社2011年版,第19页。

坊间刻书在宋代有了很大发展,特别是南渡以后形成了两浙坊刻、福建坊刻、蜀中坊刻、江西坊刻四大坊刻中心。目前有韩国奎章阁翻北宋秀州刻本《六家文选·楚辞》二卷,南朝萧统编,唐李善注本;南宋明州刻本《六家文选·楚辞》二卷,南朝萧统编,唐李善注本,日本足利学校藏本;南宋建州刻本《六家文选·楚辞》二卷,南朝萧统编,唐李善注本。私人刻书可以见到清嘉庆十四年(1809年)胡克家翻南宋尤袤刻本的《六家文选·楚辞》二卷。

除此之外,还有宋代的一些书法家手抄楚辞作品流传于世。如宋代书法家米芾书《离骚经》《九歌》等,这些作品意趣与个性并重,章法上注重整体气韵,兼顾细节的完美,气势随遇而变,独出机巧。精美的书法作品深受人们喜爱,一方面体现了艺术书法家的精心创作;另一方面也传播和保留了楚辞作品。

综合来看,宋代出版的楚辞学著作既有官方刻、又有坊间刻,也有私刻。与隋唐相比,宋代的楚辞出版以刻印为主,它并非是以营利为目的的商业化运作,且不具备长期运营的条件,它最重要的使命是传承和教化。上层统治者希望通过出版楚辞学书籍、传播屈原的思想维护其统治。从文化传播的角度来说,楚辞学书籍的出版,保存和传播了楚文化。

辽金元时期,楚辞的著述多分散在其他的作品中,专门的著述和单独出版的较少。

(三)明代楚辞学成果的出版

明清是楚辞学著作出版的高峰期,在这一时期,由于商业的繁荣,一方面普通民众对于精神享受方面的需求增多;另一方面楚辞学者的研究成果丰富,可以刊印的作品增多。再加上经济的发展、科技的进步,此时纸张、笔墨的制造效率和质量也有了很大的提高,因此明清时不但出版了大量的楚辞作品,还出版了大量的研究专著。

朱元璋虽然出身贫寒,目不识书,但是他深谙"武定祸乱,文治太平"之道。建立明朝之后,他注重兴学施教,广搜天下善本书交书坊刊印。政府废除了严格的书籍审批制度,减免书籍税,在统治者的大力扶持下,明代的图书出版业迅速复苏。明代中后期随着商品经济的萌芽,出版技术的改进,行业分工更加精细,加之市民阶层的兴起需要有与之相适应的文化,因此图书出版业蓬勃发展。

明代刻书业中规模最大的是坊刻，一部分坊间刻本源于宋本。楚辞著作有王逸的《楚辞章句》明正德覆宋本，这一版本完成于明正德十三年（1518年），高第、黄省曾校刻，通常称为正德本。卷前有王鏊序，谓"其书本之郡文学黄勉之所蓄，长洲尹左锦高君公次见而异之，曰'此近世之所罕见也'，相与校正，梓刻以传。"①近人王国维在《观堂别集·明黄勉之刻本楚辞章句跋》中说："明吴中黄勉之《楚辞章句》十七卷，丁巳春，得于上海。行款古雅，实出宋椠。"②明翻宋刻本的《楚辞补注》，目前仅存三卷。

明代楚辞出版注重王逸原版本的刻印，出现了一批印刷精美、质量上乘的楚辞刻本。明朝的官刻本楚辞主要集中在地方官刻，以藩府刻书为其代表。藩王在明代的政治、经济、文化的舞台上是一支重要的力量。这些藩王不但实力雄厚，而且有丰富的藏书。明代藩府刻楚辞书籍数量众多，校勘准确、印制精美，为后人称道，是明代官刻中的珍品。藩府刻书成绩卓著，其中出版于明隆庆五年（1571年）豫章夫容馆刻本《楚辞章句》印制精良，是公认的善本。豫章朱多煃重雕的宋版《楚辞章句》历来为楚辞校勘界所推崇。这个版本中除了《楚辞章句》十七卷，还包括《疑字直音补》一卷。朱多煃，字用晦，朱权六世孙，被封为奉国将军。他勤奋好学，广交士人，组成芙蓉社。他的文学活动直接推进了江西文学"复古派"运动。另外还有明万历年间朱变元、朱一龙刊刻的《楚辞章句》十七卷，《疑字直音补》一卷。

明代初期楚辞的私家刻书种类少，印数也很少。中期以后随着复古运动的兴起，私家刻书开始增多，特别是正德、嘉靖、万历年间楚辞出版的图书较多。明正德十五年（1520年）熊宇刻本《楚骚》五卷、附录一卷。明正德十六年（1521年）冯惟讷校刻本《楚辞八卷》。著名的私人刻书、藏书家新安吴勉学刻本《楚辞二卷》。陆时雍疏明辑柳斋刻本《楚辞十九卷》，附录一卷。明嘉靖三十四年（1555年）吴讷辑徐洛刻本《文章辨体·楚辞》二卷。

万历年间形成楚辞著作出版的一个高峰期，这一时期不仅出版了大量楚

① 黄灵庚：《楚辞文献丛刊》第一册，国家图书馆出版社2014年版，第1页。
② 王国维：《观堂集林（外二种）》，河北教育出版社2000年版，第678页。

辞版本,而且出版了大量的楚辞研究著作。明万历十四年(1586 年)冯绍祖观妙斋刻本,包括《楚辞章句》十七卷,《附录》一卷。明万历四十七年刘广刻本《楚辞章句》十七卷。其中明万历二十八年(1600 年)陈深批点刻朱墨套印本《楚辞十七卷》、明万历四十八年(1620 年)闵齐伋校刻三色套印本《楚辞》二卷,印刷尤为精美。

明代的楚辞研究著述主要集中在万历年间,一批楚辞研究成果集中在这一时期刻印。张之象辑《楚骚绮语》六卷,明万历四年(1576 年)刻本。张明、徐师曾编《文体明辨·楚辞》二卷,明万历十九年(1591 年)刻本。黄省曾撰、张所敬补《骚苑》三卷、《骚苑补》一卷,明万历二十六年(1598 年)刻本。林兆珂撰《楚辞述注》十卷,明万历三十九年(1611 年)刻本。赵南星撰《离骚经订注》一卷,明万历四十年(1613 年)刻本。陈第撰《屈宋古音义》三卷,明万历四十二年(1614 年)刻本。汪瑗撰《楚辞集解》,明万历四十三年(1615 年)刻本。张京元撰《删注楚辞》,明万历四十六年(1618 年)刻本。

总的说来,明代楚辞学成果的出版无论是空间范围、数量规模,还是刻印技艺,都是古代楚辞出版业的典范,成果刊刻出现了一些新特点。从书籍出版的地域范围来说,以北京、苏州、南京、杭州为中心。从书籍的印刷技术上看,由于活字印刷术的成熟和流行,楚辞学成果印刷中套版、饾版、拱花等高难度技艺标志着我国古代的印刷技术达到了一个新的水平,书籍的出版数量和印刷质量都超过前代。在肯定明代楚辞学成果繁盛之时,我们也不得不承认,明代楚辞学成果刻本也存在一些缺陷,如校勘不精、脱漏较多、伪造旧本等情况,致使后代一些学者重宋元本而轻明本。虽然这一时期楚辞学成果的刻印有瑕疵纰漏,但不失为考察明代楚辞学的一个途径。

(四)清代楚辞学成果的出版

清朝楚辞学著作大量涌现,并呈现出训诂与义理结合、伦理与情感结合的趋势。楚辞学的出版活动在历经战乱之后迅速恢复,延续了明代的辉煌。清代前期,经过康、雍、乾三朝的经济积累,国力繁荣强盛,这为刻书业提供了雄厚的物质基础。统治者虽然大兴文字狱,但是也特别重视文教,学习汉族文化以巩固政权,楚辞学成果出版兴盛亦受惠于此。

这一时期官方的《四库全书》中收录了一批楚辞学著作。《四库全书总目》集部类列《楚辞类》,共收著作六部六十五卷;存目十七部七十五卷。乾隆皇帝命人手抄了七部《四库全书》分别藏于全国各地。这是一部规模最大的楚辞钞本书籍。除此之外,清代还保留下大量楚辞钞本书籍,如牟庭撰《楚辞述芳》二卷,乾隆六十年(1795 年)雪泥书屋钞本;刘献廷撰《离骚经讲录》和《离骚经讲录又一种》钞本;徐天璋撰《楚辞叶韵四考》钞本;马邦举撰《楚辞字声略考》七卷钞本。

清代楚辞学成果坊间刻书的数量与质量和明代相比都有很大提高。这个时期既有彩色套印雕版,又有铜活字、木活字等多种印刷技术。光绪年间还引进了西方的石印、铅印技术,大大提高了出版印刷的效率和质量,书籍精美考究,多有珍品。清代考据学大兴,一些学者通过整理、校勘、注疏、辑佚等多种手段对楚辞学书籍做去伪存真、正本清源的工作,很多成果都纳入刻书的范围。如卢文诏的抱经堂在校勘、考据古籍之后刊刻了戴震的《屈原赋注》并为之作序。毛氏汲古阁以校勘精准闻名,在刊刻楚辞著述方面也做出了巨大贡献。如清康熙年间毛氏汲古阁刻本《楚辞补注》十七卷,后又有清乾隆年间叶树藩校刻汲古阁本《文选·楚辞》二卷,清同治八年(1869 年)金陵书局翻刻汲古阁本《文选·楚辞》二卷。

鸦片战争前后西方的机械印刷技术开始逐渐传入中国,加速了中国古代出版业向近代过渡的进程。上海是当时引进西方文化的前哨站,这里建立的墨海书馆是"近代中国的第一家西式印刷厂"①,也是近代中国第一所机械印刷所。清政府的一些开明人士认识到书籍出版的重要性,开始开设近代的印书馆。从 19 世纪 60 开始,清政府逐步设立了具有近代特征的文化教育机构,京师同文馆是早期官办出版译书机构。太平天国运动爆发以后,太平军实行文化高压政策,用简单粗暴的方式毁灭儒家经典、焚烧孔庙祠堂,传承了数千年的孔子和儒家经典的权威性受到挑战。太平军所到之处,不仅是反专制的斗争,更是一场文化浩劫。文化繁盛之地扬州、常州、镇江等全是一派萧条的景象。梁启超在《中国近三百年学术史》中这样痛心地描述道:"因为文化中心在江、皖、浙,而江、皖、浙糜烂最甚。公私藏书,荡然无存;未刻的著述稿本,

---

① 苏精:《马礼逊与中文印刷出版》,台北学生书局 2000 年版,第 237—238 页。

散亡的更不少;许多耆宿学者,遭难凋落。"①清政府希望通过建立官书局来肃清太平天国运动的文化影响,以图书出版为突破点建立新的文化,加强思想统治。晚清官书局成为文化传播的一个重要机构,也成为其文化事业的重要组成部分。从 1859 年到 1896 年,清政府设立 37 家官书局②。晚清官书局中以金陵书局、江苏书局、广雅书局最为著名,其出版内容以经、史、子、集四部之书最多。1864 年曾国藩在南京创立金陵书局,金陵书局共刻书 57 种,共计叁千〇九十五卷,共 786 册。其中有关于楚辞的书籍有《文选李善注》本六十卷,梁萧统选,唐李善注;《楚辞》十七卷,汉王逸章句、宋洪兴祖补注本③。金陵书局于清同治八年(1869 年)翻刻汲古阁楼本《文选·楚辞》李善注王同愈批校本。同治十一年(1872 年)金陵书局翻汲古阁刻本《楚辞补注》十七卷,谭献批点本。根据《官书局书目汇编》记载,江苏官书局刻书 206 种,计 5047 卷、1632 册。④ 其中《楚辞集注》八卷,《辨证》二卷,《后语》六卷,宋朱熹集注,明蒋之翘评校⑤;《七十家赋钞》六卷,清张惠言编⑥。1886 年张之洞在广州创立广雅书局,刻印"经部 40 余种、400 余卷,史部 120 余种、3500 多卷,子部 10 多种、40 余卷,集部 100 余种、1950 多卷"⑦。广雅书局于光绪十七年(1891 年)出版了戴震的《屈原赋注初稿》三卷刻本。广雅书局于光绪年间刻丁晏撰《楚辞天问笺》。广雅书局还出版了《广雅丛书》光绪二十六年(1900 年)刻本,收录了王邦采撰《屈子离骚汇订三段杂文笺略不分卷》。1860 年左右保定成立莲池书局,光绪三年(1877 年)出版《滂喜斋学录》刻本收录了本蒋曰豫撰《离骚释韵》一卷。

官书局作为文化机构从属于官方的建制,体现了政府的意志,有浓厚的官方色彩。因此其选书、校书特别严格,这保证了图书的质量。官书局出版的楚辞学成果多以翻刻、补刻、重刻的方式,其销售方式为官方调取和书局发售两

---

① 梁启超:《中国近三百年学术史》,中国书店 1985 年版,第 25 页。
② 依据元青主编:《中国近代出版史稿》,南开大学出版社 2011 年版,第 114—115 页整理。
③ 叶再生:《中国近代现代出版通史》,华文出版社 2001 年版,第 325—327 页。
④ 叶再生:《中国近代现代出版通史》,华文出版社 2001 年版,第 331 页。
⑤ 叶再生:《中国近代现代出版通史》,华文出版社 2001 年版,第 336 页。
⑥ 叶再生:《中国近代现代出版通史》,华文出版社 2001 年版,第 339 页。
⑦ 元青主编:《中国近代出版史稿》,南开大学出版社 2011 年版,第 81 页。

种流通方式。由于官本楚辞学书籍质量好、价格低廉受到读书人的喜爱,特别是官书局的出版物"遍及各种子集,已足供诵读"①,改变了各地"无书可读"的状况,对于传播传统文化、保存楚辞典籍功不可没。清政府创办官书局的初衷是为了加强对地方思想文化的控制,且其经费来源为地方乡绅的捐助,运营资金不稳定,最终因为经费不足也难逃被裁撤的命运。甲午战争以后,官书局逐渐退出了历史舞台。

作为古代楚辞学的最后一个节点,清代出版的楚辞学成果在楚辞的义理、考据、音韵、辑录等方面较前代不仅数量增多,而且研究的深度也大大增强。在这一时期印刷技术虽然已经开始向机械化阶段迈进,但是楚辞学的著述出版还是以刻本为主,进入到 20 世纪上半叶,楚辞学的出版开始进入以机械印刷取代手工印刷为标志的向近代化转型的阶段。

二、20 世纪上半叶的楚辞学出版

回首 20 世纪上半叶楚辞学的转型历程,其与中国新闻出版业的发展是密切相关的,也同样经历了以机械印刷取代手工印刷为标志的由近代向现代化的转型。这次转型使中国楚辞学摆脱了传统的传播模式,逐步从小众传播开始迈向大众传播。

(一)20 世纪上半叶楚辞学出版的特点

20 世纪上半叶,楚辞学出版的特点是报刊论文开始走上历史舞台,打破传统"官、私、坊"三足鼎立的出版体系,开始出现了近代民族出版业,它们积极参与到楚辞传播的过程中来。

1. 报刊论文走上历史舞台

西方报刊和出版业对中国传统的刻书业产生了很大的冲击,楚辞学成果的出版在这一时期开始逐步摆脱传统的刻书模式,走上现代出版的道路。

甲午战争以后维新派和革命派开始走上历史舞台,他们积极创办报刊出版著作,宣传新的思想。报刊有别于书籍最主要特征是它的新闻性和时效性,

① 盛宣怀:《呈进南洋公学新译各书并拟推广翻辑折》,宋原放主编:《中国出版史料·近代部分》第一卷,湖北教育出版社 2004 年版,第 637 页。

因此维新派非常重视报刊的传播价值。他们创办了《万国公报》《中外纪闻》《沪报》《申报》《民报》《中国日报》等刊物,这在客观上推动了中国报刊业的发展,也为20世纪楚辞学的传播创造了必要的条件。

根据周建忠整理的《中国二十世纪"楚辞学史"研究论文总目》,20世纪上半叶,以报刊、杂志形式出版的楚辞研究论文有9篇。其中杂志有6篇,包括骆鸿凯的《楚辞章句征引楚语考》,发表于1931年《师大同学丛刊》第2期;和临轩的《楚辞著述考》,发表于1936年12月至1937年4月《进德月刊》,第4、5、6、8期;骆鸿凯的《楚辞旧注考》,发表于1937年《员辐》第2期;朱逊的《介绍闻一多先生的〈楚辞校补〉》,发表于1943年《国文杂志》第1期;闻一多的《廖季平论〈离骚〉》,发表于1947年《文学杂志》第5期;沈天华的《读郭沫若〈屈原研究〉管见》,发表于1947年《台湾文化》第1期。报刊有3篇,王云渠的《楚辞十六卷是刘向所校集的么》,1931年10月24日、26日、27日发表于《北平晨报·学园》第204、205、206期;王云渠的《楚辞非刘向所集一个新证据》,1932年1月12日、14日、15日、18日发表于《北平晨报》;闻一多的《敦煌旧钞楚辞音残卷跋》,1936年4月2日发表于《天津大公报》。① 此统计没有计入梁启超、胡适等人收录于著作中的研究论文。楚辞学成果以论文的形式发表在报刊上,彻底打破了传统楚辞学著述以书籍形式传播的模式,加快了研究成果的传播速度。同时,报刊作为一种大众传播媒介使楚辞的传播范围超出了精英文化的范畴,开始走向大众化。报刊还具备文化积累的功能,把楚辞在20世纪上半叶的最新研究成果保存了下来,为后世的研究提供了借鉴。

与出版楚辞著述相比,报刊上发表的楚辞学论文数量相对比较少,这是因为20世纪上半期报刊行业成为各党派要人争夺权柄的工具,一般的知识分子也不屑与报人为伍。梁启超在《清议报一百册祝辞并论报馆之责任及本馆之经历》曾说:"由于主笔、访事等员之位置不为世所重,高才之辈莫肯俯就。"② 商务印书馆主编张元济在1911年4月给梁启超的信中也提到:"日报为今日

---

① 周建忠:《中国二十世纪"楚辞学史"研究论文总目》,《职大学刊》1996年第1期。
② 梁启超:《梁启超全集·清议报一百册祝辞并论报馆之责任及本馆之经历》,北京出版社1999年版,第478页。

一大事。京中要人无不各挟一报以自护，从此国中恐只有个人之私言，而无国民之公论，非有贤者出为拯救，世道人心真有不可问者矣。"[1]以晚清为例，政府不断加强对报业的控制，报业成为风险性非常高的职业，一般的知识分子不愿意涉足其中，因此在报刊上发表楚辞的研究论文相对较少。

2. 成果出版打破传统出版体系

这一时期的楚辞学出版的一个最大特点就是打破了延续了几百年的"官、私、坊"三足鼎立的出版体系。近代的官刻书局成立的目的是为了重新恢复封建正统思想，由于一些书局经费充足，其所从事的图书出版并非以营利为目的的刻书业，维护封建正统的官刻也染上了近代出版的色彩，出版了一些反映新的楚辞学的著作，如1915年湖南官书报局出版曹耀湘的《读骚论世》。在发行的时候采取自售与寄售相结合的方式，自售是湖南官书报局自己销售；"寄售即将自己刻的书放到其他书肆让其代为销售。这是为服务较远的购买者而设。寄售的特点是简便、价廉、成本低，故而有利于小宗业务的开展。"[2]事实上寄售现象较少，《湖南官书报局图书总目》记载"坊间与交换寄售者颇少"。传统意义上的私刻在逐渐淡出历史舞台，不过楚辞学著作中还有部分以私刻的形式出版。比如马其昶的《屈赋微》，有1906年集虚草堂丛本，安徽合肥集虚草堂李国松刻，李氏刻书以刻工精细著称于世。坊间本楚辞学著述也是日益减少，逐渐被工业化的印刷出版所取代。这一时期有王树枏的《离骚注》新城王氏刻本。清朝末年坊刻吸收了石印技术，但是毕竟还是手工作坊的生产水平，不是现代意义上的出版物。

这一时期出版的楚辞著作有：马其昶的《屈赋微》1906年集虚草堂丛本；徐天璋的《楚辞叶韵考》1911年版；曹耀湘的《读骚论世》1915年湖南官书报局版；宁调元《楚辞王注补》1915年太乙遗书本；洪宪元的《楚辞考异》1916年版；魏元旷的《离骚逆志》1920年潜园二十四种本；陆侃如《屈原》1923年亚东图书馆版；谢无量《楚辞新论》1923年商务印书馆版；傅熊湘的《离骚章

---

① 张元济：《张元济书札》下册，商务印书馆1997年版，第1124页。
② 郭平、彭艳华：《近代早期（1840—1919）湖南图书发行业研究》，《图书馆》2009年第3期。

义》1924年版;蒋善国的《楚辞》1924年上海梁溪图书馆版;李翘的《屈宋方言考》1925年乙丑芬熏馆版;廖平的《楚辞讲义》1925年四川存古书局版;梁启超的《屈原研究》1926年中华书局版;游国恩的《楚辞概论》1926年北新书局版;王树柟的《离骚注》1927年陶庐丛刻本;沈雁冰的《楚辞》1928年上海商务印书馆版;林文庆的《离骚:遭遇不幸的哀歌》(英文本)1929年上海商务印书馆版;陆侃如的《屈原与宋玉》1930年商务印书馆版;陈培寿的《楚辞大义述》1930年版;范希曾《天问校语》1931年稚露室遗著本;郭焯莹的《读骚大例》1931年文字同盟社版;陈直的《楚辞拾遗》1934年摹庐丛著本;彭泽陶的《离骚稿补注》1934年版;廖平的《楚辞新解》1934年四川存古书局版;游国恩的《读骚论微初集》1935年商务印书馆版;余重耀《骚旨诗诠》1935年遁庐丛稿本;徐澄宇的《楚辞札记》1935年南京中山书局版;郭沫若的《屈原》1935年开明书店版;卫瑜章的《离骚集释》1936年商务印书馆版;刘师培的《楚辞考异》1936年刘申叔遗书本;武延绪的《楚辞札记》1936年版;支伟成的《楚辞之研究》1937年泰东书局版;何天行的《楚辞作于汉代考》1938年上海鲁殿书社版;卫聚贤的《楚词研究》1938年吴越史地研究会版;鲁迅的《汉文学史纲要》1938年全集出版社版;陈适的《离骚研究》1940年商务印书馆版;闻一多的《楚辞校补》1942年国民图书出版社版;郭沫若的《屈原研究》1943年重庆群益出版社版;路百占的《楚辞发微》1944年版;郭银田的《屈原之思想及其艺术》1944年独立出版社;饶宗颐的《楚辞地理考》1946年上海商务印书馆版;朱自清的《经典常谈》1946年文光书店版;游国恩的《屈原》1946年胜利出版公司版;徐昂的《楚辞音》1947年南通翰林书局版。

近代民族出版业的兴起不仅传播了中国的传统文化,也引进了西方的现代文化,出版物成为中西文化论战的场所。一些出版社的主编追随新文化思潮,出版反映和探讨新问题的著作,这进一步启发了楚辞学者思考新的研究角度。

(二)出版机构对楚辞研究成果的出版情况

在这一时期出版了大量的楚辞著述,为楚辞学发展做出贡献的主要有商务印书馆和中华书局。

1. 商务印书馆

近代中国政治、经济、文化等各方面急遽转型，上海作为一个新兴城市，成为中西文化交汇的地方，在这里诞生了中国近代最大的文化出版机构——商务印书馆。商务印书馆从一个小的印刷工厂起步，得天独厚的条件为其发展提供了机遇。商务印书馆除了印刷书籍外，还创办了许多杂志，这些杂志不是简单的介绍和传播信息，更重要的是引导新文化、新思潮。当时商务印书馆办刊物的原则是："第一，没有文化品位的庸俗杂志不办；第二，每个时代的转折关头，杂志主编都应时换上新人，以保持刊物的生气。"[1]商务印书馆作为一家民营出版机构，非常注重经济效益，在创办杂志方面都以盈利为目的。在传播内容方面不同于当时的一些低俗杂志靠刊登政治内幕、色情暴力吸引读者，而是提倡严肃文化，也正因如此，商务印书馆在当时成为中国近代学术思想的大本营。

在这种思想的指导下，商务印书馆关注社会发展，追随新思潮，启用了一大批新人作为杂志的主编，如让沈雁冰担任《小说月报》的主编，让杜亚泉出任《东方杂志》的主编，在他们的主持下这两种刊物成为五四前后非常有影响力的杂志。这无疑对新思想文化的传播起到了积极的作用，商务印书馆对20世纪上半期楚辞学的发展产生了重要的影响。一批反映当时楚辞研究最新成果的著作通过商务印书馆出版，如1923年商务印书馆出版的谢无量《楚词新论》[2]；1928年上海商务印书馆出版沈雁冰的《楚辞》；1929年上海商务印书馆出版林文庆的《离骚：遭遇不幸的哀歌》（英文本）。从这三本楚辞的论著上可以看出商务印书馆在楚辞出版方面所做的贡献。

其中《楚词新论》的作者谢无量自幼从父学习诗文典籍，14岁拜著名学者汤寿潜为师，开始接受维新思想。谢无量17岁时考取南洋公学，创立翻译社，介绍外国文学名著及其他社会科学书籍，后来又积极参加民主革命。他与中国共产党早期创始人李大钊、陈独秀是好朋友，与孙中山结识后更坚定了投身革命的信心。他在东南大学的讲座中介绍唯物史观，这成为唯物史观进入大

---

[1]　杨扬：《商务印书馆：民间出版业的兴衰》，上海教育出版社2000年版，第53—54页。

[2]　注：原书用"楚词"，本书中尊重原著，一律用"楚词"。

学的标志性事件。《楚词新论》思想基础是民主革命和唯物史观，书中打破了楚辞是忠君爱国说的传统观点，大胆地赞扬楚辞是我国早期的平民文学。他认为楚辞"不久就会流传全国，将这种文学化、音乐化的爱国精神，嵌入国民的脑海之中，使它无论何时都是跃跃欲试，毕竟做了倒秦的先锋。"①

沈雁冰即作家茅盾，他在1920年作为文学新人被任命为《小说月报》的主编，他虽然没有成为专门的楚辞学者，但是他的《楚辞》和《楚辞选读》在研究视角和方法上与传统的楚辞学有很大差异。1926年沈雁冰的《楚辞》由商务印书馆出版，作为《学生国学丛书的》一种，1928年、1930年、1932年再版。1937年商务印书馆《国学小丛书》系列图书中，沈雁冰以沈德鸿之名出版《楚辞选读》，作为《中学国文补充读本》。沈雁冰在书中提出了楚辞与神话的关系："凡一民族的原始时代的生活状况、宇宙观、伦理思想、宗教思想以及最早的历史，都汇合地奇离地表现在这个民族的神话和传说里。"②他是较早提出楚辞神话学的学者之一，对20世纪中国楚辞神话学产生了深远的影响。

1929年上海商务印书馆出版了林文庆的《离骚：遭遇不幸的哀歌》（英文本），这本书从另一个角度反映了商务印书馆的印书思想，那就是以开放的视角看待中国的楚辞文化。林文庆不仅是一位企业家、一位医生、一位革命家，也是一位翻译家，他精通英语、马来语、日语、泰米尔语。他在厦门大学任校长期间，亲自对入学学生进行英语口试，并将口试情况通报全省，推动了当时福建省的英语教学。林文庆受过西方的教育，但是他认为教育应该中西结合，既要重视西方文化，又要弘扬国粹；中国五千年的传统文化是现代学生学习的基础，教育应以"中国古代之文化为基础"。由此可见，林文庆在对待中西文化上的观点是比较客观的。他在鼓浪屿笔山路别墅居住的时候，把屈原的《离骚》译成英文并由商务印书馆出版，比通用的英国汉学家霍克斯翻译出版《楚辞》早整整30年，这是最早的中国人的英译楚辞版本。林文庆打开了西方文化界通往楚辞的一扇门，让西方世界看到一个与中国传统经学不一样的文化世界。

商务印书馆秉持着开放包容的态度，除了出版当时有一定影响力学者的

---

① 谢无量：《楚辞新论》，商务印书馆1923年版，第64页。
② 沈德鸿：《楚辞选读·绪论》，商务印书馆1937年版，第1页。

楚辞著述,还出版一些在学界刚刚崭露头角的新人之作,如 1930 年,商务印书馆出版了陆侃如的《屈原与宋玉》一书。陆侃如在当时还只是一位刚刚大学毕业的年轻人,在楚辞研究方面很有建树。20 世纪楚辞学奠基人游国恩的两部重要著作《楚辞概论》和《读骚论微初集》也是通过商务印书馆出版。1934 年《楚辞概论》作为《国学小丛书》的一种出版,陆侃如为其作序。1936 年商务印书馆又出版了游国恩的《读骚论微初集》,这部著作收录了当时游国恩最新的楚辞研究成果,包括《论九歌山川之神》《离骚后辛菹醢解》《天问启棘宾商九辩九歌何勤子屠母而死分竟地解》《天问昏微遵迹有狄不宁何繁鸟萃棘负子肆情解》《天问古史证(二事)》等。商务印书馆力推新人之作,无疑也助推了现代楚辞学成果的传播。

商务印书馆除了出版单本的楚辞学著作,还策划了一系列丛书,其中也涉及了楚辞。王云五任商务印书馆编译所所长期间,编辑各科小丛书、新中学文库、万有文库等,其中收录了一大批楚辞学著作,为中国 20 世纪上半叶中国楚辞学的出版和传播做出了重要贡献。万有文库被称为当时世界上规模最大的在编丛书,得到了毛泽东的大加赞赏。20 世纪 40 年代,万有文库图书被装成40 多箱运往延安。1936 年,《纽约时报》记者 Abend 采访王云五后刊发文章《为苦难的中国提供书本,而非子弹》[①],充分肯定了王云五为中国传播知识所作出的贡献。万有文库中楚辞学的书籍有涉及楚辞目录学的《四库全书总目提要》、吴仁杰的《离骚草木疏》、王逸注《楚辞》、戴震的《屈原赋注》等。其中《学生国学丛书》由王云五、朱经农主编,从 1926—1948 年由商务印书馆陆续出版,包括文史哲和综合书籍。其中文学类占 56 种,占到近 59%。文学方面包括《诗经》《楚辞》及周秦两汉金石文、汉魏六朝文及唐宋以来的名家诗文选注本。书中除注释外,还有选注者所写的序文,有的还有著者传略。这套丛书中收录了沈德鸿注《楚辞》,他关于楚辞神话学的观点集中体现在序言部分,这种编排方式,有助于读者在阅读时集中了解注者的观点。1937—1948 年商务印书馆出版《新中学文库》,沈德鸿注《楚辞》又重复入选。

历史上对于王云五的评价褒贬不一,如果说从楚辞学发展的角度来说,王

---

① 俞晓群:《中国出版家王云五》,人民出版社 2018 年版,第 63 页。

云五为 20 世纪上半叶楚辞学的传播做出了重要贡献。王云五组织当时国内各个学科的专家在商务印书馆各科小丛书的基础上编辑万有文库,出版的楚辞学著作代表了五四新文化运动之后最有影响力的部分成果,反映了那个时代中国楚辞学的文化走向,即由 20 世纪初期的介绍西学到用西学来重新审视楚辞文化。商务印书馆出版的楚辞学成果是 20 世纪上半叶楚辞学成果的代表,反映了中国现代楚辞学由浅入深的发展历程,拓展了楚辞学课题。如果从楚辞学发展的角度来看,万有文库推进了楚辞的普及,使其由精英文化逐渐走向大众文化,提高了普通读者的阅读楚辞的积极性。茅盾在张元济九十寿辰贺词中说:"商务印书馆在介绍西洋的科学、文学,在保存和传播中国古典文学和其他学术著作方面,都有过重大的贡献。"①

2. 中华书局

1911 年辛亥革命推翻了清政府的统治,在这样的背景下,商务印书馆内部有人提出依据时局变化修订出版计划。当时的商务出版部部长陆费逵建议主持商务印书馆工作的张元济修订《最新教科书》,张元济并未听从陆费逵的建议。陆费逵组织人员筹集资金,1912 年元旦成立了中华书局股份有限公司。1912 年 1 月 25 日发表《中华书局宣言书》,宣布公司的宗旨:"一、养成中华共和国国民。二、并采人道主义、政治主义、军国民主义。三、注重实际教育。四、融和国粹欧化。"②中华书局成立后迅速发展,打破了商务印书馆在当时中国出版界一统天下的局面。两个出版社为了在激烈的竞争中打败对手,在出版内容上都绞尽脑汁。从中华书局成立到 1949 年先后出版了《四部备要》《古今图书集成》《辞海》《饮冰室合集》等书籍,在学术界颇有声望。

这一时期,中华书局虽然不如商务印书馆出版的楚辞学著作多,但也不可否认其在 20 世纪上半叶楚辞学传播中的作用。这一时期出版的楚辞学著作有 1926 年中华书局出版的梁启超的《屈原研究》,1948 年出版的何天行的《楚辞作于汉代考》。另外,中华书局从 1920 年到 1936 年陆续出版了《四部备要》,商务印书馆的《四部丛刊》着重选择宋元明珍本,而《四部备要》则注重实

① 沈雁冰:《茅盾全集·张元济九十寿辰祝辞》第十七卷,人民文学出版社 1989 年版,第535 页。

② 昌达主编:《陆费逵教育论著选·中华书局宣言书》,人民教育出版社 2000 年版,第 93 页。

用,选取比较有代表性的校本、注本。《四部备要》集部收录了王逸注、洪兴祖补注本《楚辞》,这是学习和研究楚辞的常备书籍。尽管出版数量有限,但这些书籍同样对楚辞的传播和楚辞学的发展具有极为重要的意义。

3. 其他出版公司

在五四新文化运动前后,除了商务印书馆和中华书局外,在中国的出版界还活跃着一批中小出版机构,他们虽然没有像商务印书馆和中华书局那样大规模地出版楚辞学著作,但是也为五四新文化思潮影响下的楚辞传播做出了贡献。

1913 年春,在上海惠福里一间简陋的房屋里,安徽绩溪人汪孟邹创办了亚东图书馆。亚东图书馆刚刚成立时出版销售一些地理书籍和地图,后来增加了印刷发行《新青年》《每周评论》等杂志的业务。1919 年,孙中山领导的护国运动失败以后,为了宣传三民主义的思想,他创办《建设》杂志,其他书局均害怕引火烧身不敢出版,亚东图书馆则主动承担起革命期刊的印刷和发行工作。五四运动后,亚东图书馆采用新标点符号出版的中国古典小说风行一时,在古代文学的研究上提倡"科学方法"。在新思想的指导下,亚东图书馆创造了出版史上辉煌的一页。胡适、顾颉刚等人的论著有一部分通过亚东图书馆出版,如 1921 年出版了胡适的《红楼梦考证》和《考证后记》,顾颉刚的《答胡适书》,陈独秀的《红楼梦新叙》。仅考证和评论的《红楼梦》,初版时就印刷了 4000 部,共计 24000 册。[1] 亚东图书馆于 1923 年出版了陆侃如的《屈原》,当时陆侃如还在上大学,在学术界并没有什么威望,且书中他直言不讳指出了胡适楚辞研究的不足。亚东图书馆为楚辞学提供了一个开放的平台,这里没有身份和地位的差异,探讨学术研究人人平等。也正是基于这样的理念,亚东图书馆成为五四前后出版销售新书最多的机构之一。

1925 年,李小峰、孙伏园在北京翠花胡同成立了北新书局。"五四运动以后,北大成为新思潮领导之中心,当时出版界异常沉寂,多数未能担负出版任务,李小峰等有鉴及斯,继承北京大学新潮社之精神组织出版机构,定名北新,发行新文艺新思潮书籍,嗣短期内出版书籍风行全国……"[2]新潮社是北京大

① 汪原放:《回忆亚东图书馆》,学林出版社 1983 年版,第 64—65 页。
② 李相银、陈树萍:《上海鲁迅研究·北新书局的迁移与被查封——从 1981 年版〈鲁迅全集〉的一则注释错误谈起》冬卷,上海文艺出版社 2005 年版,第 215 页。

学在五四新文化运动时期成立的学生社团,最初的组织形式是一个杂志社。1918 年 12 月 13 日,《北京大学日刊》刊登了《新潮杂志社启事》:"同人等集合同趣组成一月刊杂志,定名曰《新潮》。《新潮》专以介绍西洋近代思潮,批评中国现代学术上、社会上各问题为职司。不取庸言,不为无主义之文辞。成立方始,切待匡正,同学诸君如肯赐以指教,最为欢迎!"①1919 年 1 月,《新潮》杂志正式创刊。社团主力李小峰在主持新潮社期间积累了出版经验,为了向新潮社致敬,书局命名为"北新",即北京大学新潮社的简称。1926 年,北新书局出版了游国恩的《楚辞概论》。这一年正是北新书局经历严峻考验的一年,1926 年,北京学生请愿后书局出版《语丝》,抨击政府的反动暴行,很快当局以"宣传赤化"之名派人查封北新书局,书局的支持者鲁迅离开北京去厦门。在这种恶劣的环境中,北新书局出版了中国楚辞学史上的一部重要著作《楚辞概论》。在 1926 年的危机中,北新书局的《语丝》敢于揭示事实真相、提供自由言谈的阵地,因此书局成为知识分子尊敬、信赖的出版机构。

其他的一些出版社也在 20 世纪 30 年代以后为楚辞学的出版作了大量工作,如 1931 年文字同盟社出版了郭焯莹的《读骚大例》,1934 年四川存古书局出版了廖平的《楚词新解》,1935 年南京中山书局出版了徐澄宇的《楚辞札记》,1935 年开明书店出版了郭沫若的《屈原》,1937 年泰东书局出版了支伟成的《楚辞之研究》,1938 年吴越史地研究会出版了卫聚贤的《楚词研究》,1938 年全集出版社出版了鲁迅的《汉文学史纲要》,1942 年国民图书出版社出版了闻一多的《楚辞校补》,1943 年重庆群益出版社出版了郭沫若的《屈原研究》,1944 年独立出版社出版了郭银田的《屈原之思想及其艺术》,1946 年文光书店出版了朱自清的《经典常谈》,1946 年胜利出版公司出版了游国恩的《屈原》,1947 年南通翰林书局出版了徐昂的《楚辞音》等。

近代楚辞学的发展,除了归功于楚辞学者们的努力,也不可忽视商务印书馆、中华书局等文化出版单位的功劳。

---

① 吴永贵、王静:《新潮社与〈新潮〉杂志(民国时期中小书局研究之一)》,《出版史料》2004 年第 2 期。

第三章　五四以来楚辞学的传统性

五四运动对楚辞学产生了重要影响,以此为节点,中国的楚辞学加快了向现代学术转型的步伐。这一时期楚辞学者提出的问题及其研究思路,至今依然是摆在楚辞学界面前的重要任务。楚辞学也呈现出与古代楚辞学截然不同的学术特征。从楚辞学本体来说,学术研究既有乾嘉学派的余韵——重经义考据,又具有现代学术的视野——中西学视界融合;从楚辞学研究者的学术根底来说,或幼承家学或师生相承;从楚辞学的传播来说,现代出版业崛起和新的传播方式使楚辞由小众文化变成了大众文化,受众也从精英走向大众。

第一节　发端于乾嘉学派:重经义考据

五四前后正是中国学术思想界异常活跃的一个时期,考察 20 世纪的楚辞学不能割裂其历史上的坐标,要在这一特定的时代背景下进行研究。这一时期的楚辞学上承清代,下启中华人民共和国,正经历着社会环境的大变革与大动荡。楚辞学者们不可能脱离其生活的时代和学术背景,因此在他们身上有着明显的清代学术研究特征。

清代楚辞学在乾嘉学风的影响下大致可以分成三类:楚辞经学、楚辞朴学、楚辞章句学。楚辞经学的代表有林云铭的《楚辞灯》、王邦采的《离骚汇订》、李光地的《离骚经九歌解义》等。楚辞朴学的代表有蒋骥的《山带阁注楚辞》、戴震的《屈原赋注》、王念孙的《毛诗群经楚辞古韵谱》等。楚辞章句学的代表有陈本礼的《屈辞精义》、刘梦鹏的《屈子章句》、胡文英的《屈骚指掌》等。

近代以后中国社会发生了新的变化,乾嘉学派不再是中国学术的主流。

伴随着中国学术现代化的艰难进程，乾嘉一派的学术进入了一个中西文化交融发展的新阶段。自鸦片战争以来到 20 世纪上半叶，楚辞学既进入了传统学术的总结和集大成时期，同时又开启了从传统学术向现代学术的转折期。20 世纪上半期的楚辞学者多经历过晚清和五四新文化运动，从他们的教育经历、研究内容、学术风格都可以看出乾嘉学派的余韵。

一、乾嘉学派楚辞学者的教育经历

正如周建忠在《20 世纪楚辞研究的第一个高潮——〈楚辞研究一百年〉之二》中所谈：

> 本世纪学术研究，尤其是楚辞研究，实脱胎于清代乾嘉诸老，发端于清末民初。①

这些学者的共同的经历就是小时候受过传统的国学教育。

廖平，祖籍湖北麻城。廖家生活困苦，勉强维持生计。廖平深刻地认识到要想改变命运，出人头地，必须发愤读书。他怀揣着"朝为田舍郎，暮登天子堂"的梦想去参加了科举考试。当时院试的试题为《子为大夫》，廖平以三句破题，却违反了八股文的写作章法，因此落榜。在最为失意之时，恩师张之洞的出现成为了廖平一生命运的转折点。张之洞是当时科举考试的四川分试副考官，倡导经世致用之学，为学主张通经，"通经根柢在通小学"②，而且兴办多所学堂，十分重视人才。看到廖平的卷子，张之洞"见其出语不凡，又兼颇知小学，大合自己'读书宗汉学，制行宗宋学'的心意，一时高兴，竟将廖平拔居第一"③。光绪二年（1876 年），廖平被选调到尊经书院学习，享受公费待遇。在这里，廖平衣食无忧，埋头苦读，多年的积累为他日后的研究打下了坚实的基础。他说："予幼笃好宋五子书、八家文。丙子从事训诂文字学，用功甚勤，博览考据诸书。冬间偶读唐宋人文，不觉嫌其空滑无实，不如训诂书字字有

---

① 周建忠：《20 世纪楚辞研究的第一个高潮——〈楚辞研究一百年〉之二》，《中州学刊》1997 年第 5 期。
② 张之洞：《创建尊经书院记》，转引自胡昭曦：《四川书院史》，四川大学出版社 2005 年版，第 354 页。
③ 舒大刚编：《经学大师廖平评传》，《宜宾学院学报》2010 年第 1 期第 10 卷。

意。盖聪明心思,於此一变矣。庚辰以后,厌弃破碎,专事大义,以视考据诸书,则又以为糟粕而无精华,枝叶而非根本。取《庄》《管》《列》《墨》读之,则乃喜其义实,是心思聪明至此又一变矣。"①张之洞深厚的小学功底深深影响了廖平,但是他并没有沿着恩师乾嘉考据的路子走下去。他发现乾嘉考据之学有重名物而碎大道的缺点,得枝叶而失义理,认为"学者虽通小学,犹未可治专经"②。他不善于记诵,却养成了爱思考的习惯。"学而不思则罔,思而不学则殆",为学善思,为他的经学和楚辞研究打开了一片新天地。

另一位著名学者刘师培的受教育经历则和廖平有着很大差异,廖氏家族在学术上没有成就,至廖平一鸣惊人,而刘氏家族却学术底蕴丰厚。刘家三世传经,刘师培的曾祖刘文淇、祖父刘毓崧、伯父刘寿均曾在《清史稿·儒林传》中有记载。刘氏家族不乏以致经而著称者,治《左传》新疏成果尤为显著。刘师培的父亲刘贵曾承祖上治学传统,研习群经,著有《春秋左传历谱》《尚书历草补演》《抱瓮居士文集》等。刘贵曾娶江都学者李祖望的次女李汝蘐为妻,她是刘师培的母亲。父亲家学深厚,母亲通晓经史。受家庭环境熏陶,他8岁起学习《周易》,12岁时已读完《四书》《五经》。不幸的是在他14岁时,父亲病逝,母亲李汝蘐便承担起教授刘师培《尔雅》《说文》的任务。良好的家庭教育为刘师培在经学研究方面打下了深厚的基础。1907年,刘师培在写给端方的信中说:"师培淮南下士,束发受书,勉承先业。略窥治经家法,旁及训故典章之学。"③由此可见,经学的教育背景使刘师培的楚辞研究带有一定的经学色彩。

在《中国中古文学史讲义》中,刘师培提出,"粤自风诗不作,文体屡迁,屈宋继兴,爰创骚体,撷六艺之精英,括九流之奥旨,信夫骈体之先声,文章之极则矣"④。这实际上可以说是打破了楚辞学自汉代以来对于经学的依附地位,不拘泥于"文以载道"的标准,肯定了其独立的文学地位和审美价值,即楚辞超越"宗经",屈原"爰创骚体"。刘勰曾在《文心雕龙·诠赋》中有言:"然则

---

① 舒大刚编:《廖平全集·群经类·经学初程》第一卷,上海古籍出版社2015年版,第467页。
② 舒大刚编:《廖平全集·群经类·经学初程》第一卷,上海古籍出版社2015年版,第495页。
③ 万仕国:《刘师培年谱》,广陵书社2003年版,第140页。
④ 刘师培:《中国中古文学史讲义》,凤凰出版社2011年版,第219页。

赋也者,受命于诗人,而拓宇于《楚辞》也。"①"六义附庸,蔚成大国。"②刘勰认为以《楚辞》为代表的赋体是由《诗经》发源而来,这种认知也就形成了历代文人以《诗经》温柔敦厚之标准品评《楚辞》的思维定式。刘师培针对这一观念,提出楚辞中的篇章"指物类象,冠剑陆离,舆旌纷错,以及灵旗星盖,鳞屋龙堂,土伯神君,壶蜂雁咙,辨名物之瑰奇,助文章之侈丽"③,乃是"史篇记载之遗"。通过这一论述可以看出,刘师培反驳了班固"赋者,古诗之流"的观点,以楚辞为代表,将赋体的起源由"诗源说"扩展到诗、史二体。这样一来便将楚辞从诗学的禁锢中解放出来,从而改变了对其评价的标准,这实际上是对中国传统儒家文艺观的一种颠覆,更多吸纳了西方理性、科学的思维方式。

根据这一标准,刘师培首先肯定了楚辞本身的文辞之美。传统的观念中以诗经"温柔敦厚"之风为典范,而以为楚辞之中声色渲染过盛,开启了文坛淫靡冶艳之风。刘师培则将楚辞文学之美回归到人最本真的需要上面,摒弃一切道义上的约束。他认为"人性之能,别声被色而已。声弗过五,而生变比音,弗可胜奏;色弗过五,而成文不乱,不可胜宣"④。一篇文章给人最直观的感受就是文辞的声色之美,引起阅读者感官上的愉悦,这也是作为"文"最原始的重要意义之一,由此文学便不可以一种固有的模式来约束。由此,刘师培对楚辞的艺术形式做出了全面肯定。正如黄灵庚所言:"刘师培氏作《楚辞考异》十七卷(简称《考异》,收于《刘申叔遗书》),广征唐宋以前类书、字书及注疏等所存《楚辞》零句异文,可谓宏且博矣,虽有粗疏之处,而草创之功不可没。"⑤

刘永济生于新宁刘氏家族,刘氏一直是颇有名望的大族,但从历代科举成绩与为官职位来说,并无特别显赫之辈,直至刘永济祖父刘长佑。刘长佑自幼博学多才,拔贡后投笔从戎,追随左宗棠,是"楚军"的创始人之一。其三子刘思谦即刘永济生父,刘思谦并无太多功名之心,喜好读书。刘永济虽然未亲身

---

① 周振甫:《文心雕龙注释》,人民文学出版社 1981 年版,第 80 页。
② 周振甫:《文心雕龙注释》,人民文学出版社 1981 年版,第 80 页。
③ (汉)班固:《两都赋序》,《六臣注文选》卷一,中华书局 1987 年版,第 24 页。
④ 刘师培:《中国中古文学史讲义》,吉林出版集团 2016 年版,第 4 页。
⑤ 黄灵庚:《〈离骚〉考异补》,《文献》1996 年第 1 期。

蒙祖父教诲,但受到家风的影响,人品正直,性情宽厚,专攻中国文史,并一直保持着严谨的治学态度。1911 年,刘永济考入北京、清华留美预备学校,由于不满当时学校的一些措施,勇抒己见,被学校开除学籍,引起学生公愤,要求学校"收回成命"。学校让刘永济等人写"悔过书",否则取消官费留学的机会,刘永济等人断然拒绝,这样他失去了公办留学机会。1917 年他遇到了在上海作寓公的近代著名词人况周颐、朱祖谋,刘永济得到两位前辈的赏识,走上了词学研究的道路。传统的国学教育为刘永济日后从事楚辞研究打下了深厚的基础。在古代文学的研究领域,刘永济"一辈子服膺屈原,研究屈原"。他在楚辞学领域里的研究成果非常丰富,著有《屈赋通笺》《笺屈余义》《音注详解屈赋定本》《屈赋释词》等。

二、乾嘉学派楚辞学者的研究内容

20 世纪上半期,楚辞学虽然出现了许多新的研究课题,但是乾嘉以来以考据和校正为主的研究依然是楚辞学的重要内容。

(一)考据

梁漱溟曾经把做学问归结为三件事:义理、考据、词章。三者中考据是研究的中心。

考据作为治学的一个重要内容,受到历代学者的重视。清代乾嘉时期一些学者反对宋明理学言之无物的弊病,寻求一种务实的途径,开始从事专门的考证工作。甚至有些人把考据与做学问画等号,把学术研究全部纳入考证工作的范围中。

学术界认为顾炎武是乾嘉学派的奠基人。乾嘉学派分为吴派和皖派,吴派"唯汉是信",推崇疏通证明,重视名物训诂、典章制度;皖派重名物制度考证,以语言文字学为治经的途径,从音韵、文字学入手,通过文字、音韵来解经。无论是乾嘉学派中的"吴派"还是"皖派",其研究成果都对 20 世纪的楚辞学产生了重要影响。特别是皖派戴震的学生段玉裁和王念孙、王引之父子等人为楚辞文字和音韵的研究做出了重要贡献,20 世纪上半叶很多楚辞的研究内容是在他们的研究成果之上的进一步探索。虽然各种西方文化思潮涌入中国,但是一些楚辞学者依然没有脱离传统学术的研究道路,在吸纳新思潮的同时保留或者延续了中国古代楚辞学的内容。

卫瑜章在《离骚集释·例言》中说:"传《楚辞》者,刘安而后,迄于隋唐,无虑数十百家,今不多传;最同行者,惟王叔师洪庆善朱晦庵之注而已。昔贤谓大别之,可分为四派:一为训诂派,王逸等是也。一为义理派,朱子王夫之等是也。一为考据派,吴仁杰蒋骥等是也。一为音韵派,陈第江有诰等是也。余谓尚有词章派,姚鼐梅曾亮等是也。五者不备,不可以通《楚辞》,不可以读《离骚》。"①卫瑜章所言《楚辞》研究之五派:训诂派、义理派、考据派、音韵派、词章派,实为在乾嘉学派基础上楚辞学的细化分类。无论是四分法还是五分法,最终都形成于乾嘉时期。这一时期楚辞学采用了汉儒重名物训诂的治学方法,与宋明理学重于心、性的抽象议论截然不同,因此文风朴实简洁,重证据罗列而少义理论发挥。卫瑜章在《离骚集释》自序中谈到研究楚辞的目的:"余承庐州师范讲席,授《离骚》,乃为诸生刺取自逸以降,至于时贤,无虑数十家,衷群说,发旨趣,章研其义,句求其诂,要使能通其读为归。"②因此他在《离骚集释》中逐句对字音、字意、通句的意思进行详解,其中列出诸家的观点,最后以"瑜章案"或者"案"的形式列出自己的观点。以"薋菉葹以盈室兮,判独离而不服"一句为例。卫瑜章罗列了前人的观点:"王逸曰:'判别也,薋蒺藜也,菉王刍也,葹枲耳也,三者皆恶草。'龙景瀚曰:'谗佞满朝,汝即不能和光同尘,何妨稍自贬损,而必判然自异,离而不服也。'段玉裁曰:'说文薋草多貌,许君正谓多积菉葹盈室,薋非草名,禾部曰,□积禾也,音义同。'"③综理前人之说,卫瑜章提出了自己的观点。

> 瑜章案:近人徐复考证菉葹非恶草,谓此二句,实承纷独有此姱节一句而来,姱节者何,即以薋菉葹以盈室承之,服当读为尚书百姓悦服之服,言原判然独自离众而不肯悦服也。徐解判独离下必增众字始通,殊有未洽,余谓薋字宜从段训积,余应仍依旧诂。④

乾嘉学者在经学、史学、音韵、文字、训诂、金石、地理、天文、历法、数学等

① 卫瑜章:《离骚集释》,商务印书馆 1936 年版,第 6 页。
② 卫瑜章:《离骚集释》,商务印书馆 1936 年版,第 4 页。
③ 卫瑜章:《离骚集释》,商务印书馆 1936 年版,第 20 页。
④ 卫瑜章:《离骚集释》,商务印书馆 1936 年版,第 20 页。

方面取得的成就为 20 世纪上半叶的楚辞学建构了一个很好的平台。他们的一些研究成果直接成为这一时期楚辞学者的论据。闻一多有些考证的例子直接源于乾嘉诸学者的研究成果，如《天问》："鲮鱼何所？鬿堆焉处？"中"鬿"一本作"魁"。闻一多《校补》曰："鬿即魁字（见《汉三公山碑》，《石门颂》及《魏大飨记》）。《九叹·远逝》'陵魁堆以蔽视兮'（魁一作鬿），《注》曰：'魁堆，高貌。'"①闻一多所举诸证当本于王念孙《读书杂志·战国策二》"魏魀"条。

这一时期学者的考据没有仅仅停留在乾嘉学者在故纸堆里做学问的老路子上，而是采用更为科学的考证方法。这里特别要指出的是王国维对考据学的贡献，在他看来，楚辞的考据不应该局限于文献材料的发掘，更重要的是从已经发现的出土文物中寻找证据，用文物与文献双重证据证明楚辞学的相关问题。王国维在《古史新证·总论》说："吾辈生于今日，幸于纸上之材料外，更得地下之新材料。由此种材料，我辈得据以补正纸上之材料，亦得证明古书之某部分为实录，即百象不雅训之言亦不无表示一面之事实。此二重证据法，惟在今日始得为之。"②王国维把研究内容从"纸上之材料"转移到"地下之新材料"，利用二者互证来探寻楚辞神秘的世界，同时也可以证明文献材料的真实性。可以说，二重证据法对乾嘉考据学方法进行了修正和发展。

在楚辞学领域，其他学者以平实、严谨的学风加上新的研究方法，使楚辞学领域里的考据达到一个新的研究高度。游国恩在《天问古史证》中，考证"有扈之事"就使用了出土文献与纸质文献结合的方法。屈子所述有扈之事，经传无记，即使古书杂记也绝少考见。旧注见"有扈"之文，遂以《书》之《甘誓》中启伐有扈以及少康中兴之事。游国恩考证"有扈之事"为古诸侯逸事，即启服有扈，且"有扈"非"有易"之误。他参照《楚辞章句》《天对》《楚辞集注》《楚辞补注》《左传》《淮南子》等，说明旧注"有扈"多"阙疑"。结合晋代出土的简牍《竹书纪年》肯定了徐文靖、刘梦鹏的"该"为"垓"字之误，并结合《史记》《山海经》《竹书纪年》《汉书人表》等文献证明"亥"为殷王子之事，徐、

---

① 闻一多：《楚辞校补》，巴蜀书社 2002 年版，第 45 页。
② 王国维：《王国维文集·古史新证》第四卷，中国文史出版社 1997 年版，第 2 页。

刘二人发前人之未发,但并没有考证出"有娀"的真实身份。随后游国恩又以王国维卜辞互证,证明亥为商之先王先公。

虽然清代学者的考据有时有遗其大而传其小、沉溺于故纸堆、脱离实际的弊端,但在古籍整理上做出了突出成就。20世纪以后,由于中国社会发生了翻天覆地的变化,楚辞学领域里的考据也适应新的情况出现了新变化。这时的考据已经区别于乾嘉时期的考据,考据不再是研究目的,而是手段,在考证楚辞学相关史实的基础上还注意探求楚辞的发展、演变的规律。在继承传统的前提下,20世纪上半叶的楚辞考据已经形成了具有现代学术特点的新考据方法,并形成了自己的特色,即:"诗史互证""纸上之材料"与"地下之新材料"互证等多重证据法。

(二)校正

古籍在流传的过程中难免会出现讹误,或为误字,或为脱字,或为衍文,或为错简,因此在研究的过程中首先要校正原文才能正确理解文献的内容,从而进一步进行相关的研究工作。清人王鸣盛在《十七史商榷·序》中说:"予识暗才懦,一切行能举无克堪,惟读书、校书颇自力。尝谓好著书不如多读书。欲读书必先精校书,校之未精而遽读,恐读亦多误矣;读之不勤而轻著,恐著且多妄矣。"①由此可见,校正在古代文学研究的过程中能够显示学者的功力。乾嘉学者中有部分人甚至毕生致力于一字一句的正讹,探求名物的渊源,在诸经校订疏解中取得了超越前人的成就,在古籍和文献的整理上也做出了贡献。

楚辞校勘是楚辞学的基础。自西汉刘安以来,历代学者从事楚辞的校正工作,形成了丰厚的楚辞学文献,这是楚辞学宝贵的文化遗产。20世纪上半叶的楚辞学者同样没有忽视楚辞文献的整理和校勘工作。

闻一多在研究楚辞时给自己定下三项课题:说明背景、诠释词义、校正文字。闻一多认为《楚辞》作为比较古老的文学作品之所以难读,有三个原因:(一)年代久远,史料不足,作品的时代背景与作者个人的意识形态难以了解;(二)作品中"约定俗成"的白字,即训诂家所谓"假借字","最易陷读者于多

① 王鸣盛:《十七史商榷·序》,上海书店出版社2005年版,第2页。

歧亡羊的苦境"①;(三)传本的讹误,往往也误人不浅。闻一多认为楚辞研究的重点在于"校正文字",他把此当成一项最基础的研究工作,他把诠释词义和说明背景融入校正文字中。他在《楚辞校补》引言中说:"我只好将这最下层,也最基本的第三项——校正文字的工作,先行结束,而尽量将第二项——诠释词义的部分容纳在这里,一并提出。"②

闻一多将校正文字作为最基础的研究,把诠释词义和说明背景结合进行校正文字工作,取得了一系列的研究成果。以《离骚》为例,"何桀纣之猖披兮"中的"猖披"二字,闻一多引《释文》中"倡披"、"倡被",唐写本及今本《文选》中作"昌披",《易林·观之大壮》作"昌披",其至引日本《新撰字镜》六引原本《玉篇·巾部》中的"昌帔"等。③ 此处闻一多对"猖披"二字在不同版本中的写法进行了说明,有"倡披""昌帔""昌被""昌披"。"猖"之字的古本应作"昌",至于后写为"猖"字,是后人训诂字改成的。

刘永济在《屈赋通笺》中专门设立一个小节"正字",即校正文字。他在《叙论》中谈到楚辞文字的校订时说:"明清两代,作者甚多。暇尝搜访,得见七八。其他考订文字音韵之事,乾嘉诸儒为之独精。其书亦不下数十种。故学者每遇一言难通,翻劵之书常盈桉杳几而后乃始获焉。"④他对乾嘉诸儒的考订工作作了充分肯定,也说明他对古籍的校订工作非常重视。他说:"故欲通夫作者之情思,因以求其文之义理者,舍辞条文律,名物训诂,其道殆穷。"⑤在他看来文字是义理的基础,舍弃了文字音律,单纯追求名物训诂就会走上穷途末路。因此他特别注重在校正文字的基础上探求屈子之志。《正字》一节中关于"不抚壮而弃秽兮"一句中刘永济先引洪兴祖的《楚辞补注》"文选无不字"。

> 戴震屈原赋音义曰"俗本作不抚壮。按王逸云:言顾君抚及年德盛壮之时。又文选注云:抚,持也。言持盛壮之年。此汉唐相传旧本无不字

---

① 闻一多:《楚辞校补》,巴蜀书社 2002 年版,第 1 页。
② 闻一多:《楚辞校补》,巴蜀书社 2002 年版,第 1—2 页。
③ 闻一多:《楚辞校补》,巴蜀书社 2002 年版,第 5 页。
④ 刘永济:《屈赋通笺·叙论》,人民文学出版社 1961 年版,第 23 页。
⑤ 刘永济:《屈赋通笺·叙论》,人民文学出版社 1961 年版,第 25 页。

之证。按戴系引文选五臣良注。李善本有不字,非也。壮本字作庄。说详通训第四。下文余饰方壮同。秽,朱骏声离骚补注曰:当做薉,芜也。下文芜秽同。"①

仅这一句诗,刘永济就逐字校正,力求能更贴切地理解屈赋的意思。

综上所述,20 世纪上半叶的楚辞学者虽然接受了五四以来新的文化思潮,但是在学术研究上依然没有脱离晚清乾嘉以来楚辞学的研究内容和研究方法,并且对乾嘉学者考证的成果加以吸纳,这为 20 世纪上半叶楚辞学的繁盛奠定了基础。这一时期的学者把乾嘉学派的学术研究的优点传给了年轻的学者,也为中华人民共和国培养了一批楚辞研究专家。

第二节　师门渊源的传承——师生相承

通过梳理楚辞学者的师生关系,大致可以勾勒出楚辞学向现代学术演进过程中的一个轨迹。他们之间既有纵向的延续,又有横向的交织。王闿运与廖平是师生关系,廖平又有学生谢无量、蒙文通;王国维教授姜亮夫,胡适教授陆侃如和苏雪林;蒙文通既受学于廖平,又受学于刘师培;游国恩既授业于胡适,又深受王国维的影响。

一、"蜀派"师承

鸦片战争以后,中国的传统知识分子开始发生分化。晚清以张之洞为首形成了蜀地学术圈,他是洋务派的代表人物,也是晚清中兴四大名臣之一。他提倡教育,创办了自强学堂、三江师范学堂、湖北农务学堂、湖北工艺学堂、湖北武昌蒙养院、慈恩学堂、广雅书院等。张之洞在任四川提学使期间创立尊经书院。四川地处西南,山高林密,蜀道崎岖,交通不便,这影响到了当地的教育水平与学习风气。自明末战乱以后,蜀地学术颓废,百姓整体素质低下。基于这种情况,张之洞认为:"欲治川之民,必先治川省之士。"②他重视儒家文化,

---

① 刘永济:《屈赋通笺·离骚》,人民文学出版社 1961 年版,第 5 页。
② 吴剑杰:《张之洞年谱长编》,上海交通大学出版社 2009 年版,第 48 页。

书院所开课程为经、史、小学、辞章,其中经学尤为重要。张之洞指出:"凡学之根柢必在经史,读群书之根柢在通经,通经之根柢在通小学,此万古不废之理也。"①为了教学需要,他还撰写了《𬨎轩语》《书目答问》等书籍。在张之洞的倡导下,蜀中学风为之一变。在楚辞学上形成了以王闿运为首的楚辞学蜀地文化圈,包括王闿运、廖平、谢无量、蒙文通等。从他们的师生传承以及楚辞学观点方面的联系上可显见学风的地域化对楚辞学的影响。

王闿运与张之洞于同治十年在北京结交,后来往甚密,直至宣统元年张之洞离世,两人的交往长达近四十年,经常一起谈经论道,王闿运对张之洞任湖北学政时期的功绩大加赞扬。由此可见,两人关系之笃。即便如此,这对挚友一个身居高位,心系社稷,为人雅正;另一个则终生不遇,心怀幽怨。张之洞从维护封建统治的目的出发,希望能够以"经学"对抗来自西方的政治文化冲击,王闿运则以"务实"为本,阐发经学的微言大义。

1878 年王闿运受四川总督丁宝桢之邀赴川,第二年正式出任尊经书院山长。在这里他遇到了学生廖平。廖平因受到张之洞的赏识,其不符合规范的试卷被张之洞"拔置第一",从而进入尊经学院学习。王闿运在这个没落的封建王朝仍然坚持以春秋为根基,尊王攘夷。虽然他在政治观点上相对保守,但在教育方式上却秉持开明的态度,有教无类,培养了一大批优秀学生,廖平就是其中的一位。王闿运治楚辞受其经学研究的影响,求微言、务诡异,借楚辞寄托他的政治理想。身为学生的廖平,先后师从张之洞、王闿运,在受到他们影响的同时,也在自己的学术思想上有所开拓。廖平虽然"也看到了西方的强势文化的本质,也想在经学内部输入西学的东西,但始终不敢将中国儒家文化的代表孔子请出中国文明的殿堂"②。他看到了西学对经学的冲击,在楚辞研究的思路上与老师迥然不同。他没有像老师那样在注释楚辞的过程中寄托自己的政治理想,而是更加单纯地进行学术研究。廖平自称他的学术研究有"六变",在廖平眼里楚辞是不断变化的,只不过是楚辞的研究不如其经学研究"变化多端"罢了。

---

① 苑书义等编:《张之洞全集》卷二百八十一,河北人民出版社 1998 年版,第 10075 页。

② 牛秋实:《王闿运、廖平与吴虞:学术与学风的地缘性影响》,《宜宾学院学报》2013 年第 1 期。

　　廖平从神异的角度看楚辞，赋予楚辞为"灵魂学专门名家"的称号，根源是道家的学说。王闿运在《楚辞释》中别出心裁，他在对楚辞文本理解的基础上，加上自己的想象，虚构一段"史实"。如："初怀王疏原，后见困于秦，复用原计为黄棘之会。秦楚通和，太子出质，已怨原矣。及秦伪归太子，以要怀王。楚复合齐，太子又质焉。怀王留秦不得归，而大臣欲立他子，昭雎不从，乃迎横立之，是为顷襄。时原四十有六，名高德盛，新王初立，势不能不与原图事。原乃结齐款秦，荐列众贤，诋毁用事者，众皆患之，乃潛以为本欲废王。又以怀王得反，将不利王及令尹。王积前怒，固欲远之，而无以为名，因是诬其贪纵专恣，放之江南，而反以忘仇和秦为其罪。"①他认为屈原是被怀王疏远，襄王时放于江南，怀王被困于秦，屈原用计使得"秦楚通和，太子为质"。新王立后，齐楚联合出质太子等计谋均出自屈原。屈原"结齐款秦，荐列众贤"，引起用事者诋毁，言道如果怀王回来，将不利于新王，襄王"诬其贪纵专恣，放之江南"。王闿运在《楚辞释》中的解读多为自己的臆测，虽多创新之见，但不足为信。学生廖平学术多变，也说明他在力求创新，不过他脱离了老师的虚构"史实"而去追求神异。1905 年到 1917 年，廖平在经学上提出了"天学"与"人学"的观点。他认为儒家学说中，不仅有"人学"治中国和治世界，而且有"天学"，治天仙鬼神和未来世界。在他的世界观里认为灵魂是存在的，在这种思想指导之下，廖平才会认为"《楚词》乃灵魂学专门名家"，把楚辞推向了神异的研究方向，并进一步指出"其根源与道家同"。从地域学术背景来看，四川省自古是一个道教文化繁盛的地方，特别是唐代尊道教为国教，至唐玄宗时达到顶峰。道教的一个重要宗旨是追求长生不老、得道成仙，这正好与廖平的楚辞研究找到一个契合点。不得不承认，在蜀文化的环境中长大的廖平，其潜意识里也会受到这种地域文化特点的影响。

　　由此看来，自张之洞到王闿运、廖平逐步形成了蜀地的楚辞研究。王闿运、廖平师生的楚辞研究都有浓重的经学色彩，从重虚构逐渐过渡到重神异。廖平的学生谢无量也是蜀地人，他在王闿运和廖平的基础上进一步发展，使楚辞学逐步摆脱经学的色彩，向现代学术推进。

---

① 杜松柏编:《楚辞汇编·楚辞释》第七卷，新丰出版公司 1988 年版，第 7 页。

　　谢无量从小受到了很好的国学教育,曾经立志成为像顾炎武、黄宗羲、王夫之"三君子"那样品学兼优的读书人。然而随着时代的变化,他没有像老师廖平那样致力于经学的研究。1901 年,他和李叔同等人一同考入南洋公学。求学期间,谢无量结识了章太炎、邹容等革命党人,积极参加了反清斗争。1903 年《苏报》案发生后,谢无量东渡日本。在日本期间,他补习了日文、英文、德文。在这里他阅读了英文版的《资本论》,接触了马克思主义。俄国十月革命的成功使谢无量对马克思主义也有了进一步的认识,他也是国内较早利用唯物史观进行学术研究的学者之一。谢无量于 1909 年回到四川,担任存古学堂监督,在这里他遇到了廖平、吴之英、刘师培等人。在川期间,廖平特别器重年轻的谢无量。谢无量的楚辞研究已经不再是经学视角下的楚辞研究,他成为"20 世纪最早以现代眼光研究《诗经》《楚辞》的学者之一",为现代诗经学、楚辞学的建立做出了"导夫先路"之功。① 他眼里的屈原褪去了"忠君爱国"外衣,结合自己的理想和抱负,屈原成为一个爱国济世之才。"古今文人,类多长于辞采,而乏经纶之才,卑者至诡词巧说,阿世以取容,虽骋篇章之美,而君子恶之。其能稍稍自异者,亦或因时发愤,有所讽刺劝戒,喻民志于正,以风动天下,斯足称矣。然未必真有济变治国之材也。屈原则不然……"②谢无量还从现代人格论的角度分析屈原作品的由来,在他看来屈原是天才,屈原是狂人。这些观点与老师廖平相比更具有西方现代学术的色彩。谢无量受到德国哲学家尼采的影响,1900 年尼采去世,1902 年梁启超刊发了介绍尼采的文章,之后王国维、鲁迅也都论及尼采。1915 年谢无量发表《德国大哲学者尼采之略传及学说》,他认为尼采是狂者,"尤狂不可近"③,"盖就进取之例推之,则狂者之志,恒超然越乎庸众;是非古今,欲以其说易天下,而不顾当否;立身措事,往往迕于人情"④。因此屈原有狂者之志,超乎常人,所以他立身处世为人所不容。谢无量是较早用人格论评价屈原的学者之一,从这

---

① 田玉琪:《谢无量古典文学研究的成就与特色》,《文学遗产》2010 年第 4 期。
② 谢无量:《谢无量文集·中国六大文豪》第六卷,中国人民大学出版社 2011 年版,第 18—19 页。
③ 郜元宝编:《尼采在中国》,上海三联书店 2001 年版,第 35 页。
④ 郜元宝编:《尼采在中国》,上海三联书店 2001 年版,第 35—36 页。

一点来说,他已经完全超越了老师廖平的研究视角。

蒙文通,四川人,历史学家,师从廖平、刘师培等人从事经学研究。他5岁入私塾,1906年进入四川高等学堂分设中学学习,后进入四川存古学堂。在这里他刻苦钻研国学,涉及经、史、子、集,这为他后来从事经学、史学、佛学研究打下了深厚的根基。蒙文通受学于廖平、刘师培,两人都是当时著名的经学家,不同之处在于,廖平主今文经学,刘师培主古文经学,这一点对蒙文通的学术之路影响深远。"文通幼聆师门之教,上溯博士今文之义,开以为齐学、鲁学,下推梁、赵古文之义,开以为南学、北学。推本邹、鲁,考之燕、齐,校之晋,究之楚。岂敢妄谓于学有所发。使说而是,斯固师门之旨也,说之非,则文通之罪也。"①随着自身的思想不断成熟完备,蒙文通的楚辞研究既不同于老师廖平,又不同于同门谢无量,他更注重从史学和文化学的角度去进行楚辞和楚文化的研究。蒙文通提出昆仑为"上古文化中心"说,认为巴蜀文化先于楚文化,楚文化也受到巴蜀文化影响,屈原作品中的王乔、彭祖皆巴蜀之人,《楚辞》中的巫山、高唐,皆巴蜀之地。因此,蒙文通将巴蜀文化和楚文化联系在一起,他特别指出巴蜀文化和楚文化有一种深厚的关系。他的观点直接把楚文化与相邻的巴蜀文化并列研究,在比较中突出楚文化的特点。蒙文通的楚辞研究也是在接受西方新学的大背景下进行的。这一点与谢无量提出楚辞研究应置于南方大的文化背景下的观点有相似性。

从上述分析可以看出王闿运、廖平、谢无量、蒙文通等人的楚辞研究,他们既有师承关系又有开拓创新,形成了独特的"蜀派"楚辞学。20世纪初,谢无量在《蜀学会叙》中提出了"蜀有学,先于中国"的论断。这虽然是在评价巴蜀文化,但在当时石破天惊,振聋发聩,今天用这句话评价"蜀派"的楚辞研究也不为过。李学勤在叙述晚清传统文化发展的中心位置时说,中国传统文化的中心位置发生了转移,重心"一个是湘学,一个是蜀学"②。楚辞"蜀学"派这恰好也是对晚清楚辞文化研究中心的一个概括。

---

① 蒙文通:《蒙文通文集·经学抉原序》第三卷,巴蜀书社1995年版,第47—48页。
② 李学勤:《弘扬国学的标志性事业》,《西南民族大学学报》2005年第9期。

二、王氏师承

王国维出生于浙江省海宁的一个书香世家。作为中国文化转型期的一位学者，他没有学位头衔，却学贯中西，在哲学、史学、美学、文学、伦理学、文字学、考古学、心理学、词学、曲学、红学、金石学等多个学科领域均有很深的造诣。有人将他的学术成就比做一颗耀目的钻石，每一个晶莹剔透的切面都闪烁着令人心旌摇曳的光彩，楚辞学就是其中光彩夺目的一面。

王国维具有敏锐的学术眼光，他突破了传统楚辞学的束缚，把楚辞学推向一个学术阶段。姜亮夫致力于楚辞学、敦煌学、语言音韵学、历史文献学的研究。1926 年他考入清华大学国学研究院，师从王国维、梁启超、陈寅恪，后又师从章太炎。学生姜亮夫继承了老师的研究成果，在研究方法上使用文史互证的方法，他与老师不同的是更侧重楚辞的史学、语言学研究。

（一）文史互证法

文史互证法是中国文学研究中一个非常行之有效的研究方法，近代以来随着新的考古发现和西方学术的东渐，文史互证法成为学者研究楚辞使用的一个得力方法，受到王国维及其学生的青睐。

王国维的楚辞研究注重文献和出土文物的互证的"二重证据法"。姜亮夫的楚辞研究延续了老师王国维的史学视角研究方法，他在楚辞研究中也重视出土文物和历史文献的互证，"所谓证者，有书证、物证。然书证往往因学派、家数之异而不必确切，甚至有虚妄不可信者，则应待物证而后定。余书于文字训诂，凡屈赋中，必需原始要终者，则自甲骨、金文，以溯其源"①。姜亮夫与老师王国维一样对纸质文献采取怀疑的态度，他认为由于学派的不同，内容会有一定的倾向性，可能出现"虚妄"，因此必须追溯其源，寻找原始的材料、出土的甲骨等是比较可靠的。

在论及楚辞中的夏殷史实时，姜亮夫就采用了文献材料和出土文物材料互证的方法。他说：

---

① 姜亮夫：《楚辞通故·自叙》，云南人民出版社 2002 年版，第 4 页。

屈、宋之作,详于夏、殷,而略于两周,与战国时代"法后王"精神不协,而夏、殷史实,又多出入。……《天问》论启、益争帝,启杀益,而卒得位,《孟子》则谓益避启于箕山,而人民归启不归益,"曰吾君之子也",云云,则夏之传世,乃由民心之归,何其盛也!是此时之民,已能定国,其夸诞可笑。《汲冢书》以为益为启所杀,则北土之传,多有为后世所缘饰者矣。启与益争国,且见囚於益,而能逃归,则亦一时强梁,故屈子记其屠母之非,淫昏于乐之行,则启亦非贤智矣。至夷羿,射河伯,妻雒嫔,射封豕,泯娶纯狐,浇求丘嫂,少康逐犬,女岐缝裳,颠易逢殆,覆舟斟鄩等,夏家初期数世之乱,为儒家所不详者,皆见于《天问》。其事或见于《竹书》,或见于《山海经》,则三晋所传,略得与南楚相仿矣。①

这里他谈到屈原和宋玉作品中的史实夏殷详实两周简略,且史实中的内容与其他文献资料记载有出入,姜亮夫在对照楚辞中所传史诗与文献的差异,从《竹书》和《汲冢书》中寻找真相,得出则三晋所传之事与南楚相仿的结论。

(二)历史学视角

姜亮夫的楚辞研究还延续了老师王国维的史学特点。姜亮夫在《楚辞通故·自叙》中说道:"要之以语言及历史为中心,此余数十年根株所在。"②他在《史学论文集序》中说:

我一生治学至杂,但也有个不太明显的中心——古史,往往被楚辞、汉语、敦煌、文学等冲淡,而史学的问题自"五四"以后,非常庞杂;学说纷起,新材料也时时发现。我在这潮流中,追逐不已,为许多科学性强的学说所震撼。……下决心走朴学道路,与史学正式接触。曾发愿注《后汉书》,但王先生昆明湖之痛第一想到屈原,所以廿八岁写成《屈原赋校注》,从此对古史接触多了,于是才扩大为古史学的研究。③

在这里他再次谈到了老师王国维对他的影响,一方面是研究方法,新材料的发现和使用比传统的研究方法更为直观、更为科学,这给他的学术研究带来了强

---

① 姜亮夫:《姜亮夫全集·楚辞论文集·三楚传古史与齐鲁三晋异同辨》第八卷,云南人民出版社 2002 年版,第 129—230 页。
② 姜亮夫:《姜亮夫全集·楚辞通故·自叙》第一卷,云南人民出版社 2002 年版,第 2 页。
③ 姜亮夫:《姜亮夫全集·史学论文集序》第二十卷,云南人民出版社 2002 年版,第 1 页。

烈的震撼;另一方面是研究角度,他下决心走史学的研究角度,特别是老师王国维昆明湖之痛后第一想到的就是屈原,他的史学研究角度进一步扩大。在《屈原事迹》《三楚传古史与齐鲁三晋异同辨》《楚文化与文明点滴钩沉》等论著里他特别注重古史的研究。在《屈原事迹》中他全面地考察屈原的生活轨迹,根据《左传》等史料列出了详细的屈氏系年。这样从纵向的时间轨迹上勾勒了屈氏家族的发展情况,然后从横向上寻找屈原和这个家族轨迹的交叉点,从而可以更加立体地考察屈原的生平事迹。他一方面从《水经注》《太平寰宇记》《见闻后录》《楚盛迹志》等文献材料中寻找突破点,一方面自己去实地考察寻找研究的突破点。他还在研究中注明:

> 附:余箧中有旧钞卡片,未注明撰人,今附此。

> 屈原塔自注:在忠州,原不当有塔于此,意者后人追思为作之。①

蒙文通在《中国历代农产量的扩大和赋役制度及学术思想的演变》一文中提出"史以明变"观点,他说:"讲论学术思想,既要看到其学术精神,也要看到其学脉渊源,孤立地提出几个人来讲,就看不出学术的来源,就显得突然。"②他把楚文化与巴蜀文化联系起来,从更大的文化区域探究它们之间的联系。他对楚辞的研究突破了传统的视角,他对楚文化的研究也具有明显的史学特征。正如钱穆在《新时代与新学术》所言:

> 若放眼从源头上观,乾嘉经学,早已到枯腐烂熟之境。道咸以下,则新机运已开。一面渐渐以史学代经学,一面又渐渐注意到欧美人之新世界。此两途,正合上述新学术创始之端兆。③

(三)楚辞语言学

姜亮夫在楚辞语言学方面的研究集中在楚辞的校注上,特别是"恩师王国维蹈昆明湖之痛后",发奋而注《屈原赋校注》。姜亮夫用了两年的时间,依据明翻宋本、明本的章句补注等十二三种,结合《史记》《文选》、慧琳《音义》《太平御览》等诸书从文字、音韵、训诂等方面进行注释和义理的疏通,后又出版重订《屈原赋校注》。

---

① 姜亮夫:《姜亮夫全集·屈原事迹》第七集,云南人民出版社 2002 年版,第 48 页。
② 蒙文通:《蒙文通学记·治学杂语》,生活·读书·新知三联书店 1993 年版,第 32 页。
③ 钱穆:《文化与教育》,广西师范大学出版社 2004 年版,第 38 页。

姜亮夫对楚辞语言学的最大贡献在于"楚语"的研究上。汤漳平认为："楚语是楚辞文学作品最重要的特征之一,它和楚声、楚地、楚物共同形成了'楚辞属楚'这一鲜明的地方特色,因而研究楚辞中的楚语是楚辞研究中的十分重要的课题。但楚辞中的楚语研究是四者中最薄弱的环节。东汉王逸及宋代洪兴祖为后代的楚语研究奠定了基础。此后,楚语研究长期停滞不前,直到20世纪初才出现了第一部研究《楚辞》中之楚语的专著。"①王逸《楚辞章句》中收录楚语 21 条,洪兴祖《楚辞补注》增收 20 条。隋唐时期有释道骞《楚辞音》,但是只剩下残卷。直到 1915 年才出现了一部研究楚语的专著,即李翘的《屈宋方言考》。书中楚语大致依词性分类,共列出 68 条,分成名物、形容字、动作字、状况字、语词五类。姜亮夫对楚语的研究则集中在字句、文法,以及篇章布局等方面。

关于字句,由于受历史条件的局限,楚辞在流传过程中存在的缺失和讹误给后代研究造成很大的困难。姜亮夫重视探源溯流,从字形、字音以及汉字的起源等方面做相应的考证工作。如"朕皇考曰伯庸"中的"朕"字,姜亮夫释曰:

> 疑即今北地俗语自称曰咱之声转。又今松江青浦间人言我,音如"dza 吾"之合音,亦即朕之音变也。②。

他首先探究"朕"的尊卑之义来自于蔡邕的独断,周金文中用"朕"解作"我"者很多;其次他又探求甲文金文的字形同龟,由此想到"朕"为"咱"的声转;最后结合松江青浦人的方言,进一步确定"朕"为"咱"的声转。

文法是姜亮夫楚辞语言学与文化学交叉研究的一个突破点。他把屈赋的音律、语法乃至于韵味等与楚地文化密切结合起来,从文法角度探究屈原作品的地方色彩。姜亮夫认为,楚辞研究应以语言历史为根株。从语言学的角度来说有二义,"一、解释文辞以驰骛语言学的规律,务使形、声、义者无缺误;二、凡为历史事象所借以表达之语言,必使与史实之发展,相腑调,不可有差失矛盾。以历史言之,则历史发展与语言规律之出入,繁变纷扰,往往与语言之

---

① 汤漳平:《姜亮夫先生与楚语研究》,《辽东学院学报》2008 年第 6 期。
② 姜亮夫:《姜亮夫全集·重订屈原赋校注》第六卷,云南人民出版社 2002 年版,第 8 页。

便有如亲之与子"①。在《九歌》一篇中姜亮夫从用韵上指出屈子的习惯性。姜亮夫把《九歌》用韵与《离骚》《涉江》等作品的用韵进行比较,证明《九歌》中所用的鱼、阳、之、歌四韵与屈原其他作品用法一致,《九歌》中的用韵"为屈子所创作之习惯"②。姜亮夫从民间风俗的角度探讨诗歌语言与民间歌舞的关系,屈原在特定的环境中对民间流行歌舞、乐曲进行修润更订是很自然的事情。他认为朱熹关于《九歌》是屈原修订的观点更接近事实。"按《九歌》句法、章法、用字、用韵,显与《离骚》《九章》《天问》有其同,亦有其不同。"③他从《九歌》的文法上判定其是屈子的作品。《离骚》《九章》《渔父》《卜居》《远游》受战国诸子散文化的影响,屈子依楚人语法,形成散文,稍整齐字句,加上韵文,以写个人情怀。姜亮夫从文法与楚文化的交叉点上考察了楚辞的用韵,是楚辞语言学研究的一项突破。

关于语势的研究,姜亮夫更注重从句子的语势去挖掘屈赋的精神和文化内涵,通过对字句、文法方面的归纳、分析,从整体上把握其赋文化的价值与艺术成就。他把屈赋归纳为三类:记录屈原思想感情、追问历史和宇宙、修改润色民歌。他通过研究发现了一个屈原作品的"公式":"我对国家如何""我对人民如何""我自处又如何"。在具体篇章之中,又"以其遭受轻重先后而异撰"。

综上所述,姜亮夫的楚辞学成果丰硕,远在老师王国维之上,但是他始终以谦虚谨慎的态度从事学术研究。他在《楚辞通故》中曾经说:"全书似当以辩证唯物主义为归趣。然余于马列新说不练达,无真知,若徒衣被华采,而运不中程,则对学术为伪妄,为不忠实,以媚世冒不诚之罪辜。余钝椎人也,性躁而疏,亦颇知其率直浅露,勿事于俯张。其有未达,愿学焉而已。"④尽管这是在特殊的时代背景下的一段话,但足以见其踏实的学风。

---

① 姜亮夫:《姜亮夫全集·楚辞通故·自叙》第一卷,云南人民出版社2002年版,第2页。
② 姜亮夫:《姜亮夫全集·重订屈原赋校注·九歌》第六卷,云南人民出版社2002年版,第133页。
③ 姜亮夫:《姜亮夫全集·重订屈原赋校注·九歌》第六卷,云南人民出版社2002年版,第117页。
④ 姜亮夫:《楚辞学论文集》,上海古籍出版社1984年版,第456页。

三、胡氏师承

在 20 世纪楚辞研究领域,胡适的楚辞研究成果虽不算太丰富,但其影响绝对不可轻视,他的《读楚辞》开启了 20 世纪屈原研究新的一页。他对屈原和《楚辞》在中国文学史上的地位给予了肯定,同时向陈腐僵化的经学发起了强烈攻击,对五四新文化运动的发展产生了积极的推动作用,对后世影响亦深远。以他为中心形成了一个新的楚辞研究团体,包括游国恩、陆侃如、苏雪林,分别形成了楚辞学史、楚辞辨伪和楚辞域外文化三个研究方向。

(一)楚辞学史的开拓

在中国古代楚辞学中,没有楚辞学史这门系统的学科,五四新文化运动前后,在文学史学科建设的基础上,楚辞学史的雏形逐步形成。

游国恩从大学时就执着于楚辞的研究,一生致力于中国古典文学的教学和学术研究,奠定了现代楚辞学的基础,成为我国现代楚辞学的集大成者。在研究视角上,游国恩继承了老师胡适的开拓性思维。胡适的《读〈楚辞〉》最初是应一个读书会的邀请而作的演讲稿,后来整理出来发表在《读书杂志》上。在五四新文化运动的大背景下,胡适想引导人们给《楚辞》和屈原一个科学的评价,将它单纯当做一部文学作品来看待。学界常把胡适作为"屈原否定论"的倡导者,但是通观全篇"屈原否定论"并不是胡适的本意。作为新文化运动的先锋,胡适想还屈原一个本来面目,把他从经学的视角下解放出来。"传说的屈原是根据于一种'儒教化'的《楚辞》解释的。但我们知道这种'儒教化'的古书解是汉人的拿手戏,只有那笨陋的汉朝学究能干这件笨事!"①这种大胆怀疑的精神开拓了游国恩的思维。他受老师胡适的影响,在关于《九歌》作者的判定上接受了老师的观点,早期游国恩在著述中否定《九歌》为屈原作品。在楚辞研究上游国恩既接受了老师的打破旧学术体系的豪情,又突破了老师的研究视野。如果说胡适的《读〈楚辞〉》充满了打破旧思维的激情,那么游国恩的楚辞研究则更为理性,奠定了中国现代楚辞学史的雏形。

1926 年,游国恩的首部著作《楚辞概论》出版,同学陆侃如为其作序。在

---

① 胡适:《胡适文存》第二集,黄山书社 1996 年版,第 66 页。

序言中陆侃如科学地评价了这部作品。他认为这本书"可算是有《楚辞》以来一部空前的著作。不但可供文学史家参考,且为了解《楚辞》的捷径了"①。游国恩"把《楚辞》当作一个有机体,不但研究他本身,还研究他的来源和去路。这种历史的眼光,是前人所没有的"②。第二个特点就是考据的精神,他"旁征博引""搜讨颇勤"。方铭认为:"《楚辞概论》在进行楚辞研究时,动态和静态结合,历史和现实结合,纵向和横向结合,表现出历史的整体的眼光,这是过去的研究者所没有的。也正因此,游国恩先生所建构的楚辞学研究体系既博大而宏伟,又具有坚实的科学性。"③《楚辞概论》开启新楚辞学的奠基工作。鲁迅也非常重视《楚辞概论》的文学史价值,他的《汉文学史纲要》第四篇《屈原与宋玉》中把游国恩的《楚辞概论》列为参考书目。

(二)楚辞辨伪学的拓展

楚辞辨伪学古已有之,至 20 世纪以后呈现出了新的发展态势,辨伪不仅涉及了楚辞篇目,还涉及了屈原有无的问题。胡适和陆侃如师生把楚辞篇目和屈原有无问题变成了公开讨论的话题,为 20 世纪楚辞辨伪学开拓了新的内容。

陆侃如大学时期已经在学术研究上崭露头角,大学一年级时便出版了《屈原》。大学毕业时又出版《宋玉》,之后他通过商务印书馆出版了《屈原与宋玉》一书。在楚辞研究领域,陆侃如是 20 世纪初楚辞研究第一个高潮的当事人之一,作为学生,陆侃如是特别受老师器重的一个,他和老师胡适之间学术讨论的公开化推动了现代楚辞学的发展。

胡适在《读楚辞》中提出了两个重要的问题:屈原是否存在和屈原的作品有哪些。因为这是在一个读书会的演讲,目的是启发人们读书和思考,他并没有拿出强有力的证据。陆侃如在《屈原评传》继续沿着老师的两个问题进行深入探究。他说:"研究屈原的人,在看完前人的主张之后,在立定自己的主张以前,应该先把下列两个问题弄的清清楚楚":"(一)屈原这人究竟有无?

---

① 游国恩:《楚辞概论》,商务印书馆 1939 年版,第 2 页。
② 游国恩:《楚辞概论》,商务印书馆 1939 年版,第 2 页。
③ 方铭:《游国恩与中国古代文学研究》,《淮阴师范学院学报(哲学社会科学版)》2002 年第 1 期。

若有呢,究竟是何时人?(二)哪几个篇是屈原的作品,哪几篇不是?"1930 年,陆侃如总结八年来的楚辞学研究,他把胡适归为"新派"的代表。他说:"以胡适的《读楚辞》为首,这是在一九二二年八月的《努力周报》的附刊的《读书杂志》上发表的。这篇的证据很少,然附有一个假设的《楚辞年表》,却是这一派一切讨论的骨干。近十年许多'《楚辞》专家'虽有不少的异议;然很少能出乎此范围以外的。"①其实 20 世纪楚辞研究的成果很大一部分是围绕这两个问题在进行的,由此胡适和陆侃如对 20 世纪的楚辞研究方向有非常大的影响。陆侃如大胆地批评了老师胡适的观点,他认为不能仅仅因为《屈原贾生列传》中几句语言的不确定性就完全否定屈原的存在;也不能因为它在战国时不存在"君臣观念",进一步否定屈原的存在。

　　陆侃如在楚辞方面的研究成果离不开老师胡适的帮助,胡适对陆侃如的楚辞研究寄予厚望。陆侃如曾经说:"我在北大预科班读书时,本来没确定升入本科的什么系。可是我醉心于'整理国故'的口号,向往于'历史癖'与'考据癖',试写了几篇关于'楚辞'的文章,偶为胡适所称赏,便沾沾自喜地报名入中文系了。"②后来他继续给胡适主编的《读书杂志》投稿,还和同学游国恩等及校外的徐嘉瑞组织了"述学社"。③ 述学社编辑出版了《国学月报》,第一期便是《楚辞号(一)》。胡适发表《读〈楚辞〉》后,请陆侃如批评。根据陆侃如 1922 年 10 月 18 日给胡适的回信可以看到当时的情形:

　　适之先生:

　　　　九月十九日信已收到。

　　　　《屈原评传》稿修正后,我很愿给先生读一遍。先生说拟登在《国学季刊》上,我很感谢这种好意。但这文能否发表,现在还说不定。

　　　　承附寄《读书杂志》第一期,谢谢。里边的《读楚辞》,我已细细读过;虽不敢当"批评"二字,却也很有些意见与先生不同。因写下来太长了,故另作论文附上。如蒙发表,便更好了,因为借此或能引起旁人的讨论。《〈九歌〉之意义与时代》与此篇有连带关系,最好发表在一期里。

---

① 　陆侃如:《陆侃如古典文学论文集》,上海古籍出版社 1987 年版,第 440 页。
② 　陆侃如:《纪念五四,批判胡适》,《文史哲》1952 年第 3 期。
③ 　陆侃如:《纪念五四,批判胡适》,《文史哲》1952 年第 3 期。

学生陆侃如 十，十八①

陆侃如没有因为胡适老师的身份而畏惧，大胆写出了自己的观点，《读〈读楚辞〉》一文被胡适刊登在《读书杂志》上。后来胡适还将陆侃如的《屈原评传》推荐至《国学季刊》编辑部。1923 年 12 月，陆侃如在校勘楚辞时遇到疑点想与胡适讨论，可惜恰逢胡适生病，只得作罢。② 胡适还在信中请陆侃如编写"高中教科书中的《楚辞》"，陆侃如把暂定的楚辞目录寄给胡适。③ 胡适在出版《白话文学史》时在《自序》中写道："陆侃如先生和冯沅君女士不久要出版一部《古代文学史》"，"他们的见地与工力都是很适宜做这种工作的，我盼望他们的书能早日出来，好弥补我的书的缺陷"。④ 由此可见胡适对陆侃如的器重和赏识，陆侃如在 20 世纪第一个楚辞研究高潮中推动了楚辞辨伪研究的拓展。

在传统楚辞学向现代楚辞学转型的过程中，辨伪学成为一个学术热点，学者们集中在了屈原有无以及篇目辨伪上，为 20 世纪后半期的楚辞研究奠定了扎实的基础。

（三）楚辞域外文化的开辟

胡适的学生苏雪林对楚辞的域外文化研究有开辟之功，她站在全球文化的高度俯瞰楚辞学，为 20 世纪楚辞学带来了一个崭新的视角。

《孽海花》的作者曾孟朴曾经盛赞苏雪林，称她"全身脱尽铅华气，始信中闺有大苏。"在楚辞学研究领域，苏雪林的成就格外引人注目，这不仅仅是因为她是一位女性，更在于她的研究视角非常具有新意。她从域外文化的角度进一步去解读楚辞中难以用中国文化解释的现象。这里的"域外文化说"，指苏雪林认为屈原作品中的内容有很大一部分加入了域外宗教神话等文化分子，基于这个特质，对于楚辞的研究就需要从域外角度入手。苏雪林所指的域外文化，即包含有埃及、印度、希腊等的古文化。这个视角十分新颖，解决了许多学术疑团。因此，她深得胡适的欣赏。

① 杜春和等编：《胡适论学往来书信选》上册，河北人民出版社 1998 年版，第 691—692 页。
② 杜春和等编：《胡适论学往来书信选》上册，河北人民出版社 1998 年版，第 696 页。
③ 杜春和等编：《胡适论学往来书信选》上册，河北人民出版社 1998 年版，第 697 页。
④ 胡适：《白话文学史·自序》，上海古籍出版社 1998 年版，第 8 页。

五四运动爆发之后不久,苏雪林便来到了北京求学,在这里她遇到了新文化运动的领袖胡适、李大钊等人。新思潮给了苏雪林全新的体验,使她的心灵受到了鼓舞,由此她开始了学术研究上的探索。在这些老师当中,对苏雪林影响最大的无疑是胡适。那时胡适教他们中国哲学史,她和胡适既是同乡又是师生。"苏雪林认为,听胡先生讲话,不但是心灵莫大的享受,也是耳朵莫大的享受。"①在她眼里胡适是伟大的学者,是"现代圣人"。

在学术研究上胡适对苏雪林影响最大的就是"科学的精神"——"求真""求是"。她没有全盘接受胡适的思想,而是开辟了一条独特的学术道路。作为一个理性主义者,苏雪林虽然信奉科学的唯物主义,但是她从宗教的角度对屈赋进行了研究,完成了《天问整理的初步》《屈原天问中的旧约创世纪》《昆仑之谜》等一系列文章。

以王国维、胡适为中心的楚辞研究形成了京派楚辞学,这与蜀派楚辞学以及以闻一多为中心的滇派楚辞学构成了 20 世纪上半叶楚辞学的亮丽风景线。

第三节　中西学视界融合——东西文化交流

学界关于楚辞学现代转型化时间,一般有两种观点:一是清末;二是维新变法到五四期间。从科学的角度来说,学术转型不可能划定一个严格的时间界线,只能是大致的一个时间段,因为它是一个循序渐进的过程。如果从学术史的发展角度来说,时间只是一个外在的标志,关键的还是学术研究本身内在的变化。包括两个方面——学术价值观念和治学方式。正如刘梦溪所言:"中国现代学术这个概念,主要指学者对学术本身的价值已经有所认定,产生了学术独立的自觉要求,并在方法上吸收了世界上流行的新观念,中西学术开始交流对话。"②因此判定楚辞学的现代化转型,应该有两个标志:一是楚辞学的价值观念由附庸走向独立;二是治学方式由传统过渡到中西学视界融合。如果以此为转型的坐标进行参照,那么楚辞学的现代化转型的时期应是以梁

---

① 杨迎平:《苏雪林传略》,《湖北师范学院学报(哲学社会科学版)》2005 年第 6 期。
② 刘梦溪:《中国现代学术要略》,生活·读书·新知三联书店 2017 年版,第 155 页。

启超和王国维等为代表,从清末到 20 世纪上半叶,五四运动的文化思潮对其产生了重要影响。

楚辞学的价值观念由附庸走向独立,自王国维和梁启超之后逐步脱离经学思想,特别是胡适的《读楚辞》发表之后,楚辞学与经学正式划清了界限。楚辞学的治学方式真的开始了中西学视界融合。

一、楚辞学的价值观念

从理论上讲,价值观是人们在一定的感官思维之上对事物做出的认知、理解、判断或抉择,也就是判定事物、辨别是非的一种取向,从而体现出人、事、物一定的价值或作用。在不同历史阶段、不同阶层有着不同的价值观念。价值观对人的行为有导向作用,反映了人们的认知和需求。楚辞学的价值观念从汉代至清逐步形成,在中国两千多年楚辞学史中,其价值观始终是经学思想。虽然根据每个时代呈现出来的不同特点可以分成汉代的儒学楚辞学、宋代的理学楚辞学、明代的心学楚辞学、清代的朴学楚辞学,但是归根结底,楚辞始终在经学思想的束缚下生存,经学思想成为统治中国楚辞学时间最长的价值观。在楚辞学向现代学术转型的过程中首要先要打破原有的价值观,重新构建新的价值体系。在这一背景下,西学的输入便为楚辞学价值观念演进起到了促进作用。

(一)脱离经学的桎梏

经学是中国古代学术研究的主题,儒家学说是其核心组成部分。它原指研究先秦各家学说要义的学问,汉代罢黜百家、独尊儒术后,经学特指研究儒家经典,注释字义、阐明义理的学问。经过两千多年的发展,经学已经成为中国古代学术的主体,其中蕴涵了丰富的思想内容,保存了大量史料,《四库全书总目》收录的经部书籍达一千七百多种。中国古代社会经学思想在统治阶层的提倡下已经渗入人们生活的方方面面。研究中国的文学、哲学、史学等都不可能离开经学的文化背景,楚辞自然也不例外,历代学者的楚辞研究都是在经学的大文化背景下展开的。

楚辞作为文学研究对象,受学者生活经历、价值取向、审美意识等因素的影响,与学者的思想观念、文化素质等有密切的关系。对楚辞的解读目前可知最早起源于刘安,他的《离骚传》虽然只是注了一篇《离骚》,但是也不可否认他对楚辞学的贡献。刘安生活在西汉前期的汉武帝初年,正是经学确立并发展的时期,他在进行楚辞解读的过程中自然也会受到影响。他在《离骚传》中分析屈原创作离骚的原因,认为"屈平正道直行,竭忠尽智以事其君,谗人间之,可谓穷矣。信而见疑,忠而被谤,能无怨乎?屈平之作《离骚》,盖自怨生也"①。这个"怨"字就是刘安所认为的屈原的创作目的。刘安所指的"怨"并非尖锐的痛恨,他认为:"《国风》好色而不淫,《小雅》怨诽而不乱。若《离骚》者,可谓兼之。"②因此屈原之"怨",并非怨刺上政,而是忧国忧民,一片忠心,符合儒家礼义之道。刘安这一思想对后世影响深远,也促进了楚辞研究中的经学价值观的形成。

随着时代发展,经学的束缚成为楚辞学向现代学术迈进的重要羁绊,需要有新的思想突破经学的束缚,五四新文化思潮正是打破经学束缚的一次思想解放运动。胡适在《新思潮的意义》中提出:"新思潮的根本意义只是一种新态度。这种新态度可叫做'评判的态度'。"③这种"评判的态度"就是要对传下来的制度风俗、圣贤教训,以及社会上公认的行为与信仰等重新估定其价值。在他看来"新思潮"虽然多种多样,但根本的共同点就是"评判的态度"。他所谈的"重新估定一切价值"事实上不仅是对经学的评判,同样也是对旧文学价值的评判。中国的经学文化的核心——儒家文化,深深影响了古代楚辞学的发展。正如胡适在《读楚辞》中所言,"传说的屈原是根据于一种'儒教化'的《楚辞》解释的"④。虽然他没有对楚辞进行更深入的研究,他的观点也有些武断,但是他说明了经学对楚辞研究的影响,即在两千多年的楚辞学中,经学思想层层地覆盖楚辞文学的原貌。

这一时期"西洋的新思想"大量涌入中国。学者们这时开始借鉴西方的一些文化思潮,换一个视角重新审视楚辞学,为20世纪楚辞学的研究注入了新的活力。在楚辞学领域里较早引入西方文化思潮的当属梁启超、王国维、刘师培等人。梁启超在楚辞研究中引入了心理学的研究视角,跨越千年探寻屈

---

① 注:此句子出自《史记·屈原贾生列传》,后人认为此句为刘安《离骚传》中文字。
② (宋)洪兴祖:《楚辞补注》,中华书局2013年版,第49页。
③ 胡适:《胡适文存》第一集,黄山书社1996年版,第527—528页。
④ 胡适:《胡适文存》第二集,黄山书社1996年版,第66页。

原的内心世界。王国维和刘师培则从地域文化的差异对楚辞进行研究。之后姜亮夫从史学,苏雪林、闻一多从神话学、宗教学,郭沫若从社会学等不同的角度进行研究,楚辞学完全脱离了经学的视角。以苏雪林为例,她凭借深厚的国学根柢,站在世界文化的高度来审视战国时期的楚辞文化,从宗教学、神话学角度探索楚辞的奥秘。

(二)探寻个体的价值

传统楚辞学的研究者往往把楚辞和屈原作为抒发心中郁结的客体,他们对屈原及其作品的理解具有强烈的个人色彩,在解读的过程中倾注大量主观感情。甚至为了政治上或其他方面的目的强行歪曲,忽略了屈原个体的价值。正如梁启超所言:"后世作者往往不为文学而从事文学,而恒谬托高义于文学以外,皆由误读《楚辞》启之,而注家实不能不任其咎。"[1]从 19 世纪晚期开始西学逐步渗入中国,为学者们打开一个精彩的世界,康德、黑格尔、叔本华、尼采等人的著作和学说涌入中国。知识分子内心的个体意识和个体价值开始觉醒,重新认识自我。因此他们在进行楚辞研究时,不可能脱离时代"新思潮"。20 世纪以后,学者对屈原个体价值的认识开始重视,逐步脱离了传统的忠孝节义观。

学者眼里的屈原是一个全新的个体,研究视角体现出一种"超人"式人格价值取向,更加注重个人的价值与尊严。康德认为个人的价值与尊严就是把个人看作是目的,而不是仅仅把个人看作满足其他个人或群体意志的手段与工具。这与统治中国几千年的儒家文化正好相反,儒家认为个体微不足道,个体只是社会集体中一个无关紧要的分子。特别是朱熹提出"存天理,灭人欲"的观点,是对个体价值与尊严的极大否定。

首先,屈原是在以个体参与历史的发展。

20 世纪以后,西方的辩证唯物主义、唯心主义等多种文化思潮传入中国。马克思的辩证唯物主义对中国 20 世纪以后的历史产生了重要的影响。历史的发展与个体的发展紧密联系在一起,正如马克思说的:"人们的社会历史始终只是他们的个体发展的历史,而不管他们是否意识到这一点。"[2]社会是人

---

① 梁启超:《梁启超全集·〈楚辞〉注释书及其读法》,北京出版社 1999 年版,第 4663 页。
② 马克思:《马克思恩格斯选集·哲学的贫困》第一卷,人民出版社 1995 年版,第 532 页。

的社会,人是社会的人,历史是个体与社会共同创造。对于屈原在历史中的地位和作用,学者们开始重新思考。

以郭沫若为例,他在1943年发表《屈原研究》。文中他大胆提出,在两千年前的屈原时代也是有过一次"五四运动"的,屈原是"五四运动的健将"。郭沫若把屈原放到大的历史背景中,考察其个体的价值和作用。他认为屈原是一个"有敏锐的感受性,接受了时代潮流的影响,更加上他的超越的才质和真挚的努力,他的文学革命真真是得到了压倒的胜利。气势和实质都完全画出了一个时期。我们如把近代的文学革命家,往往进一步便退两步的,和屈原比较起来,便可以感觉到屈原的伟大"①。

郭沫若肯定了屈原的个人价值,同时也指出了屈原致命的弱点,他只认识到在上的力量,而没认识到在下的力量。郭沫若认为:"这儿与其说是时代限制了他,毋宁是资质限制了他。"②郭沫若从历史唯物主义和实践论的角度批判屈原没有认识到"下层的力量",因此他不是一个"实际家"。个人价值在历史进程中会起到重要作用,但是人民群众的力量是不容忽视的。屈原在那被放逐的十四五年间便应该在"下层的力量"上做些准备,因此他成为在时代边际上的彷徨者。

其次,学者对屈原个人的生命力量的高度推崇。

生命力量体现在屈原的人格方面,即他有善良的天性、高贵的心灵、高尚的道德、悲悯的情怀和坚强的意志。这里所说的生命的力量不是指他个人的体力,而是指其心智力、感悟能力和思想水平。屈原个人对世界的独特看法、独立思想才使其具有生命力量。这一时期的学者们对屈原个人的生命力量的推崇超过了之前任何一个时代。

游国恩认为:"'民生'、'民心'、'民德'、'民尤'的那些'民'字,有的是指一般人民,有的连屈原自己也包括在内。"③他认为屈原心中装着黎民百姓,"长太息以掩涕兮,哀民生之多艰",他的崇高理想是与人民紧密联系在一起的,"党人"们的主张是把"楚王引到黑暗危险的道路上去"。"可是他并不是

---

① 郭沫若:《郭沫若全集·历史编·屈原研究》第四卷,人民出版社1982年版,第69—70页。
② 郭沫若:《郭沫若全集·历史编·屈原研究》第四卷,人民出版社1982年版,第71页。
③ 游国恩:《游国恩楚辞论著集》第四卷,中华书局2008年版,第68页。

怕自己遭受任何祸殃,而是怕祖国将会覆亡。"①在梁启超看来,屈原单恋的那个人就是指当时的社会,就是指楚国和楚国人民。所谓的"极高寒的理想""极热烈的感情",也就是屈原的爱国热情和忧民之情。

第三,学者们对屈原超人式的自我牺牲精神高度称赞。

死亡从生物学角度来说,意味着生命的终止;从哲学角度来说,是生命系统不可逆转的永久性的终止。人的精神会超越生命的力量,被其他个体所继承,不会因为生命的终结而消亡。屈原作为文学家、诗人,他的汨罗一跳虽然结束了生物学角度的生命,但是其超人式的自我牺牲精神流传了下来,千百年来被人们传颂,这也体现了屈原精神的真正价值。20 世纪上半叶,中国的学者热情歌颂屈原这种超人式的自我牺牲精神。

屈原的死是悲剧,鲁迅对悲剧有一句精辟的论述:"悲剧是把人生有价值的东西毁灭给人看。"郭沫若认为屈原自杀的原因是他的理想和楚国当时的现实相隔太远,"不能不使他失望,因而他便只好演出一幕殉道者的悲剧了"②。这就打破了经学中将屈原自沉之原因归结为"不忍见其宗国将遂危亡,遂赴汨罗之渊自沉而死"③的思维定式。从美学角度来说,悲剧就是指主体遭遇到苦难、毁灭时所表现出来的超常的抗争意识和坚毅的行动意志。面对死亡、苦难和外界压力,悲剧主体往往具有独立人格,即使毁灭也表现出九死不悔的精神。梁启超热情地歌颂屈原自我牺牲精神,他说:

> 此皆自写其所感黑暗之苦痛,质言之,则屈子盖对于世界而失恋者也。彼捧其万斛爱情以向世界,而竟不见答,无可奈何以身殉之。屈子盖天下古今唯一之"情死者"也。④

这些楚辞学者都是 20 世纪学术的先驱者,在这样一个特殊的时代,他们处于一种孤立无援的困境中。因为他们要打破旧的学术体系,构建一个崭新的楚辞学。他们具有强烈的内省意识与自觉的历史反省意识,他们"别求新

---

① 郭沫若:《纪念屈原》,世界四大文化名人屈原逝世二千二百三十周年纪念大会编印,1953 年版,第 187 页。

② 郭沫若:《郭沫若全集·历史编·屈原研究》第四卷,人民出版社 1982 年版,第 103 页。

③ (宋)朱熹:《楚辞集注·离骚经序》,上海古籍出版社 1979 年版,第 2 页。

④ 梁启超:《梁启超全集·老孔墨以后学派概观》第十一卷,北京出版社 1999 年版,第 3319 页。

声于异邦",艰难地"上下求索"。五四新文化运动前后,学者们彻底冲破了传统理想人格模式,体现出"人"的意识的觉醒和他们对屈原的全新认知。

二、楚辞学的治学方式

中国楚辞学学术转型的重要标志就是新的研究范式的出现。研究范式就是通过研究方法、论述方法、学术评价标准体现出来的学科范式。学科范式是学科内容和方法的统一,楚辞学研究范式就是学科范式中的治学方法。尽管自晚清以来在楚辞学中现代学术思想已经突破了传统的研究范畴,这成为其向现代化转型的先声,但是楚辞学真正进入现代学术的阶段是在五四新文化运动以后,中国楚辞学的思想观念、学科建设和治学方式等均出现了新的变化。

在五四新文化思潮的影响下,中国的楚辞学逐步建立起人文主义的研究范式。西方的人文主义是文艺复兴时期反对封建专治和神权的武器,主张一切以人为本,追求个性解放和自由平等。中国传统文化中认为"观乎人文以化成天下"。这一时期楚辞学的研究理念与文化思潮紧密相连。今天我们在重新审视楚辞学的研究范式时应充分认识到,楚辞学的发展和演进本身就是新文化运动中文学革命一个重要组成部分,文学观念的变革与楚辞学的发展密切关联。这一时期的许多学者是新文化运动的参与者,民主、科学的理念渗透在楚辞研究中,文学革命和人文主义等内容也不同程度地体现在他们的楚辞研究之中。

五四新文化运动中举起了民主和科学的大旗,楚辞学领域也提出了"科学"和"求真"的观念。胡适说:"西洋近代文明的精神方面的第一特色是科学。科学的根本精神在于求真理。"[1]楚辞学者们站在传统楚辞学之上重新梳理前人留下的文化遗产,让它在五四文化思潮下重新散发生机和活力。从接受美学的角度来说,楚辞文本是一种永久性的存在,它不依赖于接受主体审美经验的变化而发生变化;作品则依赖接受主体楚辞学者的积极介入而存在于他的审美观照和感受中,同时受到接受主体思想情感和心理结构的影响。由

---

① 胡适:《胡适文存·我们对于西洋近代文明的态度》第三集,黄山书社 1996 年版,第 4 页。

文本到作品的转变是审美感知的结果,也就是说,学者对作品和屈原的认识是被审美主体感知、规定和创造着的。传统的楚辞学者对屈原的评价往往有着强烈的主观色彩,并且属于直观感悟式的研究。在"科学"和"求真"的理念下,学者按照科学的方式,力求接近历史的真相。

胡适在总结五四文学理论建设成就时说:"我们的中心理论只有两个:一个是我们要建立一种'活的文学',一个是我们要建立一种'人的文学'。前一个理论是文字工具的革新,后一种是文学内容的革新。"[1]在这种理念的指导下,楚辞学者一方面力求建立科学的人文主义研究范式,一方面"不仅自觉吸取西方和日本现代学术的思想和方法,而且也有意发掘和整合清代学者考据学中的科学因素"[2]。所以五四前后创建的现代楚辞学从在科学角度而言,它具有真理性、前沿性和创新性;从思想意识层面而言,它充满了人文主义精神。

人文主义研究范式具有开放性、多元性和独立性的特点。传统楚辞学之所以要终结,是因为它失去了生命活力,徘徊在复古或拟古的老路上,尽管传统楚辞学在发展变革,但始终也无法摆脱几千年来崇经、宗经、复古和注释性的思维模式。这造成中国传统楚辞学的封闭、僵化,使传统学术逐渐丧失了探索创新意识和追求真理的品格。五四新文化思潮不仅引爆了中国社会意识结构的大变革,而且引起了楚辞学研究范式的革命,为古老的学术进入现代学术阶段奠定了思想文化基石,也为中国楚辞学的现代化开辟了崭新道路。

第四节　由精英走向大众——现代新闻出版业

目前学界对现代出版和楚辞学发展之间的关系关注比较少。现代出版作为具体的媒介形式,不仅是楚辞学内容发表和依存的手段,还会对楚辞学的发展和传播产生重要的影响。

一、近现代新闻出版业对楚辞大众化的影响

报纸、杂志、书籍是出版业中既相对独立又紧密联系的媒介形式。20世

---

① 赵家璧编:《中国新文学大系·建设理论集·导言》,上海文艺出版社2003年版,第18页。
② 颜敏:《五四新文化与中国文学的现代学术转型》,《江西社会科学》2009年第4期。

纪中国楚辞学史上每一次大讨论都离不开这三种媒介的影响,通过媒介的传播,楚辞和屈原不再囿于精英文化的范畴,开始走向平民。正如《新潮》发刊词中说:"今日出版界之职务,莫先于换取国人对本国学术之自觉心。"①五四运动中,革命先驱以杂志为武器传播革命思想、介绍西学,进而出版图书宣传自己的观点。在这种大的传播环境下,楚辞的研究者通过报刊、杂志、图书发表自己的观点、扩大影响力,形成20世纪上半期楚辞研究的第一个高潮。

首先,中国出版业的迅速发展,为中国楚辞学由古代向现代的转型提供了物质条件。

1922年,胡适在《读书杂志》第一期发表《读楚辞》一文,同年10月,该杂志第二期发表了陆侃如的《大招、招魂、远游的著者问题——屈原评传"余论"之一》,接着同月《读书杂志》第四期又刊登了陆侃如的《读〈读楚辞〉》和徐旭生的《〈天问〉释疑》。由此看来,师生二人把讨论的学术话题通过现代杂志的出版、传播变成了公众话题。据陆侃如给胡适的信中说,"借此或能引起旁人的讨论"②。杂志作为媒介,不仅仅是形式,也不仅仅是信息的载体,它是积极的能动的,它决定着楚辞学的议程设置和发展方向。当时以《读楚辞》和《读〈读楚辞〉》为中心展开的楚辞学话题的讨论,其历史影响远远超过胡适师生的预期。郑宾于的《中国文学流变史》一书中谈到楚辞的篇数和作品真伪问题时说:"一直到了今天的胡适之先生才开始向这条路上进攻! 继之者,尚有陆侃如的《屈原》和此后之学人们。"③钱玄同则把胡适师生二人对楚辞学的贡献与梁启超、顾颉刚并列,称为"学术界很好的现象","近来如梁启超君疑老子,胡适君和陆侃如君疑屈赋,顾颉刚疑古史,这都是国学界很好的现象"④。正是由于出版媒介的发展为20世纪上半期楚辞研究的第一个高潮提供了平台。之后陆侃如、游国恩等人的一系列楚辞学著作相继出版,推动了楚辞学的转型。正是中国现代出版业的迅速发展,为中国楚辞学由古代向现代

---

① 赵家璧编:《中国新文学大系·史料索引·新潮发刊旨趣书》,上海文艺出版社2003年版,第58页。

② 杜春和等编:《胡适论学往来书信选》上册,河北人民出版社1998年版,第692页。

③ 郑宾于:《民国丛书·中国文学流变史(上)》第三编,上海书店1989年版,第128页。

④ 钱玄同:《研究国学应该先知道的事》,《史地学报》1924年第3卷第3期。

的转型提供了物质条件,一方面对楚辞学的发展起到了一定的支持作用;另一方面,由于出版业受到社会政治、法制和市场规律等因素的制约,某些时候它又对楚辞学的发展起到了制约性作用,使楚辞学的发展呈现出多元化特点。

其次,中国出版业的迅速发展,为中国楚辞学由精英文化向大众文化转型奠定了基础。

现代出版业的发展,增加了普通人阅读书籍、接触知识的机会,有助于文化普及度的整体提高。当人们的知识接受度提高了,阅读水平增强了,也就有利于楚辞这样在过去较为艰深的学问由精英走向大众。罗素在《西方的智慧》中说:"印刷术不仅给批评旧秩序的新政治理论提供了传播工具,而且还使人文主义学者得以重新出版古代人的著作,随之促进了经典原著的广泛研究,有助于教育水平的普遍提高。"①现代出版业对楚辞学最为直接的影响就是楚辞的大众化。

王云五在楚辞普及以及大众化过程中做出了重要贡献。他生于经商之家,14岁进入五金店当学徒,虽然接受正式教育的机会很少,但这并不影响他对读书的喜爱。自1911年至1917年,王云五进入政坛,先后担任中华民国总统府秘书、教育部专门教育司科长、全国煤油矿事宜处编译股主任、苏粤赣三省禁烟特派员等职位。1920年,王云五开始正式涉足出版业,担任商务印书馆编译所所长。由于有这样的经历,教育与出版成为王云五生平业绩最重要的两个方面,而这两个方面最终又可归于一点:国民教育。尽管他不是一位楚辞学者,但是他作为出版业的经营者在主持商务印书馆工作时,坚持介绍西方科学、普及推广百科知识的理念,无形中推动了楚辞学的普及。五四新文化运动以后,各种新思潮蜂拥而入,面对剧烈变化的新时代,商务印书馆的元老高梦旦、张元济等人感到有些力不从心,希望为商务印书馆注入新的活力,聘请胡适出任编译所所长,但是胡适谢绝了,他力荐王云五。王云五入主商务印书馆后,开始大刀阔斧改组编译所,按照新的学科门类分设各部,聘请从国外留学归来的知识分子任部门负责人,如任鸿隽为理化部长、竺可桢为史地部长、周鲠生为法制经济部部长等。王云五注重发行图书的实用性与普及性,出版

---

① ［英］伯特兰·罗素:《西方的智慧》,世界知识出版社1992年版,第223页。

《万有文库》《国学基本丛书》《学生国学丛书》等一系列书籍,整理古籍,出版了包括楚辞在内的相关著作,目的是有助于增加学生的课外阅读量。王云五在中学阶段普及楚辞的相关知识,使民众对楚辞文化有了更深入的了解。

没有现代出版业,大家就无法看到胡、陆师生的关于楚辞的讨论,看不到郭沫若和侯外庐关于屈原思想的讨论。现代出版业是推动五四新文化思潮的重要手段,当研究楚辞学的问题、现象时,绝不仅仅是楚辞学的研究,还涉及楚辞学赖以依存的出版文化史的研究。从这个角度讲,楚辞出版文化的研究是楚辞学的一个研究领域。

二、近现代新闻出版业对楚辞世界化的影响

楚辞创作时间久远,语言与内容具有浓厚的楚地特色,随着历史的变迁,很难广泛流传和为人所理解。现代出版业的发展使得楚辞作品及研究成果被大量留存在纸面上,也给了更多人接触和对其进行反复研究的机会。这也就形成了楚辞进一步向域外传播的推动力,近代以来这一点在西方国家体现得比较明显。

由于楚辞本身抽象晦涩的独特性,西方翻译的作品大多数都采取字面上纯粹翻译的处理方式,大多数是节译和选译,并且很少出现针对其全篇完整的翻译作品,其中《离骚》和《天问》两篇最受青睐。1852 年,德国维也纳皇家科学院报告的第三期上面发表文章《〈离骚〉和〈九歌〉:公元前三世纪中国诗二首》,其内容是德文全译的《离骚》和《九歌》,这也是西方首次对楚辞中的诗篇进行翻译。但由于文化背景不相同,参考资料亦是有限,这两篇译文当中不乏错漏,在当时影响不大。

1870 年,法国学者圣德尼出版了法语版的《离骚》译本,由于翻译得比较准确,这一版的《离骚》在西方影响非常广泛。译者将《史记》屈原列传中的部分内容附译在全书之后,以供读者参考,通过了解作者生平来更好地解读屈原作品。同时,前言中也有他对于屈原、楚辞以及《离骚》风格特点的简述。由此可以看出,作为一名汉学家,韦·圣德尼翻译《离骚》的目的不仅仅是纯然地想要将这首诗翻译出来,而是希望以《离骚》为媒介使屈原的崇高精神与楚辞这一诗歌形式为西方更加深入地了解。值得注意的是,这本法语版的《离骚》于 1900 年被再次转译为意大利语,翻译者为德·桑克蒂斯。

1879 年,伦敦首次出版了《离骚》的英文译本,由英国驻华公使庄延龄翻译。当时庄延龄已经在中国生活了十年之久,对于中国的语言文化和社会民俗都有着切身体会与深刻了解,因此,他具备许多楚辞翻译者所不具备的便利条件。这样的阅历也就使得庄延龄所译之《离骚》与其他译本不同,他不是简单地翻译字面内容,而更多的含有一种解释的成分,更近于意译。与圣德尼的法语译本相比,庄延龄没有进行相应的背景介绍以及注释,因而较为难以理解。即便如此,从庄延龄的英译《离骚》开始,英国学界逐渐了解并关注楚辞,之后开始出现更多的楚辞译作。

翟理思是英国派到中国的驻外交官,1867 年至 1893 年在中国生活,对汉学有着极为深刻的研究。1883 年翟理思自费印刷了《古文选珍》一书,其中包含有英译的《卜居》一文,遗憾的是翟理思的翻译不甚准确。1901 年翟理思所编辑的《中国文学史》一书出版,其中又对《山鬼》及《渔父》进行了翻译,并且在书中介绍了屈原、宋玉、贾谊等多名楚辞作者,研究更加深入。此后,翟理思钻研不辍,1915 年他的著作《儒家学派及其反对派》中收入了其翻译的《东皇太一》《云中君》和《国殇》。1936 年上海商务印书馆出版的《中国古诗选》是翟理思与汉学家韦利合译的,其中选有《国殇》《礼魂》两篇。翟理思为楚辞作品的英译工作做出了巨大贡献,有力地推动了楚辞在西方国家的传播,也使更多人了解了屈原及其他楚辞作家,更多的学者开始投身于楚辞研究。

1895 年,英国汉学家理雅各发表长篇文章《〈离骚〉及其作者》,对《离骚》进行翻译并介绍了其主要内容以及屈原生平。

1914 年,德国学者叶乃度用英文翻译了《招魂》一文,1935 年又发表了英译的《招隐士》《大司命》《少司命》《九辩》四篇文章。1928 年,德国学者鲍润生发表了英文版《东皇太一》《山鬼》《渔父》《卜居》《惜颂》等,他采用了直译的方法。

除了英、德、法等国家翻译的楚辞作品,稍晚俄罗斯也出现了楚辞译作。1954 年,俄罗斯汉学家费德林翻译了第一个《离骚》的俄语译本,又经过另一位学者阿赫玛托娃的润色得以完成。俄国著名诗人吉托维奇也曾翻译过《离骚》,但由于他过于偏重原诗韵律,注重气势及形势的表达,以至于文章含义与原文偏离。相比之下,另一位曾在中国生活多年的俄国诗人夏云清,采用了意译的方法,其译本表情达意更加准确。1958 年,已故学者阿理克所翻译的《中国古典散文》得以出版,其中涉及楚辞的篇目有《卜居》《渔父》。

随着翻译作品的不断增多,楚辞逐渐为西方所了解,翻译作品之外的研究论文也逐渐增多。1955 年,汉学家阿瑟·韦利出版论著《九歌:中国古代的巫术研究》。在这部著作中,他开始深入挖掘作品的内涵,从中国古代巫术研究入手论述的《九歌》与巫术的联系,探究屈原的创作动机。这也标志着西方对于楚辞的研究正逐步走向深入。同年,大卫·霍克斯在论文《楚辞作品的创作时间和作者问题》当中,系统地介绍了楚辞成书的时代与经过,论述了这种古老文学形式的特点。其中还包含了《楚辞章句》的全部英译版内容,并附有注释。凭借这篇论文,大卫·霍克斯获得了牛津大学的博士学位,论文中的部分翻译内容于 1959 年出版,名为《楚辞:南方之歌》,并成为了西方公认的权威版本。在俄罗斯,汉学家克拉夫佐娃也在翻译楚辞的同时对其进行了深入研究,她在著作《中国精神文化大典·文学》中撰写了关于楚辞方面的研究论文,也推动了俄罗斯楚辞研究的进步。这样全面与详实的研究成果,将国外的楚辞研究推至了一个高峰。

总而言之,随着中国国门的打开,海外楚辞的翻译和研究成果都在不断涌现,极大地促进了楚辞文化的传播与交流。这些研究对于国内学者也有借鉴意义。

第四章 五四以来楚辞学的现代性

辛亥革命以后,知识分子逐渐认识到文化落后是中国的落后根源,只有真正反思中国文化、学习国外的先进文化,才能找到中国的出路。在这种时代背景下,各种文化思潮风起云涌,令人应接不暇。

梁启超非常精辟地论述过"时代思潮"曰:

> 今之恒言,曰"时代思潮"。此其语最妙于形容。凡文化发展之国,其国民于一时期中,因环境之变迁,与夫心理之感召,不期而思想之进路,同趋于一方向,于是相与呼应汹涌,如潮然。
>
> 凡"思"非皆能成"潮";能成"潮"者,则其"思"必有相当之价值,而又适合于其时代之要求者也。凡"时代"皆有"思潮";有思潮之时代,必文化昂进之时代也。①

正如梁启超所言,文化思潮有三个最主要的特点,那就是一定具有当代的价值,一定符合时代发展的要求,一定是积极的向上的文化。如今回头反思五四文化思潮,正具备这样的基本要素。文化思潮和楚辞都属于文化大系统中的一部分,其系统内部各个要素不是孤立存在的,它们之间会产生各种各样的相互联系。因此五四文化思潮和楚辞学之间必然存在密切联系,启蒙主义思潮、疑古思潮、文化地理学思潮、文化人类学思潮、民族主义思潮、女性主义思潮、马克思主义思潮等当时各种文化思潮与楚辞学之间存在密切关系。

---

① 梁启超:《清代学术概论》,上海古籍出版社 1998 年版,第 1 页。

第一节　启蒙思潮与楚辞学

"启蒙",即"普及新知识,使摆脱愚昧和迷信。"启蒙运动,一方面特指"17—18世纪欧洲的资产阶级的民主文化运动,启发人们反对封建传统思想和宗教的束缚,提倡思想自由、个性发展等",一方面"泛指通过宣传教育使社会接受新事物而得到进步的运动"。① 五四新文化运动中各种文化思潮通过报纸杂志等媒介进行宣传,使民众逐步接受了"民主"和"科学"的观念。启蒙主义是五四新文化思潮中的主导思想,对于中国学术的现代化转型产生过重大影响。启蒙思潮对楚辞学的影响表现在以下几个方面:从研究主体来看,是理性的精神;从研究内容来看,是对人本质的思考、生命意识的觉醒;从研究方法上看,西方统计学等科学的方法开始在楚辞学中应用。楚辞研究领域起到启蒙作用的学者有梁启超、王国维、胡适、马其昶、刘师培等人。

一、理性精神显现

"启蒙运动是人类脱离自己所加之于自己的不成熟状态。……要有勇气运用你自己的理智!"②这是康德在《什么是启蒙?》中的一句话,也成为启蒙运动的格言。他分析,人类之所以处于"不成熟状态"的原因有两点,一是"缺少理智",二是"无人引导时缺少使用自己理智的决心和勇气"。康德这篇文章提出"要有勇气运用你自己的理智",从此这句话成了启蒙主义的座右铭,"启蒙"和"理性"紧密地联系在了一起。之后他在《判断力批判》中作了进一步的解释。他指出:"从迷信中解放出来就叫作启蒙",而这个说法"也适合于从一般的成见中解放出来",并将自己独立思维、不受别人的引导作为"摆脱成见的思维方式的准则。"③从文化史的角度来说,西方近代的"启蒙时代"又称为被"理性时代"。五四新文化运动作为引领中国现代历史发端的一场思

---

① 中国社会科学院语言研究所词典编辑室:《现代汉语词典》,商务印书馆2010年版,第1075页。
② [德]康德:《历史理性批判》,何兆武译,商务印书馆2009年版,第23页。
③ [德]康德:《判断力批判》,邓晓芒译,杨祖陶校,人民出版社2002年版,第136—137页。

想文化变革,开启了一个极力推崇理性的时代。启蒙主义与理性紧密相连的特点也使得启蒙先驱以自信的文化心态审视古老的楚辞学,用全新的思维方式重新思考楚辞学中的问题。

(一)启蒙主体的自信

启蒙主义者认识到五四新文化运动的一个重要任务是启发人脱离蒙昧,所以在整个启蒙的过程中,启蒙主体始终保持一种自信的心态。从楚辞学诞生到19世纪末20世纪初,学者们运用各种新的研究方法,尝试从不同的角度研究楚辞,提出各种标新立异的观点。作为楚辞研究的主体,学者们面对古老的楚辞文化,保持着强烈的民族自信。

面对西方文化大量涌入,知识分子的内心世界受到强烈的冲击,该如何处理西方文化和传统文化之间的关系,学界观点不一。特别是第一次世界大战之后,残酷的战争把资本主义世界的矛盾暴露无遗,令部分人意识到资本主义社会也并不是完美的,其制度同样弊端丛生。中国的新文化到底该何去何从,"东方文明救世论"(或称"中国文明救世论")应运而生,这一论断显示出启蒙者对中国文化强烈的自信。

"中国文明救世论"的倡导者辜鸿铭在1902—1905年的《中国札记》中就特别强调东方文明的价值。1915年他在北京大学任教授时出版《中国人的精神》,在这本书中辜鸿铭指出,第一次世界大战已经宣告欧洲文明濒临破产,欧洲想摆脱灾难唯一的办法就是依靠"道德"。他相信"欧洲人民于这场大战之后,将在中国这儿,找到解决战后文明难题的钥匙"①。道德的力量体现在中国人身上,体现在多年来对于言论、规矩与礼法要求的导向上。"这是中国文明的精髓和灵魂,是中国人精神的本质"②。"正是在中国,存在一笔无法估价的、迄今为止毋庸置疑的巨大的文明财富。这笔财富,就是真正的中国人。因为他拥有欧洲人民战后重建新文明的奥秘。"③辜鸿铭的论点开了"中国文明救世论"的先河。他的观点无疑给彷徨中的中国知识分子指出了一条自信之路。尽管中国近代以来落后于西方,但是中国文明的优越性犹如灯塔指明

---

① 辜鸿铭:《中国人的精神》,海南出版社1996年版,第27页。
② 辜鸿铭:《中国人的精神·序言》,海南出版社1996年版,第17页。
③ 辜鸿铭:《中国人的精神》,海南出版社1996年版,第27页。

了方向。

另一倡导"中国文明救世论"的是梁启超。作为启蒙运动的先驱,他在维新变法失败后认识到:"凡一国之强弱兴废,全系乎国民之智识与能力,而智识能力之进退增减,全系乎国民之思想……不可不谋增进国民之识力,欲增进国民之识力,不可不谋转变国民之思想。而欲转变国民之思想,不可不于其所习惯所信仰者。为之除其旧而布其新,此天下之公言也。"①他通过维新变法失败的教训看到,要想挽救中国的命运、改变中国,必须"转变国民之思想"。特别是在 1919 年到 1920 年游历欧洲之后,他写下了《欧游心影录》,详细描绘了战后欧洲的社会萧条,人们生计的艰难。他说这是物质文明的破产,是个人本位主义造成的,这也最终成为世界大战的根源。中国的启蒙主义从他开始逐渐摆脱了对西方理论的依赖,走向独立,并逐渐发展为一股强大的社会思潮。梁启超从小接受国学教育,后又游历欧洲,无论身在何处,他对中国的文化始终保持着一种自信的态度。在 1902 年的《论中国学术思想变迁之大势·总论》中谈到西方人眼中的"文明祖国"时,梁启超说:

> 西人称世界文明之祖国有五:曰中华,曰印度,曰安息,曰埃及,曰墨西哥。然彼四地者,其国亡,其文明与之俱亡。……而我中华者,屹然独立,继继绳绳,增长光大,以迄今日,此后且将汇万流而剂之,合一炉而冶之。于戏,美哉我国!于戏,伟大哉,我国民!吾当草此论之始,吾不得不三薰三沐,仰天百拜,谢其生我于此至美之国,而为此伟大国民之一分子也。②

这其中蕴含着强烈的民族自豪感,在当时的中国无疑激发了民族自信心。接着他谈道,中国的学术分成上世史时代、中世史时代、近世史时代三个分期,拿中国学术与西方对比,提出虽然近世史时代中国暂时落后于世界,但是有伟大的国民,中华学术依旧可以执牛耳于世界。

总结变法失败的教训,梁启超把实现救国之路的视角从"君"转移到了"民",启发民智、激活民族自信成为了他新的探索。这也说明,无论变革之路

---

① 梁启超:《梁启超全集·论支那宗教改革》第二卷,北京出版社 1999 年版,第 263 页。
② 梁启超:《梁启超全集·新民说·论中国学术思想变迁之大势》第三卷,北京出版社 1999 年版,第 561 页。

上遇到多少坎坷,梁启超始终坚定地相信着中国传统文化的作用,认为失败原因不过是实践方法出现了问题。在《欧游心影录》下篇"中国人之自觉"中,梁启超又提出了作为一个大国应该具有的责任感,认为中国应该在世界范围内发挥更重要的作用,应把中国的优秀文明成果推荐给全世界,给人类文明做出更多贡献。他从个体出发,论述了每个中国人应该肩负的责任,这与他的"新民论"相呼应,希望通过唤起个体的民族自信,建立"新中国"。他自信地认为,"中国文化"是救世的良方。

梁启超的中国文化救世论把重点放在了激活民族自信心上面,这一观点也反映在他的楚辞研究中。梁启超虽然不是专门专注于楚辞研究的学者,但涉及楚辞的著述颇丰,有《屈原研究》《要籍解题及其读法·楚辞》《老孔墨以后学派概观·屈原》《中国之美文及其历史》《论中国学术思想变迁之大势》等,这些著述大部分形成于五四新文化运动之后。正如梁氏所言"文学亦学术思想所凭借以表见者也","文学之盛衰,与思想之强弱,常成比例"[1]。文学研究也是其学术思想的体现,因此,梁启超的启蒙思想也体现在他的楚辞研究中,本节把梁启超的楚辞研究定位在楚辞学向现代化转型过程中启蒙的位置上,重点叙述梁启超的楚辞学贡献。

首先,梁启超肯定了屈原生活的时代是中华文化勃兴的时代,因此会产生楚辞这样伟大的文学作品,这已足以让中国人自豪。他在《屈原研究》中说:"依我的观察:我们这华夏民族,每经一次同化作用之后,文学界必放异彩。"[2]梁启超从《楚辞》产生的背景进行分析,楚国是当时的新兴国家,正好处于氏族制没落、封建制度发展的时期。春秋战国时期南北文化交融,社会产生变革,哲学思想必然因此而兴盛,同时推进了文化的发展。这时带有浓重巫文化色彩的楚国文化与中原文明产生碰撞,便诞生了伟大的文学作品。屈原之所以能够独占鳌头,与其自身个性与独特的人生经历有密切关系。身为楚国贵族的他,自身有着极高的文化素养,同时又曾经出使过齐国,也受到了中原文化的影响。他强大的精神力量、自身的创作灵性,以及因两种文化碰撞而产生

---

① 梁启超:《梁启超全集·新民说·论中国学术思想变迁之大势》,北京出版社 1999 年版,第 577 页。

② 梁启超:《梁启超全集·屈原研究》,北京出版社 1999 年版,第 4036 页。

的思想火花,终于创作出楚辞这种独特的文学样式。由此可见,楚辞产生的条件和背景与当时梁启超所处的环境其实是有所吻合的。

楚辞的诞生恰恰证明了不破不立的道理,社会越是动荡,越将有新思想和新力量的产生,而想要达到变革的目标,就需要坚定的信念与强大的精神力量。梁启超对衰落的中国依旧饱含信心,他的《少年中国说》朝气蓬勃,充满了对少年中国的热爱和期盼,相信有一天终究会有一个新中国的出现。激活民族的自信,恰好是唤起中国人"善群"的一个手段,他希望能够把自己的信心当作火种,播撒在中国土地上,而《屈原研究》变成了他表达自我的一个媒介。《屈原研究》虽然不是一篇政论演讲,但是梁启超把自己的政治观点渗透到其中,想要以中国优秀的文化来鼓励青年人。战国时代是"文化勃兴的时代","文化正涨到最高潮,哲学勃兴,文学也该为平行线的发展。内中如《庄子》《孟子》及《战国策》中所载各人言论,都很含着文学趣味,所以优美的文学出现,在时势为可能的"。[1] 梁启超希望以这些讲述来树立青年人对中国文化的信心。他说:"因为有个国家,才容易把这国家以内一群人的文化力聚拢起来继续起来增长起来、好加入人类全体中助他发展。所以建设国家是人类全体进化的一种手段。"[2]

其次,梁启超充分肯定了屈原在中国文学中的地位。"中国文学家的老祖宗,必推屈原。"[3]他是中国历史上第一位文学家。梁启超分析了屈原之所以是中国第一位文学家的原因:其一,作品有作者的署名;其二,作品篇幅较长;其三,作品极具个性。之所以进行这样的分析,是因为梁启超在考察欧洲战后社会和文化思潮之后,开始对中国社会进程的反省。他提出"重新估定一切价值"这一思想解放的原则,提出"中国人之自觉"。正是基于这些,梁启超在屈原研究中重新评估屈原的文学价值。他从文学发展史的角度肯定了屈原的位置,摆脱了经学、理学、汉学学者对屈原身份认知的束缚,重新给他一个"文学家"而且是中国的第一位文学家的定位。"屈原在文学史的地位,不特

---

① 梁启超:《梁启超全集·屈原研究》,北京出版社1999年版,第4035—4036页。
② 梁启超:《梁启超全集·中国人之自觉》,北京出版社1999年版,第2986页。
③ 梁启超:《梁启超全集·屈原研究》,北京出版社1999年版,第4034页。

前无古人,截到今日止,仍是后无来者。"①

梁启超把文学史归到了中国历史学科中,作为一个史学专题进行研究。在《中国历史研究法》和《中国历史研究法补编》中,梁启超分成"专门史"与"普遍史",在《文化专史及其做法》中介绍了语言史、文学史、神话史、宗教史、学术思想史、美术史等。作为专门史的文学史"不惟须有史学的修养,更须有该专门的修养"。之前,林传甲作《中国文学史》,为中国文学史研究的开创之作。相比而言,梁启超虽然没有作单独的中国文学史著作,但是他为中国文学史学科的建立也做出了贡献。

最后,梁启超肯定了屈原作品的价值。

梁启超充满自豪地说,屈原的作品是"伟大的文学"②。他从文学技法上进行了分析,认为其中所表现出来的想象力和营造的意境是无人能及的。

想象力在中国古代文学理论当中早已有人探讨,如陆机的《文赋》、刘勰的《文心雕龙·神思》、刘熙载的《艺概·赋概》等。梁启超则较早从文艺学的角度研究楚辞中的想象力。他认为想象力与写实是文学的两个生命,写实是"主要生命",想象力是"文学的第二生命"。他提出了文学的最高境界是"从想象力中活跳出实感来",屈原做到了这一点,这"才算极文学之能事"③。《天问》《招魂》《远游》三篇是屈原作品中最具表现性和想象力的,在韵文里面没有人能企及,他还分析了不同作品中想象力的特点。梁启超把屈原作品放到世界文学的大背景下,认为除了但丁的《神曲》"恐怕还没有几家够得上比较"④。在这一研究过程中,梁启超的观点已经涉及了现代文艺理论文学活动中的艺术构思过程。艺术构思就是"作家在材料积累和艺术发现的基础上,在某种创作动机的驱动下,通过回忆、想象、情感等心理活动,以各种艺术构思方式,孕育出完整的、呼之欲出的形象序列和中心意念的艺术思维过程"⑤,想象是其中的一个重要环节,没有想象,艺术创造根本无法实现。梁启

---

① 梁启超:《梁启超全集·屈原研究》,北京出版社 1999 年版,第 4043 页。
② 梁启超:《梁启超全集·屈原研究》,北京出版社 1999 年版,第 4035 页。
③ 梁启超:《梁启超全集·屈原研究》,北京出版社 1999 年版,第 4043 页。
④ 梁启超:《梁启超全集·屈原研究》,北京出版社 1999 年版,第 4044 页。
⑤ 童庆炳:《文学理论教程》,高等教育出版社 2008 年版,第 130 页。

超虽然没有用再造想象、比拟想象、虚构想象这些文艺理论的术语进行概括，但已经表达出了这些意思。梁启超看到了屈原超凡的想象力，开创了用西方现代文艺理论研究屈原作品的先河。

中华民族历史悠久，每一个时代都有伟大的文学作品诞生，正是这样的文化创造力和凝聚力，才能使得一个民族更加自信，这正是启蒙者研究屈原及其作品的出发点——用以楚辞为代表的中国古代文化激发民众对民族文化的自信。

（二）屈原价值观的认同

启蒙主义者对屈原的价值观一直抱有认同的态度。他们在新文化运动中不一定是骁将，但是在其对于屈原价值观的认知方面已经充分具备了文化的自觉性、合理性与前瞻性，大大丰富了新文化运动的内涵，同时也代表了当时思想解放的一个重要的向度。

首先，启蒙主义者对屈原理想的认同。

梁启超认为："人生最大的目的，是要向人类全体有所贡献。为什么呢？因为人类全体才是'自我'的极量，我要发展'自我'，就须向这条路努力前进。为什么要有国家？因为有个国家，才容易把这国家以内一群人的文化力聚拢起来继续起来增长起来，好加入人类全体中助他发展。所以建设国家是人类全体进化的一种手段。"①梁启超心怀这一理想，在探究屈原的思想时引发了强烈的共鸣。屈原始终把自己的发展与楚国的命运紧紧联系在一起，梁启超也认为个体的发展与群体、社会、国家密切相关，个体是其中的一分子。

梁启超认为屈原在《离骚》中追叙"少年怀抱"，理想是"协力改革社会"，还要"多培植些同志"②。这与梁启超几十年奔走致力于中国社会的变革如出一辙。屈原生活的战国时代正是社会发生剧烈变革的时期，其上承春秋，下启秦国，各国在兼并的过程中弱肉强食。在梁启超眼里，屈原痛心曾经强大的楚国逐步走向衰落，却无能为力，只能眼睁睁地看着楚王客死他乡，大片国土沦丧。梁启超把自己的政治理想与楚辞研究结合起来，所以他眼里的屈原是希

① 梁启超：《梁启超全集·中国人之自觉》，北京出版社 1999 年版，第 2985—2986 页。
② 梁启超：《梁启超全集·屈原研究》，北京出版社 1999 年版，第 4039 页。

望通过政治改革变法图强。从梁启超的经历来说，自戊戌变法开始，他一直希望中国通过社会改革建立一个强大的新中国。他对帝国主义有清醒的认识，1902 年 9 月 1 日出版的《新民丛报》上，他为《二十世纪之怪物：帝国主义》一书所写了宣传语："帝国主义者，以兵力而墟人之国、屋人社以扩张其势、开拓其版图之谓也。"由此可以看出梁启超对帝国主义和中国面临的国际形势有着深刻的认识，特别是其对于帝国主义本质的认识已经走在了时代的前列。他在《新民说》中提出了明确的政治理想，那就是建立"民族主义"的新中国。"凡一国之能立于世界，必有其国民独具之特质，上自道德法律，下至风俗习惯、文学美术，皆有一种独立之精神，祖父传之，子孙继之，然后群乃结，国乃成。斯实民族主义之根柢源泉也。"①他的理想是建立与帝国主义完全不同的强大的中国，这同屈原的心愿不谋而合。

在梁启超看来，仅仅有理想并不能完全实现中国的富强，还需要付诸实践，这就离不开"气力"，理想与气力相辅相成，二者在中国走向强盛的道路上缺一不可。"理想与气力兼备者英雄也；有理想而无气力，犹不失为一学者；有气力而无理想，犹不失为一冒险家。我中国四万万人，有理想者几何人？ 有气力者几何人？ 理想气力兼备者几何人？ 嗟乎！ 国于天地，必有与立。一念及此，可为寒心。"②梁启超眼中的屈原正是如此，"他在哲学上有很高超的见解；但他决不肯耽乐幻想，把现实的人生丢弃"③。实现理想固然艰难，但是屈原一直未曾放弃努力，"路漫漫其修远兮，吾将上下而求索"，这是屈原的追求，也是梁启超内心世界的真实写照。

其次，启蒙主义者对屈原奋斗精神的赞美。

"启蒙"，在法语里本意是"光明"。作为启蒙主义者，用理性之光驱散黑暗，把人们引向光明；作为个体来说，奋斗不屈的精神是不断前进的动力。在中国传统文化当中屈原成了奋斗精神的代表，屈原在其作品中表现出深厚执着的爱国情怀、宁死不屈的精神，以及对现实大胆的批判，均与启蒙主义者产生了强烈的共鸣。自楚辞学诞生以来，从汉初贾谊的《吊屈原赋》到

① 梁启超：《梁启超全集·新民说》，北京出版社 1999 年版，第 657 页。
② 梁启超：《梁启超全集·理想与气力》，北京出版社 1999 年版，第 344 页。
③ 梁启超：《梁启超全集·屈原研究》，北京出版社 1999 年版，第 4038 页。

司马迁的《史记》,再到近代以来的楚辞研究,学者们都对黑暗社会现实做了大胆的揭露和批判,肯定了屈原为追求真理奋斗不屈的精神。中国历史上在民族危难的关头都会有诗人、思想家挺身而出,他们坚持理想、坚持斗争,甚至愿意牺牲生命,这种伟大的精神追根溯源都可以在屈原身上找到。

梁启超认为屈原的奋斗精神从小就表现了出来,屈原"在青年时代便下决心和恶社会奋斗,常怕悠悠忽忽把时光耽误了"①。"矫然自异,就从他外面服饰上也可以见出"②,从服饰上屈原也展示了他特立独行的性格。异于流俗的奇服异饰代表屈原反抗社会的决心,甚至不惜拿"性命和他相搏"③。梁启超由衷敬佩和赞美屈原的这种奋斗精神,"他从发心之日起,便有绝大觉悟,知道这件事不是容易。他赌咒和恶社会奋斗到底,他果然能实践其言,始终未尝丝毫让步。但恶社会势力太大,他到了'最后一粒子弹'的时候,只好洁身自杀"④。

梁启超结合自己的政治斗争经历,探求屈原的奋斗历程。他认为屈原奋斗的过程充满了艰辛,他从政治改革入手,希望"多培植些同志出来,协力改革社会"。梁启超分析了屈原从政治改革入手的原因,他是楚国的贵族又深得怀王的信任,自然以为会有所作为。于是他"奔走先后",希望"能够及前王之踵武"。可惜"他年少时志盛气锐,以为天下事可以凭我的心力立刻做成;不料才出头便遭大打击"⑤。在这样的境遇之下,屈原并不肯为了自己的发展迁就社会,他断然排斥"迁就主义"。梁启超认为屈原人格的立脚点是"他认定真理正义,和流俗人不相容;受他们压迫,乃是当然的。自己最要紧是立定脚跟,寸步不移"。⑥ 但是面对着浑浊的社会现实,屈原终究只能做一个格格不入的人。梁启超认为屈原是情感的化身,他同情社会,看到众生的痛苦,自己便也不能忍受,以至于迎来了最后的放逐,"他和恶社会这场血战,真已到

---

① 梁启超:《梁启超全集·屈原研究》,北京出版社 1999 年版,第 4038 页。
② 梁启超:《梁启超全集·屈原研究》,北京出版社 1999 年版,第 4038 页。
③ 梁启超:《梁启超全集·屈原研究》,北京出版社 1999 年版,第 4039 页。
④ 梁启超:《梁启超全集·屈原研究》,北京出版社 1999 年版,第 4039 页。
⑤ 梁启超:《梁启超全集·屈原研究》,北京出版社 1999 年版,第 4039 页。
⑥ 梁启超:《梁启超全集·屈原研究》,北京出版社 1999 年版,第 4040 页。

矢尽援绝的地步。肯降服吗？到底不肯"①。对此,屈原说:"定心广志何畏惧。"②最后只有汨罗一跳,成就千古不屈的精神。梁启超说:"呵呵! 屈原不死! 屈原惟自杀故,越发不死!"③

梁启超的命运与屈原有很多相似之处。其一,他们热爱自己的国家民族,希望通过自己的努力找到国家的出路。其二,他们都是所处时代的精英,最终迎来的却是失败的结局,屈原被放逐,梁启超流亡。其三,他们都在寂寞中坚守自己的理想,尽管遥不可及。

(三)全新的思维方式

1.心理学

心理学在希腊语里是"关于灵魂的科学",后来随着科学的发展,心理学的研究对象由灵魂改为心灵,今天心理学成为研究人们行为和心理活动的一门学科。梁启超对楚辞研究的一大贡献就是引入了西方心理学的视角,探求屈原的心理活动,研究内容包括情感、个性、行为、动机等方面的内容。

(1)情感

梁启超注重情感,在写作上无论是叙事还是说理,他都以情感作为导向。"天下最神圣的莫过于情感:用理解来引导人……用情感来激发人。好像磁力吸铁一般,有多大分量的磁,便引多大分量的铁,丝毫容不得的躲闪,所以情感这样东西,可以说是一种催眠术,是人类一切动作的原动力。"④梁启超十分注重情感的作用,情感的力量可以超越时间和空间的限制,能够把人的思想行为和生命迸合为一,能够使得"生命和宇宙和众生迸合为一"⑤。在他看来情感不仅是艺术创作的原动力,更是教育的利器,是掌握音乐、美术、文学法宝的钥匙,是"情感秘密"。特别是艺术家极具"个性"的情感,能够打进别人的"情阈"里头"他心"的位置。梁启超的论述涉及到了现代文艺理论中的艺术创作、艺术教育等环节,今天看来具有一定的前瞻性。

---

① 梁启超:《梁启超全集·屈原研究》,北京出版社 1999 年版,第 4043 页。
② 梁启超:《梁启超全集·屈原研究》,北京出版社 1999 年版,第 4043 页。
③ 梁启超:《梁启超全集·屈原研究》,北京出版社 1999 年版,第 4043 页。
④ 梁启超:《梁启超全集·中国韵文里头所表现的情感》,北京出版社 1999 年版,第 3921 页。
⑤ 梁启超:《梁启超全集·中国韵文里头所表现的情感》,北京出版社 1999 年版,第 3921 页。

梁启超把情感的表现方法分成几类：奔进的表情法、回荡的表情法、蕴藉的表情法、象征派的表情法、浪漫派的表情法、写实派的表情法，楚辞中表现的情感可以纳入其中。

楚辞中的情感是"回荡的表情法"。这"是一种极浓厚的情感蟠结在胸中，像春蚕抽丝一般，把他抽出来。这种表情法，看他专从热烈方面尽量发挥"，它"是曲线式或多角式的表现"，"这一类情感是数种情感交错纠结起来的"，形成网状。① 屈原的情感正是这样回荡交错，"屈原的情感，是烦闷的；却又是浓挚的，孤洁的，坚强的。浓挚、孤洁、坚强三种拼拢一处，已经有点不甚相容，还凑着他那种境遇，所以变成烦闷"②。梁启超认为屈原是有"洁癖"的人闹到情死，虽然最终的结局是死，但是情感看不出一点消极的痕迹，始终充满了亢奋。

屈原强烈的个性特征为后世的骚体作品奠定了感情基础，这种情感表达，采用的正是"蕴藉的表情法"。在"蕴藉的表情法"中，一个重要的手法就是象征。"纯象征派之成立，起自楚辞。篇中许多美人芳草，纯属代数上的符号，他意思别有所指。"③梁启超对屈原的象征手法做了高度评价，认为这种含蓄蕴藉的表情方法是"中华民族特性的最真表现"。梁启超从文学发展的角度分析了这种表情方法对后世的影响，楚辞开宗，汉魏嗣音，五言诗从《古诗十九首》的"庭中有奇树""迢迢牵牛星"到《四愁》等篇都寄兴深微。

梁启超特别提出的一点是，楚辞中还涉及了女性的情感描写，"男子作品中写女性情感——专指作者替女性描写情感，不是指作者对于女性相互间情感——以楚辞为嚆矢"④。这个发现是梁启超楚辞研究的一个创新点。王逸、洪兴祖、朱熹等人虽然也注意到了楚辞中关于"美人"的描写，但是并没有明确提出"男子作品中写女性情感——专指作者替女性描写情感"。梁启超之所以能提出这一观点，与当时的女性解放运动密切相连。1896 年，梁启超在《记江西康女士》中首次提出了他关于女子教育的主张，这在当时来说可以说

① 梁启超：《梁启超全集·中国韵文里头所表现的情感》，北京出版社 1999 年版，第 3925 页。
② 梁启超：《梁启超全集·中国韵文里头所表现的情感》，北京出版社 1999 年版，第 3927 页。
③ 梁启超：《梁启超全集·中国韵文里头所表现的情感》，北京出版社 1999 年版，第 3943 页。
④ 梁启超：《梁启超全集·中国韵文里头所表现的情感》，北京出版社 1999 年版，第 3946 页。

是非常前卫的,他把女性教育和女性的地位提升到一个新的高度。同年,他的《变法通议》中专门设一节《论女学》,对女性参加教育进行了全面论述,可以说梁启超是中国近代倡导妇女教育的第一人。他不光提出女性接受教育的理念,还积极投身女子教育实践。1897 年,他协助经元善在上海创办"经正"女子学校,这是中国人自己创办的第一所女子学校。梁启超撰写《创设女学堂启》和《上海新设中国女学堂章程》,为学校选定课程。他还提倡女性"不缠足",梁启超所倡导的女性解放运动在 19 世纪末 20 世纪初起到了开启民智的作用。因此他特别关注了楚辞中关于女性心理的描写,梁启超认为这些文字的优美之处不在于表面,而在于句子外的神味。这是真正能够打动人的情感,触及人心灵的地方,这"可谓极技术之能事"。由此可见屈原对于女性形象的塑造同样细致精心,体现了女性形象在楚辞中的重要价值与独立地位,他的观点对于楚辞性别研究有着积极意义。

(2)个性

从心理学角度来说,个性是一个人在社会生活实践中形成的相对稳定的心理,反映人的心理现象特殊的一面。个性是人进行活动的动力系统,它能够反映出人的价值观和世界观等。

梁启超认为屈原的个性是一个充满矛盾的集合体。"他头脑很冷,常常探索玄理,想像'天地之无穷';他心肠又很热,常常悲悯为怀,看不过'民生之多艰'。"①梁启超分析屈原自杀的悲剧源于他的性格,因为在他的作品中一方面极力描写"浮世的快乐",一方面又表达人世间的痛苦,屈原的一生就是在这种矛盾中度过。由于他在哲学上有很高的见解,又不肯沉迷于幻想,把现实的人生放弃,只能一面达观无穷天地,一面悲悯人生长勤,两种矛盾在他的头脑当中轮转。

此外,屈原的情感也极其敏锐,别人感受不到的痛苦,在他看来就如同"电击"一般。他在《远游》中怅叹:"微霜降而下沦兮,悼芳草之先零……谁可与玩斯遗芳兮,晨向风而舒情……"微霜降落,芳草凋零,别人看来或许"干卿

---

① 梁启超:《梁启超全集·中国韵文里头所表现的情感》,北京出版社 1997 年版,第 3948 页。

甚事",屈原却"心里便不知几多难受"①。这些自然界的景物都深深触动屈原的神经,更何况社会生活当中的痛苦了。梁启超分析了屈原痛苦的原因,"社会为什么如此痛苦呢?他以为由于人类道德堕落。"②无法改变又想要改变的矛盾,使得屈原内心充满了苦闷。

梁启超对屈原个性的分析超出了以往楚辞学者用传统儒家的伦理道德去分析屈原个性的范畴,更加深入地探求了屈原个性的成因。这一观点受到西方艺术理论的影响,特别是希腊神话和戏剧的影响。梁启超对希腊的文化和历史曾经有过详细的研究,并发表多部相关著作。他认为屈原的个性与希腊神话《俄狄浦斯王》中俄狄浦斯的个性极其相似,二人都是矛盾的集合体,最后都以悲剧结束。

正是由于屈原独特的个性,导致他的行为也与众不同。他身穿奇异的服饰,并不顾力量对比的悬殊,不屈不挠地与浑浊的社会进行斗争。以屈原的才气,假如他"稍为迁就社会一下,发展的余地正多"③,但他不愿做出这种选择。"中国人爱讲调和,屈原不然,他只有极端。""异道相安,他认为和方圆相周一样,是绝对不可能的事。'我决定要打胜他们,打不胜我就死。'这是屈原人格的立脚点,他说也是如此说,做也是如此做。"④从这个角度来看,梁启超解释屈原自杀的行为就有了较为充足的依据。

在梁启超看来,屈原是一个社会性的人,他希望在社会改革中实现他的人生价值。可是现实的残酷注定了他的理想无法实现,屈原所不肯的"一是丢开楚国,二是丢开现社会"⑤。即便丢开楚国,也是"举世溷浊,到处都是一样"。"丢开现社会,确是彻底的办法。"⑥于是在他的作品中有许多超现实的描写,这都是想象力构造出来的。最刺痛他的事是"放逐不归",梁启超认为屈原这种社会性的人无法在阴惨岑寂的自然界中过那非社会的生活,这也是

---

①　梁启超:《梁启超全集·屈原研究》,北京出版社 1997 年版,第 4038 页。
②　梁启超:《梁启超全集·屈原研究》,北京出版社 1997 年版,第 4038 页。
③　梁启超:《梁启超全集·屈原研究》,北京出版社 1999 年版,第 4040 页。
④　梁启超:《梁启超全集·屈原研究》,北京出版社 1999 年版,第 4040 页。
⑤　梁启超:《梁启超全集·屈原研究》,北京出版社 1999 年版,第 4040 页。
⑥　梁启超:《梁启超全集·屈原研究》,北京出版社 1999 年版,第 4041 页。

他和恶社会的血战真已到矢尽援绝的地步,所以他从容地死去。梁启超用西方的伦理道德分析屈原自杀,他大胆地喊出:"犯罪的自杀是怯懦,义务的自杀是光荣。"①他引用屈原的诗句"定心广志何畏惧","知死不可让愿勿爱",反问道:"这是怯懦的人所能做到吗?"②屈原留下的作品固然是宝贵财富,而在梁启超看来,他的汨罗一跳更加践行了作品中体现出来的精神,这才成就了其永恒的生命。

2. 文化比较

近代中国落后愚昧的现实使一些先进的知识分子逐渐认识到,只有迎头赶上西方科技、文化发展的潮流,才能改变中国落后挨打的现状。梁启超生活在中国社会的转型期,西学的传播刷新了其对文学价值和史学价值的认识。他作为西方文化的传播者,希望通过西方文化激活中国传统文化,再以中国传统文化撑起民族自信。梁启超的楚辞研究迥异于中国传统的诗文评论,他的学术研究注重中西文化比较,这些思维启迪着人们的文学视野和现代意识。

(1)引入西方艺术流派

梁启超作为楚辞学启蒙时期的学者,其楚辞研究一个重要的特点就是引入现代西方艺术流派概念。象征主义、浪漫主义、现实主义三种西方现代艺术理论都渗入梁启超的楚辞研究当中,为中国古老的楚辞学注入了现代气息,也成为 20 世纪楚辞学向现代化转型的一个标志。

象征主义流派起源于 19 世纪法国的绘画领域,画家突破了传统写实的方法,主要通过象征、隐喻和装饰性的画面来表现虚幻的世界和创作者的梦想。后来象征主义延伸到文学创作领域,"是一种侧重以暗示的方式寄寓审美意蕴的文学形态。它的基本特征是:暗示性和朦胧性"③。梁启超作为中国近代文学革命的倡导者把象征主义引入中国的楚辞学,打破了传统的比兴研究手法。尽管象征主义这一概念来自西方的绘画界,梁启超却认为象征主义起源于中国的楚辞。"纯象征派之成立,起自楚辞。篇中许多美人芳草,纯属代数

---

① 梁启超:《梁启超全集·屈原研究》,北京出版社 1999 年版,第 4043 页。
② 梁启超:《梁启超全集·屈原研究》,北京出版社 1999 年版,第 4043 页。
③ 童庆炳:《文学概论》,高等教育出版社 2008 年版,第 183 页。

上的符号,他意思别有所指。"①梁启超认为司马迁说"其志洁,故其称物芳",指出了志洁与物芳之间的关系。梁启超进一步分析了屈原借香草来比拟其情感的方法和效果,屈原极高尚纯洁的美感正好和这些芳草美人所匹配。"他既有极稚温的情感本质,用他极微妙的技能,借极美丽的事物做魂影,所以着墨不多,便尔沁人心脾。"②

他认为:"屈原的情感,是烦闷的;却又是浓挚的,孤洁的,坚强的。"③浓挚、孤洁、坚强三种情感合并一处,构成他的精神境遇,最终化为烦闷。《涉江》中:"入溆浦余儃徊兮,迷不知吾所如;深林杳以冥冥兮,乃猿狖之所居。"④这一段用象征的方式烘托出屈原内心的烦闷。《惜诵》中"写无伦次的烦闷状态"⑤,《哀郢》中把浓挚的情感尽量显出,《离骚》中专表现他的孤洁和坚强。但是他还是无法摆脱心中的愁苦孤寂,无奈之中他感叹:"惜吾不及见古人兮,吾谁与玩此芳草。"(《思美人》)⑥

浪漫主义是文学艺术的基本创作方法之一,是以直接抒情的方式表现主观理想,表现性和虚幻性是其基本特征。⑦ 浪漫主义文学作品注重描写主观内心世界,抒发对理想的追求,瑰丽的想象和夸张的手法是浪漫主义塑造艺术形象的手段。梁启超认为"欧洲近代文坛,浪漫派和写实派迭相雄长",中国古代没有把这两类划分开,在一些名家作品中同时存在着两种倾向。作为代表华夏民族的作品《诗经》,梁启超认为它是平实的,"凡涉及空想的一切没有",中国"文学含有浪漫性的自楚辞始"⑧。

梁启超还分析了楚辞具有浪漫主义的原因在于楚人的神秘意识。相对于中原人来说楚人文明落后,梁启超认为这样会导致楚人带有一些野蛮的神秘

---

① 梁启超:《梁启超全集·中国韵文里头所表现的情感》,北京出版社 1999 年版,第 3943 页。
② 梁启超:《梁启超全集·中国韵文里头所表现的情感》,北京出版社 1999 年版,第 3927 页。
③ 梁启超:《梁启超全集·中国韵文里头所表现的情感》,北京出版社 1999 年版,第 3943—3944 页。
④ 梁启超:《梁启超全集·中国韵文里头所表现的情感》,北京出版社 1999 年版,第 3926 页。
⑤ 梁启超:《梁启超全集·中国韵文里头所表现的情感》,北京出版社 1999 年版,第 3927 页。
⑥ 梁启超:《梁启超全集·中国韵文里头所表现的情感》,北京出版社 1999 年版,第 3943—3044 页。
⑦ 参见童庆炳:《文学理论教程》,高等教育出版社 2008 年版,第 182 页。
⑧ 梁启超:《梁启超全集·中国韵文里头所表现的情感》,北京出版社 1999 年版,第 3948 页。

意识,虽然后来渐渐同化于诸夏民族,但是在文化表达上"神秘意识"自然融入了进去。关于神秘意识的来源,梁启超通过进一步探究认为或许来源于远古,也或许和民族的发源地有关系。他还作了大胆的设想,提出这可能和中亚细亚地区的一些地方有关。他的研究为楚辞文化学的研究拓展了思路,也提出了新的课题,为后来苏雪林的楚辞文化域外论提供了参考。"这种超现实的人生观,用美的形式发摅出来,遂为我们文学界开一新天地。楚辞的最大价值在此。"①不过只说《诗经》中有现实的成分而没有浪漫主义的因素,不免过于片面。《诗经》中也有抒情的成分与丰富的想象,比如《硕鼠》一篇把统治者想象成大老鼠,贪得无厌地吞噬劳动人民的劳动果实,并且诗中还勾勒出了一片充满幸福欢笑的乐土。

梁启超认为屈原浪漫主义文学的特点是情感的超现实性和丰富的想象力。楚辞为中国文学界开创浪漫境界,把情感推向"超现实"的方向。梁启超把屈原表情的方法比喻成一条大蛇。"在那里蟠——蟠——蟠! 又像一个极深极猛的水源,给大石堵住,在石罅里头到处喷进。"②梁启超的分析指出了在浪漫主义文学中主观世界的重要性,情感以直抒胸臆的方式表达出来,而不像现实主义文学那样不动声色地将情感隐藏在对现实事物的描绘中。梁启超提出楚辞浪漫主义的第二个特点是丰富的想象力,是在"用想象力构造境界","是从宗教的或哲学的想象力构造出来"。他特别强调了想象力在醇化美感方面的作用,但是文学史上,并不是每个人都能做得好,多数人走上了"奇谲"之路。楚辞的《招魂》已开其端绪,之后李白的作品也"半属此类"③。梁启超称这类作品为"神话文学"。他对此作出了高度评价,荒诞的神话加上创作者的想象"替诗界作一种解放",开辟出"一种新国土"。

(2)西方文化与楚辞文化的比较

梁启超楚辞研究的一个特点是把楚辞与西方艺术进行比较,这是具有开拓性的,他架起了楚辞与西方艺术的桥梁。

梁启超将西方能够直接观赏到的艺术形式与屈原的内心世界联系在一

---

① 梁启超:《梁启超全集·中国韵文里头所表现的情感》,北京出版社1999年版,第3948页。

② 梁启超:《梁启超全集·中国韵文里头所表现的情感》,北京出版社1999年版,第3927页。

③ 梁启超:《梁启超全集·中国韵文里头所表现的情感》,北京出版社1999年版,第3951页。

起。他用在罗马美术馆看到的雕塑来描绘屈原的自杀心理,用具体可感的形象外化屈原的内心。

> 我记得在罗马美术馆中曾看见一尊额尔达治武士石雕遗像,据说这人是额尔达治国几百万人中最后死的一个人,眼眶承泪,颊唇微笑,右手一剑自刺左胁。屈原沉汨罗,就是这种心事了。①

在与恶社会对峙到穷途末路之际,屈原的心境正和最后一位战死的武士相合,这种不肯放弃理想、又难以同敌人抗衡的心情,使得他们最终走上了自杀的道路,梁启超这一联系极为精当,额尔达治武士石雕遗像正好表现了屈原自沉时的心情。

梁启超把屈原行为的立脚点与西方进行比较,找到了他与西方人的共同之处,那就是极端,这与中国讲究调和行为准则迥异。正如屈原诗中所言,方与圆是不可调和的,他与恶势力的斗争也没有可以调和的余地,"异道不可相安"。梁启超用一句独白的形式描述屈原的内心:"我决定要打胜他们,打不胜我就死"②。这种研究楚辞的方法跳出了传统楚辞学的窠臼,从人格的角度探求屈原自杀的行为。"All or nothing。(要整个,不然,宁可什么也没有。)"易卜生的这句话恰好适用于梁启超描述屈原的心理,用一句成语概括,即是"宁为玉碎不为瓦全"。

理性精神在五四新文化运动中是知识分子所信奉的理念,以理性精神为核心的中国现代启蒙思想的注入,加速了中国传统楚辞学的现代化进程。

二、生命意识觉醒

苏联汉学家费德林在《费德林回忆录——我所接触的中苏领导人》中记录了一段毛泽东谈及屈原的话:

> 屈原的名字对我们更为神圣。他不仅是古代的天才歌手,而且是一名伟大的爱国者:无私无畏,勇敢高尚。他的形象保留在每个中国人的脑海里。无论在国内国外,屈原都是一个不朽的形象。我们就是他生命长

---

① 梁启超:《梁启超全集·屈原研究》,北京出版社 1999 年版,第 4039 页。
② 梁启超:《梁启超全集·屈原研究》,北京出版社 1999 年版,第 4040 页。

存的见证人。①

同西方 18 世纪欧洲的启蒙主义运动相比,五四新文化运动不仅是一次"理性精神"的革命,而且也是一次感性生命的觉醒。理性精神在变革中虽然起到了一定的引导作用,但生命觉醒的感性力量也不容忽视,这场文化运动正是以唤起人的生命觉醒,从深层推动传统的楚辞学向现代转型。因而在梁启超的楚辞研究中,也是有激进倾向的观点,同样也应引起学术界的注意。梁启超一生著述丰富,由于他并不专门致力于楚辞研究,所以他的楚辞研究不求学理的客观性,但求一种感受与体验的强烈性,一些文章往往在激情驱动之下落笔即成。他在楚辞研究中流露的是一种感情的喷发,这是梁启超楚辞研究的特点。

(一)强烈的感受与体验

梁启超的楚辞研究充满了强烈的感受与体验,突破了儒家忠君爱国的思想藩篱,把楚辞还原为单纯的文学作品重新进行认识。梁启超:"《三百篇》虽亦有激越语,而大端皆主于温柔敦厚;《楚辞》虽亦有含蓄语,而大端在将情感尽情发泄。"②

1. 批驳比兴附会说

梁启超认为,王逸在郑玄、高诱、韦昭之前,所以《楚辞章句》"所释训诂名物多近正,最可贵"③。对于王逸所言:"《离骚》之文,依《诗》取兴,引类譬喻。故善鸟香草以配忠贞,恶禽臭物以比谗佞,灵修美人以媲于君,宓妃佚女以譬贤臣,虬龙鸾凤以托君子,飘风云霓以为小人。……"④梁启超不以为然,他认为楚辞并非每篇中都如王逸所言引类譬谕,"此在各篇中固偶有如此托兴者,(《离骚》篇或更多)若每篇每段每句皆胶例而凿求之,则慎甚矣"⑤。梁启超的评价相对比较客观,比兴作为中国古典文学当中一种特有的艺术手法,自诗

---

① ［俄罗斯］费德林:《费德林回忆录——我所接触的中苏领导人》,新华出版社 1995 年版,第 17 页。
② 梁启超:《梁启超全集·要籍解题及其读法》,北京出版社 1999 年版,第 4663 页。
③ 梁启超:《梁启超全集·要籍解题及其读法》,北京出版社 1999 年版,第 4663 页。
④ 梁启超:《梁启超全集·要籍解题及其读法》,北京出版社 1999 年版,第 4663 页。
⑤ 梁启超:《梁启超全集·要籍解题及其读法》,北京出版社 1999 年版,第 4663 页。

经延续至楚辞,如果依王逸所言全篇皆比兴附义,楚辞将失去它的文学意义。所以他认为:"故王注虽有功本书,然关于此点,所失实非细也。后世作者往往不为文学而从事文学,而恒谬托高义于文学以外,皆由误读《楚辞》启之,而注家实不能不任其咎。"①对于王逸的注解,梁启超也阐明了自己的观点,如果全书都依王逸所言,屈原的形象就大打折扣,"忠君爱国"成了一个空架子,"屈原成为一虚伪者或钝根者,而二十五篇悉变为方头巾家之政论,更何文学价值之足言"②! 王逸认为《离骚》是"依《诗》取兴",梁启超便将《楚辞》与《诗经》进行比较,指出二者之间迥异的文学风格与创作特点。《诗经》当中虽然也不乏抒发强烈情感的篇章,但由于其产生于中原,整体风格还是以"温柔敦厚"为主的。在这一点上,《楚辞》则完全不同,其中情感肆意尽情,不受拘束,反倒在后人穿凿附会的解说中被套上了枷锁。梁启超对此极力反对,他从艺术与文学性的角度去看待楚辞,更加注重它的文学价值。

2. 还原楚辞文学的本性

比起牵强的比兴附义之说,梁启超更加侧重从个人感受去认识和体会楚辞。他说:"人之情感万端,岂有舍'忠君爱国'外即无所用其情者?"在他看来,楚辞作为中国一部的文学作品,其文学性才是最为重要的,"吾以为凡为中国人者,须获有欣赏《楚辞》之能力,乃为不虚生此国。吾愿学者循吾说而广之,讽诵餍饫之既久,必能相说以解也"③。由此可见,梁启超已经把楚辞作为一种审美形态来进行接受,突破了将楚辞作为一种意识形态传播工具的传统视角。

对于朱熹的《楚辞集注》,梁启超因他删去了不少比兴附会的内容,而赞其比较"洁净"。朱熹在《楚辞辩证》中荡涤一些忠君附会的内容,值得肯定只不过"未尽耳"。朱熹云:

> 《东皇太一》旧说以为"原意谓人尽心以事神,则神惠以福。今竭忠以事君,而君不见信,故为此以自伤"。《补注》又谓:"此言人臣陈德义礼乐以事上,则上无忧患。"《云中君》旧说以为:"事神已讫,复念怀王不明

---

① 梁启超:《梁启超全集·要籍解题及其读法》,北京出版社 1999 年版,第 4663 页。
② 梁启超:《梁启超全集·要籍解题及其读法》,北京出版社 1999 年版,第 4663 页。
③ 梁启超:《梁启超全集·要籍解题及其读法》,北京出版社 1999 年版,第 4663 页。

而太息忧劳。"《补注》又渭:"以云神喻君德,而怀王不能,故心以为忧。"
皆外增赘说以害全篇之大旨,曲生碎义以乱本文之正意。①

朱熹指出王逸以"竭忠以事君,而君不见信,故为此以自伤"为《东皇太一》的主旨实为错误,洪兴祖补注又继续累增相关的内容,人臣以礼乐事上,则上无忧等,完全不是原文的本意。梁启超认为旧注实为穿凿可笑。因此他说:"治《楚辞》者,对于诸家之注,但取其名物训诂而足,其敷陈作者之旨者,宜悉屏勿观也。"②

(二)情感的喷发和宣泄

尽管五四时期极力倡导"科学"精神,但是从思想启蒙的角度看,当时的理论不具有科学的严密性,启蒙主体的生命意识集中体现在楚辞研究中情感的喷发和宣泄。这种情感的表达不是哲理化的,而是情绪化的。从楚辞学发展的角度看,虽然不够理性,但是对于传统楚辞学视角下的中庸而言,他们更加希望在新旧两种文化心理的碰撞中显示出自己的研究价值。

梁启超曾说:"惟自觉用表情法分类以研究旧文学,确是别饶兴味。""所以情感这样东西,可以说是一种催眠术,是人类一切动作的原动力。"③他的楚辞研究实质上是他个人情感的抒发,也是驱动其楚辞研究的动力。梁启超用恋人的关系来比喻屈原对于社会的爱憎交加,痛苦不堪却又无法放下,以至于最终走上绝路。这既是在描绘屈原的情感世界,也是梁启超个人情感的表达。在描述屈原的矛盾心理时,梁启超写道:"他对于现实社会,不是看不开,但是舍不得。"④梁启超对屈原的认识是饱含着情感的认识。梁启超激荡的情感不只是推动认识的动力,也是渗透着认识的情感,两者水乳交融合为一体。《毛诗序》说:"情动于中而形于言"⑤。梁启超在楚辞研究中情感的表达具有一定的价值取向,隐含着他的政治、经济、文化、伦理、宗教和审美等社会性需要与态度,以及由此诸多因素形成的对社会生活的心理体验。梁启超关于屈原

---

① 梁启超:《梁启超全集·要籍解题及其读法》,北京出版社 1999 年版,第 4663 页。
② 梁启超:《梁启超全集·要籍解题及其读法》,北京出版社 1999 年版,第 4663 页。
③ 梁启超:《梁启超全集·中国韵文里头所表现的情感》,北京出版社 1999 年版,第 3921 页。
④ 梁启超:《梁启超全集·屈原研究》,北京出版社 1999 年版,第 4038 页。
⑤ 郭邵虞编:《中国历代文论选·毛诗序》,上海古籍出版社 2001 年版,第 30 页。

人格研究的文章在结尾处情感集中喷发：

> 我们这位文学老祖宗留下二十多篇名著，给我们民族偌大一份遗产，他的责任算完全尽了。末后加上这汨罗一跳。把他的作品添出几倍权威，成就万劫不磨的生命，永远和我们相摩相荡。①

梁启超云："屈原，文豪也，然其感情之渊微，设辞之瑰伟，亦我国思想界中一异彩也。屈原以悲闵之极，不徒厌今而欲反之古也，乃直厌俗而欲游于天。"②他提出屈原是"实厌世主义之极点也"，这是第一次从生命意识的角度重新审视屈原。

作为一名启蒙主义者，梁启超在楚辞研究中表达出强烈的自我情感。这种表达方式的出现，一方面代表着楚辞研究者的觉醒，开始萌生了冲破传统禁锢的需求；另一方面也抒发了作者面对现实社会的束缚而无力挣脱的焦虑与困顿。同时，这一时期启蒙主义者存在着对楚辞生命意义的探求过于形而上、对深层结构缺乏有意识的发掘等问题。这就导致研究者的表达大多不是理性化而是情绪化的，对社会、对人生问题的看法抱有幼稚、直率与愤激的心态。但总体而言，在楚辞研究的过程中，启蒙者在心态上依旧充满了文化自信，这是在冲破传统文化的沉重压抑时对感性生命解放的欲求的表达。

三、科学精神展现

启蒙运动思想家的一个基本心理认知构成就是严格运用"科学方法"解决所有研究领域的基本问题。作为楚辞学的启蒙主义者，梁启超在《科学的精神与东西文化》中做出了自己的解释："科学精神是什么？我姑从最广义解释：'有系统之真知识，叫做科学；可以教人求得有系统之真知识的方法，叫做科学精神。'"③梁启超进而从三个方面论述了科学的精神，求真知识，求有系统的真知识，可以教人的知识。他说中国的学术界缺乏这三种精神，就会出现笼统、虚伪、武断、因袭、散失等病症。"以上五件，虽然不敢说是我们思想界

---

① 梁启超：《梁启超全集·屈原问题》，北京出版社 1999 年版，第 4043 页。
② 梁启超：《梁启超全集·论中国学术思想变迁之大势》，北京出版社 1999 年版，第 574 页。
③ 梁启超：《梁启超全集·科学的精神与东西文化》，北京出版社 1999 年版，第 4006 页。

固有的病证,这病最少也自秦汉以来受了二千年。"①"想救这病,除了提倡科学精神外没有第二剂良药了。"②梁启超的楚辞研究便从两方面体现出了科学性,一方面是科学的研究方法;另一方面是秉持科学的精神。对于文学研究,梁启超认为应该走两条路,"一,文献的学问。应该用客观的科学方法去研究。二,德性的学问,应该用内省的和躬行的方法去研究"③。在他看来,文学研究要兼备感性的体会和理性的反思,才能称为科学的方法。梁启超的楚辞研究在一定程度上体现了他对古老楚辞文化的反思。在梁启超的楚辞研究中运用了很多现代学术常用的研究方法,如统计法、历史研究法等。

梁启超开创了用统计学研究楚辞的方法。在他的著作中专门有一章论述历史统计学,这是他中国历史研究法中的一部分。历史统计学的名字源于梁启超的独创,严格地说,全名应该为"史学上之统计的研究法",简称"历史统计学"。这"是用统计学的法则,拿数目字来整理史料推论史迹"④。梁启超之所以用历史统计学的研究方法是因为:"欲知历史真相,决不能单看台面上几个大人物几桩大事件便算完结;最要的是看出全个社会的活动变化。全个社会的活动变化,要集积起来比较一番才能看见。往往有很小的事,平常人绝不注意者,一旦把他同类的全搜集起来,分别部居一研究,便可以发现出极新奇的现象而且发明出极有价值的原则。"⑤他认为中国史料丰富,治史用这种方法有得天独厚的优势。对于屈原的研究,梁启超按照中国历史统计学的模式列出了屈原行迹研究图,统计出屈原作品中出现的地名的诗句共23句诗,涉及了地名沅、湘、洞庭、溆阳、极浦、澧浦、江湘、鄂渚、方林、枉陼、辰阳、溆浦、郢都、夏首、夏浦、江潭、江夏、南疑、庐江等。"说郢都,说江夏,是他原住的地方;洞庭、湘水,自然是放逐后常来往的;都不必多考据。最当注意者:《招魂》说的'路贯庐江兮左长薄',象江西庐山一带,也曾到过。"⑥梁启超根据诗中

① 梁启超:《梁启超全集·科学的精神与东西文化》,北京出版社1999年版,第4008页。
② 梁启超:《梁启超全集·科学的精神与东西文化》,北京出版社1999年版,第4008页。
③ 梁启超:《梁启超全集·治国学的两条大路》,北京出版社1999年版,第4067页。
④ 梁启超:《梁启超全集·历史统计学》,北京出版社1999年版,第4045页。
⑤ 梁启超:《梁启超全集·历史统计学》,北京出版社1999年版,第4045页。
⑥ 梁启超:《梁启超全集·屈原研究》,北京出版社1999年版,第4035页。

提到的内容判定屈原的行迹。

在屈原的作品中,《涉江》一篇含有纪行的意味。根据诗句"乘舲船余上沅""朝发枉渚兮,夕宿辰阳",梁启超推断出他"曾一直溯著沅水上游,到过辰州等处"。依据"峻高蔽日""霰雪无垠",他推断这"大概是衡岳最高处了"。梁启超认为屈原独自一人在衡山上生活过些日子,这一时期他的文学成就很大。历史上关于屈原的行迹记载史料非常少,《史记》记载的也非常模糊,梁启超以屈原的作品为依据,探寻屈原生平和行迹的研究方法,为楚辞研究开辟了新出路。

对于屈原作品篇目的研究,梁启超也使用了统计方法。历史上关于《楚辞》的篇目问题没有一个定性的说法。《汉书·艺文志》所载"屈原赋二十五篇",到王逸的《楚辞章句》载为二十五篇,至刘向典校经书为十六卷章句,含有刘向的《九叹》;还有十七卷的章句,有王逸的《九思》。梁启超依据陆德明的《经典释文》,把篇名、篇数、今本篇次、释文篇次、旧题作者名列出一个详细的统计表①:

篇名	篇数	今本篇次	释文篇次	旧题作者
《离骚》	一篇	第一	第一	屈原
《九歌》	十一篇	第二	第三	屈原
《天问》	一篇	第三	第四	屈原
《九章》	九篇	第四	第五	屈原
《远游》	一篇	第五	第六	屈原
《卜居》	一篇	第六	第七	屈原
《渔父》	一篇	第七	第八	屈原
《九辩》	十一篇	第八	第二	宋玉
《招魂》	一篇	第九	第十	宋玉
《大招》	一篇	第十	第十六	屈原或景差
《惜誓》	一篇	第十一	第十五	贾谊
《招隐士》	一篇	第十二	第九	淮南小山

———————————

① 梁启超:《梁启超全集·要籍解题及其读法·楚辞》,北京出版社1999年版,第4659页。

续表

篇名	篇数	今本篇次	释文篇次	旧题作者
《七谏》	七篇	第十三	第十二	东方朔
《哀时命》	一篇	第十四	第十四	严忌
《九怀》	九篇	第十五	第十一	王褒
《九叹》	九篇	第十六	第十三	刘向
《九思》	九篇	第十七	第十七	王逸

梁启超认为这种数据统计方法，虽然琐碎，但是实为考证屈原作品的基本资料。他通过分析对比，认为今本篇次与《释文》本有异同。洪兴祖云：

"《九章》第四，《九辩》第八。而王逸《九章》注云：'皆解于《九辩》中。'知《释文》篇第，盖旧本也，后人始以作者次叙之耳。"朱熹云"今按天圣十年陈说之序，以为：'旧本篇第混并，首尾差互，如考其人之先后重定其篇。'然则今本说之所定也欤？"①

梁启超对此观点颇为赞同："洪、朱所论甚当。"如果想了解刘向、王逸原本，应该遵照《释文》，而不是今本。综合研究后，梁启超判定屈原作品应该是二十五篇。《九歌》末篇《礼魂》只有五句，他认为不能成篇。《九歌》本侑神之曲，十篇各侑一神，《礼魂》五句应当为篇末后所公用。也可能是后人传抄贪省，便把《礼魂》放在后面作总结。对此梁启超的观点是："王逸闹不清楚，把他也算成一篇，便不得不把《招魂》挤出了。"②

关于科学的精神，梁启超曾说："所谓科学的精神何也？善怀疑，善寻问，不肯安徇寻古人之成说与一己之臆见，而必力求真是真非之所存，一也。既治一科，则原始要终，纵说横说，务尽其条理，而备其佐证，二也。其学之发达，如一有机体，善能增高继长，前人之发明者，启其端绪，虽或有未尽，而能使后人因其所启者而竟其业，三也。善用比较法，胪举多数之异说，而下正确之折衷，四也。"③正是在这种科学精神的指导下，梁启超使楚辞学有了新的气象。他

---

① 梁启超：《梁启超全集·要籍解题及其读法·楚辞》，北京出版社1999年版，第4660页。
② 梁启超：《梁启超全集·屈原研究》，北京出版社1999年版，第4036页。
③ 梁启超：《梁启超全集·近世之学术》，北京出版社1999年版，第609页。

的楚辞研究迥异于传统,他对于楚辞文学价值和文学史价值的认识,启迪着人们的文学研究视野和现代意识。

四、对楚辞启蒙思潮的评价

梁启超在《清代学术概论》中反思自己的学术研究说:

> 启超务广而荒,每一学稍涉其樊,便加论列,故其所述著,多模糊影响笼统之谈,甚者纯然错误,及其自发现而自谋矫正,则已前后矛盾矣! 平心论之,以二十年前思想界之闭塞萎靡,非用此种卤莽疏阔手段,不能烈山泽以辟新局,就此点论,梁启超可谓新思想界之陈涉。①

这里他反思自己学术研究涉猎虽多,然而多笼统之谈,甚至出现错误。作为学者坦然面对自己学术研究上的问题,实为可敬,但梁启超的自我评价也不无道理。他的学术研究一生伴随着政治活动而进行,就政治生涯而言,他和屈原有着相似的经历:他们满腹才华,一腔热血,却又仕途坎坷,所以他的屈原研究有着浓厚的政治色彩。也正由于梁启超的政治活动与学术活动轨迹高度重合,他与屈原所处在时代背景、人生境遇上又颇多相似之处,使得他在对屈原进行研究的时候,带有浓厚的主观色彩,甚至其中寄寓了自己的人生理想,融入了自己的情感状态,这些使得他的部分成果过于粗率,缺乏明证。

(一)政治感悟说

梁启超认为"中国之学术思想,常随政治为转移"②。作为中国近代的政治活动家,他的楚辞研究也明显带有政治的色彩,特别是在《屈原研究》中,与其说是梁启超在研究屈原的内心世界,更不如说是他在回顾自己的政治斗争历程。他的楚辞研究跳出了儒家忠君爱国的窠臼,又跳进了"代圣人立言"的臆断。

梁启超把屈原的生命历程看成是一部政治斗争的历史。他认为屈原单恋着社会,"他对于他的恋人,又爱又憎,越憎越爱;两种矛盾性日日交战,结果拿自己的生命去殉那'单相思'的爱情"③。这就像他自己,无论怎样也脱离

---

① 梁启超:《清代学术概论》,上海古籍出版社 1998 年版,第 89 页。
② 梁启超:《梁启超全集·新民说·儒学统一时代》,北京出版社 1999 年版,第 583 页。
③ 梁启超:《梁启超全集·屈原研究》,北京出版社 1999 年版,第 4037 页。

不开中国近代社会的发展。戊戌变法、流亡海外、周游欧洲都斩不断他对中国的思恋之情。屈原心理的矛盾正是梁启超自己的矛盾："一种是极高寒的理想，一种是极热烈的感情"①，两种矛盾元素在他头脑中交织。他把屈原的诗句与政治附会在一起，如《离骚》中："时缤纷其变易兮，又何可以淹留。兰芷变而不芳兮，荃蕙化而为茅。何昔日之芳草兮，今直为此萧艾也！岂其有他故兮，莫好倩之害也。……固时俗之从流兮，又孰能无变化？览椒兰其若此兮，又况揭车与江蓠？"②这是在描述人类社会道德的堕落，所以屈原在青年时代便下决心和恶社会奋斗。"他原定计画，是要多培植些同志出来，协力改革社会。到后来失败了，一个人失败有什么要紧，最可哀的是从前满心希望的人，看着堕落下去。"③这里分明是梁启超情感的流露，他结合自己政治斗争的经历来分析屈原的政治活动，揣摩屈原的情感，将自己的思想寄寓在对楚辞的解读当中。

（二）文化融合论

文化融合是指在文化交流过程中，某一民族以其传统文化为基础，根据发展需要吸收外来文化，促进本民族文化发展的过程。中国文化史上曾经历了多次对外来文化吸收的过程，最终融合形成中华民族的大文化。中国近代以来，特别是五四新文化运动是对外来文化消化融合的一个特殊时期。梁启超是近代文化融合论的倡导者，他一方面主张中国文化内部的融合，一方面提倡中西文化的融合。这些观点也体现在他的楚辞研究中。梁启超在《中国学术思想变迁之大势·总论》中，以生物学的规律作比谈文化融合："生理学之公例，凡两异性相合者，其所得结果必加良。……此例殆推诸各种事物而皆同者也。……我中华当战国之时，南、北两文明初相接触，而中世之学术思想放大光明。……盖大地今日只有两文明，一泰西文明，欧美是也，二泰东文明，中华是也，二十世纪则两文明结婚之时代也。"④

关于中华文化内部的融合，梁启超认为屈原生活的时代正处于中华文化大

---

① 梁启超：《梁启超全集·屈原研究》，北京出版社 1999 年版，第 4037 页。
② 梁启超：《梁启超全集·屈原研究》，北京出版社 1999 年版，第 4038 页。
③ 梁启超：《梁启超全集·屈原研究》，北京出版社 1999 年版，第 4039 页。
④ 梁启超：《梁启超全集·中国学术思想变迁之大势》，北京出版社 1999 年版，第 562—563 页。

融合时期,这是楚辞生成的时代背景。楚国在春秋初年,上属蛮夷;春秋中叶以后,才渐渐地同化为"诸夏"。梁启超分析了楚辞这样一部伟大的文学作品会出现在楚国,并由屈原创作出来的原因。春秋中叶以后楚国由一个蛮夷国家逐渐融化为"诸夏"民族的一部分,他们信鬼好巫,意识里有一些神秘和虚无的成分。屈原身为生长于此地的楚国贵族,一方面自然而然受到楚文化的熏陶;另一方面,中原文化已在此时输入楚国,屈原又曾出使齐国,受到"稷下先生"谈"宇宙原理"的影响,这样的独特生活经历加上他的怪脾气,使得神秘意识和虚无理想与中原旧民族文化相融合,便产生了这种新的文学形式——楚辞。

梁启超还以中西文化融合的视角研究楚辞。他在《中国韵文里头所表现的情感》《中国之美文及其历史》《屈原研究》等文章中有意识地沟通中西方文化,在楚辞研究中寻找中西文化的交汇点。

梁启超把楚辞中塑造的艺术形象与西方艺术形象进行对比,寻找中西文化的相似之处。如《九歌·少司命》,梁启超认为,"是描写极美丽极高洁的女神,我们读起来,和看见希腊名雕温尼士女神像同一美感,可谓极技术之能事。这种文学优美处,不在字句艳丽,而在字句以外的神味。后来摹仿的很多,到底赶不上。"①他把楚辞中塑造的艺术形象与西方的雕塑温尼士女神进行对比,把文学作品中在读者头脑中还原的形象外化为可感的艺术形象。

梁启超还把楚辞艺术与西方的戏剧进行比较。歌德的《浮士德》是18世纪启蒙主义者描绘的"理性王国"的画卷,梁启超将它与楚辞中的《招魂》和《远游》进行比较,真切地表达了探索前行者的心声。"这篇(《招魂》)讲上下四方,没有一处是安乐土,那么,回头还求现世物质的快乐怎么样呢?好吗?他的思想,正和葛得的《浮士特》剧上本一样;《远游》便是那剧的下本。总之这篇是写怀疑的思想历程最恼闷最苦痛处。"②梁启超认为尽管屈原描写了浮士德的快乐,但最终还是以悲哀结束。

(三)自由的精神

作为启蒙主义者,时代所赋予的使命与功能应是非常明确的,那就是知

---

① 梁启超:《梁启超全集·中国韵文里头所表现的情感》,北京出版社1999年版,第3946页。

② 梁启超:《梁启超全集·屈原研究》,北京出版社1999年版,第4037页。

识、思想的启蒙与对于封建的批判,其终极目的是个性的解放。梁启超认为现代学术的基本精神是"自由",他在《自由书》中说:"西儒弥勒·约翰曰:'人群之进化,莫要于思想自由,言论自由,出版自由。'三大自由,皆备于我焉,以名吾书。"①所以他的楚辞研究充满了自由的精神,这是他的楚辞研究摆脱旧楚辞学传统的根本所在。

20世纪初的中国,外有列强的瓜分,内有封建统治和军阀混战,当时的社会不可能给梁启超提供学术自由和谐的客观条件。从历史发展的角度看,他首先是一位政治家,其次是懂得现代学术精神的学者、是新旧交替时期的楚辞研究者。作为政治家,他渴望完成建立"新中国"的政治任务,无数次在政治漩涡中挣扎,他的学术研究多为其政治活动服务;作为学者,他的现代学术精神要消解旧的经学体系,建立新的学科体系。这两种身份、这两项任务集于一身。因此其"自由精神"便表现为一种"批判精神"或"为我所用"的主观主义精神。梁启超的楚辞研究更多的是一种政治的表达,虽然摆脱了经学的桎梏,却又套上了这一枷锁,对屈原内心的研究也成了梁启超政治心路历程的流露。

梁启超的楚辞研究也给我们留下一个值得思考问题:如何处理学术自由与学术为社会服务的问题。梁启超有着深厚的国学根柢,又热切地关心着祖国命运,他敞开胸怀吸纳西学,因此在他的学术思想上既有着中国传统文化的影子,又虔诚地吸收西方学术的精神。梁启超对待中国楚辞文化一直是十分"激进"的,一方面,他忠实地穿着"国学"的外衣,高度评价楚辞和屈原的历史地位;另一方面,他又用西方文艺理论的内容重新评价楚辞和屈原。也正因为如此,他才把楚辞学推进到一个新的发展阶段。而在这个阶段上,自然也会存在着学术精神与其原本意义的矛盾。究其根源,作为启蒙者既有"别求新声于异邦"后的兴奋,又有充满激情"上下求索"的艰难,这是因为启蒙者对启蒙对象的认知终究会有巨大的差异。

对五四时代的启蒙精神,李长之曾有过精辟的分析,"启蒙运动的主要特征,是理智的、实用的、破坏的、清浅的。我们试看'五四'时代的精神,像陈独秀对于传统的文化之开火,像胡适主张要问一个'为什么'的新生活,像顾颉

① 梁启超:《梁启超全集·自由书》,北京出版社1997年版,第336页。

刚对于古典的怀疑,像鲁迅在经书中看到的吃人礼教(《狂人日记》),这都是启蒙的色彩。""明白与清楚,也正是五四时代的文化姿态。"他进一步指出:"对朦胧糊涂说,明白清楚是一种好处;但就另一方面说,明白清楚却就是缺少深度。水至清则无鱼,生命的幽深处,自然有烟有雾。五四时代没有深奥的哲学。"①这一段正好作为楚辞与启蒙主义思潮的总结和判断。

第二节　疑古思潮与楚辞学

疑古作为一种文化现象,在中国历史上特定的阶段都出现过,并不是五四新文化运动中特有的。作为一种治学态度,在中国几千年的文化史上疑古有三次高潮,分别是汉代、两宋和 20 世纪初。与疑古伴随的就是辨伪,主要是依据科学事实对客观事物进行正确认识。楚辞自诞生后由于历史年代久远,且史书记载多龃龉,这为后世的研究带来了很多的难题。五四新文化运动以后,出现了以顾颉刚、钱玄同等人为代表的疑古派,他们以史学、经学的疑古辨伪研究为主要任务。在这一学术派别的影响下,疑古辨伪不仅涉及了中国的史学、经学,而且延伸到了楚辞学。这一时期也成为中国楚辞学最为活跃的时期之一,楚辞学的疑古辨伪思潮与新文化运动的背景和楚辞学的发展紧密相连,今天我们从学术文化思潮的视野来审视,可以发现这时的楚辞学打破了原有的思维定势,提出了许多新的问题,把楚辞学引向深入。只有正确理解疑古辨伪对整个现代楚辞学发展产生的影响,才能认识到楚辞学向现代化迈进的过程中呈现的特点。

一、中国古代楚辞学的疑古思潮

(一)汉代的疑古思潮

汉代楚辞学处于萌芽时期,它伴随着经学思潮的发展而兴起。中国历史上经学命途多舛,屡遭破坏。读书人想尽各种办法保存典籍,对其进行重建。

---

① 李长之:《"五四"运动之文化的意义及其评价》,《迎中国的文艺复兴》,商务印书馆 2013 年版,第 34—35 页。

自秦始皇焚书坑儒、颁布"挟书律"之后，又遇战火纷飞，两次毁灭性的打击使得历史典籍丧失殆尽。

西汉从慧帝到文帝时，文化钳制开始松动。惠帝废除了"挟书律"，儒家思想的禁区开始解锢。文帝时期，一些儒生依靠记忆，背诵经典文本进行口头传经，再用当时通行的隶书记录下来，这就是所谓的"今文经"。"古文经"则是指用秦统一以前的篆文书写的典籍。由于思想解锢，也有部分人将在秦时藏起来的典籍取出，社会上开始涌现出大量先秦典籍。西汉前期又相继发现了一些古书，这些书和儒生口口相传的典籍有很大差异。成帝时设立专门负责收集整理古书的官职，汉代文学家刘向、刘歆父子便是在整理古书时发现古文经书不仅与今文经书内容互异，而且篇章数量也不一致。于是学者对经书内容进行辨伪，在整理与分辨的过程中，一方面恢复了部分先秦文献和史实；一方面也是对典籍内容的诠释和发挥。今文经学和古文经学两大流派竞相争夺儒学的正统地位。

这一时期的学术主流是信古。在这种治学态度的影响下，楚辞学在萌芽时期就有了疑古的倾向，虽然不是声势浩大，但是也开了先河。目前见到的资料中最早凭吊屈原的是汉代的贾谊，他在《吊屈原赋》中赞美屈原的忠贞，对他自沉的选择表示怀疑和惋惜。贾谊认为屈原更应该明哲保身，甚至远离楚国。司马迁先是对屈原的忠贞品质加以赞美，后对屈原的遭遇悲叹同情，认为屈原已经达到"同死生，轻去就"的思想境界。刘安赞美屈原"以《国风》好色而不淫，《小雅》怨诽而不乱，若《离骚》者可谓兼之"。他认为屈原对怀王以及谗臣抱有一定怨恨，但这种"怨"符合儒家思想。扬雄赞扬屈原："（雄）又怪屈原文过相如，至不容，作《离骚》，自投江而死，悲其文，读之未尝不流涕也。以为君子得时则大行，不得时则龙蛇，遇不遇命也，何必湛身哉！"[1]他欣赏屈原的才华，但并不赞同屈原露才扬己，最后选择沉江而死。班彪在《悼离骚》中说："夫华植之有零茂，故阴阳之度也，圣哲之有穷达，亦命之故也。惟达人之进止得时，行以遂伸，否则诎而尺蠖，体龙蛇以幽潜。"[2]他们都在赞扬屈原忠

---

① （汉）班固：《汉书·扬雄传》，中华书局 1999 年版，第 3515 页。

② （唐）欧阳询：《艺文类聚》卷五十六，汪绍楹校，上海古籍出版社 1965 年版，第 1016 页。

贞之质,虽然对屈原的"怨"有些争议,但是并没有对屈原的作品提出质疑。

王逸的《楚辞章句》是迄今最早最完整的楚辞研究著作,也是楚辞学史上至今保存完整的第一部注本。王逸在《楚辞章句》中开始对楚辞中的三部作品归属提出了质疑。司马迁认为《招魂》是屈原的作品,王逸却说:"《招魂》者,宋玉之所作也。……宋玉怜哀屈原,忠而斥弃,愁懑山泽,魂魄放佚,厥命将落。故作《招魂》,欲以复其精神,延其年寿。"①王逸是目前见到的资料中最早对屈原作品归属产生怀疑的人,但他仅仅是提出疑问,并未对司马迁的观点进一步驳斥。针对另一部作品《大招》,王逸也无法确定是否为屈原的作品,"《大招》者,屈原之所作也。或曰景差,疑不能明也"②。接着王逸对《惜誓》也提出了怀疑,"《惜誓》者,不知谁所作也。或曰贾谊,疑不能明也。"③王逸虽然对上述三部作品提出了怀疑,但缺乏深入论证,没有阐明怀疑的依据和具体的作品归属。从楚辞学的疑古思潮来说,这属于初期阶段,为宋代疑古思潮的发展奠定了基础。

(二)宋代疑古思潮

唐代也有疑古的著作,如刘知几的《疑古》《惑经》,把矛头直接指向了《尚书》《春秋》等作品,但没有形成大规模的疑古思潮。唐代有关楚辞的研究著作,目前可以见到的是柳宗元的《天对》,书中针对屈原《天问》的内容以诗赋形式加以对答,内容涉及大量古史资料,为后人进一步了解《天问》提供了丰富的内容。

真正意义上的"疑古"始于北宋中叶宋仁宗庆历(1041—1048)年间。北宋中叶后,汉唐传统古典学术受到质疑。宋儒学术渊源虽亦出自朱熹,但对朱子之错误敢于直言,并不为师门所讳。王应麟在《困学纪闻》中考证内容涉及经史子集,明辨是非,并不阿附朱子观点。王应麟《困学纪闻》卷八:"自汉儒至于庆历间,谈经者守训故而不凿。《七经小传》出而稍尚新奇矣,至《三经新义》行,视汉儒之学若土梗。"④之后刘原甫、王安石等人都突破旧注,作出新

---

① (宋)洪兴祖:《楚辞补注》,中华书局 2013 年版,第 197 页。
② (宋)洪兴祖:《楚辞补注》,中华书局 2013 年版,第 216 页。
③ (宋)洪兴祖:《楚辞补注》,中华书局 2013 年版,第 227 页。
④ (宋)王应麟:《困学纪闻》卷八,上海古籍出版社 2008 年版,第 1094 页。

解。正如李学勤所言:"宋儒之学的一般特点,是以义理之学取代汉唐的注疏之学,从而能摆脱注疏的约束,直接考察作为经典的古书,自行裁断。"①也就是在这一时期宋人开始怀疑汉唐有关先秦的文献和史实,因此宋代诸儒主张直接阅读古书,不依靠汉唐注疏。王应麟的《困学纪闻》直接影响到明清的学术研究。

就楚辞学而言,宋代的疑古超过了汉唐。宋代的楚辞学著作中所疑不仅是汉之前的屈原及其作品,他们进一步把怀疑的焦点指向了王逸的《楚辞章句》,认为其中的内容和观点是不可靠的。宋代部分学者认为,从楚辞文本的角度来说,自屈原至刘向和自刘向至王逸之间都有很长的时间间隔,文本在流传的过程中会出现很大的变化,王逸《楚辞章句》中楚辞文本中的内容不完全可信。从楚辞传播的角度来看,从汉代到宋代王逸《楚辞章句》的内容在流传的过程中会发生变化。从研究者的角度来看,宋人认为王逸的学识不够,出现许多错误。如杨万里的《天问天对解》,"取屈原《天问》、柳宗元《天对》,比附贯缀,各为之解"②,书中针对王逸旧注之误作了批评,如《天问》中"雄虺九首,儵忽焉在",引《庄子》:"南方之帝曰儵,北方之帝曰忽"来证王逸旧注之误。杨万里还提出了另一个驳斥的依据,即《天对》中"儵忽之居,帝南北海"。黄庭坚在给门人元勋的书信中说:"《楚词》校雠甚有功。常苦王逸学陋,无补屈宋。"③钱杲之的《离骚集传》中也对王逸的注疏之误进行了批驳,他引《尔雅》《山海经》《本草》及《淮南子》诸书以证明自己的观点。洪兴祖《楚辞补注》突破经学"疏不破注"之传统,只要发现王逸书中有疑点的地方就指出,如《天问》"鮌堆焉处",王逸注曰:"奇兽也。……鮌,一作魁。"洪兴祖指出其误:"《山海经》云:北号山有鸟,状如鸡而白首,鼠足,名曰鮌雀,食人。《天对》云:鮌雀峙北号,惟人是食。注云:堆,当为雀,王逸注误。按字书,鹤音堆,雀属也。则鮌堆即鮌雀也。"④

<hr/>

① 李学勤:《走出疑古时代》,辽宁人民出版社 2007 年版,第 343 页。
② (清)永瑢等:《四库全书总目》卷一四八,中华书局 2003 年版,第 1269 页。
③ (宋)黄庭坚:《与元勋不伐书》,《山谷集·别集》卷十八,文津阁本《四库全书》,第 372 集,商务印书馆 2005 年版,第 400 页。
④ (宋)洪兴祖:《楚辞补注》,中华书局 2013 年版,第 96 页。

　　宋人在对王逸《楚辞章句》不断怀疑的过程中进行创新,并且有了更深入的研究。

　　宋代楚辞学者上承汉代,又经过魏晋南北朝和唐代的过渡时期,他们的楚辞研究逐步进入成熟期,在继承楚辞汉学成果的同时继续开拓新的研究内容。汉代的楚辞研究大致可以分成四部分:评论作品、评论作者、阐发义理、注音释义。宋代的楚辞研究在疑古的基础上,更注重研究的创新。如朱熹的《楚辞集注》就着重从义理方面进行探讨,将屈原的民族精神进一步上升为爱国理念,并进一步阐发爱国的内涵。

二、五四新文化运动与疑古思潮

　　疑古思潮与五四新文化运动紧密相连,中国的知识分子在社会大的变革过程中要推翻旧的意识形态、构建新的思想体系,就要对中国旧的思想文化体系进行清算。

　　首先,中国经学对疑古思潮的影响。

　　顾颉刚说:"我辈生于今日,其所担之任务,乃经学之结束者而古史学之开创者。"[1]顾颉刚所言"经学之结束",其意义不在于学术上讨论经学,而在于从思想解放的视角下把人们从旧的经学桎梏下解放出来,创建新的学术体系。清代崔述被视为疑古的先驱,在上古史考证辨伪方面的成果颇多,虽因为受到当时社会条件所限,影响不是太大,但为后世的学术发展方向开辟了道路。崔述注重用论据考证典籍,他学术思想的一大特点是开始对三皇五帝产生怀疑,这也就动摇了传统的儒家体系。他的疑古思想对中国的封建统治是一个挑战,正因如此,才就在清代难以流行。日本那珂通世得到《崔东壁遗书》并给予高度评价,他将全书校订标点,由日本史学会于1903年出版。他撰写《考信录解题》发表在日本《史学杂志》上。刘师培等把崔述的研究内容传回中国,引起胡适、钱玄同等人的注意。胡适称崔述为"二千年来的一个了不得的疑古大家"[2]。钱玄同高度评价了崔述的贡献:"我以为推倒汉人迂谬不

---

① 顾潮:《顾颉刚年谱》,中华书局1993年版,第337页。
② 钱玄同:《古史辨·玄同先生与适之先生书》第一册,上海古籍出版社1982年版,第27页。

通的经说,是宋儒;推倒秦汉以来传记中靠不住的事实,是崔述。"①顾颉刚说:"我二年以来,蓄意要辨论中国的古史,比崔述更进一步。崔述的《考信录》确是一部极伟大又极细密的著作,我是望尘莫及的。我自知要好好的读十几年书,才可追得上他。"②20 世纪五四新文化运动思潮中的疑古可以上溯到廖平和康有为。廖平在《辟刘篇》中怀疑:"《周礼》乃刘歆本佚礼羼臆说揉合而成……为王莽以后之书。"③于是他得出"今学传于游夏古学张于刘歆;今学传于周秦,古学立于东汉"的结论。在他看来古文经多为刘歆伪造,之前并无古文今学之说。之后康有为著《新学伪经考》《孔子改制考》对经传进一步怀疑。之后他又做了一系列辨伪著述《古文尚书伪证》《周官伪证》《左氏传伪证》等。

其次,中国史学对疑古思潮的影响。

战国时已经出现了疑古,在中国社会大变革的时代,新兴的地主阶级要推翻旧的意识形态完成新的封建思想体系的建构,这就需要对之前的历史进行颠覆。孟子提出:"尽信书,则不如无书。"④历史上尧舜禅位的风度为儒家所称道,但是庄子和韩非子却对此提出了质疑。庄子说:"尧不慈,舜不孝。"⑤韩非子说:"舜偪尧,禹偪舜,汤放桀,武王伐纣。此四王者,人臣弑其君者也,而天下誉之。"⑥这些论述与孟子和司马迁的观点有很大的差异。孟子说:"禹荐益于天,七年,禹崩,三年之丧毕,益避禹之子于箕山之阴。朝觐讼狱者不之益而之启,曰:'吾君之子也。'讴歌者不讴歌益而讴歌启,曰:'吾君之子也。'"⑦司马迁说:"十年,帝禹东巡狩,至于会稽而崩。以天下授益。三年之丧毕,益让帝禹之子启,而辟居箕山之阳。禹子启贤,天下属意焉。及禹崩,虽授益,益之佐禹日浅,天下未洽。故诸侯皆去益而朝启,曰'吾君帝禹之子也'。于是启遂即

---

① 钱玄同:《古史辨·玄同先生与适之先生书》第一册,上海古籍出版社 1982 年版,第 27 页。
② 顾颉刚:《古史辨·与钱玄同先生论古史书》第一册,上海古籍出版社 1982 年版,第 59 页。
③ (清)廖平:《廖平学术论著选集·古学考》,巴蜀书社 1989 年版,第 116—117 页。
④ 杨伯峻:《孟子译注》,中华书局 1960 年版,第 325 页。
⑤ 曹础基:《庄子浅注·盗跖》,中华书局 1982 年版,第 449 页。
⑥ 陈奇猷:《韩非子新校注·说疑》,上海古籍出版社 2000 年版,第 978 页。
⑦ 杨伯峻:《孟子译注》,中华书局 1960 年版,第 221 页。

天子之位,是为夏后帝启。"①这一时期的疑古思潮彻底颠覆了周代的意识形态,为建立封建意识形态在思想上做了准备。之后汉代、宋代学者都曾对古史产生过怀疑,但是影响最为深刻的还是五四新文化运动中的疑古文化思潮。

这次的疑古思潮直接指向了古史,包括先秦时期的历史和先秦历史的记述和阐释。疑古思潮是中国传统学术向现代化转型的过程中的一次思想大革命,是西学东进背景下知识分子"与传统的彻底决裂"。1919 年胡适在《新思潮的意义》中对古代的学术思想进行了批判。胡适认为对中国传统的学术思想应持一种批判的态度,重新评估其价值。他说:"我们对于旧有的学术思想,积极的只有一个主张,——就是'整理国故'。"他希望从中理出一个脉络,找出一个因果,探寻出一个"真意义"来。他不仅提出了古史辨伪的任务,还提供了考辨的阵地,创办了《读书杂志》和《国学季刊》两个发表辨伪成果的刊物。顾颉刚在北京大学图书馆任编目员时与胡适的交往逐渐密切,深受胡适思想的影响。他把自己的《清代著述考》送与胡适,胡适看过大加赞赏。于是顾颉刚在胡适的引导下走上了辨伪之路,针对中国古史的相关记载,他指出:"中国号称有四千年(有的说五千年)的历史……一闭目就有一个完备的三皇五帝的统系,三皇五帝又各有各的事实,这里边真不知藏垢纳污到怎样!"②顾颉刚的观点与胡适的可谓如出一辙。正是在胡适的大力提倡下,新文化运动中的知识分子倡导思想革新,重新评判传统文化,自觉承担起打破封建历史偶像的重任,重新审视古史中的真伪问题。之后钱玄同等人都加入到疑古辨伪的行列中来。顾颉刚主编了《古史辨》第一编,其中,胡适写给他的四十八字信作为《古史辨》的第一篇发表,胡适说:"我这四十八个字居然能引出这三十万字的一部大书,居然把顾先生逼上了古史的终身事业的大路上去,这是我当日梦想不到的事。然而这样'一本万利'的收获,也只有顾先生这样勤苦的农夫做得到。"③

---

① (汉)司马迁:《史记·夏本纪》,中华书局 1999 年版,第 62 页。
② 顾颉刚:《古史辨·告拟作(伪书考)跋文书》第一册上编,上海古籍出版社 1982 年版,第 13—14 页。
③ 胡适:《古史辨·介绍几部新出的史学书》第二册下编,上海古籍出版社 1982 年版,第 335 页。

最后,近代科学观对疑古思潮的影响。

西方 19 世纪自然科学取得了巨大成就,特别是细胞学说、能量守恒与转化定律、达尔文进化论三大科学发现对人类产生了深远的影响。20 世纪初,中华民族正处于危急关头,中国的知识分子希望通过科学救国,通过科学的方法来治疗中国政治、思想、学术上的顽疾。中国一批知识分子既有深厚的国学根底,又有留学海外的经历,他们把西方的科学价值观带回了中国,发起了一场声势浩大的思想革命。在学术研究界,激进的知识分子高举"科学""民主"的大旗,科学民主的精神成为主流。人文学科的研究者也纷纷效法自然科学的研究方法,力求在中国传统文化的研究上采用新的研究方法,开拓了新的研究领域,取得了新的研究突破。1914 年任鸿隽、赵元任等人在美国成立"中国科学社",以"提倡科学、振兴实业"为宗旨。王国维说:"凡事物必尽其真,而道理必求其是,此科学之所有事也。"①傅斯年认为中国传统学术的一大弊端"好谈致用",最后的结果却是一无所用。这种求真的科学精神对顾颉刚产生了很大影响,他说:"在学问上则只当问真不真,不当问用不用。"②由此可见,这一时期在人们心目中学术研究关键是科学精神。在"五四"新文化运动中疑古思潮强调用现代的理念和科学的方法对中国传统文化进行重新评判。

疑古辨伪思潮对中国的传统文化进行全面的清理,成为新文化运动的重要组成部分,也是引导思想界总体走向的一种社会思潮。其对学术界所产生的影响和冲击程度超过了历史上任何一次疑古思潮。"疑古""信古"所"疑"所"信"的,正是古书对古史的记载,而"'信古'一名之生,是由于疑古思潮的兴起,在疑古出现以前并无其说"③。

三、疑古思潮影响下的楚辞学

屈原作品产生于战国末期,司马迁的《史记》记载了屈原生平和作品篇目。汉代与战国时代紧密相连,《汉书》中记载了楚辞在汉代的传播情况。汉武帝喜爱楚辞,命刘安为楚辞作注。此后的两千多年中,人们从屈原的性格、

① 王国维:《王国维文集·〈国学丛刊〉序》第四卷,中国文史出版社 1997 年版,第 365 页。
② 顾颉刚:《古史辨·自序》第一册,上海古籍出版社 1982 年版,第 25 页。
③ 李学勤:《走出疑古时代》,辽宁大学出版社 1997 年版,第 343 页。

遭遇、作品内容、音义、训诂等多方面进行研究,集中在对作品的创作年代产生了不同的意见,对作品的阐释有不同见解,从未有人对屈原的存在产生怀疑。到 20 世纪突然传出一种声音——屈原否定论,这一学术现象的出现与新文化运动中的疑古思潮紧密相连。屈原的历史存在了两千多年,如果要否定他的存在,没有充足的证据很难推翻久已形成的结论。

事实上,胡适并非屈原否定论的最早提出者,但他的观点所产生的影响最大。作为五四新文化运动的领军人物,胡适的学术思想对以后的楚辞学者陆侃如、游国恩、何天行、朱东润等产生了重要影响。胡适认为中国的“圣经”、“贤传”和诸子百家全不可靠,中国几千年的文化就成了一堆“伪造”的糊涂账,这种观点完全是当时“疑古”思潮的产物。在他观念中,屈原是否存在是一个非常值得重新思考的问题,屈原的作品也需要重新认识。

20 世纪上半叶,受疑古辨伪思潮的影响,中国的楚辞学也相应出现了疑古思潮,讨论的热点集中在两部分,屈原的有无和屈原作品的真伪。

(一)屈原否定论

学界一般认为屈原否定论的首次提出者为胡适,但事实上在胡适之前已经有廖平在《楚词新解》①中提出了并无屈原此人,他的观点开 20 世纪屈原否定论的先河,之后许笃行、何天行、朱东润等人纷纷响应,形成了 20 世纪楚辞研究中的一股逆流。

1. 廖平的楚辞观

廖平以研究今文经学著称,他在楚辞研究上的著作虽然不多,有《楚词新解》《楚词讲义》《离骚释例》等,但足以对 20 世纪上半叶的楚辞研究产生重要的影响。他否定屈原的结论是逐步形成的,从《楚词新解》到《楚词讲义》,从否定屈原作品到否定屈原的存在,先后经历了近十年的时间。学界谈“屈原否定论”以《楚词新解》作为嚆矢,最主要的原因是谢无量的 1923 年的《楚词新论》中提到廖平的《楚词新解》中没有屈原这个人。

> 我十年前在成都的时候,见着了廖季平先生,他拿出他新著的一部

---

① 廖平原著为《楚词新解》,本书尊重原文一律用“楚词”。

《楚词新解》给我看，说"屈原并没有这个人"。①

由此看来，廖平的屈原否定论从《楚词新解》已经开始了。如果从 1923 年上推 10 年为 1913 年，事实上《楚词新解》已经完成 7 年了，应该不是"新著"。且谢无量所言的廖平的观点是《楚词讲义》与《楚词新解》内容的综合。根据廖宗泽《六译先生年谱》，《楚词讲义》作于 1914 年，时间上也无法与谢无量的描述吻合，且目前见到的谢无量年谱中也没有相关的记载。是谢无量记载有误，还是目前的史料不全，同实际有出入，有待进一步考证。

(1)《楚词新解》

今天看来，廖平的《楚词新解》并没有完全否定屈原的存在。他的主要观点有：

其一，《楚词》为天学《诗》之传。

廖平在《楚词新解·凡例》中说："《楚词》为孔子天学《诗》之传记。"②他认为"楚词详于诗"。楚辞所言服饰、草木、世俗皆与《诗》相同。

廖氏治经，学术思想多变。他自己将思想演变的过程总结为"六变"。作《楚词新解》的阶段正是他处于"四变"时，把经学分为"天学"与"人学"两部分。他在《四变记》中说："《楚词》为《诗》之支流，其师说见于上古天真论，专为'天学'，详于六合以外。盖圣人于六合以外，存而不论。《诗》、《易》之讬物占比，言无方体是也。《楚词》乃灵魂学专门名家。"③

其二，《楚词》为屈原传之。

《楚词新解》中廖平肯定了屈原的存在。在确定屈原的作品时，他认为："《离骚》亦如《繁露》，系辞为屈子所传，惟有屈原明文者乃为其自撰。"④这也就是说，在楚辞作品中只要提到屈原名字的，廖平即判定为屈原的作品。按照这种思路，"《渔父》《卜居》乃为屈子自作，亦如《管子》《繁露》之有管子、董

---

① 谢无量：《楚词新论》，商务印书馆 1923 年版，第 12 页。
② 舒大刚编：《廖平全集·楚词新解》第十卷，上海古籍出版社 2015 年版，第 384 页。
③ 舒大刚编：《廖平全集·经学六变记》第二卷，上海古籍出版社 2015 年版，第 893 页。
④ 舒大刚编：《廖平全集·楚词新解·凡例》第十卷，上海古籍出版社 2015 年版，第 384 页。

子,乃为本书"①。其余作品为屈子所传,他还特别提出了《离骚》中"启《九辨》与《九歌》",所以《九歌》"为孔门相传之辞,非屈子作"②。

其三,《楚词》为道家一派。

廖平在肯定了《楚词》为《诗》之传以后,进一步说明,《楚词》为道家一派。他说:"《楚词》为孔子天学《诗》之传记,与道家别为一派。大约道详於《易》,《楚词》详於《诗》。《离骚》亦如《繁露》,系辞为屈子所传,惟有屈原明文者乃为其自撰。"③在楚辞学史上廖平是明确阐述楚辞为道家学派的著作,屈子为道家学派的人,他认为:"子屈子传《诗》,与《列》、《庄》别为一派。鸢飞鱼逃,察乎天地,非颛顼以后绝地天通之圣人所知能。《中庸》发明《诗》之总纲,《楚词》亦因是而昭显焉。"④廖平这一思想的根源是《四变记》中楚辞"根源与道家同"。"故《远游》之类,多用道家语。全书专为梦游,即《易》之'游魂'、'归魂'。所说皆不在本世界。故有'招魂'、'掌梦'之说。"⑤这时廖平把楚辞研究引向了"灵魂"与"梦"之说。虽然他的观点是唯心的,但是他为20世纪楚辞学界讨论屈原的思想和学派奠定了基础。

通过上述梳理可以看出廖平没有否定屈原的存在,他承认了世上确有此人,但对屈原的一部分作品提出质疑。廖平将屈原所作《离骚》等篇划进孔子天学《诗》之传,还对《史记》屈原传产生了怀疑,认为:"自太史公误以所传为自作,《离骚》指为'离忧',沉渊而死,后来承误,《楚词》遂为志士失意发愤之代表。"⑥

(2)《楚词讲义》

《楚词讲义》作于1914年,为廖平教授学生的讲义。这部作品与《楚词新解》时间相隔8年,在廖氏不同的学术阶段他对屈原的观点有着很大差异。在经学研究上廖平以善变而著称,其楚辞研究有着浓重的经学色彩,或者说是

---

① 舒大刚编:《廖平全集·楚词新解·凡例》第十卷,上海古籍出版社2015年版,第384页。
② 舒大刚编:《廖平全集·楚词新解·九歌》第十卷,上海古籍出版社2015年版,第391页。
③ 舒大刚编:《廖平全集·楚词新解·凡例》第十卷,上海古籍出版社2015年版,第384页。
④ 舒大刚编:《廖平全集·楚词新解》第十卷,上海古籍出版社2015年版,第381页。
⑤ 舒大刚编:《廖平全集·经学六变记》第二卷,上海古籍出版社2015年版,第893页。
⑥ 舒大刚编:《廖平全集·楚词新解》第十卷,上海古籍出版社2015年版,第382页。

为其经学服务的。《楚辞讲义》中的观点包括以下内容：

其一，《楚词》为"仙真人诗"，为秦博士所为。

廖平在《楚词讲义》开篇中称："《秦本纪》始皇三十六年，'使博士为《仙真人诗》'，即《楚词》也。"①他进一步指出，《楚词》乃多人著录，故词重意复，工拙不一。秦博士借屈子之名作楚辞的原因是"以明《易》咸或之义"②。在《五变记笺述卷下》中廖平进一步指出《楚词》乃七十博士为始皇所作《仙真人诗》。

其二，"屈原否定论"五部曲。

廖平以为："著书讳名，文人恒事，使为屈子一人拟撰，自当整齐故事，扫涤陈言，不至旨意重复，词语参差若此。"③廖平认为《楚词》作为文章之祖，是"后人托之屈子"，因为"汉人恶秦"。廖平对《史记》所载《屈原列传》表示怀疑，说："《屈原列传》多驳，文不可通，后人删补，非原文。"④

《楚词新解》中廖平的观点是《楚词》为《诗》之传，屈原传之。在《楚词讲义》中说楚辞乃后人托屈子之名。在《楚词讲义·第一课》中，廖平特别指出《卜居》《渔父》为秦博士借屈子之名，"文非屈子作"。他认为："凡古人文中，人名皆属寓言，且二义相反，如水火，如冰炭，一人行事，不能如此相反。"⑤这与他之前的观点不同。

廖平有"非屈子一人所作"、"后人托之屈子"、"文非屈子作"、"人名皆属寓言"、"与屈子全无关系"这些论述，他在"五部曲"中走向否定屈原的存在。前三部"非屈子一人所作""后人托之屈子""文非屈子作"中，廖平并没有否定屈原的存在，只不过楚辞不是屈原所做，第四部"人名皆属寓言"中"屈原"成了一个虚构的人物，第五部"与屈子全无关系"完全构建起了廖氏的"屈原否定说"。

其三，《楚词》出于《诗》，为天学。

廖平对《楚词新解》中"《楚词》为孔子天学《诗》之传记"⑥的观点进一步

---

① 舒大刚编：《廖平全集·楚词讲义》第十卷，上海古籍出版社 2015 年版，第 347 页。
② 舒大刚编：《廖平全集·楚词讲义》第十卷，上海古籍出版社 2015 年版，第 349 页。
③ 舒大刚编：《廖平全集·楚词讲义》第十卷，上海古籍出版社 2015 年版，第 347 页。
④ 舒大刚编：《廖平全集·楚词讲义第一课》第十卷，上海古籍出版社 2015 年版，第 348 页。
⑤ 舒大刚编：《廖平全集·楚词讲义第一课》第十卷，上海古籍出版社 2015 年版，第 349 页。
⑥ 舒大刚编：《廖平全集·楚词新解》第十卷，上海古籍出版社 2015 年版，第 384 页。

解释，"辞赋之学出於《诗》学，皆天学神鬼事，与人学之史事一实一虚。故汉以后赋诗有全指天学言者，为《楚词》之嫡派，有人事杂举者，为别派。"①这时廖平没有再提《楚词》为《诗》之传记。

其四，《楚词》合道家宗旨。

廖平认为《楚词》合道家宗旨，这一观点与《楚词新解》中的楚辞为"道家别一派"基本一致。这和廖氏的哲学思想紧密联系在一起，在他的世界观中认为灵魂是存在的，而且可以神通、魂游。他在《哲学思想论》中说："盖世界进步，魂学愈精，碧落黄泉，上下自在；鬼神之事，未至其时，难取微信。"②

综上所述，廖平作为晚清的一位经学家，在楚辞学领域却取得了出人意料的成就。伴随着他经学思想的变化，虽然从《楚词新解》到《楚词讲义》都缺乏实事求是的科学性，但他提出的"屈原否定论"开 20 世纪"屈原否定论"的先河。

2. 胡适和《读〈楚辞〉》

在胡适的诸多著述中虽然关于楚辞研究的只有一篇，却对 20 世纪的楚辞学产生了重要影响。1921 年胡适在一场读书会上发表了关于楚辞的演讲。第二年，演讲稿整理后发表在《努力周刊》增刊《读书杂志》第一期上。之后又寄给学生陆侃如请他"批评"，师生二人共同掀起了 20 世纪 20 年代楚辞研究的一个高潮。

胡适作《读〈楚辞〉》演讲的目的和读书会紧密相关。他希望把《楚辞》作为一部文学作品本身去研究，希望"这部久被埋没，久被'酸化'的古文学名著能渐渐的从乌烟瘴气里钻出来，在文学界里重新占一个不依傍名教的位置"③。这与他在新文化运动中的观点是一致的。在《新思潮的意义》中，胡适提出"整理国故""重新估定一切价值"。新思潮的根本意义是一种新的"评判的态度"，通过整理国故，理清中国的历史文化脉络，重构中华民族的新文化。胡适的这一思想今天看来是进步的，具有批判性。"这种评判的态度，在

---

① 舒大刚编：《廖平全集·楚词讲义第一课》第十卷，上海古籍出版社 2015 年版，第 348 页。
② 舒大刚编：《廖平全集·四益馆杂著·哲学思想论》第十一卷，上海古籍出版社 2015 年版，第 530 页。
③ 胡适：《胡适文存·读〈楚辞〉》第二册，黄山书社 1996 年版，第 65 页。

实际上表现时,有两种趋势。一方面是讨论社会上、政治上、宗教上、文学上种种问题。一方面是介绍西洋的新思想、新学术、新文学、新信仰。"①所以他说:"我们必须推翻屈原的传说,打破一切村学究的旧注,从《楚辞》本身上去寻出他的文学兴味来,然后《楚辞》的文学价值可以有恢复的希望。"②基于以上观点,胡适提出了自己对屈原的认识。

胡适首先在文章中提出"屈原是谁"? 屈原是否存在? 提出了自己怀疑的理由:

其一,《史记》不可靠,《史记》中的《屈原贾生列传》尤其不可靠。

原因是《史记》中的记载汉孝文帝、孝武帝、孝昭帝的史实不符合逻辑。"及孝文崩,孝武皇帝立,举贾生之孙二人至郡守,而贾嘉最好学,世其家,与余通书。至孝昭时,列为九卿。"③这句话里有两个疑点:一是《史记》在武帝时成书,司马迁如何知道"孝昭的谥法",二是孝文帝之后为景帝,为何直接出现了孝武帝。胡适提出这些疑问是基于他对新思潮的理解,那就是"研究问题、输入学理、整理国故、再造文明"。因为"前人读古书,除极少数学者以外,大都是以讹传讹的谬说"④他怀疑《史记》的记载,希望通过整理古史,让大家对历史有一个科学的认识,然后"用科学的方法来做整理"⑤胡适提出的这两个疑点可以做出解释,《史记》在流传过程中存在衍文、脱文等现象。"至孝昭时,列为九卿。"这很可能是衍文现象。"及孝文崩,孝武皇帝立"这中间可能存在脱文现象。

其二,胡适认为屈原传叙事不明,文义不属。

胡适提出了五个疑点。第一,"既'疏',既'不复在位',又'使于齐',又'谏'重大的事"⑥。关于这一点,如果排除脱文,这里也可以说得通,楚王疏远屈原,不让他在原来的位置上,但这不等于屈原没有职位。作为皇室宗亲,他同样有参与外交事务的权利,因为《史记》记载屈原长于外交,娴于辞令,入

---

① 胡适:《胡适文存·新思潮的意义》第一册,黄山书社1996年版,第529页。

② 胡适:《胡适文存·读〈楚辞〉》第二册,黄山书社1996年版,第69页。

③ (汉)司马迁:《史记·屈原贾生列传》,中华书局1999年版,第1948页。

④ 胡适:《胡适文存·新思潮的意义》第一册,黄山书社1996年版,第533页。

⑤ 胡适:《胡适文存·新思潮的意义》第一册,黄山书社1996年版,第533页。

⑥ 胡适:《胡适文存·读〈楚辞〉》第二册,黄山书社1996年版,第65页。

则与王图议国事,出则接遇宾客,应对诸侯。即使王疏远屈原,但这并不妨碍屈原给楚王"谏"的权利,当然楚王是否采纳就是另外的事儿了。第二,胡适的疑点在于司马迁"放流""虽放流""迁之"。《史记》中的这一段论述疑有竹简顺序颠倒的可能。特别是"令尹子兰闻之大怒,卒使上官大夫短屈原于顷襄王,顷襄王怒而迁之"①一句,与文章前后语势不通。胡适的怀疑有一定道理,但不得不说,古书在流传的过程中出现竹简错位是经常的事,不能因此全盘否定《史记》,否定屈原。如果说胡适彻底否定屈原存在的话,也就违背了他"新思潮的意义",因为新思潮的态度是科学的评判。第三,胡适认为"何不杀张仪"一段,以及"怀王悔,追张仪不及"等事《张仪传》中无记载。众所周知《史记》塑造人物的方法之一是互现法,胡适提出《屈原传》和《张仪传》叙述事件的经过并不完全一致,他以此作为怀疑屈原存在的一个依据,他忽略了《史记》一个重要的表现手法——互现法。司马迁在塑造人物时在本纪、世家和列传中都有关于某一人物的描写。各篇虽然独立成章,但以互现的方式来塑造人物形象。由于人物性格复杂,生平事迹较多,不同章节当中的描述并不可能面面俱到,也不可能完全相同,但这实际上并不能作为质疑《史记》真实性的有力证据。上述内容《张仪传》中没有描述,但在《史记·楚世家》中清楚地写到了这一点,屈原使从齐来,"谏王曰.'何不诛张仪?怀王悔,追张仪不及。'"②第四,胡适的疑点在"汉中"和"黔中",《屈原传》和《张仪传》的叙述也不相同。对此,历史上关于秦楚争夺的"汉中"和"黔中"历来众说纷纭。秦楚争夺的"汉中"并非今天的汉中地区,而是今天的湖北西北部和陕西西南部的安康一代。楚国的黔中包括巫郡和汉中部分,所以司马迁在《屈原传》中会出现黔中和汉中两个称呼。第五,胡适认为"前称屈平,而后半忽称屈原"为一大疑点。《屈原传》开篇说:"屈原者,名平。"毋庸置疑,"屈原"与"屈平"都是对于屈原的称呼。

其三,如果有屈原,"必不会生在秦汉以前"。

胡适认为屈原即使有其人,也会不在秦汉以前,因为汉代以前不可能出现

---

① (汉)司马迁:《史记·屈原贾生列传》,中华书局 1999 年版,第 1936 页。
② (汉)司马迁:《史记·楚世家》,中华书局 1999 年版,第 1935 页。

像屈原那样奇怪的忠君爱国思想。对于这一论断,他并没有给出充足的理由,自己也认为"很空泛"。胡适认为:"传说的屈原是根据于一种'儒教化'的《楚辞》解释的。但我们知道这种'儒教化'的古书解是汉人的拿手戏,只有那笨陋的汉朝学究能干这件笨事!"①汉代确实是楚辞"儒化"的一个重要阶段,胡适也没有找到屈原生活在汉代的足够证据。在 20 世纪 40 年代,郭沫若曾经对胡适的观点进行批驳,由于他不曾看到胡适《读〈楚辞〉》的全貌,对"屈原必不会生在秦汉以前"这一论点,并没有论及,这就为以后许笃仁、何天行等人在屈原否定论的研究上留下了空间。

综上所述,胡适并没有完全否定屈原的存在,而是把屈原生活的时代断定在汉代以后。胡适的这些观点在新文化运动中提出来,无疑对中国古代文学的研究起到了巨大的震撼作用,打破了中国封建意识形态对文学研究的束缚,在古代楚辞学向现代化转型的过程中具有划时代的意义。正如汤炳正在《现代楚辞批评史》序中说:"逮至'五四'运动,清算封建文化之风大起。胡适诸人又把辨伪工作推向新的高潮。如果说,廖季平否定屈原之存在,只是晚清以来经今文学派的一个发展,那么,胡适否定屈原的存在,则更带有'五四'疑古思潮的新特征。"②

3. 许笃仁的《楚辞识疑》

1935 年《浙江省图书馆馆刊》四卷四期刊登许笃仁的《楚辞识疑》,称《离骚》是淮南王刘安用来怨刺汉武帝,并指出了《离骚》与《淮南子》的一些相似之处。他指出《离骚》可能是刘安第四次朝汉时所做,时间大概是刘安四十四五岁时。汉武帝在淮南王朝汉即将回去时以《离愁》为题目,以试刘安。刘安秉承父祖刚悍矜夸之性,"又为属下攀龙附凤盼望非常之利者所怂恿"③,这就是贾生所言长太息以为忧的原因。许笃仁把屈原诗中所描写的情感全部移植到刘安身上,并说明贾谊所叹息的是刘安的性格与身世。刘安的处境与祖上今非昔比,"今不但不偿所欲,且以文名震于先朝之龙钟叔父而受试于乳臭之

① 胡适:《胡适文存·读〈楚辞〉》第二册,黄山书社 1996 年版,第 66 页。
② 黄中模:《现代楚辞批评史·序》,湖北教育出版社 1990 年版,第 1—2 页。
③ 许笃仁:《楚辞识疑》,1935 年《浙江省图书馆馆刊》4 卷 4 期,第 3 页。

侄,益之以迁蜀道死之宿恨;遂忿懑填膺,脱口痛骂。"①因此《离骚》作品中,才会骂"何桀纣之昌被""党人偷乐"等,这是刘安在借题抒发心中的烦闷。

许笃仁论述屈原不存在的另一组理由是从作品入手,分析其为刘安所作。

首先,许笃仁从"文质"嬗变的角度进行了论述。

他认为:"质先于於文。《离骚》文,而赋篇质,离骚出世应在赋篇之后。"②他论述的理由并不是很充分,仅仅从史实的角度,进行了描述。许笃仁从横向的角度把屈原和荀卿进行了比较,说明荀卿是战国末期人,他的《成相》篇一般当做是赋的起源。许笃仁认为《离骚》侧重文采,而赋比较质朴。他希望从文学发展演变的角度说明《离骚》出世应在赋篇之后,但论述比较牵强。

其次,许笃仁还从文本的角度说明《离骚》是刘安的作品。

《离骚》中的许多地名都见于《淮南子》,他列出了 14 组《离骚》当中的地名与《淮南子》中的地名相对应的句子。如:

> 夕余至乎悬圃——(离骚)
>
> 悬圃……在昆仑间之中,——(淮南,地形)③

许笃仁认为《离骚》和《淮南子》受到了印度神话的影响。"其中援引神话(受印度影响,——详《天问》篇)以写超越人世之飘忽玄念。"④《离骚》中的饮马咸池,总辔扶桑,与《淮南子》中的"雨师散道""风伯扫尘"是对应的。

许笃仁认为楚辞"篇首帝字",与"'楚称王'之称谓不合"。历史上除了五帝外,周代一直称王,不过这五帝也是可疑的。"楚虽僭号,亦称王,至秦,始改王称帝;汉因之。"⑤《离骚》中篇首称"帝"字是刘安称呼高祖之词。如果是屈原的称呼,应该称"楚王",用"王"字,为何会用"帝"字呢? 许笃仁设想,汉武帝怀疑刘安,这令他非常愤懑,先以宗族之情来劝他,继而以"嘉名""正则""内美""休能"等自夸。因此篇首会出现首句称呼其祖,次句称呼其父,三

---

① 许笃仁:《楚辞识疑》,1935 年《浙江省图书馆馆刊》4 卷 4 期,第 3 页。

② 许笃仁:《楚辞识疑》,1935 年《浙江省图书馆馆刊》4 卷 4 期,第 4 页。

③ 许笃仁:《楚辞识疑》,1935 年《浙江省图书馆馆刊》4 卷 4 期,第 7 页。

④ 许笃仁:《楚辞识疑》,1935 年《浙江省图书馆馆刊》4 卷 4 期,第 6 页。

⑤ 许笃仁:《楚辞识疑》,1935 年《浙江省图书馆馆刊》4 卷 4 期,第 6 页。

句以下至"灵均",自述其出生年月及名字。

　　许笃仁提出是因为刘安的父亲名"长",所以在其作品中所有的"长"字都用"修"字来替之。如:"'修能'即长能,指专长之才能。'灵修'即灵长,人为万灵之长。"①许笃仁从文章的内容上否定了《离骚》为屈原的作品。他认为《离骚》全篇皆写"别离""忧愁"两种意义,王逸以"离愁"解释《离骚》,实则全篇都是"自慰"之词,托之于神话。从作者愁伤叹喟的人物来看,包括作者自身、奸佞、君主和宗族。对于作者个人而言,作品中的"恐美人之迟暮""伤灵修之数化"等都是在伤其老将至;"屈心抑志,忍尤而攘诟"等是"自伤其不偶于世","路幽昧其险隘"等是自伤其将遭遇不测。对于奸佞而言,许笃仁认为是指贾谊和婴苍,诗中"惟党人之偷乐兮""惟此党人之独异"均是映射他们。对于君主而言,诗中提到的"夏康娱以自纵""浞又贪夫厥家"等都是指好大喜功的汉武帝,"并以浞之弑上警戒之"②。对于宗族,刘安以"少康失家"与"五子感怨"隐喻"汉武帝时宗族之所失"。③

　　综上所述,许笃仁在确定了《离骚》作品为刘安所作后,再从文本、内容形式等方面去寻找一一对应的点,立论是在没有充分依据的前提下确定的,所以不具备准确性。他使用的一些论据本身就有问题,以此来证明屈原不存在,得出的结论同样也是错误的。如许笃仁以《离骚》中的地名与《淮南子》中地名的一致与对应来证明作者相同,这就是十分牵强的。《淮南子》作为刘安及其门客集体编写的一部著作,其中保留了一大批奇物异类、鬼神灵怪等上古的神话故事,因此《淮南子》中有神话中的地名也不足为怪,难以说明其与《离骚》之间的联系。许笃仁的屈原否定论为楚辞研究提供了又一思路。可以说他受到了胡适屈原论的启发,但没有完全囿于胡适的观点,而是在此基础上进一步推进,为以后何天行、卫聚贤和朱东润等人的研究打下了基础。

　　4.何天行的《楚辞作于汉代考》

　　1938 年,何天行作《楚辞新考》(后改为《楚辞作于汉代考》,1948 年中华书局出版)。他的著作被外国汉学家称为"最周密、最系统"的"屈原否定论"。

---

① 许笃仁:《楚辞识疑》,1935 年《浙江省图书馆馆刊》4 卷 4 期,第 6 页。
② 许笃仁:《楚辞识疑》,1935 年《浙江省图书馆馆刊》4 卷 4 期,第 7 页。
③ 许笃仁:《楚辞识疑》,1935 年《浙江省图书馆馆刊》4 卷 4 期,第 7—8 页。

大学期间,何天行师从卫聚贤学习考古,他利用 1935 年暑假和 1936 年年初寒假到杭县附近实地考察。何天行掌握了丰富的考古文化知识,有浓厚的考古学兴趣和对新事物特有的敏感。

首先,何天行的楚辞研究建立在对古史怀疑的基础上。

何天行的楚辞研究和考古密切相关。他的考古研究深受古史辨的影响,在怀疑古史的基础上用科学的方法做进一步探究。他把考古研究与楚辞的逻辑推理紧密结合,力求得到科学的结论。

在疑古主义思潮的影响下,何天行在对《史记》怀疑的基础上进行推断,他认为"屈原的传说应当到西汉时方才萌芽"①,西汉之前尚无"屈原"传说。贾谊的作品《惜誓》在句子形式和内容上多与《吊屈原赋》一致或者极为相似。《惜誓》如果确定为不是贾谊的作品,那么《吊屈原赋》也是后人伪造的,司马迁的《史记》中关于屈原列传的叙述就更不可靠。何天行赞成胡适《读楚辞》中的观点,他认为《史记》屈原列传中的记载与《楚世家》不一致,特别是其中对贾谊后人贾嘉的描述部分为伪造者的"一时趁笔之误"②。何天行赞成刘知几的观点,《史记》屈原列传与《战国策》《楚汉春秋》《国语》的描述基本一致,他从《战国策》中摘出了与《史记》屈原列传中相同的部分,以其中与《战国策·秦策》一致的内容作为证据来说明《史记》屈原传是拼凑的。所以他说:"若说屈原传仅被后人所增窜,则'增补'处当不能有如此之多(参看梁玉绳《史记志疑》及周尚木《史记识误》);而全文错误失实的地方,亦不能以'增补'一层所能解释的。"③

其次,何天行考证了屈原传说产生的年代。

他通过考证《史记》《新序》《战国策》等史书,确定了屈原传说产生的具体时代。何天行认为"'屈原'传说,以及西汉时,凡有关于'屈原'传说的楚辞体的作品,大都是在刘向哀集《楚辞》时才发生的。因此发生'屈原'传说的时期,应以刘向《新序》等与《史记》传发现的时代为标准。这样才能确切的认识

---

① 何天行:《楚辞作于汉代考》,山西人民出版社 2014 年版,第 5 页。
② 何天行:《楚辞作于汉代考》,山西人民出版社 2014 年版,第 13 页。
③ 何天行:《楚辞作于汉代考》,山西人民出版社 2014 年版,第 18 页。

'屈原'传说的起源。"①如果说廖平和胡适的"屈原否定论"只是提出了一个方向,那么何天行在他的楚辞研究当中做了更为具体的探讨,确定了屈原传说产生的年代。

最后,何天行确定了屈原传说的制造者。

何天行认为屈原的传说是刘向制造的,而后又经过了刘歆的加工。其理由是刘向的经历和屈原的事迹颇为相似,如屡次"谏忠被谗"。"刘向是汉朝的宗室,犹之传说中的'屈原'是楚国的宗室。成帝时,外戚王氏专政,向以为必危刘氏。屡上书切谏,成帝虽知其忠诚,然迭为妄臣所谗,卒不能用。这大约是刘向一生所最痛恨的。"②除此之外,何天行又将《汉书》中刘向的事迹与屈原传中的进行了一一对比,认为是成帝时刘向根据天禄阁所藏文献改编的。"他全有编改的权,而且当时书籍的传布,又只限於士大夫与贵族之间,刘向既有满腔无处发挥的郁抑牢骚,又适当典校经书的机会;借理想的忠臣'屈原'作为'赞贤以辅志'(王逸《楚辞章句》中语)的寄托,在汉儒是一件极可能的事。"③

何天行的另一个论据是刘向《说苑》中关于屈原的记载要比司马迁《史记》屈原列传产生的时间早,内容详细,因此屈原传中的内容多是引申《说苑》的产物。由此他断定:"屈传的作者,即使不是刘向,当是刘歆无疑。"④刘向之后,刘歆子承父业,独任校书,"无人知秘府之籍,而得借秘书而行其伪"⑤。他认为:"虽则我们不能肯定屈传必为刘歆所伪作,但是刘歆却最有伪托的可能和嫌疑。"⑥

屈原的形象经过层层伪造后,王逸又附以儒家的观点。何天行受胡适《读楚辞》的影响,认为屈原的儒化是统治者的需要。何天行对王逸的注解也产生了怀疑,"王逸本来就是一个腐儒","王逸《章句》的错误,将《楚辞》的面

---

① 何天行:《楚辞作于汉代考》,山西人民出版社 2014 年版,第 18 页。
② 何天行:《楚辞作于汉代考》,山西人民出版社 2014 年版,第 25 页。
③ 何天行:《楚辞作于汉代考》,山西人民出版社 2014 年版,第 26 页。
④ 何天行:《楚辞作于汉代考》,山西人民出版社 2014 年版,第 27 页。
⑤ 康有为:《新学伪经考·汉书刘歆王莽传辨伪第六》,中国人民大学出版社 2010 年版,第 136 页。
⑥ 何天行:《楚辞作于汉代考》,山西人民出版社 2014 年版,第 26 页。

目蒙蔽了二千多年。加以汉儒'忠君爱国'之说,在专制政治的时代,又配合一般儒者的心理,於是离谗忠谏之说遂成为历来解说《楚辞》的原则。"①

何天行的屈原否定论相比于他之前的几位学者论证的比较严密,从史证和内证上都进行了深入的分析。不过我们无法忽视他的研究中也有结论轻率的地方和空白点。比如他在极力否定《史记》、怀疑《史记》的时候却极力抬高《汉书》《说苑》《国语》《战国策》《淮南子》等书的真实性。何天行的屈原否定论受到日本部分学者的重视。稻畑耕一郎在《屈原否定论系谱》一文直接指出了何天行屈原否定论的优点和弊端,相对于之前的学者,他的论证比较完善、周密、系统。虽然他论证了所涉及的古籍与人物之间存在单向关系的缺陷,但他还是为之后卫聚贤、朱东润的屈原否定论开辟了新的思路。

5. 卫聚贤的《〈离骚〉的作者》

卫聚贤的《〈离骚〉的作者》一文显然是受到了何天行的影响,他在绪言中谈到了何天行的观点,并说:"余赞成其说,余以此篇为《楚词研究》的代序。"②他赞同何天行的观点,试图在何天行研究的基础上进一步搜集材料进行论证。

卫聚贤认为:"自贾谊造出屈原的名字来,司马迁误认《离骚》为屈原作,两千年来无异言。"③卫聚贤提出《离骚》的作者是西汉的刘安,在贾谊和司马迁之前根本没有人言及屈原的名字。贾谊之所以编造屈原的名字是和他的经历密切相关。贾谊 18 岁即以才而闻名,22 岁时深得汉文帝赏识,委以公卿之位,"欲改易服色,更定官名,变更法律,使列侯就国"。④ 但是贾谊受到周勃、灌婴等人的中伤,汉文帝也不再信任他,派他去做长沙太傅。《吊屈原赋》中,"是贾谊自名为屈原"⑤。屈原以通"屈冤""冤屈",楚国有"屈"姓而无"冤"姓,故名屈原。贾谊是借古人抒发自己心中的牢骚和郁闷,之后才有司马迁屈

---

① 何天行:《楚辞作于汉代考》,山西人民出版社 2014 年版,第 5 页。
② 卫聚贤:《楚辞文献集成·〈离骚〉的作者》第二十八册,广陵书社 2008 年版,20343 页。
③ 卫聚贤:《楚辞文献集成·〈离骚〉的作者》第二十八册,广陵书社 2008 年版,20343 页。
④ 卫聚贤:《楚辞文献集成·〈离骚〉的作者》第二十八册,广陵书社 2008 年版,20359 页。
⑤ 卫聚贤:《楚辞文献集成·〈离骚〉的作者》第二十八册,广陵书社 2008 年版,20359 页。

原之误。

卫聚贤的观点并没有太强的说服力,他提出"依《史记》屈原传所载,楚怀王入秦,屈原谏之不听,遂使身亡地削,是屈原在政治上已有相当的地位。只少在楚国有存亡之时,何以见《国策》不载,先秦及汉诸子无一提到。"①仅仅因为屈原的名字在先秦和汉初无人提到,便判断此人不存,显然是过于草率和牵强的。

6.朱东润的观点

1951年3月到4月间,朱东润在《光明日报》的"学术"专栏的连续发表三篇否定屈原的文章《楚歌及楚辞——楚辞探故之一》(1951年3月17日第32期),《离骚底作者——楚辞探故之二》(1951年3月31日第33期),《淮南王安及其作品——楚辞探故之三》(1951年4月28日第35期)。

朱东润的屈原否定论不同于前面几位学者,相反,他认为屈原可能是存在的,但是现在所传的屈原与其作品之间却没有关系。首先,朱东润从作品内容入手探求作者身份。他认为《离骚》中出现的传说和历史人物都是中原地区的,与楚国毫无关系,而且也没有提到楚国的先王贵族。其次,从地名和名物记载来看,他推断《离骚》的作者是一位了解中原文化,熟悉南方的情况,但又不甚了解楚文化的人。综合推断他认为《离骚》的作者是淮南王刘安。他的行文中多用"可能""大致""似乎"等词,看似行文谨慎,实际为对屈原否定论的不自信。

从廖平、胡适、许笃仁到何天行、卫聚贤等人对屈原的存在都持比较怀疑的态度。屈原否定论一出即遭到梁启超、郭沫若、陆侃如、岑仲勉等人的批评。这是在五四新文化运动的大背景下产生的,与古史辨派对中国古史的怀疑紧密相连。今天看来屈原存在已经是不争的事实,但是在特殊的时代,学者的"屈原否定论"无疑是石破天惊之语,给学术界带来了强烈的震撼,这也表现出学者们在五四精神的影响下极大的探索勇气。

(二)篇目辨伪论

篇目辨伪是楚辞辨伪中的一个重要组成部分,疑古思潮中的学者对楚辞

---

① 卫聚贤:《楚辞文献集成·〈离骚〉的作者》第二十八册,广陵书社2008年版,20360页。

篇目的认识有很大的差别,这里仅选择部分有代表性的观点进行描述。

1.《离骚》

廖平早期认《离骚》为《诗》之传,为屈原所做。他认为:"《离骚》亦如《繁露》,系辞为屈子所传,惟有屈原明文者乃为其自撰。"①且"《离骚》篇名不可解,盖如古纬,为屈子所传,非其自作。《离骚》为经作,亦如诸纬为弟子所传。"②在后来的《楚词讲义》中廖平认为《离骚》为秦始皇时博士作,他的依据是《秦始皇本纪》中记载过,在始皇三十六年时,有七十余博士各言求仙魂游事。这些所谓的"求仙游魂事",其实就是当时秦博士为了投其所好,向始皇所进献的仙真人诗,也就是《离骚》。"七十馀人各有撰述,题目则同,所以如此重犯。汇集诸博士之作成此一书,如学堂课卷,则不厌雷同。(汉初人恶其出于秦,乃以有屈子名,遂归之屈。其实不然。)"③廖平认为,正是由于《离骚》为多人所做,所以"杂沓不堪",且"篇中文义自相重复,又与他篇意同,不过文字小异。一人之作,不能重复如此"④。

胡适的"屈原否定论"相对比较客观,他对屈原的存在虽然持怀疑的态度,但是并没有完全否定他的存在。在对待《离骚》的作者问题上,胡适采取了比较保守的态度。"我们若不愿完全丢弃屈原的传说,或者可以认《离骚》为屈原作的。"⑤所以他在列出楚辞作品顺序表时这样描述:

稍晚——屈原?《离骚》⑥

与其说胡适怀疑屈原的存在,倒不如说他真正质疑的是屈原所处的时代与其作品思想内涵,即历史上真实的屈原是否是后来众人所描述出来的屈原形象。

20 世纪 40 年代,郭沫若在《屈原研究》中批驳胡适观点的时候,手头没有原书,无法窥到胡适说法的原貌,所以并没有圆满、全部地驳倒胡适的论点。但他认为胡适在学术上的观点过于唯心,乍看十分犀利,其实并未提供实质性

---

① 舒大刚编:《廖平全集·楚辞新解·凡例》第十卷,上海古籍出版社 2015 年版,第 348 页。
② 舒大刚编:《廖平全集·楚辞新解·凡例》第十卷,上海古籍出版社 2015 年版,第 388 页。
③ 舒大刚编:《廖平全集·楚辞讲义·第十课》第十卷,上海古籍出版社 2015 年版,第 372 页。
④ 舒大刚编:《廖平全集·楚辞讲义·第十课》第十卷,上海古籍出版社 2015 年版,第 371 页。
⑤ 胡适:《胡适文存·读〈楚辞〉》第二册,黄山书社 1996 年版,第 68 页。
⑥ 胡适:《胡适文存·读〈楚辞〉》第二册,黄山书社 1996 年版,第 68 页。

的证据,因此"一项也不能成立"。郭沫若自始至终都是对于"屈原否定论"持坚决反对态度的。对于前面廖平所提到的秦博士作《离骚》一说,郭沫若从文学风格方面入手进行考辨,认为像楚辞这样的作品很难在秦代,甚至古代任何北方的文学作品中找到类似的,因此这样的说法绝对不可能成立。在对待《离骚》作品时,郭沫若综合运用考古学、历史学以及社会学方面的知识,考察屈原的生卒年,从历史唯物主义的角度确定了《离骚》是屈原的作品。

许笃仁认为《离骚》的作者是淮南王刘安。司马迁《史记》摒弃刘安著作中的观点,是因为他"兄弟二人不相能容",且有造反之心,"记事不忠实之迹已显然"①。许笃仁认为《汉书》中做了明确的描述,他说"孟坚补入:'招致方士……内篇为离骚传'一段"比《史记》记载完善,"然细寻按其措词,改易之迹亦极著明"。② 他指出《离骚》中有许多语句与地名与《淮南子》中的有重复的地方,以此作为证据进一步说明《离骚》为刘安所作。

他的观点直接影响到了何天行,但目前没有找到二人关于《楚辞》交往的证据。许笃仁与何天行的观点一致,也认为《离骚》为刘安作品。何天行认为《离骚》中所描述的屈原的身世经历与刘安十分一致,且刘向厌恶刘安,借整理典籍的便利条件虚构了一个"屈原"的名字。他提出了十五个理由证明《离骚》是刘安所做的证据。

其中第一个论据是与许笃仁一致的,楚国用殷正,而非夏正。关于这一点游国恩在文章《楚辞用夏正说》中已经说得非常明白,并不能成为证据。

他的第二个论据是关于《离骚》中用"修"字代替"长"字,是避刘安父刘长的讳。他的一个重要证据是高诱的《淮南子叙目》:"安以父讳长故其所著诸长字皆曰修。"但是他又指出《离骚》全篇中没有把所有的"长"改为"修",是考虑到韵脚的问题。古人如果考虑到避讳,其中有一种是"敬讳",是对长辈的尊敬。刘安如果要通过避讳"长"而表达对父亲的尊重,文章中绝对不可能只改一部分字,所以何天行的第二个证据是难以令人信服的。

第三个证据是《离骚》中谈到诸多的香草,何天行认为这与刘安好神仙黄

---

① 许笃仁:《楚辞识疑》,1935 年《浙江省图书馆馆刊》4 卷 4 期,第 2 页。
② 许笃仁:《楚辞识疑》,1935 年《浙江省图书馆馆刊》4 卷 4 期,第 2 页。

白之术有关系,是对神仙的憧憬。人们把《离骚》中的椒兰等"暗示媵臣子兰子椒的,其实都是汉儒的胡说"①。他引用《淮南子》中:"申椒杜茝,美人之所怀服。"何天行以此为证据证明《淮南子》与《离骚》为同一作者,且刘安在寻求长生不老之术。可是细读《离骚》文本根本没有求长生不老之意,与《淮南子》的中心思想不同,更加不能证明二者出自一人之手。

第四个证据还涉及《离骚》中的植物。何天行认为"茝""桂"等植物是在汉武帝时从印度、大秦国等地从水路传入中国,这些植物在战国时的中国不曾有。桂树是在中国广泛种植的一种树木,在长江流域和黄河流域都可以生长,19世纪末传入欧洲,可以露天种植的是在地中海流域。许慎的《说文解字》中释"桂"为:"江南木,百药之长。"②何天行以此为《离骚》为淮南王所做的证据,显然是错误的。

20世纪70年代到80年代,在安徽省阜阳市区发掘的西汉汝阴侯夫妇的墓地中,出土了一批汉代竹简,其中有《离骚》《涉江》的残简。汝阴侯生活的时代比淮南王要早,这成为淮南王并非《离骚》作者的有力证据。由此可见,何天行的证据当中,都有难以立足之处,这足以证明《离骚》不是刘安的作品。

卫聚贤延续了何天行的观点,据何天行的《楚辞作于汉代考》自序中曾经提到:"民国二十六年秋,余执教沪渎,友人卫聚贤先生见此稿,怂恿付梓,余期期未敢言可,坚拟镌之,以俟他日之改定。卫先生固欲代为刊行,盛意可感,乃合资暂印百本,以与诸友好商榷。"③由此可知卫聚贤与何天行相识并且看到过《楚辞作于汉代考》的书稿。他专门做《〈离骚〉的作者——屈原与刘安》,赞同何天行的观点,认为《离骚》是刘安的作品。卫聚贤主要是从《离骚》作品内部寻找证据来证明作品不是作于先秦而是产生在汉代。他从"皇舆在秦始皇后""崦嵫在淮南子后""时用夏正""神仙思想""帝王自居""语句甚长""篇幅太长""广大疆域""临睨旧乡""叹名不立及长于作赋"等方面说明《离骚》一定是出现在汉代。卫聚贤认为《离骚》为淮南王刘安所作,一个证据是《汉书·淮南王传》:"使为《离骚传》,旦受诏,日食时上。"第二个证据是高

① 何天行:《楚辞作于汉代考》,山西人民出版社2014年版,第37页。
② (汉)许慎:《说文解字·说文六上》,中国书店1995年版,影印册无页码。
③ 何天行:《楚辞作于汉代考·自序》,山西人民出版社2014年版,第1页。

诱的《淮南鸿烈解叙》："自旦受诏，日早食时巳上。"第三个证据是《前汉纪》："旦受诏，食时举。"第四个证据是《神仙传》："受诏，食时便成。"①这些都讲述了《离骚》的创作起因，卫聚贤凭此认为《离骚》是刘安所作。

卫聚贤认为是贾谊杜撰了屈原的名字；司马相如以"郢都赋为丽藻"；司马迁误以为《离骚赋》；刘安有一肚子的牢骚，乃借屈原之名发泄，且刘安因为谋反自杀，司马迁又不敢替刘安说话，自己也有不满而无处发泄，于是借屈原之名在《报任安书》中说："屈原放逐，乃赋《离骚》……"卫聚贤的推理显然是肯定了司马迁作屈原传的真实性，否定了屈原列传是后人的伪作，同时也承认司马迁本人故意掩盖了事实的真相。他的观点实际上是由怀疑古史的内容演变到了怀疑古史的作者上。

朱东润在中华人民共和国成立后担任复旦大学中文系教授，是中国文学批评史研究的奠基者之一。他在 1951 年接连发表四篇论文。在文章中，朱东润认为王逸的《楚辞章句》与班固《汉书》中所收录的屈原作品数目不同，而且在汉代以前的典籍之中从未有过关于屈原的记载，围绕在这位诗人身上的一切都非常模糊，由此朱东润也否认《离骚》是屈原所作。他对其中的地名传说、人物等进行分析，提出两个论据：第一，《离骚》中传说中的人物多为中原地区的，没有楚国的先王；第二，《离骚》中记录的地名和植物等都是南方的，作者应该熟悉南方的环境。因此朱东润认为《离骚》的作者应该对中原文化更加熟悉，了解南方事情，但却并没有真正了解楚国当地的文化。经过一系列分析，他终于将目光聚焦在了刘安身上，认为《离骚》可能是刘安的作品，创作的时期是武帝建元二年（公元前 139 年）十月。除此之外，对于传说中屈原的其他作品，朱东润都一一进行了否定。他的设想虽然非常大胆，但缺陷也是十分明显的。他的观点引起了学者们广泛的关注。郭沫若认为，朱东润的研究方法是把自己大胆假设的情况当成了既定的前提，可想而知怀着这种思想倾向有目的地寻找证据，是一种唯心主义的研究方法，很难得出正确的结论。

2.《九歌》

廖平认为《九歌》是古书非屈原的作品。他说："《九歌》文见《尚书》。

---

① 　卫聚贤：《楚辞文献集成·〈离骚〉底作者》第二十八册，广陵书社 2008 年版，20357 页。

'启《九歌》与《九辨》',乃古书,非新作。"①

　　胡适认为"《九歌》与屈原的传说绝无关系,细看内容,这九篇大概是最古之作,是当时湘江民族的宗教舞歌。"②他的观点直接影响到了学生陆侃如和游国恩。受疑古思潮和胡适的影响,陆侃如在《屈原评传》中认为《九歌》不是屈原的作品。陆侃如认为,胡适是在用文学史的眼光断定《九歌》的年代,且《九歌》是公元前六七世纪楚语古诗与屈原之间的过渡作品,《离骚》等篇目是从《九歌》演化而来的。游国恩在《楚辞概论》中也认为《九歌》不是屈原的作品,是民间的祭歌。游国恩指出,胡适的论断没有足够的证据。游国恩对二人的研究进行了评价:"他们这话虽然'持之有故,言之成理',但终乎苦于拿不出证据来,故不能引起人们的同情。……许多人因为王逸一句话,不加考察,便信而不疑;试问王逸以《九歌》为屈原所作,是否有根据?"③游国恩在学术研究上坚持己见,他甚至怀疑王逸认定《九歌》为屈原所作的说法都没有足够的依据,言辞犀利而激烈。无论陆侃如还是游国恩都正处于风华正茂的青年时代,他们受疑古思潮的影响,不光敢于大胆创新,甚至出现了怀疑过甚的倾向。在以后的研究中,游国恩对自己的观点进行了修正。

　　许笃仁认为《九歌》是祀神之歌,非屈原的作品。他认为《九歌》中的云中君、司命和东君都是"汉初宫中之神庙名称",太一是"汉初长安东郊的神庙名称",河伯是"汉初祀河神于临晋之神庙名称",山鬼是"汉初祀山神于秦中之神庙名称",《九歌》是"童男女舞以祀神之歌"。④

　　何天行指出《九歌》是汉代司马相如的作品,他对于陆侃如提出的《九歌》最早不超过公元前489年的观点进行了驳斥。其一,楚人祭祀河伯之说。何天行认为,古人祭祀有严格的规定,如《史记·封禅书》中说:"古者天子祭天地诸侯祭其域内名山大川。"⑤只有接近黄河的几个国家祭祀"河神",因为有

---

① 舒大刚编:《廖平全集·楚辞讲义·第三课》第十卷,上海古籍出版社2015年版,第353页。
② 胡适:《胡适文存·读〈楚辞〉》第二册,黄山书社1996年版,第67页。
③ 游国恩:《游国恩楚辞论著集·楚辞概论序》第三卷,中华书局2008年版,第52页。
④ 许笃仁:《楚辞识疑》,1935年《浙江省图书馆刊》4卷4期,第11—12页。
⑤ 何天行:《楚辞作于汉代考》,山西人民出版社2014年版,第76页。

"河患"，且以秦国为最大。"战国以后才发生河伯娶妇的风俗"①，《九歌》中出现了《河伯》一章，由此断定《九歌》非屈原的作品。其实河伯之名战国时已经有了，如《庄子·秋水》中已经出现了河伯，因此何天行的观点站不住脚。其二，车战说。陆侃如以为车战出现在春秋时，何天行却以为车战从春秋战国到汉代一直存在。何天行的论据有两个，一个论据是出土文物，另一个论据是文献资料。20世纪三四十年代中国的考古工作有了进一步的发展，"民国二十一年，中央研究院考古团在河南濬县发掘古墓，当时发掘的古墓有八九处，在战国时均属于魏地。从这次出土的古物里面，有古车马装饰极多，有车饰等的遗物，可考证出战国时代古战车制度的大概"②。这里他没有具体说明从哪些出土文物可以考证出古战车的特点，以及车战使用的时代。

何天行还引用了日本人西村真次的《世界古代文化史·中国文化》一章中的一幅汉代的战车石刻图，他认为这些发现的实物可以作为战国以后仍有车战的证明。何天行极力想证明战国以后至汉代仍有车战，但是他忽略了一个条件，陆侃如证明的是在春秋时候仍有车战，如果他要推翻陆侃如的论点，就必须找出春秋时候尚无车战的证据，但是他没有做到。

此外，何天行还认为《九歌》中的内容与汉代的庙堂乐歌相同。

> 如《九歌·大司命》："广开兮天门，纷吾乘兮玄云；"汉《乐歌》中有"天门开，詠荡荡。"又《九歌·湘夫人》："灵之来兮如云；"汉郊祀《乐歌》亦有"灵之车，结玄云"等句，从内容上看，必是同一背景的作物。③

然而在这个问题上，何天行只看表面，却没有深入研究二者之间的思想内涵。在汉代大一统的时代背景下，《郊祀歌》主要是在对统治者和封建道德进行歌颂，《九歌》借用了祭祀题材的形式，描写的却是神与人之间的悲欢离合，缠绵婉转的感情，二者思想内涵完全不同，自然不能仅仅通过表象的相似做出"出自同一时代"的判断。何天行试图证明《九歌》出自于司马相如之手，为此他引用了《汉书·礼乐志》中的论据，其中记载在李延年担任协律都尉之

---

① 何天行：《楚辞作于汉代考》，山西人民出版社2014年版，第77页。
② 何天行：《楚辞作于汉代考》，山西人民出版社2014年版，第77页。
③ 何天行：《楚辞作于汉代考》，山西人民出版社2014年版，第77页。

时"多举司马相如等数十人造为诗赋",创作了"十九章之歌"。何天行就此认为《九歌》为司马相如所作无疑,但其实这一说法也存在两个漏洞。第一是《汉书·礼乐志》当中的记载本身就不合事实,李延年担任协律都尉的时间跟司马相如去世之时相差了六年;第二则是当中提到了"十九章之歌",并无证据证明"十九章之歌"就是《九歌》,因此实在牵强。

3.《招魂》

在疑古思潮中,《招魂》也是争议比较大的一部作品。

廖平在《楚词讲义》中认为:"《召魂》即《召南》,召,招也。如'魂兮归来'即'之子于归''于'与'云'篆相近,'于'即'云','云'即古'魂'字。"①他说《招魂》"此为道家神游说,与屈子全无关系"。②廖平把《招魂》归为秦博士的作品,"'招招舟子',即招魂"③。他既否定了屈原说,又否定了宋玉说。

胡适认为,《招魂》是屈原同时代或者稍后的作品。

陆侃如在《屈原评传·余论》中将《招魂》《大招》等16篇作品推定非屈原所作。在1928年发表的《宋玉评传》中他提出《九辩》《招魂》系宋玉所作。在他后来出版的《中国诗史》中仍然延续了此观点,认为《招魂》是宋玉的作品。他说:"楚族巫风本盛,宋玉所作疑即模拟这一类巫觋所唱的歌词;与荀况依'送杵声'来作二百八十句的《成相辞》,是同样的情形。"④他的另一个论据是《招魂》中长于描写,与《离骚》长于抒情的特点不同。

游国恩认为,《招魂》的作者是屈原。他相信《史记》屈原传真实性,说:"试问太史公做《屈原传赞》云:'余读《招魂》,悲其志。'谓悲原之志乎?抑悲玉之志乎?此本不待置辨者。"⑤自黄文焕、林云铭之后,人们认为《招魂》为屈原作品。在《招魂》作品的归属问题上游国恩与陆侃如发生了冲突,游国恩语气强硬:"于是《招魂》一案竟从此平反了,但陆侃如先生却仍然要为王逸辩护。"⑥他指出,陆侃如的论据是"很滑稽""很牵强"的。他还反驳道:"若说那

①　舒大刚编:《廖平全集·楚辞讲义》第十卷,上海古籍出版社 2015 年版,第 347 页。

②　舒大刚编:《廖平全集·楚辞讲义》第十卷,上海古籍出版社 2015 年版,第 351 页。

③　舒大刚编:《廖平全集·楚辞讲义》第十卷,上海古籍出版社 2015 年版,第 353 页。

④　陆侃如、冯沅君:《中国诗史》,百花文艺出版社 1999 年版,第 120 页。

⑤　游国恩:《游国恩楚辞论著集·楚辞概论序》第三卷,中华书局 2008 年版,第 122 页。

⑥　游国恩:《游国恩楚辞论著集·楚辞概论序》第三卷,中华书局 2008 年版,第 123 页。

篇传赞不可信,那么后人一切关于屈原的著述,便一起要根本推翻;我们不如采胡先生的态度,痛痛快快连屈原这个人也否认他,岂不更好吗?"①由于司马迁的《史记》中融入了强烈的个人情感,因而被后代诸多学者质疑其真实性,大多数学者否定屈原作《离骚》均是以此为出发点。很显然,作为"屈原说"的支持者,游国恩对《史记》的可靠性深信不疑。

何天行认为,《招魂》中很显然受到了印度佛教的影响。"佛教自西汉时传入中国,《山海经》与《天问》《招魂》等的神话,一部分便出源于印度。可见《招魂》的时代,必定在汉朝!"②另外,他还提到《招魂》当中的许多物产产于汉代,地名也都是汉代的,这些都可以作为《招魂》是汉代作品的明证。这与他对于屈原其他作品的论证如出一辙。但他所提到的多数物产均可在先秦典籍中找到明证,因此何天行的说法并不严谨。

受到疑古思潮的影响,学者们论争不断,提出的创新观点颇具挑战性。虽然其中部分观点难免有粗略牵强之弊,但如今回望疑古思潮中关于屈原作品的争论,这使得楚辞研究变得更加深化和周密,大大促进了楚辞学的发展。他们对古代文学的篇目辨伪工作做出了巨大的贡献,为20世纪后半期的楚辞学奠定了基础。

四、对于楚辞学疑古思潮的评价

在疑古思潮影响下,近代以来的楚辞学完全不同于古代的楚辞学,它具有明显的现代化特征,跳出了传统训诂学的模式,开始用科学的理念和科学的方法研究楚辞。在疑古思潮的影响下,楚辞学进入一个崭新的研究阶段。

(一)疑古思潮中楚辞学取得的成就

楚辞学的疑古思潮是在古史辨派影响下形成的,楚辞研究不仅是疑古辨伪的组成部分,而且也是它的延伸和深化。疑古思潮把现代意识和科学精神引入楚辞学,从根本上改变传统楚辞学的面貌,赋予了它新的时代特征。

---

① 游国恩:《游国恩楚辞论著集·楚辞概论序》第三卷,中华书局2008年版,第124页。
② 何天行:《楚辞作于汉代考》,山西人民出版社2014年版,第116页。

1. 疑古思潮开拓了楚辞学术史

楚辞研究已经有两千多年的历史,但是学术史的研究比较欠缺,20世纪以后还没有专门的楚辞学史。随着传统楚辞学向现代化转型,五四新文化运动之后,疑古思潮为楚辞学史的研究奠定了基础。在疑古思潮的影响下,学者们重视学术史的研究和学术史料的价值。

游国恩曾经感慨目前没有一部完整的赋学史,他曾经计划要完成这样一部书,但由于种种原因搁置了。他把已经完成的第一部分出版,命名为《楚辞概论》,1926年由新北书局出版。陆侃如为其作序,认为这本书"可算是有《楚辞》以来一部空前的著作。不但可供文学史家的参考,且为了解《楚辞》的捷径了"。① 游国恩"把《楚辞》当作一个有机体,不但研究他本身,还研究他的来源和去路。这种历史的眼光,是前人所没有的"②。这是《楚辞概论》的重要特点之一。从此以后,赋学逐步形成了完整的体系和脉络。第二个特点就是考据的精神,他"旁征博引""搜讨颇勤"。正如方铭所言:

> 《楚辞概论》作为新楚辞学的著作,在于作者把《楚辞》当作一个整体来考察,不但考察《楚辞》本身,也考察《楚辞》的过去和影响,表现出历史的整体的眼光;作为新楚辞学的奠基著作,在于这种历史的整体的眼光是过去的研究者所没有的。也正因此,游国恩先生所建构的楚辞学研究的体系既博大宏伟,又有坚实的科学性。③

这种研究方法便将整个楚辞放置在了宏观的历史背景与文学发展脉络中进行研究,由此开启新楚辞学的奠基工作。

之后陆侃如撰写了《屈原评传》,谢无量写了《屈原与宋玉》,郭沫若撰写了《屈原》等著作。学者们对学术史料价值的判断不再是以个人的态度进行赞成或否定,而是以其独立的学术价值和历史价值为标准。即使是对于一些有争议性的问题,无论是采取批判还是肯定的态度,也同样从较为客观的学术史的角度出发。正如胡适提出所谓的"屈原否定论"一样,事实上他并没有完全否定屈原,只不过是从客观的角度启发人们重新思考屈原这个历史人物,以

---

① 游国恩:《游国恩楚辞论著集·楚辞概论序》第三卷,中华书局2008年版,第2页。
② 游国恩:《游国恩楚辞论著集·楚辞概论序》第三卷,中华书局2008年版,第2页。
③ 方铭:《20世纪新楚辞学史建立的过程考察》,《淮阴师范学院学报》2000年第8期。

及相关的历史事件,使楚辞褪去"经师"给它穿上的各色的衣服,还原楚辞本来的面目。楚辞学脱离开经学和政治方面的束缚,更多地倾向于研究文学的发展及其演变规律。

2.引入了现代意识和科学精神

在疑古思潮中,学者们把现代意识和现代科学精神正式引入楚辞学。现代意识和科学精神是现代楚辞学的学术灵魂,这是楚辞学由古代向现代转型的前提。在疑古思潮中,学者们大力提倡科学精神和理性精神,希望以此摆脱传统观念的束缚。五四前后的楚辞学者或脱胎于清代乾嘉诸老,或受过传统的朴学教育,加上历史文献对屈原的记载本就不全面或多抵牾之辞,学者对屈原产生怀疑也是必然的。

廖平的屈原否定论带有强烈的个人色彩,他的研究缺乏科学考证。他研究的基础是《史记》记载不全和楚辞作品的语义重复。胡适作为疑古派的典型代表,他提倡"大胆地假设,小心地求证"的研究理念,力求让人们对楚辞有个客观的评价,为"屈原否定论"注入科学的理念。他在《读楚辞》里涉及的四个问题:屈原是谁?《楚辞》是什么?《楚辞》的注家、《楚辞》的价值。他并没有对上述问题做充分的论证,只是表明了自己的观点。正如他自己所说的:

我很盼望国中研究《楚辞》的人平心考察我的意见,修正他或反证他,总期使这部久被埋没,久被"酸化"的古文学名著能渐渐的从乌烟瘴气里钻出来,在文学界里重新占一个不依傍名教的位置。①

他的初衷是希望演讲起到抛砖引玉的作用,希望楚辞研究界给屈原和楚辞一个正确的认识。然而胡适的研究往往将假设作为论证的前提,同时又是其论证的结果,因而不免有臆断之嫌。

何天行的《楚辞作于汉代考》是学界公认的论证最系统、最周密的屈原否定论著作。他依据与屈原有关的文献,特别是《屈原列传》,否定了后人的"增补说",认为楚辞全部就是汉人的作品。他从内证和外证的角度说明了《离骚》的作者是刘安。外证为与屈原有关的文献,诸如《汉书·淮南王刘安传》《〈淮南子〉叙》《汉书·孝武帝纪》等;内证为从《离骚》篇中找到的 14 个证

---

① 胡适:《胡适文存·读楚辞》第二册,黄山书社 1996 年版,第 65 页。

据,如夏正与殷正时间上的差异,"修"字为避刘安之父刘长之讳等。何天行还指出了刘向父子篡改的缘由是为发泄心中的不满,虚构忠臣"屈原"。何天行秉持着科学求实的原则进行研究,在内证的过程中也力求做到以文献为依据,但由于受时代条件所限,资料查找难以详尽,因而也产生了许多难以立足的论证。如何天行提到一些应该出现在汉代的名词风物,实际上在先秦典籍中也可以找到痕迹。他为了证明《离骚》为刘安所作,寻找其与《淮南子》中相近的内容部分,实际上这种相似性并不具有很强的说服力。

3. 探索楚辞学的现代研究方法

疑古思潮中的楚辞研究方法除了使用传统的文献法外,还使用了二重证据法,这对中国 20 世纪学术研究产生重要影响,它几乎与"古史辨"派的兴起是同步的。19 世纪末殷墟甲骨卜辞的发现为中国文学、历史、文字学、语言学等学科的研究提供了新的发展契机。1917 年,王国维《殷卜辞中所见先公先王考》一文使古书中许多被疑古派视为子虚乌有的记载重新得到证实。之后,他在《古史新证》中指出疑古的不足之处:"虽古书之未得证明者,不能加以否定,而其已得证明者,不能不加以肯定:可断言也。"①

王国维认为虽然怀疑之态度及批评之精神是可取的,但是疑古不能将古史一概否定。他提出以"地下之新材料"印证"纸上之材料"的"二重证据法"。尽管古书上有一些目前不可以证明的内容,但是不能盲目加以否定,一些已经得到证明的内容是可以下定结论的。他在《学术新视野》中指出:"故今日之时代可谓之'发见时代',自来未有能比者也。"②随着"此二三十年发见之材料"必将出现新的学问,因为"古来新学问起,大都由于新发见"。③ 王国维的"二重证据法"一直成为学者遵循基本原则。在楚辞学的疑古思潮中,学者们采取地上文献资料与地下文物相互补证的方法,力求找到关于屈原传说的历史真相。

陆侃如受到王国维等人研究殷墟"贞卜文辞"的启发④,从 20 年代后期开

---

① 王国维:《王国维文集·古史新证》第四册,中国文史出版社 1997 年版,第 2 页。
② 王国维:《王国维文集·学术新视野》第四册,中国文史出版社 1997 年版,第 33 页。
③ 王国维:《王国维文集·学术新视野》第四册,中国文史出版社 1997 年版,第 33 页。
④ 陆侃如、冯沅君:《中国诗史》,百花文艺出版社 1999 年版,第 4 页。

始撰写的《中国诗史》以及后来撰写《中国文学史十二讲》中都使用甲骨卜辞、金文和文献互证的方法论述相关问题。在《中国诗史》第三编《楚辞》中考察楚国民族的渊源时说：

> 芈姓一支的史料，其最早者当推1928年在安阳所获的一片卜辞：
>
> 戊戌卜又伐芈。（《新获卜辞写本》第三五八号，载《安阳发掘报告》第一期）
>
> 周初铜器中也有两处讲及楚：
>
> 隹王［各？］伐楚伯，在炎。（《天令毁》）
>
> 王伐楚侯，周公某禽祝。（《禽彝》）
>
> 由此可知楚与商、周时有战事。……①

这里使用的证据涉及到了历史文献、甲骨卜辞以及铜器等。

在疑古思潮中，一些学者本身就是以考古见长，如何天行、卫聚贤长期从事考古工作。1936年何天行发现良渚遗址，他撰写的《良渚镇的石器与黑陶：良渚文化的早期著录》手稿指出："我的见到良渚发现的石器与黑陶，是在1935年在古荡看见有出土的石铲与陶器之后……到1936年12月下旬《东南日报》上载有杭县第二区（良渚镇）发现的黑陶文化遗址时，其时良渚的石器与黑陶的发现已经历了一个相当的时期。"②何天行作为考古从业者和中国文化研究者，以实证和疑古的精神研究中国文化，特别是在楚辞研究中他直接把考古成果和《九歌》中的车战联系起来考察作品的创作时间。

4. 开创楚辞学自由平等的交锋

在疑古思潮中，楚辞学者各抒己见、畅所欲言，没有门第、师生之见，正是在这样一种自由平等的学术氛围中推动了楚辞学的发展。

楚辞学疑古思潮中的重要人物胡适在发表《读楚辞》后，把它寄给了自己的学生陆侃如，请他提出"批评"。此时，陆侃如正在读大学一年级。这样的举动说明胡适并不因为自己身为老师就高高在上，也说明陆侃如作为学生，其学术观点受到老师的尊重。陆侃如说："'批评'二字我可不敢当，但我对于他

---

① 陆侃如、冯沅君：《中国诗史·楚辞》，百花文艺出版社1999年版，第76页。
② 周膺、吴晶：《良渚文化发现者何天行的学术成就和学术品格》，《浙江社会科学》2018年第7期。

这篇文字也很有些意见,正好借此机会写出来同胡先生及其他研究楚辞的学者讨论讨论。"①这就是陆侃如的第一篇楚辞研究论文《读〈读楚辞〉》,他直言不讳指出了与老师观点不同的地方,如胡适认为"《天问》文理不通,见解卑陋,全无文学价值,我们可断定此篇为后人杂凑起来的"②。陆侃如认为虽然《天问》里有很多疑问,但决不是后代腐儒所能伪造的,《天问》的意义将来或有明了之日。

针对疑古思潮中的屈原否定论,谢无量、朱维之、鲁迅、闻一多、郭沫若等一些专家学者进行了批驳。谢无量在《楚词新论》中指出《史记》屈原传中记载屈原为楚同姓、屈平被谗见疏、屈原使于齐国等史实是"可信的"。关于孝昭、孝文之后接武帝一段,显然是后人所加,错误是在《史记》流传过程中产生。1925 年朱维之在《青年进步》第 82 期中发表《楚辞的研究》一文,也针对胡适的观点提出了疑问:

> 屈原的身世,从来没有人发生过疑问。近年有人说,天下没有屈原这么一个人,因为司马迁的《史记·屈原列传》文义不连属,传中的事实前后矛盾,所以不能说古时有个屈原等话。这种疑问似乎很厉害,其实不是。司马迁断不能造这种奇妙的谣言。这篇传记也不是后人假造的。因他不但于这传中说起屈原,在《报任少卿书》里提及,在《自序》里也提及,《楚世家》里提及,《张仪传》里又提及。而且除了司马迁的记传外,还有《新序·节士》篇里也有他的事迹。况且在司马迁之前已有贾谊的《吊屈原赋》和庄忌的《哀时命》,难道他们都是伪造不成?③

他认为"象胡适之先生等人,用考证的功夫太多了",相信"识者定不为他们所欺"。

闻一多在《廖季平论离骚》中指出:"自来谈《离骚》谈得最离奇的,莫过于廖季平。"④他说廖氏的"说法确乎是新奇得出人意表"⑤。他一针见血地

---

① 褚斌杰主编:《屈原研究》,湖北教育出版社 2003 年版,第 39 页。
② 胡适:《胡适文存·读楚辞》第二册,黄山书社 1996 年版,第 67 页。
③ 朱维之:《楚辞的研究》,《青年进步》1925 年第 82 期。
④ 闻一多:《闻一多全集·楚辞编》第五集,湖北人民出版社 1994 年版,第 249 页。
⑤ 闻一多:《闻一多全集·楚辞编》第五集,湖北人民出版社 1994 年版,第 250 页。

指出：

> 我们读《离骚》，除了一个朕字外，未发现作者的口气与身份有丝毫像帝王的地方。"古者尊卑共称朕"，若谓《离骚》称朕，作者便是帝王，想一代经师不至如此之陋。何况秦祖帝喾高辛氏，怎见得这"高阳苗裔"便是始皇呢？廖氏三点意见中，这一点最不足辩。①

郭沫若是对"屈原否定论"的批判最为系统、彻底的一位学者。他在《屈原研究》等著作中肯定了屈原的存在，驳斥了廖平和胡适的观点。在对胡适提出的关于《屈原传》的疑问，郭沫若说："骤看都觉得很犀利，但仔细检查起来，却一项也不能成立。"首先他指出关于孝诏、孝武皇帝一段早就有人说过是"后人所增"②，"而那增窜过的文字也还有传讹"③。"'孝文崩'，应该是'孝景崩'的错误。"④关于"既疏"、不复在位、使于齐、谏等重大事件等，郭沫若说："我们如想到现在的一些要人下野出洋且发抒伟论的近事，便可以不费笔墨地得到了解。"⑤关于"放流"，郭沫若认为是后人理解错了，"放流"应为"流谪"解，是后来的人讲错了的。"放流"就等于"放浪"，"并不是说屈原在楚怀王时便遭过流刑"⑥。关于"秦虎狼之国不可信"，"本来是很平常的话，昭睢可以说，屈原也可以说，就如现在的'打倒日本帝国主义'的口号三尺童子都可以喊叫的一样，那是毫不足怪的。"⑦对于廖平提出的楚辞乃是秦时所作之观点，郭沫若在《屈原》一书当中进行了批驳。廖平以"帝高阳之苗裔兮"对屈原进行否定，郭沫若同样也以"名余曰正则兮"反过来驳斥廖平的观点。除此之外，他又从《离骚》的行文风格与秦代的文学作品的区别入手，论述了二者之间的不同，逻辑十分严密。

在疑古思潮中，无论是肯定屈原还是否定屈原都作为学术讨论曾经存在，历史的真相会在争鸣中浮现。学者们自由探讨，平等交流，踊跃发表意见，在

---

① 闻一多：《闻一多全集·楚辞编》第五集，湖北人民出版社1994年版，第250页。
② 郭沫若：《郭沫若全集·历史编·屈原研究》第四卷，人民出版社1982年版，第12页。
③ 郭沫若：《郭沫若全集·历史编·屈原研究》第四卷，人民出版社1982年版，第12页。
④ 郭沫若：《郭沫若全集·历史编·屈原研究》第四卷，人民出版社1982年版，第12页。
⑤ 郭沫若：《郭沫若全集·历史编·屈原研究》第四卷，人民出版社1982年版，第12页。
⑥ 郭沫若：《郭沫若全集·历史编·屈原研究》第四卷，人民出版社1982年版，第12页。
⑦ 郭沫若：《郭沫若全集·历史编·屈原研究》第四卷，人民出版社1982年版，第12页。

正面学术交锋中推动了楚辞学的发展。直到今天,我们有时还会听到屈原否定论。2017 年有人在端午节撰写了一篇文章《楚辞? 爱国诗人? 说说屈原这笔糊涂账》,引起了争议,再次把"屈原否定论"旧账翻了出来。2017 年 9 月 25 日周建忠在《光明日报》发表文章《楚辞学是门真学问》批驳屈原否定论。文章结尾耐人寻味:"虽然网络时代流行解构历史文化名人以娱乐大众,但是在学术研究中还应该遵循实事求是的原则,有一分材料说一分话。楚辞研究领域虽然还有很多尚未完全解决的谜团,但是这也是一代又一代学者去探索的原因所在。"①

(二)疑古思潮中楚辞学的不足与问题

1. 对历史文献认识片面

持屈原否定论的学者之所以得出这样的观点,是因为对历史文献的认识存在片面性。他们的疑点主要有两个,一个是屈原事迹于先秦文献没有记载,出现屈原的文献为汉代,有贾谊《吊屈原赋》、司马迁《史记·屈原贾生列传》、刘向《新序·节士》等;二是记载屈原事迹的主要是《史记》屈原传,且存在衍文和自相矛盾之处。今天我们看到的先秦文献是现存的部分先秦文献,还有一些文献也属于先秦文献我们今天看不到了,它们可能毁于战火,也可能会由于材质损毁消失在历史的尘埃中。因此,《史记》屈原传中文义不属的情况不能完全归咎于司马迁个人的原因。《史记》在流传的过程当中,可能会有其他人的作品窜入,也可能会有人删改。

有的学者在没有对典籍掌握全面的基础之上,就针对某一点事实妄下论断。如何天行的《楚辞作于汉代考》中认为,战国时楚国没有"桂"和"菌桂"。汉武帝时"大秦国王的遣使从水道来到中国,也是羡慕丝帛而来。当时域外物品之流入中土者极多,而桂及菌桂等,亦于此时传入"②。但是何天行在论述时,并没有拿出足够的证据来证明桂和菌桂是此时传入的。

2. 对传统楚辞学认识不足

在疑古思潮中,学者对传统楚辞学的批判是五四精神在学术领域里的反

---

① 周建忠:《楚辞学是门真学问》,《光明日报》2017 年 9 月 25 日。
② 何天行:《楚辞作于汉代考》,山西人民出版社 2014 年版,第 39 页。

映,具有反封建的意义。有些学者在对待学术问题上缺乏冷静的态度,有些偏激,对古代楚辞学的文化遗产持全面否定的虚无主义态度。

从胡适的角度来看,传统的楚辞学是汉代经学观念主宰了楚辞学之后出现的,没有什么价值可言。"屈原还不过是一个文学的箭垛。后来汉朝的老学究把那时代的'君臣大义'读到《楚辞》里去,就把屈原用作忠臣的代表,从此屈原就又成了一个伦理的箭垛了。"①作为新文化运动的领军人物,胡适倡导科学与民主,为了传达这种思想将传统楚辞学全部看成了经学家的代言,加以评判,有失公允。由此看来胡适并没有从楚辞本身的文学性出发。

胡适对楚辞学术史的认识也存在错误,他把楚辞的注家分为汉宋两派,忽略了明清的楚辞注家。他对楚辞学术史的认识是建立在《诗经》基础上的,他说汉儒已经"把一部《诗经》都罩上乌烟瘴气了",进而又把一部《楚辞》酸化了。

> 自王逸直到洪兴祖,都承认那"屈原的传说",处处把美人香草都解作忠君忧国的话,正如汉人把《诗三百篇》都解作腐儒的美刺一样。②

从这些观点来看,胡适基本否定了汉代楚辞学的成就。对于宋派楚辞学,胡适认为朱熹虽然能够推翻方头巾气的注解,但是始终没能抛开屈原的传说。不过他也肯定了朱熹的进步之处,朱熹关于《九歌》的注释打破了旧说。他希望研究者能够"比朱子更进一步,打破一切迷信的传说,创造一种新的《楚辞》解"③。由此可见,胡适对于传统楚辞学的评判明显是带有一定目的性的,他希望能够通过驳斥其中不符合新文化进程的内容达到传播新思想、新文化的目的,这也就把学术研究工具化了。

3. 对楚辞的价值认识不足

中国文学史上《楚辞》与《诗经》并列,成为中国浪漫主义和现实主义的源头。《楚辞》对中华民族的文化进程产生了巨大影响,是一部重要的文化元典。其中包含文学、历史、天文、生物、宗教等多方面的价值,疑古思潮中学者们的研究重点集中在了屈原历史方面,究其原因,楚辞疑古思潮和古史辨派的

---

① 　胡适:《胡适文存·读楚辞》第二册,黄山书社 1996 年版,第 66 页。
② 　胡适:《胡适文存·读楚辞》第二册,黄山书社 1996 年版,第 68 页。
③ 　胡适:《胡适文存·读楚辞》第二册,黄山书社 1996 年版,第 68 页。

疑古辨伪思想紧密联系在一起,以研究古史的视角和方法来研究楚辞,走入了"历史"层面的误区,忽略了楚辞其他方面的重要价值。

第三节　文化地理思潮与楚辞学

文化地理学与楚辞的研究虽然不是从 20 世纪五四新文化运动时才开始的,但是这时以文化地理学思潮为切入点形成了新楚辞学的一个独特视角。学者们在传统文化地理学的基础上作了进一步的探究,开拓了新世纪楚辞研究的领域。

一、文化地理学与楚辞学

(一)文化地理学

文化地理学是人文地理学科的一个分支,着重从地理学的角度研究文化。它研究"精神与文化、人的实践活动与地域,以及各种文化与地理空间之间的相互联系"。① 由于文化多样性和差异性,人们把地理空间的研究与地理环境有关的人文活动联系起来,研究文化的地理空间分布以及地理环境对其产生的影响。

中国文化地理的思想起源很早,文化地理学的研究可见于古代著作中,如《山海经》《汉书·地理志》《水经注》《洛阳伽蓝记》《大唐西域记》《东京梦华录》《帝京景物略》《元和郡县图志》《方舆胜览》等著作都涉及了文化与地理空间之间的相互联系。虽然各类典籍中有大量文化地理资料的记载,但是在中国古代并没有形成系统的研究理论,文化地理学并未成为独立的学科。

德国地理学家卡尔·里特尔被称为近代文化地理学之父,他从 1822 年开始研究人类文化与环境之间的关系。他认为,人是整个地理研究的核心和顶点,地理学和历史学应当结合研究,他阐述了人类活动和地理环境的关系等,奠定了人文地理学的基础。但是他的研究存在一个致命的弱点,基于唯心角度,他认为上帝是地球的主宰。

---

① ［英］迈克·克朗:《文化地理学》,南京大学出版社 2003 年版,第 4 页。

后来德国人文地理学家、人类学家拉采尔提出了"人类地理学"一词，对人文地理学做了系统论述。他提出"国家有机体说"和"生存空间说"，主要研究人类迁移、文化借鉴和人地关系。

19 世纪末 20 世纪初，维达尔·白兰士作为法国的近代地理学的创始人之一，提出了"可能论"的理论，这与当时流行的"环境决定论"完全不同。他认为自然环境为人类提供了可能性的活动范围，人类能够按照自己的需要和愿望凭借自身的能力来利用这种可能性，他的观点摆脱了地理环境决定论的束缚。

（二）楚辞文化地理学

楚辞文化地理学是在 20 世纪以后文化地理学思潮影响下逐步形成楚辞学的一个分支。

楚辞文化地理学是把楚辞作为文化现象来研究，力图从文化和地理的角度对相关内容进行解读。楚辞文化地理学研究大体有两种方式：一种重在科学考察，强调实证分析；一种重在文化综合研究，强调理性思辨。楚辞文化地理学的研究是利用文化学和地理学的研究成果对楚辞做出文化学的解释，描述楚辞艺术的文化本质，并与其他文化形态或形式进行比较，以显示楚辞的特殊的文化本质和特征。

19 世纪末 20 世纪初，随着东西方文化的交流的增多，中国文化开始了大规模的转型。在转型过程中，由于中国文化深厚的底蕴和强大的包容性，不仅没有因此而产生断裂，反倒与西方文化思潮完美结合在了一起，并注入了新的生机与活力，形成了新型的中国文化。新型的楚辞文化地理学是中国古代楚辞文化地理学在新条件下的延续和发展，它的研究内容和研究方法都发生了重大的变化。正如王国维所言："中西二学，盛则俱盛，衰则俱衰，风气既开，互相推助。且居今日之世，讲今日之学，未有西学不兴，而中学能兴者；亦未有中学不兴，而西学能兴者。"①五四新文化运动前后，中国文化与世界文化间交往频繁，"风气既开"，中外学术"互相推助"，中西文化交往越深广，越加速了中国学术的转型，特别是传统学术在中西文化交融和本土文化两极互动中构

---

① 王国维：《王国维文集·国学丛刊序》第四册，中国文史出版社 1997 年版，第 367 页。

成了新时代的文化动脉。一方面,中西文化交流促进文化上的互动;另一方面,中西文化交流使中国民族文化的自觉性日益高涨。楚辞学中的文化倾向与地理学研究有了新的思维方式,开辟了楚辞学的新领域。因此楚辞学在向现代学术转型的过程中与西方的文化地理学结合产生了新的楚辞文化地理学。

楚辞学的发展历程可以分成传统楚辞文化地理学和新楚辞文化地理学两个分期。传统楚辞文化地理学重在注释地名和考察屈原的行迹。新楚辞文化地理学除了要考察屈原的行迹外,还注重楚地文化的综合研究,利用文化学和地理学的研究成果对楚辞做出文化地理学的解释,描述楚辞艺术的文化本质,并探讨楚辞与其他文化形态的关系。

二、传统楚辞文化地理学

传统楚辞地理学的研究和中国古代学术研究的内容和方法紧密联系在一起。中国古代楚辞研究重考据、重名物训诂,这些对于楚辞地理学的研究也产生了一定影响。综合来看,传统的楚辞地理学的研究内容表现在地名注释、物产考证、屈原行迹三方面。

自楚辞产生至班固之前,贾谊、桓宽、刘安、司马迁、刘向、扬雄评论过楚辞。由于一些文献已经散佚,我们今天无法看到全部内容,但可以从其他人的文献中窥视一二。他们的评论内容集中在屈原性格、屈原精神、楚辞的文学手法等方面,对于楚辞文化地理的研究直到班固才出现,不过早期的研究内容和研究方法不是很系统,不强调研究内容的逻辑关系,体现了中国古代文学研究重体悟、重直觉的特点。班固在《汉书·郊祀志》《汉书·地理志》中涉及了楚辞的风俗和物产等内容,开启了楚辞文化地理学的研究。

(一)地名注释

关于楚辞地名的注释,目前看到的最早文献当属王逸的《楚辞章句》。王逸大致的生活在东汉年间,南郡宜城人,也就是今天的湖北宜城一带。"顷襄王二十一年,秦以楚的郢都为南郡,两汉因之。宜城本春秋罗国地,楚迁罗于江南(今湖南汨罗),以其地有鄢水,名之曰鄢。"《史记·楚世家集解》引杜预谓:"'鄢'为'襄阳宜城县',宜城与秭归,汉时同属南郡。刘昭注引《荆州记》

云：'县北一百里有屈平故宅。'是王逸与屈原近邻；《水经注》卷二八又云'城南有宋玉宅'，是王逸又与宋玉同里。"①王逸曾经生活在宜城，对楚事、楚物、楚声、楚语等应该是比较了解的，所以他《楚辞章句》的地名注释是具有一定的可信性。王逸注释地名的时候一般采用直接说明的方法。如"朝搴阰之木兰兮"一句中注曰："阰，山名。"②洪兴祖在注释时做了进一步的解释："阰，频脂切，山在楚南。"③他对地名做了注音，并说明了山的大致位置。朱熹在《楚辞集注》基本延续王逸和洪兴祖的注释方法，曰："阰，山名。"

对于楚辞中的有些地名，历来注家众说纷纭，没有定论。如"昆仑"这一地理名词，历代注家都有涉及，但是每个人的说法都不相同，这为后人的研究留下了很大的空间。王逸曰："《河图括地象》言：昆仑在西北，其高万一千里，上有琼玉之树也。"④他说明了昆仑山的方位和大概的高度以及山上的物产。洪兴祖的注释则相对详细，他除了引用《河图括地象》外，还引用了《禹本纪》《河图》《水经》《尔雅》《山海经》《淮南子》《十洲记》和《神异经》之说。他罗列众说而未下结论，说："凡此诸说，诞实未闻也。"⑤洪兴祖所列材料没有归类，有的自相矛盾、有的荒诞不经。明代汪瑗《楚辞集解》说："昆仑，山名，见《尔雅》，在西北。"⑥蒋骥《山带阁注楚辞》："昆仑墟在西北，去嵩高五万里。"⑦通过以上描述可以看出，关于楚辞地名的注释历来注家都有涉及，注者基本上都是对单个地名进行解释，并不关注地名之间的相互关系，这也为后人的研究留下了空白点，诸如各注家产生地名认识分歧的原因，以及当注释产生矛盾时进而引出的学术论争与辨伪。正如日本学者赤土冢忠所言："历来楚辞注家们的注释繁多而岐乱。""中国学者的古典研究，多采取后人增益先人解说的形式。增益产生了讹传，偏离了本意。但增益中包涵了各个时代的知识和思想，成为中国人古典知识的集大成，且有时也能保存古说，或提供导向

---

① 易重廉：《中国楚辞学史》，湖南出版社1991年版，第62页。

② （宋）洪兴祖：《楚辞补注》，中华书局2013年版，第6页。

③ （宋）洪兴祖：《楚辞补注》，中华书局2013年版，第6页。

④ （宋）洪兴祖：《楚辞补注》，中华书局1983年版，第43页。

⑤ （宋）洪兴祖：《楚辞补注》，中华书局1983年版，第43页。

⑥ （明）汪瑗：《楚辞集解》，北京古籍出版社1994年版，第101页。

⑦ （清）蒋骥：《山带阁注楚辞》，上海古籍出版社1984年版，第48页。

古说的线索。"①之所以历史上会产生这样的现象,与中国古代学术的研究方法和特点脱离不开关系。中国古代学者在进行学术研究的过程中注重自身感悟,逻辑性相对不足,因而历代学者因为背景、经历和性格的差异,对文中地名也有着不同的理解,便出现了这样的情况。

(二)物产考证

屈原作为一名诗人虽然不以研究植物为目的,但在他的作品中出现了种类繁多的植物,这应当不是偶然的现象。经学家概括为使用比、兴艺术手法,如王逸云:"《离骚经》云:'《离骚》之文,依《诗》取兴,引类譬谕,故善鸟香草,以配忠贞;恶禽臭物,以比谗佞……'"②他认为香草比喻忠贞贤良,恶草托拟奸佞小人。朱熹的《楚辞集注》进一步阐述为:"比,则香草恶物之类也;兴,则托物兴词,初不取义,如《九歌》沅芷澧兰以兴思公子而未敢言之属也。然《诗》之兴多而比、赋少,《骚》则兴少而比、赋多,要必辨此,而后词义可寻,读者不可以不察也。"③他认为屈原作品中的草木有寓情托意的作用。按照经学家对赋比兴的理解,不同的植物都代表着不同的含义,也反映了创作者不同的心境,因而自有楚辞以来诸多学者对楚辞中的植物进行注解。

王逸之后,晋代郭璞的《楚辞注》涉及草木的内容,可惜今天书已经亡佚,只能看到隋释道骞《楚辞音》残卷部分引用的内容。梁刘杳有《楚辞草木疏》,可惜也已亡佚。宋代吴仁杰作《离骚草木疏》四卷,书中列举了 55 种草木,除了记述植物的生长地点、习性之外,多所寄托,"凡芳草嘉木,一经品题者,谓皆可敬也"④。宋代林至撰《楚辞草木疏》一卷,晁公武的《郡斋读书志》有赵希弁《附志拾遗》。宋代在楚辞的草木研究上用力较深,弥补了前人研究之不足。

元代谢翱的《楚辞芳草谱》一卷,书中把植物分成 23 品,每品为一条,以当时通用之名订正,引用旧说较少。谢翱关注到了不同芳草的地位差别,如他认为:"萧与艾,本皆香草,《离骚》则薄之曰:'户服艾以盈要兮。谓幽兰其不

---

① [日本]石川三佐男、陈钰:《日本学者所见之〈楚辞章句疏证〉》,《职大学报》2010 年第 1 期。
② (宋)洪兴祖:《楚辞补注》,中华书局 2013 年版,第 2 页。
③ (宋)朱熹:《楚辞集注》,上海出版集团 2013 年版,第 2 页。
④ (宋)吴仁杰:《离骚草木疏·跋》,中华书局 1987 年版,影印无页码(第 98 张)。

可佩.'然要之庶人所服,比之兰蕙,则有间矣。"①他认为"艾"和"萧"的地位要比"兰""蕙"低,"艾""萧"为庶人佩戴,"兰""蕙"为君子佩戴,实际上这是不符合屈原本意的。王逸曾注释此句,将"艾"解释为"白蒿",楚人佩戴白蒿是喜欢它的气息,反倒觉得幽兰的味道"臭恶不可佩"。

明代屠本畯撰《离骚草木疏补》②四卷。其名为"疏补",多补吴仁杰疏中所删汰部分,增加麻、柤、黍、薇、藻、稻、粢、麦、粱等9种,嘉木类增入枫、梧二种。他驳斥了王逸《章句》、郭璞《尔雅》之误。《四库全书总目》云:"自谓明简过之,而实则反失之疏略。"③明末周拱辰《离骚草木史》④十卷,书中逐章逐段注释《离骚》,先引朱熹的《楚辞集注》,其后以"周拱辰曰"作补注,其名物考证颇见功力。祝德麟的《离骚草木疏辨证》⑤在吴仁杰《离骚草木疏》⑥的基础上做进一步考证,逐条加按语,内容涉及辨证音注或校订吴氏征引《楚辞》原文、辨证《离骚草木疏》引文异同等,改正了450余字。

综上所述,中国古代楚辞学中对于草木的注疏虽然不少,但是都相对较为单一零散,缺乏正面、系统论述楚辞中出现草木的缘由和更深层次的文化探究。其主要内容局限在比兴大义范围之内,多从微观角度研究植物的种类,但未能从宏观、多维度进行把握。在楚辞这样一部作品中出现众多草木,这种文化现象有进一步深入研究的价值。

(三)屈原行迹

传统的楚辞地理学研究重心一直在地名的考释上,并没有关注地名之间的联系,直到清代发生了变化。学者在考释地名时,发现楚辞中的地名之间存在相互联系,于是学者们开辟了楚辞学的新领域——屈原行迹研究,这为20世纪楚辞学的转型奠定了基础。

---

① (元)谢翱:《楚辞芳草谱》,《香艳丛书》第五集,第41页。
② (宋)吴仁杰撰,(明)屠本畯补:《楚辞文献丛刊》第三十册,国家图馆出版社2014年版,影印本。
③ (清)永瑢等:《四库全书总目》卷一四八,中华书局2003年版,第1269页。
④ 据《续修四库全书》,上海古籍出版社1995年版。
⑤ (宋)吴仁杰撰,(清)祝德麟辨证:《楚辞文献丛刊》第三十册,国家图馆出版社2014年版,影印本。
⑥ 据北京图书馆藏南宋刻本影印,中华书局1987年版。

蒋骥首先对屈原行迹进行了探索。他在《山带阁注楚辞》中详细地考订了楚辞地理,对楚辞中涉及的战国时的地理问题进行了系统而深入的研究。蒋骥于卷首设《考正地图》(原书为"正字")绘有《楚辞地理总图》《抽思思美人路图》《哀郢路图》《涉江路图》和《渔父怀沙路图》五幅地图,并做图注和简要说明。"余所考订楚辞地理,与屈子两朝迁谪行踪,既散著於诸篇,尤恐览者之未察其详也,次为图如左。"①蒋骥把散见于各章的地理考证结论以地图的形式形象地呈现出来,其中多有发明。如《楚辞地理总图》中:"图中止(原书为止)取与本书相发明者。以为方域非按楚之封境也。古今地名不同,援今证古。故以为○△·标之,府从○△,县从·,其于古同名者亦然。"②他的研究内容开辟了楚辞学的新研究领域,为楚辞文化地理学的研究提供了新的思路。

胡文英《屈骚指掌》③是继蒋骥《山带阁注楚辞》又一部重要的涉及楚辞文化地理学著作。清代的楚辞研究深受朴学的影响,表现在治学上是思维缜密、求真务实,较少有政治寄托与身世之感。胡文英的《屈骚指掌》也带有浓厚的朴学色彩,体现在《屈骚指掌》的创作过程当中,他纠正了前人穿凿附会、妄加评论臆测的弊病。胡文英的注释风格言简意赅,点评较少,且没有太多赘余修饰。《屈骚指掌》重点放在实际背景情况的介绍上,而较少对具体情境做出解释,这就避免了主观想象的成分。清王鸣盛评价《屈骚指掌》:"余读其书于地理名物考索最精,不为空言疏释,而骚人之旨趣自出,其有刊落旧说,别竖新义者,盖必稽之往籍,按之目验,而后著之。未尝苟驳前师。谰辞胫说以相诋评,从来屈注当以此为第一家。"④有此盛赞,可见胡文英考据之功力,这一特点在他的楚辞地理名物考证上表现得尤为突出。胡文英一直采用实地考证的治学方法,即今天所说的田野调查法。他在《凡例》中说:"余两涉楚南,三留下楚北,询之耆宿,按之众图,绎之屈子之书,仿佛之所涉。得什一于千万,

---

① (清)蒋骥:《山带阁注楚辞》,上海古籍出版社1984年版,楚辞地图小序。
② (清)蒋骥:《山带阁注楚辞》,上海古籍出版社1984年版,没有标明页码。
③ 据北京古籍出版社1979年版。
④ (清)胡文英:《屈骚指掌·王序》,北京古籍出版社1979年版,第1页。

以俟博物好游君子,考而证之。其涉境之然否,当益著也。"①由此可以看出,胡文英为了研究屈原行迹,曾经两次到楚南、三次到楚北考察。经过周密的考证,胡文英在《渔父》篇末附《沧浪水考》,并于注释中对自己亲眼所见的长湖形状进行了详尽的描述,他又在《招魂》篇末附《云梦泽考》,根据文献记载与亲身体验,注明云梦泽由汉江而分,汉江以北为云,为清代的竟陵(天门县)一带;汉江以南为梦,是当时的沔阳、潜江一带。这样的研究方法是胡文英对楚辞文化地理研究的一大贡献。

三、新楚辞文化地理学

19 世纪末 20 世纪初,西方的文化地理学传入中国,一批受过传统文化教育的知识分子开始广泛接触西方文化,把楚辞学与文化地理学的内容结合在一起形成了新的楚辞文化地理学。

(一)南北文化论

在古代楚辞学中,已经有人意识到文学与地域文化环境之间存在一定的关系。王逸在《天问》题解、班固在《后汉书·郊祀志》和《后汉书·地理志》、黄伯思的校订《楚辞序文》等虽然都涉及了楚辞作为文学作品与地域存在一定的关系,但是没有对其进行进一步详细论述,这种研究状态一直持续到清末。

19 世纪中期以后到 20 世纪初,西方文化地理学理论日渐成熟,随着中西学术交流的增多传入中国。梁启超是 20 世纪最早运用文化地理学理论研究中国文化和文学的学者。他 1902 年写的《论中国学术思想变迁之大势》中已经注意到了春秋时"孔北老南,对垒互峙"②。他说:"我中华当战国之时,南、北两文明初相接触,而中世之学术思想放大光明。"③梁启超根据地理和民族上的差异,考察各家学说的性质,绘制了《先秦学派大事表》,把战国时的学术分为南北两派。其中,南派又分为南派正宗和南派支流,南派正宗以老、庄为

---

① (清)胡文英:《屈骚指掌·凡例》,北京古籍出版社 1979 年版,第 5 页。
② 梁启超:《梁启超全集·论中国学术思想变迁之大势》,北京出版社 1997 年版,第 567 页。
③ 梁启超:《梁启超全集·论中国学术思想变迁之大势》,北京出版社 1997 年版,第 562—563 页。

代表,南派支流以许行和屈原为代表。在他看来:

> 北地苦寒硗瘠,谋生不易,其民族销磨精神日力以奔走衣食、维持社会,犹恐不给,无余裕以驰骛于玄妙之哲理,故其学术思想,常务实际,切人事,贵力行,重经验,而修身齐家治国利群之道术,最发达焉。……南地则反是。①

梁启超探讨了地理环境对南北两派学术思想的影响,并论及屈子文学的精神。梁启超认为《九歌》《天问》等篇是胚胎时代学术的遗响。南人开化晚于北人,进化之迹历历可征。"屈原生于贵族,故其国家观念之强盛,与立身行己之端严,颇近北派;至其学术思想,纯乎为南风也。"②如果说 20 世纪以前的楚辞学者看到了楚辞与地域环境的关系,那么梁启超则更深入地把楚辞和中国学术思想的演变紧密地联系在了一起,开启了中国学术思想南北两派划分的序幕。由此中国楚辞学在文化地理学方面开始摆脱了原有的模式,朝新楚辞地理学方向迈进。在梁启超的南北文化不同论中,他不仅看到了楚辞与北方学术的差异,还看到了楚辞对南方学术的影响。他特别提到:"此派后入汉而盛于淮南。淮南鸡犬,虽谓闻三闾之说法而成道可也。"③梁启超指出了以屈原为代表的南方流派对汉代刘安一派的学术影响。

稍后的 1905 年,刘师培在《警钟日报》上发表了《南北学派不同论》,他从南北地域环境的差异,对南北诸子之学、经学、理学、文学的不同进行了论述。他在《总论》中梳理了中国地域环境与文化的关系,特别指出中国文化与江河关系密切。中国古人多沿河居住,舟车便利,中国学术也沿江河分布。他进一步指出自东周以后中国学术日昌,分成南北学术两派,北派起源于黄河,南派起源于长江。因此形成南北两派不同的风格,北派地处山国之地,土地贫瘠、交通阻塞,"崇尚实际修身力行,有坚忍不拔之风";而南派地处泽国之地,土地膏腴,交通便利,"崇尚虚无,活泼进取有遗世特立之风,故学术互异,悉由民习之不同"。④ 因此北派近于儒墨,南派近于老庄。他认为楚国属于泽国,

---

① 梁启超:《梁启超全集·论中国学术思想变迁之大势》,北京出版社 1997 年版,第 570 页。
② 梁启超:《梁启超全集·论中国学术思想变迁之大势》,北京出版社 1997 年版,第 574 页。
③ 梁启超:《梁启超全集·论中国学术思想变迁之大势》,北京出版社 1997 年版,第 574 页。
④ 刘师培:《刘申叔遗书·南北文学不同论》,江苏古籍出版社 1997 年版,第 549 页。

北有江汉，南有潇湘，老子之说兴起于此。其说"大抵遗弃尘世，渺视宇宙，以自然为主，以谦逊为宗"，"宋玉屈平之厌世，溯其起源，悉为老聃之支派。此南方之学所由发源于泽国之地也。由是言之，学术因地而殊，益可见矣。厥后交通频繁，北学由北而输南，南学由南而输北。"①他较梁启超的进步之处在于不仅阐述了南北因学术地理环境存在差异，还指出交通是南北学术交流的一个重要因素。

《南北文学不同论》中对比南北地理环境的差异，指出了南北语言、音律的不同，由此导致南北文学存在差异。他说："声音既殊，故南方之文亦与北方迥别，大抵北方之地土厚水深，民生其间多尚实际；南方之地水势浩洋，民生其际多尚虚无。民崇实际，故所著之文不外记事析理二端；民尚虚无，故所作之文或为言志抒情之体。"②他的论述开始涉及文学的本体，并由此展开对屈骚的论述。他指出南方文学的发展脉络："荆楚之地，僻处南方，故老子之书，其说杳冥而深远。及庄列之徒承之，其旨远，其义隐，其为文也纵。而后反寓实於虚。肆以荒唐谲怪之词，渊乎其有思，茫乎其不可测矣。屈平之文音涉哀思，矢耿介，慕灵修芳草美人，讬词喻物，志洁行芳，符於二南之比兴。（观《离骚经》《九章》诸篇，以虚词喻实义，与二雅殊。）"③刘师培认为，庄、列、屈、宋之荒唐谲怪实为殊途同归，他通过对比南北学术、思想、制度等内容，提出中国文化具有南、北二源性，在此基础上分析了屈宋文学特点及其成因。

王国维在《屈子文学之精神》中提出南方文学与北方文学的差异说。他认为南北道德思想不同，故形成南北两派：北方的帝王派、南方的非帝王派。王国维直接从个体的身份、性格对两派进行了区分：北方派的主体是贵族，南方派的主体是平民；北方派的性格热情，南方派的性格冷性。文学与思想道德紧密联系，"故吾国之文学，亦不外发表二种之思想"④。

王国维着重从文学创作主体、创作内容、创作动机、创作过程、文体等方面分析了以屈原为代表的南方文学与北方文学的差异。从创作主体而言，南方

---

① 刘师培：《刘申叔遗书·南北文学不同论》，江苏古籍出版社1997年版，第549—550页。
② 刘师培：《刘申叔遗书·南北文学不同论》，江苏古籍出版社1997年版，第560页。
③ 刘师培：《刘申叔遗书·南北文学不同论》，江苏古籍出版社1997年版，第560页。
④ 王国维：《王国维文集·屈子文学之精神》第一卷，中国文史出版社1997年版，第30页。

人"有遁世无闷，嚣然自得以没齿者矣"①，北方人有"以坚忍之志，强毅之气"②。从创作动机而言，"北方派之理想，置於当日之社会中；南方派之理想，则树於当日之社会外。易言以明之，北方派之理想，在改作旧社会；南方派之理想，在创造新社会"③。从创作过程而言，南方人的想象力伟大而丰富，远胜于北方人，"此南方文学中诗歌的特质所以优于北方文学者也。"④从文体上来说，北方多诗歌，南方多散文。王国维以此为基础，考察屈子文学的精神、屈原的性格特征。"屈子南人而学北方之学者也。南方学派之思想，本与当时封建贵旅之制度，不能相容。故虽南方之贵族，亦当奉北方之思想焉。观屈子之文，可以征之。"⑤在疑古思潮中，不乏有人以楚辞中体现出来的部分北方特质来否定屈原的存在，而王国维别有创见地提出屈原虽然是南方人，但是他学习了北方人的思想，这一点论述是他超出前人的地方。以前的学者均局限于屈原是南方人，受楚国思想文化的影响，王国维则把屈原放于中华地理文化环境中，从宏观的角度来把握作品特质。他认为屈子的性格特征为"廉""贞"。"余谓屈子之性格，此二字尽之矣。其廉固南方学者之所优为，其贞则其所不屑为，亦不能为者也。"⑥南方思想与北方思想交汇，加上屈原的性格，形成"一种欧穆亚"。他用"欧穆亚"来概括屈子文学的美学特征，这里的"欧穆亚"远远超越了英文里"幽默"的内涵，成为中西文化视域下一个独特的楚辞现象。王国维的楚辞研究从文学创作的相关环节分析了地理文化与屈子精神的关系，较前人的研究更为系统，且引入了西方美学理论的视角。

鲁迅《汉文学史纲要》中的《屈原及宋玉》一文谈道："实则《离骚》之异于《诗》者，特在形式藻采之间耳，时与俗异，故声调不同；地异，故山川神灵动植皆不同；惟欲婚简狄，留二姚，或为北方人民所不敢道，若其怨愤责数之言，则三百篇中之甚于此者多矣。"⑦他也从南北地理文化的差异分析了南方文学

---

① 王国维：《王国维文集·屈子文学之精神》第一卷，中国文史出版社 1997 年版，第 31 页。
② 王国维：《王国维文集·屈子文学之精神》第一卷，中国文史出版社 1997 年版，第 31 页。
③ 王国维：《王国维文集·屈子文学之精神》第一卷，中国文史出版社 1997 年版，第 31 页。
④ 王国维：《王国维文集·屈子文学之精神》第一卷，中国文史出版社 1997 年版，第 32 页。
⑤ 王国维：《王国维文集·屈子文学之精神》第一卷，中国文史出版社 1997 年版，第 32 页。
⑥ 王国维：《王国维文集·屈子文学之精神》第一卷，中国文史出版社 1997 年版，第 32 页。
⑦ 鲁迅：《汉文学史纲要·屈原及宋玉》，上海古籍出版社 2005 年版，第 22 页。

《楚辞》与北方文学《诗经》在辞藻、声调、风俗等方面的差异。

以上学者的研究各具特色，梁启超、王国维则是较早引入西方文化地理学观念研究楚辞的学者。之后游国恩、姜亮夫、朱维之、郭沫若等人都对此进行了相关的研究。

姜亮夫学术视野非常开阔，曾经留学法国。他立足于人类学、民族学研究，把西方人类文化学的思潮应用于楚辞研究。他考察了楚民族的起源与迁徙、楚国的历史沿革、民族构成、地理情况、政治结构、文化意识形态等相关问题，为楚辞的形成勾勒了一个客观真实的文化背景，同时也为楚辞研究开辟了更为宽阔的道路。姜亮夫在《楚文化与文明点的钩沉》中把楚国的民俗与楚国的政治联系在一起进行考察。他认为楚辞中有大量关于神的描写，说明楚人有"颂神"之风。如《九歌》中的神有以下特性："留恋人间"，"九歌中的神并非恐怖之神，乃与人相亲之神"，还描写了"神之爱情生活"。从这样的作品中足以看出楚文化的特殊性，之所以产生这样的特点，是因为：其一，楚建立国家二百年之后无社会性质的大动乱和暴力革命；其二，国境之东南西三面，为更为原始民族之地区，有利于秩序的发展，且对土著民族文化有所吸收；其三，楚国土地肥沃，水利发达，交通便利，这是楚国发展的基本点，也是楚文化最特殊的原因。

朱维之则从中国文艺思潮发展史的角度梳理了楚辞与地理文化的关系。朱维之精通多种语言。他受到西方文艺思潮的影响，青年时代"因为羡慕西方文艺思潮底眉目清楚，有条有理，是读者容易把握历代文艺的精神；很想写一部《中国文艺思潮史略》，使我们头绪纷繁、枯燥无味的文学史，也能成为眉目清楚又简要又不枯燥的东西"[1]。1939 年他终于完成了《中国文艺思潮史略》。在第一章中，他已经使用了文化地理学的理论对中国的文艺思潮进行考察。他提出"一个民族的文艺和那产生文艺的民族性或国民性及有关系"[2]，且民族性与遗传和环境都有关系。中华民族的构成是比较复杂的，华夏系崛起于西北，东夷住在东部海边，南方有荆、吴系、百系等，后来又加入了

---

[1]　朱维之：《中国文艺思潮史略·自序》，河南人民出版社 2017 年版，第 1 页。

[2]　朱维之：《中国文艺思潮史略》，河南人民出版社 2017 年版，第 2 页。

东胡、肃慎、匈奴、突厥、蒙古、古氐羌、藏等民族血液,构成了今天的整个中华民族。朱维之认为:"北方之严寒而干燥的大平原,南方之为温暖而滋润的山泽,形成民族性格的各异点。约略言之,则黄河流域诸民族底特性是功利的,实际的。长江流域及其南部诸民族是比较富于神秘的,冥想的特征。"①在此基础上,中国文艺形成了北方的现实主义思潮和南方的浪漫主义思潮,《诗经》是现实主义的代表,楚辞是南方浪漫主义的代表。朱维之认为,南方风物容易让人"富于想像和玄想,而产生浪漫的文艺思潮"②。屈原的楚辞里充满了神话色彩,朱维之认为这些是殷人超现实的"着想","在南方丰饶的自然环境中,却得到了它沃腴的园地"③。朱维之明确表示用西方文艺思潮的方法进行研究,他以浪漫主义为切入点,认为产生浪漫主义的根源在于文化地理环境,民族的遗传性与楚地特有的风物共同孕育了楚辞。

郭沫若在《屈原》中也提到:"屈原是产在巫峡邻近的人,他的气魄的宏伟、端直而又娓婉,他的文辞的雄浑、奇特而又清丽,恐怕也是受了些山水的影响。"④他认为屈原辞赋的风味和三峡的风光是非常接近的,有种神秘的趣味。

(二)域外文化论

在楚辞与外来文化关系的研究中,苏雪林的成果较为突出。苏雪林的研究视角非常独特,她把楚辞和域外文化直接联系起来,扩大了楚辞地理学的研究范围,把楚辞生成的地理文化环境与国外进行对比,跳出了以中国为中心考楚辞的窠臼,从域外文化的角度研究其对中国楚辞的影响。

法国裔英国学者拉克佩里的中华文明西来说深深影响了苏雪林,她在《中国古文明的西方起源论》中进行论述,提出她眼里的中国文明起源于两河流域的巴克族。苏雪林认为,西亚文化早在先秦时已经来到中国,她说:"域外文化之入我国共有两度,第一度当在夏代,或者还要提早一点,第二度则在战国中叶。"⑤

---

① 朱维之:《中国文艺思潮史略》,河南人民出版社 2017 年版,第 3 页。
② 朱维之:《中国文艺思潮史略》,河南人民出版社 2017 年版,第 29 页。
③ 朱维之:《中国文艺思潮史略》,河南人民出版社 2017 年版,第 33—34 页。
④ 郭沫若:《郭沫若全集·历史编》第四卷,人民出版社 1982 年版,第 21 页。
⑤ 苏雪林:《屈赋论丛·我研究屈赋的经过》,武汉大学出版社 2007 年版,第 14 页。

在《我研究屈赋的经过》一文中,苏雪林说:

> 希腊和印度与我国吻合者约十之六。……希腊印度文化都是由两河流域传来的,中国亦然。但我们中国接受西亚文化却远比希腊印度为早。我们是西亚文化的冢子,而希腊印度仅算二房三房的子孙。①

在苏雪林看来,西亚文化是世界文化的共同来源,中国文化来自于西亚文化,但是相比于印度和希腊文化而言,中国的文化要早于二者。这种论断在当时具有积极的意义,因为在当时的历史环境下,希腊文化优秀论不仅存在于一般人的意识中,而且在延安的马克思主义理论工作者中也有这样的认识。毛泽东曾经说:"不论是近百年的和古代的中国史,在许多党员的心目中还是漆黑一团。许多马克思列宁主义的学者也是言必称希腊,对于自己的祖宗,则对不住,忘记了。"②苏雪林的观点动摇了很多人心中根深蒂固的"希腊文化优秀论",使得这一思维定式开始发生改变,从而提高了中华文化的地位,有利于在革命的时代背景之下形成民族自信心。苏雪林在地理文化视域下把中国的楚辞文化放到世界大的文化背景下考察它的来源具有积极的意义。

苏雪林在《天问正简》中认为,《天问》是"'域外文化知识的总汇',不但天文、地理、神话来自域外,即历史和乱辞也掺有不少域外文化分子。"③"白蜺婴茀,胡为此堂? 安得夫良药,不能固臧? 天式从横,阳离爰死,大鸟何鸣,夫焉丧厥体?"自王逸至洪兴祖都认为这一段与《列仙传》中崔文子学仙于王子乔有关,子乔化为白蜺。苏雪林在《印度诸天搅海故事》一文中一语惊天:"《天问》这一则《列仙传》,也许又是王逸凭空编造的。"④她认为《天问》中描述的是印度古代天神和阿修罗搅旋乳海的故事,《天问》中三个不死之药的故事也与印度神话有关。相对于《天问》来说,《离骚》的域外文化色彩相对比较淡薄,是屈原被贬后的满腹牢骚,不过其中也有对中原文化来说的新奇意象,如昆仑、悬圃、帝阍、日东、西海、不周山等,这些尤其有域外文化的印记。《九歌》中描述的祭祀文化,《招魂》中描述了魂魄面临的危险,这些都是与《诗经》

---

① 苏雪林:《屈赋论丛·我研究屈赋的经过》,武汉大学出版社2007年版,第15页。
② 毛泽东:《毛泽东选集·改造我们的学习》第三卷,人民出版社1991年版,第797页。
③ 苏雪林:《天问正简·自序》,武汉大学出版社2007年版,第3页。
④ 苏雪林:《天问正简》,武汉大学出版社2007年版,第177页。

迥异的描述,也有域外文化色彩。如《招魂》中有云,"魂兮归来,西方之害,流沙千里些。"①关于"流沙"二字,说法颇为繁杂,按照苏雪林的观点,研究不应局限于楚国的疆域,应将其放置于世界地理的环境当中进行宏观的考察。在地理文献《山海经》中,"流沙"一词便多次出现,《西山经》曰:"又西百八十里,曰泰器之山。观水出焉,西流注于流沙。"②《北山经》曰:"又北水行五百里,流沙三百里,至于洹山。"③《东山经》曰:"又南水行五百里,流沙三百里,至于葛山之尾。"④《海内西经》曰:"流沙出钟山,西行又南行昆仑之虚,西南入海黑水之山。"⑤由此可见,东南西北均有流沙出现,苏雪林认为流沙绝对是一个专有地名,是《招魂》中对于楚国以西沙漠的统称。《大招》中亦曾提及:"魂乎无西!西方流沙,漭洋洋只。"⑥也是同样道理。苏雪林将楚辞中"昆仑"的原型定为两河流域的阿拉拉特山,由世界地图可见,两河流域的四周分布着撒哈拉沙漠、阿拉伯沙漠、印度沙漠、伊朗沙漠,等等。屈原在《离骚》中言道:"遭吾道夫昆仑兮,路修远以周流。"⑦而后"发轫于天津","至乎西极","忽吾行此流沙",这一路程正好符合从阿拉拉特山而下,经过底格里斯和幼发拉底两河,向西遇见阿拉伯沙漠之流沙,因而楚辞中之"流沙"对应的应为阿拉伯沙漠。楚辞中这类名词甚多,苏雪林的研究视角是将楚辞地理放置到了更加广阔的世界文化中,开启了全新的视野。

(三)屈原行迹论

五四新文化运动以后,关于屈原行迹的研究主要涉及三方面,一是楚辞地理范围,二是楚辞地名考证,三是屈原的行迹研究。

1. 楚辞地理范围

关于楚辞地理学的研究,钱穆在《古史地理论丛》中明确划分了楚辞地理的大致范围,这是相对于传统楚辞文化地理学的一大进步。如果说传统楚辞

---

① (宋)洪兴祖:《楚辞补注》,中华书局 1983 年版,第 200 页。
② 袁珂:《山海经校注》,巴蜀书社 1993 年版,第 52 页。
③ 袁珂:《山海经校注》,巴蜀书社 1993 年版,第 101 页。
④ 袁珂:《山海经校注》,巴蜀书社 1993 年版,第 128 页。
⑤ 袁珂:《山海经校注》,巴蜀书社 1993 年版,第 343 页。
⑥ (宋)洪兴祖:《楚辞补注》,中华书局 1983 年版,第 218 页。
⑦ (宋)洪兴祖:《楚辞补注》,中华书局 2013 年版,第 43 页。

文化地理学更注重从微观上考证楚辞的地名,那么钱穆的楚辞地理范围的划分则是宏观上对楚辞地理确定了一个明确的范围。

钱穆以为楚辞地理的范围北至汉北,东至江淮,南至会稽。钱穆认为:"屈子被谗,放居汉北,而有九歌。"①他确定《九歌》地理范围的根据是《九歌》当中的内容与《诗经》的二南、《关雎》十分的相似,属于二者之遗响。在钱穆看来,二南、郑、卫的影子都可以从楚辞中的《九歌》中找到:"然南人以巫鬼祭祀之俗,擅声乐之天性。男女相逐,歌咏舞蹈于川谷之间,平原之野,造为美人香草之辞,其风亦不自周召宛丘之诗而歇也。"②钱穆确定楚辞东部的地理范围的依据是楚国都城的东迁。"楚都东迁,国于郢陈,宋玉景差之徒,继屈子而有作,则向者陈国韶乐之余音也。"③秦统一之后,楚之遗族,流风余韵,皆从东而来。"则在淮泗以南迄於会稽,皆得楚称。"④自贾谊赴长沙吊屈原后,才出现屈原投汨罗,地理位置在湘南的说法,以后司马迁、王逸等人延续其说而至今。但钱穆认为这种观点是错误的,《九歌》不可能是湘水民歌。他从地理环境和文学发展的角度认为,湘江属于"蛮陬遐壤荒江寂寞之滨,何来此斐亹动宕之辞"⑤。

受限于当时检索工具和研究水平,钱穆的楚辞地理研究不乏错误,但是从总体而言,不可否认,他开了楚辞地理范围研究的先河,为20世纪后半期楚辞文化地理研究奠定了基础。

2. 楚辞地名考证

楚辞地名的考证在传统的楚辞文化地理学中已经成为重要的一部分。在五四新文化运动思潮的影响下,楚辞地名的考证进入到一个新的阶段,学者们一方面通过查阅文献的传统方法进行地名的考证;另一方面,通过出土文物和文献资料相结合的二重证据法进行考证。

1934年钱穆在《清华大学学报》(自然科学版)发表了《楚辞地名考》,他

①　钱穆:《古史地理论丛》,东大图书公司1982年版,第100页。
②　钱穆:《古史地理论丛》,东大图书公司1982年版,第100页。
③　钱穆:《古史地理论丛》,东大图书公司1982年版,第100页。
④　钱穆:《古史地理论丛》,东大图书公司1982年版,第100页。
⑤　钱穆:《古史地理论丛》,东大图书公司1982年版,第101页。

对溆阳、三闾、沧浪之水、洞庭、澧、沅、湘、高唐、巫山、九江、鄂渚、汨罗等进行了详细考证。钱穆一个颇为独特的观点是三闾为地名，这颠覆了自王逸以来其为官职的说法。钱穆认为《史记》中记载屈原为左徒，王逸则说屈原为三闾大夫，二者矛盾。他说："余意三闾乃邑名也。古无专掌统治王族之大夫。以公邑称大夫，私邑称宰之例，如赵衰为原大夫，狐溱为温大夫，凡称某某大夫者，率以邑名。"①上官大夫与三闾大夫一样也是地名。钱穆的论据是来自各种文献资料。

《姓纂》："楚庄王少子兰为上官大夫，后以为氏。"②

《通志氏族略》："楚王子兰为上官大夫，因以为氏。秦灭楚，徙陇西之上邽。"③

应劭《风俗通》："三闾大夫屈原之后有三闾氏。"④

钱穆由上官大夫推及三闾大夫，认为二者后来都成为姓氏与邑名有关系。中国姓氏的来源非常复杂，有的是和邑名有关系，也有的与国名、官名有关系。当然，如果单以三闾和上官后来成为姓氏为由来推断它们必然和邑名有存在关系，难免过于武断。因此钱穆提出了第二个证据——今存地名屈原岗。"南阳府志内乡县有屈原冈。括地志内乡即析县故地。则原为三闾大夫正在此地，故有冈名遗迹。"⑤从中华文化的发展历程中来看，屈原和楚辞已经内化到中国精神文化里面，人们对屈原的崇敬表现在方方面面。有的地名和屈原有关，不只存在于汉北，还存在于湖北秭归和湖南的许多地方。如湖南的汨罗市的屈原祠，又名汨罗庙、三闾祠，始建于汉代，原址现已荡然无存，清朝乾隆年间在玉笥山上建造屈原祠。因此，不能因为南阳有屈原岗，就认为三闾是邑名。钱穆的第三个证据是文献《太平寰宇记》卷一百四十三，讲述了均州风俗：

汉中风俗与汝南同，有汉江川泽山林，少原隰，多以力耕火种。人性

---

① 钱穆：《古史地理论丛》，东大图书公司 1982 年版，第 106 页。
② 钱穆：《古史地理论丛》，东大图书公司 1982 年版，第 106 页。
③ 钱穆：《古史地理论丛》，东大图书公司 1982 年版，第 106 页。
④ 钱穆：《古史地理论丛》，东大图书公司 1982 年版，第 106 页。
⑤ 钱穆：《古史地理论丛》，东大图书公司 1982 年版，第 107 页。

刚烈躁急,信巫鬼,重淫祀,尤好楚歌。①

钱穆想要以此地的风俗作为姓氏与邑名关系的论据,但风俗并不是一件具象化的物品,而是历史上形成的,特定社会区域内人们需要共同遵守的行为规范。由于自然条件与社会文化条件不同,人们约定俗成的行为规范和行为准则自然也会产生差异。因此,虽然汉中与汝南在自然条件、风俗、人的性情等方面有相似之处,但这并不能成为三闾大夫为地名的论据。

1941 年饶宗颐作《楚辞地理考》,1946 年由商务印书馆出版。书中饶宗颐对楚辞中的高唐、涔阳、北姑、苍梧、五渚、江南、湘水、巫山、鄢郢、黔中等地名进行了详细的考辨,对钱穆《楚辞地名考》中"三闾"为地名的说法进行了辨证。饶宗颐认为,钱穆的说法难以成立,其所言"三户"是虚指,并非指王族三姓屈、景、昭,且"三户自对楚人民言,非指公族,察其文义可见"②,所以"三户"不是地名。饶宗颐认为,"三闾"是屈原的官职,因为官职才成为后来的姓氏。屈、景、昭三姓继芈氏后成为"楚王族之强者,故合称之曰'三闾'。掌此三姓之官,谓之'三闾大夫'"③。饶宗颐还详细论述了屈、景、昭三姓的起源。"三闾"为邑名不见于其他文献,"三闾"不等于"三户"。

> 无论三闾是否为邑名,是否即三户,然由《渔父》文义观之,终不得指为屈原放居之地。而钱氏乃执以证原曾放居汉北,尤谬解文意矣。④

饶宗颐的论证对钱穆的"三闾"为地名说进行了充分的辨正,有理有据,令人信服。从学术发展的角度看,钱穆和饶宗颐的考证已经不同于传统楚辞地理学的研究。尽管有传统地理考证的影子,但是二者的思路已经和现代学术研究的方法有一致的地方,除了用文献的内容,还使用了现存的一些地名和历史遗迹。特别是饶宗颐的研究还使用了类比的方法,他指出屈原遗迹较多,仅故居一项,有秭归北乐平里、湘阴县北玉笥山、巴陵县东太平寺、归州东屈

---

① 钱穆:《古史地理论丛》,东大图书公司 1982 年版,第 120 页。
② 饶宗颐:《二十世纪学术文集·楚辞地理考》第十一卷,新文丰出版股份有限公司 2003 年版,第 115 页。
③ 饶宗颐:《二十世纪学术文集·楚辞地理考》第十一卷,新文丰出版股份有限公司 2003 年版,第 116 页。
④ 饶宗颐:《二十世纪学术文集·楚辞地理考》第十一卷,新文丰出版股份有限公司 2003 年版,第 119 页。

沱、夔州等地,这些都是后人因缘附会,不可凭信。

3. 屈原行迹考

在五四文化思潮的影响下,楚辞学者对屈原行迹的研究掀起了 20 世纪楚辞地理学的一个研究高潮,学者们的视角集中在屈原放逐的路线和地点方面。

首先,屈原放居汉北说。

一些学者认为屈原曾经放居汉北,但是各家的说法对于汉北的具体位置和屈原在汉北的时间各不相同,学者们在讨论争辩的过程中逐渐厘清屈原行迹。

这一观点始于明代汪瑗。汪瑗注曰:"南,指郢都也。汉北,指当时所迁之地也。屈原所迁之地,其在鄢郢之南,江汉之北乎?"①他的观点与之前学者的观点有很大差异,汉宋两代都认为屈原放逐在江南,汪瑗此说激发了人们对屈原放逐地点的讨论。清代学者林云铭和王夫之延续此说。他认为"汉北"的具体地理位置与上庸接壤。"汉北与上庸接壤,汉水出嶓冢山,在汉中府宁羌县,上庸即石泉县。怀王十七年,为秦所取,而汉北犹属楚。嗣秦会楚黄棘,复与楚上庸。至顷襄九年,楚为秦败,割上庸、汉北与秦。故《思美人》篇亦云'指嶓冢之西隈',以身在汉北,举现前汉水所自出,喻置身之高耳。若别举高山,便无来历。以此推之,则原之迁此何疑?"②林云铭从楚地西境的角度考证,通过考察此地在怀王、顷襄王两世的情况,判断出顷襄王时期汉北已经割让给了秦,因此屈原应该是在怀王时被放居汉北。

之后,王夫之《楚辞通释》中根据作品《抽思》"有鸟自南兮,来集汉北"一句,"此追述怀王不用时事,时楚尚都郢,在汉南。原不用而去国,退居汉北"③。王夫之认为,屈原是在怀王时退居汉北。这便存在着一个矛盾,王夫之主张《抽思》是屈原在顷襄王时期创作的,其中却涉及了怀王时屈原退居汉北的事情,因此王夫之认为《抽思》中记载的事情为"追述",算是对此做出了解释。钱穆在《古史地理论丛》中认为怀王三十年,时屈原年四十五岁。"是

---

① (明)汪瑗:《楚辞集解》,北京古籍出版社 1994 年版,第 189 页。
② (清)林云铭:《楚辞灯·九章总论》,华东师范大学出版社 2012 年版,第 104 页。
③ (清)王夫之:《楚辞通释》,上海人民出版社 1975 年版,第 79 页。

岁怀王入秦。今按屈原或不见怀王入秦事，其卒当在前。又屈原自怀王信谗见疏，会使齐，其后放居汉北。或据《哀郢》篇'至今九年而不复'，谓原居汉北，至少当得九年。或谓怀王十六年屈原被放，下历九年，其卒当为怀王二十四五年间。"①在这里钱穆提出屈原卒于怀王入秦之前。除此之外，他还认为"今谓屈原放居汉北，《楚辞》所歌洞庭沅澧诸名皆在汉北，则顷襄王迁之江南一事，事绝无根"。②为了否定屈原南迁的说法，钱穆将《楚辞》中出现的地名都放置到了汉北。这两个观点的提出极富创见，但仍缺实证。

1936 年，游国恩作《论屈原之放死亡及楚辞地理》一文，他运用综合分析推论法解释了屈原放逐时间和地点，并进行了考证。他认为屈原之放有两次，一次在怀王时，放于汉北；一次在顷襄王时，放于江南。关于屈子初放之地史籍不载，游国恩从作品中寻找内证。他认为《九章·抽思》是屈原自叙的放逐之作，"有鸟自南兮，来集汉北；好姱佳丽兮，牉独处此异域"，即是叙述此事。汉北就是今天的郧襄之地，在郢都之北。"屈子以鸟自喻，而言来集汉北，又以美人自喻，而言独处异域，则其为迁谪之辞无疑也。"③屈原诗文也成为了游国恩的证据。

> 道卓远而日忘兮，愿自申而不得。望南山而流涕兮，临流水而太息。
> 惟郢路之辽远兮，魂一夕而九逝；曾不知路之曲直兮，南指月与列星。
> 狂顾南行，聊以娱心兮。④

游国恩认为，诗中表明了屈原居汉北而南望郢都，"魂去郢而南指"。饶宗颐后在《楚辞地理考》对钱穆和游国恩之说做了驳斥。《楚辞地理考·自序》言："自来言《楚辞》者，多误以屈原放居汉北，此说倡自王船山，后人信之甚多。"⑤饶宗颐指出："'有鸟自南，来集汉北。'此言怀王入秦，渡汉而北。'自南'，言自楚也。'汉北'非必指楚属宛、邓，凡汉水以北，皆可有是称。秦

---

① 钱穆：《古史地理论丛》，东大图书公司 1982 年版，第 103 页。
② 钱穆：《古史地理论丛部甲·〈楚辞〉地名考》，生活·读书·新知三联书店 2004 年版，第 143 页。
③ 游国恩：《游国恩学术论文集》，中华书局 1999 年版，第 40 页。
④ 游国恩：《游国恩学术论文集》，中华书局 1999 年版，第 40 页。
⑤ 饶宗颐：《饶宗颐二十世纪学术文集·楚辞地理考》第十一卷，新文丰出版股份有限公司 2003 年版，第 77 页。

在楚北故云然也。词章家立言多浑括,况假托之辞自不明指。"①这对游国恩的屈原于怀王时初放汉北说进行了批驳。他还在《北姑考》中考证《抽思》中"低徊夷犹,宿北姑兮"一句中的"北姑","即齐地之薄姑也"。②薄姑在今天山东博兴县东北,因此饶宗颐认为"《抽思》言宿于北姑,则《抽思》当作于使齐时"③,屈原做《抽思》的目的在于伤怀王入秦之无知。他还根据《抽思》文中"'实沛徂兮',曰'路远处幽,又无行媒',曰'道思作颂',则其时原或被召,自齐将返郢也",推出"《九章》非尽南迁之作品也"。④

与以上诸学者观点不同的是,姚鼐、于省吾等人提出了屈原未放于汉北说。《抽思》中,"有鸟自南兮"中"鸟",指怀王,"来集汉北"是楚怀王入秦至汉北,而非屈原放居汉北。姚鼐说:"怀王入秦,渡汉而北,故托言有鸟而悲伤,其南望郢而不得反也,故曰:虽流放,眷顾楚国,系心怀王,不忘欲反。"⑤姚鼐认为,汉北是怀王入秦时经过的地方,并非屈原放居的地方,屈原流放的地方是江南。"怀王时放屈子于江南,在今江西饶信,地处郢之东,盖作《哀郢》时也。顷襄再迁之,乃在辰湘之间,处郢之南,作《涉江》时也。"于省吾在《泽螺居楚辞新证》中,运用历史文献和出土文物中的文献互证法,推出屈原放于江南。他通过对楚辞中汉北和江南山川、地理、名物的对比,加上出土文献鄂君启节的舟、车等内容,判定"有鸟自南兮,来集汉北"一段文字"系屈原设想怀王留秦之词,而非屈原自述被迁的经过,于事于情于理,昭然若揭"。⑥

其次,屈原放居陵阳说。

关于陵阳说是宋代以后才出现的。作品《哀郢》中有:"凌阳侯之泛滥兮,忽翱翔之焉薄。""当陵阳之焉至兮,淼南渡之焉如?"这两句诗中出现了"凌

---

① 饶宗颐:《饶宗颐二十世纪学术文集·楚辞地理考》第十一卷,新文丰出版股份有限公司2003年版,第107页。

② 饶宗颐:《饶宗颐二十世纪学术文集·楚辞地理考》第十一卷,新文丰出版股份有限公司2003年版,第104页。

③ 饶宗颐:《饶宗颐二十世纪学术文集·楚辞地理考》第十一卷,新文丰出版股份有限公司2003年版,第104页。

④ 饶宗颐:《饶宗颐二十世纪学术文集·楚辞地理考》第十一卷,新文丰出版股份有限公司2003年版,第105页。

⑤ (清)姚鼐:《古文辞类纂》,浙江古籍出版社1998年版,第230页。

⑥ 于省吾:《泽螺居楚辞新证》,中华书局2003年版,第185页。

阳"和"陵阳"，王逸《楚辞章句》中对"凌阳"释曰："凌，乘也。阳侯，大波之神。薄，止也。言已遂复乘大波而游，忽然无所止薄也。"①对后一句则解释为"意欲腾驰，道安极也。""陵阳"王逸没有做出明确的解释，但从"意欲"二字可见，他应该是直接承接了上文当中的释义。至宋洪兴祖对"凌阳"进行了补注，引《战国策》《淮南子》说明阳侯大波之神的来历。洪兴祖对于"陵阳"的解释与上一句有了很大差异。王逸曰："陵，一做凌。"洪兴祖补曰："前汉丹阳郡，有陵阳仙人。陵阳，子明所居也。《大人赋》云：'反大壹而从陵阳。'"②这里陵阳成了地名。朱熹在《楚辞集注》中没有进一步解释。明人汪瑗认同王逸对"陵阳"为大波之神说，否定了洪兴祖的说法，又提出了屈原东迁之说。尽管王逸、洪兴祖、朱熹等人对"陵阳"的解释各有不同，但对于《哀郢》的创作时间一致认为是顷襄王在位期间屈原南迁时的作品。汪瑗提出《哀郢》是东迁时的作品，他认为顷襄王之二十一年，秦攻楚占领郢都，楚人东迁之时，屈原在其中，因此作《哀郢》。

> 其曰方仲春而东迁，曰今逍遥而来东，其迁于东方无疑。但过夏浦，上洞庭，渡大江，不知其实为东方之何郡邑也。旧注谓屈原被楚王迁已于江南所作，非也。③

此后关于东迁学者众说不一。王夫之说屈原没有东迁，东迁的是楚襄王。他认为陵阳是地名，即宣城，今天安徽宣州。蒋骥认为，屈原曾经东迁至陵阳，"陵阳，在今宁国池州界。《汉书》丹阳郡陵阳县是也。以陵阳山而名。至陵阳，则东至迁所矣"④。蒋骥在考察屈原行迹时，把陵阳、庐江和鄂渚联系起来，提出："庐江，水名。《汉志》：庐江出陵阳东南，北入江。曰贯者，自陵阳入庐江而达大江也。"⑤"庐江东际陵阳，西连鄂渚。自陵阳达鄂渚至江湘梦泽，必首尾穿而过之，故曰'贯'。此可知贯庐江，即《涉江》乘鄂渚之行。而余谓《哀郢》陵阳，在今宁池之间，益非谬说矣。"⑥蒋骥说："《涉江》《哀郢》，皆顷襄

---

① （宋）洪兴祖：《楚辞补注》，中华书局 2008 年版，第 134—135 页。
② （宋）洪兴祖：《楚辞补注》，中华书局 2008 年版，第 135 页。
③ （明）汪瑗：《楚辞集解》，北京古籍出版社 1994 年版，第 172 页。
④ （清）蒋骥：《山带阁注楚辞》，上海古籍出版社 1984 年版，第 120 页。
⑤ （清）蒋骥：《山带阁注楚辞》，上海古籍出版社 1984 年版，第 168 页。
⑥ （清）蒋骥：《山带阁注楚辞》，上海古籍出版社 1984 年版，第 240 页。

时放于江南所作。然《哀郢》发郢而至陵阳,皆自西徂东,《涉江》从鄂渚入溆浦,乃自东北往西南,当在既放陵阳之后。"①蒋骥以陵阳为中心勾勒了一个大致的屈原行迹图。他说法对后世影响很大,闻一多、姜亮夫、游国恩、沈祖绵、胡念贻等人都释陵阳为地名。如姜亮夫在《楚辞学论文集·屈子年表》:"顷襄王十六年,戊寅六十一岁。《九章·惜往日》当成於此年之前。原於此年前后自沉於汨罗。按:原在陵阳九年涉江入辰溆,又经辰溆东出龙阳,遇渔父,遂往长沙,作《怀沙》。其后又有《悲回风》。后遂以五月五日毕命湘水。"②

学者们对陵阳的具体位置说法不一。闻一多在《九歌解诂》中说:"《汉书·地理志》丹阳郡有陵阳县,在今安徽青阳县南六十里,其地当大江之南,庐江之北。南渡盖谓渡庐江。《招魂》所谓'路贯庐江左长薄'也。"③游国恩在《论屈原之放死及楚辞地理》中,结合古代历史、地理、诗文考证屈原曾经历两次放逐。其一,怀王二十四年,放于汉北;其二,顷襄王二十五年,放于陵阳。他还绘制了详细的《〈楚辞〉地理略图》,描述陵阳在庐江之北,长江之南,在今天安徽省青阳县南六十里。姜亮夫在《屈赋校注》中说:"按《汉书》丹阳郡有陵阳县是也。以陵阳山而名,在今安徽东南省阳陵县南六十里,去大江南约百里,而在庐之北,陵阳山在今县南。"④

也有学者认为屈原未到过陵阳。陆侃如认为"陵阳"二字并非地名。

> 一来呢,战国时并无名"陵阳"的地方,至西汉时始有,为丹阳郡十七县之一,在今安徽南部。这是铁证。二来呢,若"陵阳"确系地名,则下文不当有"南渡"字样;因为在陵阳附近的长江的方向是自西南向东北的。这也是一个很重要的证据。戴震以为这里的"陵"是动词,"阳"为"阳侯"之省文,是以水神而借指大波浪的。故这与屈原的路程并无关系。⑤

综合这一阶段学者关于屈原行迹的研究,学界对"陵阳"主要有三种不同解释:一是陵阳在屈原作品中不是地名,至西汉为地名,以陆侃如为代表;二陵

---

① (清)蒋骥:《山带阁注楚辞》,上海古籍出版社1984年版,第117页。
② 姜亮夫:《姜亮夫全集·屈子年表》第八卷,云南人民出版社2002年版,第56—57页。
③ 闻一多:《闻一多全集·九歌解诂》第五卷,湖北人民出版社1994年版,第669—670页。
④ 姜亮夫:《屈原赋校注》,人民文学出版社1957年版,第425页。
⑤ 陆侃如:《陆侃如古典文学论集》,上海古籍出版社1987年版,第260—261页。

阳是地名,在今天安徽省青阳县南六十里,以闻一多、游国恩为代表;三是地名,在安徽陵阳县南,以姜亮夫为代表。

四、新楚辞文化地理学的评价

五四新文化运动的兴起给传统的楚辞学注入了新鲜血液,研究领域开始向文化地理学相关的学科拓展,推动了传统学术的现代化转型,学术研究有长足的进步。

(一)新楚辞文化地理学的成就

五四新文化运动思潮中,新楚辞文化地理学研究的成绩主要有以下几个方面。

1. 研究理念的转变

新楚辞文化地理学带来的最大变化是研究理念的更新。研究理念决定了学术观念、学术思想和学术视野,这影响到学者的认识能力和洞察能力,也在一定程度上决定着楚辞学的性质和发展水平。新文化运动以后学者开始由经学时代的研究理念转变为文化地理学的研究理念,摆脱了经学视角下的政治道德体系的束缚,驱散了笼罩在楚辞头上的圣灵光环,恢复楚辞文学的本来面貌。新楚辞文化地理学的理念使楚辞研究的学术视野由中国走向世界,由中国文学研究扩大到世界文化研究。正如从经学目光转向文学目光一样,新楚辞文化地理学理念的建立使研究目光转向文化,也引起了对于楚辞性质和本来面貌认识的重大变化。

新的研究理念带来新的变化,楚辞研究者的目光穿越地域开始由文学转向文化的时候,也带来了更加丰富的学术内容。这些文化地理信息千百年来一直潜隐于楚辞学中,成为有待挖掘的宝库。虽然古代楚辞学学者已经注意到了文化地理元素,但是并没有深入探究地理对于文化、文学作品、文学创作者的影响,直到在五四新文化运动的影响下,楚辞文化地理学的钥匙打开了这个宝库的大门,学者们为后世展现了一个精彩的楚辞世界。汉代的班固、宋代的黄伯思都发现了楚辞与楚地环境的关系,可惜他们没有进一步深入研究。梁启超、刘师培、王国维、游国恩、姜亮夫等人则从不同的角度展示楚辞与文化地理的关系。梁启超注重南北地理与学派的关系,刘师培注重河系与文学的关系,王国维认为地理环境与人的想象力有密切关系;游国恩探讨了地理环境给予文学的养分。这里面涉及了楚辞的内容和性质,还涉及了当时的生活环境,其内容中包含着诸多的文化元素。关于楚辞研究内容和性质的这种变化,正是文化地理学引入楚辞研究领域里后开始出现的。

2. 世界眼光审视楚辞

20世纪以后,随着中西文化交流的增多,学者们把学术视野扩展到了整个世界。楚辞文化地理的研究突破了民族和地域的界限,形成了以世界文化为平台的研究。这样跨文化、跨民族、跨地域的新型研究方式必然形成许多新的学术增长点,推动了楚辞学的发展。

如苏雪林的楚辞域外文化说打破了以中国楚国为中心的文化地理说,把楚辞文化放在世界文化的平台上来进行考察。她说:"研究屈赋竟发现了一条新的路线,这路线便是屈赋内容必非故纸堆所能解决,必须搜讨域外古代的宗教神话和其文化分子而后可。"①她从文化交流的角度提出西亚文化早在先秦时已两度来到中国,这相对于传统楚辞文化地理的研究打开了一个全新的视角,学者在楚辞文化地理的研究上表现出极大的创造性。苏雪林这一观点使得楚辞地理的研究跳出了中国的范围,把楚辞放到世界文化地理的版图中,与西亚文化和欧洲文化进行比较,从而得出"中国文化为世界文化冢子"。她从文化地理的角度阐明了对中国文化的认同,驳斥了当时流行的"欧洲中心说"。

3. 研究方法的更新

楚辞文化地理学的研究方法打破了传统楚辞考证中的文献互证法和参考楚辞原文寻找内证的方法,开始使用现代化的学术研究方法,如楚辞文化地图的绘制和多重证据法的使用。

虽然楚辞文化地图在蒋骥的《山带阁注楚辞》中已经出现了,但是相对于五四新文化思潮之后的楚辞文化地理学研究,楚辞文化地图有了进一步的发展。游国恩的《论屈原之放死及楚辞地理》中绘制了详细的屈原行迹路线图。陆侃如、饶宗颐等也绘制了楚辞地图。通过制楚辞文化地图,把屈原的行迹和

---

① 苏雪林:《屈赋论丛》,武汉大学出版社2007年版,第4页。

地理事物之间的关系浓缩在平面上,反映屈原的经历在地理环境的空间分布及其时间变化,让人们对屈原活动有一个全景式的了解。

楚辞地理的研究方法打破了传统考据学中的考证方法,如王国维的二重证据法、饶宗颐的三重证据法乃至五重证据法等,利用传世文献典籍、有文字出土资料、无文字出土资料、民俗学材料以及国外史料等对楚辞问题进行研究。饶宗颐的《楚辞地理考》成为第一部专门研究楚辞地理的著作。饶宗颐在《楚辞地理考·自序》中说:"予为《古地辨》,此其一种也。"①饶宗颐曾经研究过历史地理,如《尚书地理辩证》《路国史名记疏证》,后集中精力研究楚辞地理中的相关疑难问题。他在《楚辞地理考》中提出研究历史地理的科学方法,即辨地名、审地望,对高唐、鄢郢、北姑等地名详细考证。这些现代科学研究方法使楚辞文化地理的研究在 20 世纪上半叶有了重大的突破。正如童书业序言中说:"考据之学,愈近愈精,读宗颐饶君之书,而益信也。君治古史地学,深入堂奥,精思所及,往往能发前人所未发,近著《楚辞地理考》,凡三卷二十篇,钩沉索隐,多所自得,乍闻其说,似讶其创,详考之,则皆信而有征;并治世治古地理者,未能或之先也。"②

(二)楚辞文化地理研究的不足

1. 地理文化偏见

楚辞作为中国南方的文学作品,带有着明显的地域文化标签。在中国传统文化当中形成了以北方为中心的经济圈,以《诗经》为中心的儒家文化圈。《孟子·滕文公上》:"今也南蛮𫘦舌之人,非先王之道。"③孟子讥讽楚人许行说话如鸟语,不经意中亦带有对楚人的贬低。由于长期以来人们早已形成了根深蒂固的思想观念,以北方经典文化为标准进行评判,汉代以后对楚辞文化地理的认识明显具有地域的偏见。

刘勰在《文心雕龙·辨骚》中指出,汉人对楚辞的评论以儒家经典为标准,而随意褒贬或抑扬,这与楚辞的实际情况不符。"固知《楚辞者》,体宪于三代,

---

① 饶宗颐:《楚辞地理考》,商务印书馆 1946 年版,第 1 页。
② 饶宗颐:《饶宗颐二十世纪学术文集·楚辞地理考》,新文丰出版股份有限公司 2003 年版,第 75 页。
③ 杨伯峻:《孟子译注》,中华书局 1960 年版,第 125 页。

而风杂于战国,乃《雅》《颂》之博徒,而辞赋之英杰也。观其骨鲠所树,肌肤所附,虽取镕经旨,亦自铸伟辞。"①他认为一方面楚辞在诗歌反映的内容方面符合"神理",表现社会政事;另一方面楚辞开拓了《诗经》的思想内涵和艺术表现手段,因此"取镕经旨","自铸伟辞",楚辞对《诗经》既有继承,又有开拓。

钱穆的楚辞地理研究明显带有北优南劣的文化观。他在《屈原沉湘在江北不在江南辨》中说:"自王逸以楚国南郢之邑,沅湘之间说之,近人乃有主《九歌》为湘江流域之民歌者。湘域在两汉时,尚为蛮陬荒区,岂得先秦之世,已有此美妙典则之民歌哉?"②由此可以看出,他对楚文化的认识先入为主,凭借主观臆测便断定了其为蛮荒之地。事实上,楚国文化属于长江文化范畴,它是南方文化的一种,与黄河流域的华夏文化——构成了中华文化的一部分,在地理空间上共同拓展了中华文明的生存空间。这样的思想偏见不应该存在下去,也是需要一步步扭转和改善的。

2. 把握作品不全面

这一时期学者们对楚辞文化地理的认识受到多方面因素的影响,如研究资料、学术思想、政治文化观念等。这些都限制了学者对楚辞的认识,有时不能全面把握作品。

如郭沫若和游国恩二人关于《哀郢》的创作时间和创作地点的认识上就存在片面性。郭沫若认为《哀郢》是顷襄王二十一年楚为秦兵所败后郢都为秦白起所据,屈原是被放逐在汉北的,逃亡到了郢都,当郢都被据,又被赶到了江南。到了江南也不能安住,便终于自沉了。游国恩在 1946 年的《论屈原之放死及楚辞地理》一文中把白起攻破郢都与屈原自杀联系了起来:"黔中即屈子此行所至之地,栖息甫定,而秦兵大至,乃以是年孟夏下沉入湘,至于长沙。又逾月,赴汨罗而正命焉。"③二人的判断带有一定的主观倾向性。郭沫若对于屈原的作品十分热爱,也尊敬和崇拜屈原。他评价《史记》中的屈原列传"是我最喜欢读的文章,这些古人的生活同时也引起了我无上的同情"。④ 两

---

① 范文澜:《文心雕龙注》,人民出版社 1958 年版,第 47 页。
② 钱穆:《先秦诸子系年》,商务印书馆 2002 年版,第 454 页。
③ 游国恩:《游国恩学术论文集·论屈原之放死及楚辞地理》,中华书局 1999 年版,第 51 页。
④ 郭沫若:《郭沫若全集·文学编》第十一卷,人民文学出版社 1992 年版,第 92 页。

人生活的年代间隔两千多年,同为诗人,共同拥有的爱国情怀,使他们心有戚戚焉,因此在研究屈原的过程中,郭沫若更多的是在以自己的心理去解读和分析屈原的作品。他关注的是《哀郢》和白起破郢历史事件之间的关系,他认为屈原自杀的一个重要节点是白起攻破郢都,这一历史事件直接导致了屈原的自杀。郭沫若此说的目的在于强调屈原的爱国主义精神,也就等于是借着屈原的作品抒发其个人主观情感,这样难免会产生误读。

(三)楚辞文化地理研究的影响

20世纪上半期的楚辞文化地理研究对中华人民共和国成立后的楚辞学产生了重要的影响,学者们独到的见解对后来的楚辞学有着深刻启示。他们对文化地理学这一充满生机但又很复杂的学科产生了浓厚兴趣,根据最新发现的研究资料,结合历史文献和楚辞作品,对楚辞地理进行了全方位、跨学科的研究,楚辞文化地理学呈现出多姿多彩的现象。对前人的研究成果,学者们采取选择、融合、发展的观点,力求对楚辞文化地理做出全景透视。

在楚辞地名考辨和屈原行迹研究方面,姜亮夫、毛庆、赵逵夫、汤炳正等人都做出了重要贡献。1984年,姜亮夫出版《楚辞学论文集》,书中绘制了详细的《屈子游踪图》,他在以前研究的基础上试图对屈原行踪给出一个相对准确的答案。1988年,萧兵的《楚辞新探》中对悬圃、灵锁、扶桑、若木、汤谷、沃焦、尾闾、流沙、不周、西海、玄趾、帝台等地名进行了考辨。他的楚辞文化地理研究与以往研究者所不同的是结合了神话传说的内容,拓展了楚辞文化地理的研究范围。2006年,李诚的《楚辞论稿》出版,他把楚辞中的神、人、角色以及地域方位作了量化分类整理。这是楚辞文化地理研究内容的又一次拓展。他认为:"屈骚中存在相当多表示方位、地域的词。文学作品中这一类词通常表明作者创作时,其头脑中活动的空间内容,因而它们具有指明作者创作时知识渊源的意义。"[①]他从创作心理的角度,描绘了楚辞地理与创作者的关系。2008年,周秉高出版的《楚辞原物》中"楚辞地理研究"一章对蟠冢、重泉、汉北、南巢、南岳、云梦、庐江等地名进行了详细考证,重点考证作者认为屈原所亲历过的地点。

关于楚辞与外来文化的关系,学者们进行了更深入的研究。特别是苏雪

---

① 李诚:《楚辞论稿》,中国社会科学出版社2006年版,第150页。

林在《屈赋论丛》《屈原与〈九歌〉》《楚骚新诂》以及《天问正简》中对神话、古地理语词的来源进行了大胆探究。萧兵的论文《世界中心观》《屈原赋和"阿特兰提斯"》对屈赋与"阿特兰提斯"文化的关系进行了探讨。1992 年,萧兵出版了《楚辞文化》一书,论述了楚国与印度可能存在的文化交流。岑仲勉的《〈楚辞〉中的古突厥语》从语汇的角度论述了羌、些、惩、婵媛、偃蹇、佗傺、值佃、荃、荪、蟪蛄、灵、离骚、謇等语词似乎都与古突厥语有关。2008 年,毛庆出版《屈原与中华文化和民族精神》,其中《考古文化证明的屈骚外来文化"背景"》专门考察屈原楚辞的外来文化背景。毛庆认为,屈原和楚辞有海外文化背景,古希腊、罗马人的审美心理、审美趣味与楚国存在关联。

第四节　文化人类学思潮与楚辞学

现代楚辞学的一个重要研究内容就是文化人类学与楚辞开始紧密结合,开创了楚辞文化人类学研究的新内容。19 世纪末,文化人类学的奠基人泰勒在达尔文进化论的基础上建立了文化人类学。这门学科在考古学、人种学、民俗学、语言学等学科的基础上研究人类文化,以揭示人类文化的本质。20 世纪初西学东渐,文化人类学的相关理论输入中国,开启了中国楚辞文化人类学研究的序幕。

一、楚辞文化人类学的发展历程

学界一般把 1903 年林纾、魏易合译《民种学》的出版作为文化人类学进入中国的时间,至今已经有一百多年。在这期间,20 世纪上半叶楚辞文化人类学的研究虽然没有像 20 世纪后半期和 21 世纪那样丰富多彩,但是学者们的研究也独具特色。

(一)楚辞文化人类学研究的发轫

梁启超、王国维等学者为中国文化人类学学科的建立做了早期的探索,这为楚辞文化人类学研究的开展在学科上做了准备工作。

文化人类学与中国文学研究之间的关系可以上溯到 19 世纪末。梁启超是中国学者中较早使用"人类学"一词的学者。1902 年,梁启超在《新史学》

中写道:"夫地理学也,地质学也,人种学也,人类学也,言语学也,群学也,政治学也,宗教学也,法律学也,平准学也(即日本所谓经济学),皆与史学有直接之关系。"①1904 年,清政府颁布《奏定学堂章程》,其中《大学堂章程》中"文学科大学"主课中有"人种及人类学"。王国维在《奏定经学科大学文学科大学章程书后》中建言"史学科科目"下设"人类学"。②

　　20 世纪初,法国的汉学家格拉耐(有的翻译成葛兰言)完成了《中国古代的祭礼和歌谣》,在欧洲汉学界引起轰动。他通过分析《诗经》中的祭礼和情歌,考察了中国上古时期的习俗与礼仪的关系,也为文化人类学与中国古代文学的研究开辟了一条新的道路。之后文化人类学在中国迅速传播,学者们逐渐认识到了这一门新兴学科的独特魅力。楚辞学与文化人类学相结合产生的楚辞文化人类学是现代楚辞学发展的一个重要标志。楚辞文化人类学不仅仅是一种方法、一种观念,它更是一种世界的眼光和开放的学术态度,古老的楚辞学也因此焕发出勃勃生机,这对 20 世纪后半叶乃至 21 世纪的楚辞研究都产生了重要的影响。

　　刘师培和王国维在楚辞文化学人类学的研究上做了大胆的探索。他们运用民族学和宗教学的相关理论分析楚辞,为楚辞研究注入了新的活力。

　　1904 年,刘师培集中发表了一些关于文化人类学的研究成果,有《民族志》《思祖国篇》等。1904 年 7 月 15 日,刘师培的《思祖国篇》发表在《警钟日报》第 141 号。他说:"自西籍东来以后,于汉族起原{源},言之尤析。大抵谓巴枯民族,兴于昆仑之西,以加尔迭亚为祖国。旧作《华夏篇》申其义,谓巴枯即盘古一音之转;又谓华夏之称,系由大夏转被。而余杭章氏之叙种族也,亦以古帝葛大加尔迭亚之转语。此皆汉族肇基西土之证也。"③刘师培的汉民族西来化的观点与他的政治主张、排满情绪密切相关,因而言论中难免有偏颇之处。在当时反对清政府、反对帝国主义,要求民族独立的时代背景下,刘师培

---

① 梁启超:《饮冰室合集·新史学》第一册,中华书局 1989 年版,第 10—11 页。

② 王国维:《王国维文集·奏定经学科大学文学科大学章程书后》第四卷,中国文史出版社 1997 年版,第 74 页。

③ 陈奇:《刘师培年谱长编》,贵州人民出版社 2007 年版,第 85—86 页。

结合《山海经》《穆天子传》《楚词》①《甘泉赋》等书考察汉民族的发源地,进而说明汉族与满族民族的不同,有利于鼓舞人们为摆脱封建枷锁的束缚、推翻清政府统治而斗争,同时对激发民族自信心和自豪感、抵抗外来侵略等具有一定的积极意义。他的研究角度也充满了新意,为后人提供了一种新的研究方法。

1904 年 12 月 24 日,刘师培在《警钟日报》第 303 号上发表《原戏》。刘师培认为:"戏曲者,导源于古代乐舞者也。"②"欲尊祖敬宗,不得不追溯往迹。""歌以传声,舞以象容。""乐舞之制,其利实蕃,大之可以振尚武之风,小之可以为养生之助。而征引往迹,杂陈古事,则又抒怀旧之蓄念,发思古之幽情,为劝诫人民之一助,其用顾不大哉!"③在他看来,上古之时最崇祭祖之典,诗为往迹之记颂,以歌传之。祖先形象,则以舞表现之,因此戏曲源于古代的舞蹈。1907 年 5 月 31 日刘师培在《国粹学报》29 期发表《舞法起于祀神考》,继续探讨舞蹈与祭祀的关系。

1909 年王国维作《戏曲考原》,1913 年作《宋元戏曲史》,这些论著都有文化人类学的影子。《宋元戏曲史》从戏曲的起源和流变过程对巫术、舞蹈和戏曲的关系进行探究。在《上古至五代之戏剧》部分他特别指出:"周礼既废,巫风大兴;楚越之间,其风尤盛。"④楚国的巫风和楚辞《九歌》有密切的关系,他指出《九歌》中的《东皇太一》《云中君》中的"灵"就是"巫","古之所谓巫,楚人谓之曰灵"。王国维从文化人类学的角度探讨了楚辞中称"巫"为"灵"的起源和演变过程。他认为楚人中称"巫"为"灵"并不是从战国时候开始的。

> 《楚辞》之灵,殆以巫而兼尸之用也。其词谓巫曰灵,谓神亦曰灵;盖群巫之中,必有象神之衣服形貌动作者,而视为神之所冯依;故谓之曰灵,或谓之灵保。《东君》曰:"思灵保兮贤姱。"王逸《章句》训灵为神,训保为安。余疑《楚词》之灵保,与《诗》之神保,皆尸之异名。⑤

王国维引用《诗经·楚茨》中"神保是飨""神保是格""鼓钟送尸,神保聿

---

① 注:刘师培文为"楚词"。
② 陈奇:《刘师培年谱长编》,贵州人民出版社 2007 年版,第 114 页。
③ 陈奇:《刘师培年谱长编》,贵州人民出版社 2007 年版,第 114 页。
④ 王国维:《王国维全集·宋元戏曲考》,中国文史出版社 1997 年版,第 308 页。
⑤ 王国维:《王国维全集·宋元戏曲考》第一卷,中国文史出版社 1997 年版,第 309 页。

归"说明《楚辞》之灵保即是神保,即尸。《楚辞·九歌》中的浴兰沐芳,华农若英,为衣服之华丽;缓节安歇,竽瑟浩倡,为歌舞之盛大也。"是则灵之为职,或偃塞以象神,或婆娑以乐神,盖后世戏剧之萌芽,已有存焉者矣。"①随着科技的进步和社会的发展,这种古老而神秘的巫术和祭祀之舞已经逐渐淡出人们的视野,但这并不代表着彻底的消亡,其中传承下来的心理因素、民俗传统以及娱乐性,依旧保留于现在的部分人类活动当中,这对于探究本源的意义也就显得格外重要。刘师培和王国维对楚辞舞蹈和巫术的探索对以后游国恩、郭沫若、闻一多等人的研究有重要的启发意义。他们关于中国戏曲起源的考辨,至今仍为学术界所重视。

（二）楚辞文化人类学研究的发展

从五四以后到 30 年代,这是楚辞文化人类学快速发展的阶段。李济、蔡元培等人着手创建现代文化人类学学科,为楚辞文化人类学的发展做准备。

1928 年 3 月,中央研究院社会科学研究所成立,后与北平社会调查所合并,这是当时中国"研究生物统计学、人类学与民族学惟一之国立机关"。中山大学、清华大学等随后也建立了人类学研究机构或院系。中山大学 1928 年成立了语言历史研究所,傅斯年、顾颉刚、史禄国等人任教授,该所主要学术研究工作集中在古物、档案和民俗等方面。1928 年,清华大学成立了社会人类学系,傅尚林、陈达、吴文藻等在此执教。1930 年,清华大学还成立社会人类学会,史禄国发表了题为《关于世界人类学发展及现状》的演讲。1930 年 9 月,在葡萄牙举行"第十五次国际人类学及史前考古学会议",我们从中国代表刘咸的演讲中可以得知,当时中国已经建立了现代意义上的文化人类学。他说:

> 采用近代科学方法之人类学教学,在中国可谓甚新颖。现在中国各著名大学课程中,多有人类学一科,包括体质人类学、文化人类学及考古学三大纲,复分细目,与欧美各国大学相同。②

① 王国维:《王国维全集·宋元戏曲考》第一卷,中国文史出版社 1997 年版,第 309 页。
② 刘咸:《第十五次国际人类学及史前考古学会议记》,《科学》1931 年第 7 期。

由此可见,早在 20 世纪二三十年代,中国就已经建立了与世界同步的文化人类学学科体系。在此基础上也就推动了楚辞文化人类学的进一步发展,甚至出现了一个小的研究高潮。在楚辞文化人类学的发展期,游国恩、陆侃如、闻一多、沈德鸿、姜亮夫等学者都积极投入文学与文化人类学交叉学科的研究中,并带来了新的研究成果。

20 世纪 20 年代以后,随着研究范围的深入和扩大,文化人类学形成了包括民族学、考古学和语言学等内容的综合性学科。风俗是文化的重要组成部分,在考察楚辞文化人类学的研究成果时,民间风俗也作为一项重要的研究内容。楚地民间风俗,也就是在楚文化区域形成的,楚国全体社会成员共同遵守的约定俗成的规范。由于这种规范并非人为规定,而是约定俗成的,所以最能够反映楚国的文化个性。它是由楚国的民众创造、共享和传承的,代表着楚民族的历史和社会发展水平。

王国维在他的《屈子文学之精神》中就指出:"诗之为道,既以描写人生为事,而人生者,非孤立之生活,而在家族、国家及社会中之生活也。"①作为先秦经典的《楚辞》,为我们保存了先秦楚地风俗的重要资料。东汉王逸、班固,宋代黄伯思等均涉及了楚地的民俗。文学的创作是以创作主体的生活背景和个人经历作为依托的,其中就必然会反映出当地的民间习俗。民俗支撑着文学作品的内容,文学作品则将其保留了下来,二者互为依托。

五四运动前后中国学界展开了关于民俗文化的大讨论,中国现代知识分子并没有停留在对民俗文化的表层研究,"他们一旦发掘出民间文化中所潜藏的丰富价值,便很快将其作为创造新文化、新文学的资源而加以利用"②。在五四新文化运动这一特殊的历史语境之下,学者们很快将文化人类学的民俗理论应用到了楚辞的研究中。

1. 楚辞与巫风

在科技不发达的时代,人们对一些自然现象没有办法解释,就认为有一种非人的力量在操纵着。"非人力量作为解释事物的根据是万能的,它能阐明

---

① 王国维著:《王国维文集》第一卷,中国文史出版社 1997 年版,第 31 页。
② 苏永前:《民俗文化与中国文学精神的现代转型》,《西北民族大学学报(哲学社会科学版)》2006 年第 1 期。

过去和未来的一切事件。非凡的成就、杰出的领导、精彩的表演以及所有神奇的、超自然的、美妙的事情之所以如此,皆因他们拥有'力量'"①。在楚辞诞生的时代,社会的文明发展程度还是处于比较低的阶段,文学与巫术自然就结合在一起。

游国恩的《楚辞概论》在这一时期出版,他从文化人类学的角度说明了民俗与文学的关系。他认为南方民族不及北方民族开化,"迷信的事尤其喜欢,于是'巫风'遂大盛于南方诸国"②。游国恩深入探讨了巫觋之风与文学的关系。从文学与社会生活的关系看,文学是社会生活的反映,楚国巫风盛必然会反映在文学上。游国恩认为巫觋"唯一的任务是祭祀,祭祀必须要祈祷,祈祷必用祝辞和歌舞。祝辞是为自己的……歌舞是为神灵"③。南方迷信之风越是繁盛,音乐和舞蹈也就越发达,文学的材料亦是越来越多。他认为楚辞中描写歌舞乐神最为丰富的作品就是《九歌》。作品中涉及衣服的丽洁、佩饰的庄严、音乐的纷陈、车驾的隆盛、意态的荒淫。《九歌》中或写实,或想象;忽而天上,忽而人间;时而写神灵,时而写灵保。游国恩从文学起源的角度探讨了南方巫风与楚辞的关系,古代的巫觋之俗给予了楚辞很多的养分。

青年时期的游国恩接受了西方"文学源于宗教"的理论,所以在《楚辞概论》中,他认为楚辞的一个来源就是楚国祭祀活动时的歌辞。在他1929—1931年撰写的《中国文学史讲义》中,对文学的起源做了补充。他说:"文学者不凭虚起,有之自有语言始,成之自文字孳乳以后始,而靡不以自然及人生之各种关系为其发动之枢机"④。他认为自然、情感、需要成为文学的起源。"西方学者多谓文学源于宗教,言之亦颇成理。""祈祷之事作,而文学之事以起。"⑤

陆侃如在《中国诗史》《中国文学史二十讲》《宋玉评传》等著作中描述了巫风在先秦楚国诗歌演进过程中的作用。游国恩探讨了巫风和楚辞之间的关

---

① ［美］拉尔斐·比尔斯:《文化人类学》,河北教育出版社1993年版,第413页。
② 游国恩:《楚辞概论》,商务印书馆1939年版,第39页。
③ 游国恩:《楚辞概论》,商务印书馆1939年版,第40—41页。
④ 游国恩:《中国文学史讲义》,天津古籍出版社2007年版,第6页。
⑤ 游国恩:《中国文学史讲义》,天津古籍出版社2007年版,第8—9页。

系,提出巫风可以成为楚辞的文学创作来源,陆侃如的贡献则在于他找到了巫风的来源。他在《宋玉评传》中说:"文学与自然界的关系是很大的,所以楚民族的版图若永远不扩大,则它便不能成一独立的团体,大诗人也不会产生于它的境内,而它的历史也永远不能在这里占篇幅了,而且因为陈、吴、越等国并入版图的原故,楚民族的文学又得到一种滋养料,这便是'巫风'……《商书》说明巫风的内容为'酣歌''恒舞'二种,这二种都是文学起源的原动力。"①他明确提出了楚国的历史地理和楚地的巫风问题。陆侃如认为,楚国在当时被人称为蛮夷,是因为其在风俗、衣服、语言、音乐、官制等方面迥异于中原,这形成了楚国文化的独特性。作为一个新兴的国家,楚国物产丰饶,农工商业兴盛,因此发展得很快。自熊通称武王后,楚的版图渐渐扩大,几乎扩展到整个长江流域。"不但可与周分庭抗礼,实有驾而上之势。"②物质生活的发达,必然会带来文化娱乐方面的需求,楚地相对于中原民风开放,崇尚歌舞,在这样的社会和文化条件下,楚辞应运而生。

1930 年,陆侃如在《屈原与宋玉》中从楚民族的来源分析了文学的起源应该是《诗经》中的"二南"与《陈风》。"这二十五篇为楚文学的始祖。"③陆侃如认为,前人对《诗经》中"二南"所涉及的地名的理解有误,江、汉、汝和南等都在楚地的范围以内。陈为楚国所灭,其在风俗、衣服、语言、音乐、官制等方面与楚国相同。《陈风》的特点表现为"巫风"。他认为《招魂》是宋玉的作品,记载了一种民间习俗。他说:

> 我乡有一种很流行的风俗:譬如有人病了,家人以为他的"火"(魂)吓散了,便由最亲近的人在夜深幽静之时,手执扫帚,喊着病人的名字道:"某人归来! 某人归来!"若病势严重时,便特请巫觋为之,口中唱着有韵的辞句。(我们称之为"叫火",听说北方便叫做"招魂"。)④

由此可见,《招魂》就是巫觋所唱的歌词。

鲁迅的《屈原及宋玉》中也涉及到了楚辞与巫文化的关系。他对比了《楚

---

① 陆侃如:《陆侃如古典文学论文集》,上海古籍出版社 1987 年版,第 456—457 页。
② 陆侃如、冯沅君:《中国诗史》,百花文艺出版社 1999 年版,第 77 页。
③ 吴平、回达强主编:《楚辞文献集成·屈原与宋玉》,广陵书社 2008 年版,第 17922 页。
④ 吴平、回达强主编:《楚辞文献集成·屈原与宋玉》,广陵书社 2008 年版,第 17958 页。

辞》和《诗经》产生的地点,描绘了楚辞中的植物与风俗。鲁迅认为《九歌》之所以"绮靡杳渺",与屈原其他诗文差异很大,是因为《九歌》"俗歌俚句,非不可沾溉词人,句不拘于四言,圣不限于尧舜,盖荆楚之常习,其所由来者远矣"①。正如韦勒克所言:"文学的产生通常与某些特殊的社会实践有密切的联系;而在原始社会,我们甚至不大可能把诗与宗教仪式、巫术、劳动或游戏等划分开来。文学具有一定的社会功能或'效用',它不单纯是个人的事情。"②在楚辞诞生的年代,文学尚且不具有完全的独立性,它不是作为一种审美活动而出现的,而更多是作为一种表达情感、反映生活的工具,因此楚辞的产生,必然与当地的风俗习惯脱不开关系。

综上所述,这一时期楚辞文化人类学的研究集中在巫风为楚辞创作提供了丰富的给养,《招魂》《九歌》为巫觋所唱的歌词。

2. 楚辞与神话

这一时期关于楚辞与神话研究的先行者当属谢无量,1923 年他的《楚辞新论》出版,书中从南北文化不同论的角度比较了《楚辞》与《诗经》神话的差异。谢无量认为《诗经》中所言之神是天神地祇,《楚辞》所言之神,是江妃山鬼。虽然他没有展开更为详细的论述,但是他的观点对以后楚辞神话学的研究产生了启发性的作用。《楚辞》与《诗经》二者根本性的差异在于"南方文学的思想和北方文学的思想"。它们产生的历史和环境都有着天然的差异,绝对不能"并为一谈"。这就反驳了廖平楚辞只是《诗经》的旁支一说。谢无量总结道:"《诗经》的好处,不是楚词的好处;楚词的好处,不是《诗经》的好处。《诗经》和楚词是不同的,南方文学的思想和北方文学的思想是不同的。他们各有他们的历史,各有他们的环境,是不能并为一谈的。"③谢无量独具慧眼,发现了《楚辞》神话与《诗经》神话的差异,这是前人所未及的,遗憾的是他没有展开论述,为以后闻一多等学者的研究留下了空间。

在这一阶段,关于楚辞与神话的研究闻一多的贡献最为突出,他奠定了中

---

① 鲁迅:《汉文学史纲要·屈原及宋玉》,上海古籍出版社 2008 年版,第 23 页。
② [美]勒内·韦勒克、奥斯汀·沃伦:《文学理论》,江苏教育出版社凤凰出版传媒集团 2005 年版,第 100 页。
③ 谢无量:《谢无量文集·楚词新论》第七卷,中国人民大学出版社 2011 年版,第 362 页。

国楚辞神话学的研究基础。他是中国早期神话研究的学者之一,对《楚辞》《庄子》《山海经》等古籍中的神话都做了深入的研究。

1935 年,闻一多在《清华学报》第 10 卷第 4 期上发表了论文《高唐神女传说之分析》后,他的研究重点开始转到中国古代神话的起源及其演变上,发表了《朝云考》《姜嫄履大人迹考》《龙凤》《两种图腾舞的遗留》等一系列论文。闻一多在文学史的研究上强调"文学史"并非"文学"与"史"之混合,而是"化合","在世界文学中定中国(文学)之地位,和在整个文化中定中国文学之要点。因文学与史之研究皆在进展中——文学有新认识,史有新发现,分途研究,以求修正与证实"①。他在《中国上古文学·史诗问题》中涉及了文学与神话的关系。1936 年,他在清华大学开设"中国古代神话研究"的专题课,由此可以看出闻一多非常关注文学与神话的关系。他将神话看作文学记述的"根苗"②,认为:"神话不只是一个文化力量,它显然也是一个记述。是记述便有它文学的一方面,它往往包含以后成为史诗、传奇、悲剧等等的根苗,而在文明社会的自觉的艺术以内,被各民族的创作天才利用到这种方面去。"③闻一多想通过研究神话探寻中国古代文化和文学的源头。在遥远的古代社会,当时的风土人情、社会生活无法被人们直观探知,这个时候神话就变成了最初的记录。因此神话作为早期文化的代表,我们从中也可以窥得许多中国文学作品的源头。

《高唐神女传说之分析》是闻一多神话学研究的一次探索,其中涉及了楚辞的《天问》中的大禹娶涂山氏之事。神话产生于人类社会发展早期,也成为文学创作的源泉之一。由于自然条件的限制,人们对世界的认识不够清楚,相信现实世界之外存在着超自然的神秘力量,远古族群的人们集体创造神话,讲述人类早期的故事,传承者对这些故事信以为真,神话便因此流传下来。

闻一多的研究当中涉及了人类早期的婚姻观念。他分析了高唐神女中女神的演变过程。他从《诗经·曹风》中的《候人》篇开始,分析上古社会男女相

---

① 闻一多:《闻一多全集·中国上古文学》第十卷,湖北人民出版社 1993 年版,第 37 页。
② 闻一多:《闻一多全集·中国上古文学》第十卷,湖北人民出版社 1993 年版,第 43 页。
③ 闻一多:《闻一多全集·中国上古文学》第十卷,湖北人民出版社 1993 年版,第 43 页。

悦的场景。《候人》中的鹈、《国风》的鱼都是男女间用来"比喻他或她的对方"①，《诗经》中称"男女大欲不遂为'朝饥'，或简称'饥'"②。这可以和楚辞《天问》里有屈原问禹娶涂山事互证，曰："禹之力献功，降省下土四方，焉得彼嵞山女，而通之于桑台？闵妃匹合，厥身是继，胡维嗜欲同味，而快鼌饱？"闻一多认为，王逸注"何特与众人同嗜欲，苟欲饱快一朝之情乎"抓住了屈原的意思③。他认为屈原这里用"朝食"二字，意指通淫，由此可以类推《诗经》中"朝食"的意义为男女之情。他还用《汉书》《楚辞》《诗经》互证：

> 《汉书·外戚传》"房与宫对食"，《注》载应劭说曰："宫人自相与为夫妇名对食。"④

闻一多认为，这是"古人称性交为食的铁证"。闻一多把文化人类学理论的研究方法用到与中国《楚辞》《诗经》等典籍中，与其中的神话因子相结合来进行分析，为后世神话学两性意象的研究开辟了新思路。

《高唐神女传说之分析》中，闻一多的另一个贡献在于通过神话相似性的研究证明楚民族的来源问题。在闻一多生活的时代，已经有学者证明楚民族最初活动在黄河下游。因为在春秋时楚、卫等国皆有地名"楚丘"，"楚丘"是楚国的故墟证明，也就是说"最初的楚民族是在曹、卫地带住过的"⑤。根据这一观点，闻一多另辟蹊径，从神话和诗歌的角度去寻找楚民族与曹、卫等民族的关系。他认为《高唐赋》中"朝云"的神话已经在《诗经》时代产生了，见于《诗经》的《鄘风·蝃蝀》《鄘风·卫风》和《曹风·候人》。曹、魏是邻国，流传着同样的神话也是正常现象。闻一多接着又从民族迁移的角度说明楚民族曾经居住在黄河下游地区，后来迁徙到了楚地。曹有一地曰"鄝邑"，"而在古代地名上加邑旁是汉人的惯例，则鄝邑字本作'梦'，与楚地云梦之梦同字。楚高唐神女所在的巫山是在云梦中，而曹亦有地名梦"⑥。由此闻一多推出，曹、

---

① 闻一多：《闻一多全集·神话与诗经》第三卷，湖北人民出版社1993年版，第3页。
② 闻一多：《闻一多全集·神话与诗经》第三卷，湖北人民出版社1993年版，第4页。
③ 闻一多：《闻一多全集·神话与诗经》第三卷，湖北人民出版社1993年版，第5页。
④ 闻一多：《闻一多全集·神话与诗经》第三卷，湖北人民出版社1993年版，第6页。
⑤ 闻一多：《闻一多全集·神话与诗经》第三卷，湖北人民出版社1993年版，第16页。
⑥ 闻一多：《闻一多全集·神话与诗经》第三卷，湖北人民出版社1993年版，第16—17页。

卫曾经是楚民族的老家,两国的民歌中还保留楚民族神话的痕迹,楚神话中人物所居的地名在曹国也有。闻一多借助神话说明了《诗经》《楚辞》时代创作的宏观背景,突破了前人的研究成果,具有极为重要的创新意义。不过我们可以看到,闻一多的研究也存在一定的局限性。举例来说,关于《高唐赋》的真实性,后世学者已经证明不是宋玉的作品,为后人的伪作,因此闻一多的推断不可能完全正确。

1936 年 1 月,闻一多在《清华大学学报》上发表《高唐神女传说之分析补记》,这是在《高唐神女传说之分析》之上的进一步探索。闻一多根据杜光庭的《墉城集仙录》中的故事,认为高唐神女即是楚之"高禖",高唐即"郊社",他从音转的角度判断"涂山",即"社山"。《集仙录》中的涂山氏就是女娲,在《淮南子·览冥篇》中有女娲积芦灰以止淫水的故事,可知女娲曾经帮助大禹治水。《集仙录》中所言的高唐神女与涂山氏合为一人,但闻一多并不主张"她们本是一人"①。他从民族神话演变的角度切入,认为他们以及旁的中国古代民族的先妣"是从某一位总先妣分化出来的",她也许就是西王母。② 虽然杜光庭的故事中捏造了一个谱系,云华夫人是王母第二十三女,但是闻一多认为也许这是正确的。这就犯了一个明显的错误,即在虚构事实的基础上推断,结论必然是错误的。他把上古神话与中国古代文学研究结合起来,探讨中国洪水神话中女性的地位与角色,这也不失为一个独特的研究角度。总体而言,闻一多学习西方艺术理论知识,他借鉴文化人类学理论,在脱离文体本身的情况下,强调将神话的产生发展放置到整个人类历史的发展、演进进程中去看待,重视其中体现出来的功能与深刻含义。闻一多认为,神话不仅仅是一种文学的形式,更加反映出人类思维的发展过程。秉持着这种态度,他的研究虽有不足,但瑕不掩瑜,为中国楚辞学向现代化转型做了开拓性的贡献。

（三）楚辞文化人类学研究的高潮

20 世纪 40 年代楚辞文化人类学研究的成果大量涌现,上一阶段周作人对人类学派神话学做了介绍之后,茅盾、黄石、谢六逸、林惠祥等人的神话学著

---

① 闻一多:《高唐神女传说之分析补记》,《清华学报》1936 年 1 月。

② 闻一多:《高唐神女传说之分析补记》,《清华学报》1936 年 1 月。

作相继问世。这些著作都是关于人类学派神话学的论述,茅盾提出用人类学派神话学方法重构中国"原始神话",这为楚辞研究开辟出新的领域。学者的研究成果集中出现,不仅涉及上一阶段的神话故事,而且拓展到了图腾、节日、祭祀、仪式等领域。

1. 楚辞与神话

楚辞神话的研究涉及闻一多、游国恩、茅盾等人。

在这一时期闻一多对楚辞文化人类学的研究进一步展开。1941 年 12 月 8 日,闻一多写完《楚辞校补》引言部分。他说较古的文学作品之所以难读,其中一个原因是"先作品而存在的时代背景与作者人的意识形态,因年代久远,史料不足,难于了解"①。闻一多楚辞神话学的研究就是围绕楚辞作品的背景展开的,他把楚辞放到中华民族大的神话背景中,打破了西方学者所谓的中国没有神话的谬论。他认为中国的神话自成系统,需要综合研究。因此他说:"我走的不是那些名流学者,国学权威的路子。他们死咬定一个字,一个词大做文章。我是把古书放在古人的生活范畴里去研究;站在民俗学的立场,用历史神话去解释古籍。"②闻一多楚辞人类文化学研究的一大亮点就是把文化人类学的理论知识、研究方法与传统考据学的方法相结合,探讨楚辞研究的新路子。闻一多关于《九歌》的系列研究,从楚辞创作的时代出发,结合神话学、民俗学、宗教学、社会学理论开创了《九歌》文化人类学的专题研究。

闻一多围绕《九歌》的研究有《什么是九歌》《〈九歌〉的结构》《〈九歌〉释名》《东君·湘君·司命——〈九歌杂记〉之一》《东皇太一考》《怎样读九歌》《九歌古歌舞剧悬古解》《楚郊祀东皇太一乐歌》《九歌解诂》等内容。

楚辞中涉及的神和半人半神的名称很多,闻一多在《九歌》系列研究中对神进行了分类,确定了神的具体身份和地理位置。他将《九歌》中神的身份分成了三分类。第一种是自然神。基于人类早期对自然界的不了解和畏惧,他认为人首先有着对自然神的崇拜,因此《九歌》中出现了日、云、星、山、川一类的自然神。第二种是鬼。这是由于是人对鬼的崇拜,如《国殇》。它产生的条

---

① 闻一多:《楚辞校补》,巴蜀书社 2002 年版,第 1 页。
② 刘烜:《闻一多评传》,北京大学出版社 1983 年版,第 275—276 页。

件是"封建型的国家制度下,随着英雄人物的出现而产生的一种宗教行为"①。
第三种是神。像东皇太一一样的上帝。闻一多对《九歌》神的划分是基于中
国古代社会的演进规律,沿着人类社会形态由低级到高级的发展过程,探讨不
同社会阶段人们对神话的认识。《九歌》中的山川之类的自然神具有"神道的
原始性和幼稚性"②。《国殇》中的鬼代表社会形态的进步,与东皇太一的时
代比较接近。"东君以下八神代表巫术降神的原始信仰,《国殇》东皇太一则
是进步了的正式宗教的神了。"③东皇太一的身份是正祀,国殇是陪祀,东君、
云中君、湘君、湘夫人、大司命、小司命、河伯、山鬼是助祀。闻一多把国殇当成
了一个神,与传统的观念国殇是祭奠为国牺牲的将士的仪式有很大差异。

对神所处的地理位置的研究是闻一多的一大创举。他根据《汉书·礼乐
志》"武帝定郊祀之礼,词太一于甘泉……乃立乐府,采诗夜诵,有赵、代、秦、
楚之讴"一句,确定"九章之歌所代表诸神的地理分布,恰恰是赵、代、秦、楚"。
云中君在赵地,东君在代地,河伯、国殇代表秦地,湘君、湘夫人为南楚,大司
命、少司命、山鬼是楚地。他发现了一个排列的规律,这就是《九章》地理分
布,自北而南,"地域愈南,歌辞的气息愈灵活,愈放肆,愈顽艳,直到那极南端
的《湘君》《湘夫人》,例如后者的'捐余袂兮江中,遗余褋兮醴浦'二句,那猥
亵的含意几乎令人不堪卒读了"④。闻一多的神话研究有很浓的考据学痕迹,
他在搜集文献的基础上运用了人类文化学的相关知识,试图从宏观上把握楚
辞的神话体系与历史源流。他为后世的楚辞神话学研究建立起了一个基本的
框架:对神进行了分类,确定了神的具体身份和地理位置。

闻一多楚辞神话学的研究,打破了楚辞文学的界限,把楚辞与中国古代神
话、歌舞、习俗、哲学等内容联系起来综合考察,这是他对楚辞神话学研究的一
大贡献。他认为中国古代神话是一个系统,建立这个系统可以为楚辞研究服
务,特别是可以考察楚辞的背景。神话不仅提供了关于以宇宙和其他起源的
解释,也体现了群体的社会准则和观念。在《高唐神女传说之分析》《姜嫄履

① 闻一多:《闻一多全集·楚辞编》第五卷,湖北人民出版社1993年版,第345页。
② 闻一多:《闻一多全集·楚辞编》第五卷,湖北人民出版社1993年版,第345页。
③ 闻一多:《闻一多全集·楚辞编》第五卷,湖北人民出版社1993年版,第345页。
④ 闻一多:《闻一多全集·楚辞编》第五卷,湖北人民出版社1993年版,第350页。

大人迹考》《说鱼》《伏羲考》《龙凤》《司命考》《道教的精神》《神仙考》《说舞》《端午考》等论著中,闻一多把中国古代的神话作为楚辞研究的背景,探究神话与楚辞内容的关系。

闻一多在楚辞神话研究中试图建立一个楚辞的神话体系。在这个体系中有一个最高的神东皇太一,也就是伏羲,他是"苗族传说中全人类共同的始祖"①。闻一多认为:"这是因为楚地本是苗族的原住地,楚人自北方移植到南方,征服了苗族,依照征服者的惯例,他们接受了被征服者的宗教,所以《九歌》里把太一当作自家的天神来祭。而《高唐赋》叙述楚襄王的故事,也说到'醮诸神,礼太一'。"②他从神话的角度论述了"太一"的地位,太一是天神,是宇宙的本体,是一种不可思议的超自然力。在传说的古代帝王中,只有伏羲才有这样的权能。伏羲与女娲紧密连在一起成为夫妇,并御天下。他推测"太一"是伏羲的一个化名。证据是文献中的一些记载,如《史记·始皇本纪》:"天皇、地皇、泰皇。"《封禅书》作"天一、地一、太一"。《郊祀志》:"画天、地、泰一诸神。"③泰皇、太一、泰一,都是指"太一"。"太一"是楚人心目中天上最高的神。他以东皇太一为中心构建了楚辞的神话体系,东皇太一、东君、云中君、湘君、湘夫人、大司命、少司命、河伯、山鬼在这个神话体系中分别担任不同的角色。

闻一多认为《东皇太一》与《礼魂》分别是迎神曲和送神曲,东皇太一就是那唯一的神。其他神在《九歌》中都没有被迎送,他们一面是对东皇太一"效欢",一面也是以东皇太一的从属资格来"受享"。"效欢"是立于主人的地位,替主人帮忙;"受享"是立于客人的地位,做陪客。这里值得注意的是,闻一多推断出此结论的逻辑存在着一定问题,他举出了历史的例证:"以内容论,汉《郊祀歌》的首尾两章——《练时日》与《赤蛟》相当于《九歌》的《东皇太一》与《礼魂》,谢庄又仿《练时日》与赤蛟作宋《明堂歌》的首尾二章,而直题作《迎神歌》,《送神歌》。由《明堂歌》上推《九歌》,《东皇太一》《礼魂》是迎送神

---

① 闻一多:《闻一多全集·楚辞编》第五卷,湖北人民出版社 1993 年版,第 378 页。
② 闻一多:《闻一多全集·楚辞编》第五卷,湖北人民出版社 1993 年版,第 378 页。
③ 闻一多:《闻一多全集·楚辞编》第五卷,湖北人民出版社 1993 年版,第 377 页。

曲,是不成问题的。"①闻一多证明《九歌》中的《东皇太一》和《礼魂》分别应该是迎送神曲,他是以后世受到《九歌》影响的祭祀歌曲进行类比证明,等于是形成了一个逻辑闭合的循环论证,同时又以后世推前世,更是难以自圆其说。总体说来,闻一多的推断极富创见,但尚且需要进一步寻找证据。

在文化人类学者的视野里,神话一直是比较受关注的一项内容。五四以后,随着文化人类学在中国的传播,闻一多也受其影响,他把楚辞研究转移到神话方面。神话记载了世界产生的前因后果和人类以前的自然界的奥妙。虽然神话不是真实的,但是从某种程度可以反映出原始先民的生产生活情况。闻一多试图从楚辞神话中追溯楚人的社会结构、精神信仰等,为20世纪楚辞文化人类学的研究开辟了新的道路。

游国恩对《九歌》中神的分类及其身份认定与闻一多不同。游国恩认为《九歌》中所列的篇名都是楚人所祭祀的神的名称。这些神可以分成三类:第一类是天神。东皇太一,星名,天之尊神;云中君,云神;大司命,星名,主寿命的神;少司命,星名,主子嗣的神;东君,太阳神。第二类是地祇。湘君、湘夫人(湘水的配偶神);河伯,河神;山鬼,山神。第三类是人鬼。国殇,为国牺牲的战士;礼魂,旧注为祭一般善终者。

姜亮夫对诸神的分类与上述两位学者不同,他认为东皇太一是天神,最为尊贵;东君是日神;云中君是月神;河伯、山鬼是山川之神;湘君、湘夫人是祖先;大司命、少司命是星辰之神;国殇是人鬼。这些神"成为后世礼俗的郊祀所祀的诸神"②。

学者们的楚辞神话研究不仅提供了关于宇宙和其他起源的解释,也强调了群体的社会准则和观念。他们对神话人物和地位的分类具有明显的目的性。

2. 楚辞与图腾

"图腾"一词是从北美奥日贝人的土语转化而来,意为"彼之血族""种

---

① 闻一多:《闻一多全集·楚辞编》第五卷,湖北人民出版社1993年版,第341页。

② 姜亮夫:《姜亮夫全集·屈原赋今译》第七卷,云南人民出版社2002年版,第234页。

族""家庭"。① 图腾研究始于 18 世纪末的英国人朗格，以及 19 世纪的格莱。朗格在他的著作中最先提出了"图腾"的名称，说明其为印第安人的宗教信仰之一。格莱在著作中描述了澳洲土著人的习俗，与朗格的宗教信仰说有相似之处。直到 19 世纪末，勒南以图腾解释原始民族的宗教信仰，摩尔根用图腾研究原始民族的社会结构及其习俗，逮佛来则探讨了图腾与艺术之间的关系，姜亮夫和闻一多的楚辞研究都涉及了图腾的研究。

　　姜亮夫的图腾研究起步比闻一多要早。林家骊整理的《姜亮夫年谱简编》中提到，1935 年姜亮夫西行至巴黎，在那里结识了柏里和鲁佛博物馆秘书尼古拉·芳姬。同年 11 月，他进入巴黎大学博士院学习考古学。第二年 5 月在尼古拉·芳姬的帮助下，翻译莫尔干的《史前人类》，并进行了详细的注解。② 正如姜亮夫在《古史学论文集》序言中所说的："我主张读莫尔干的《古代社会》，所以我释禹为夏民族的宗神（图腾），而我对古史的民族问题，也渐见成熟，我第一次提出了'龙''凤'两大系。即夏、殷两民族的说素，……我为《民族月刊》写了一篇五万字的《夏殷民族考》……我此时虽然已经读了不少古代社会史的书，而此文不无一些影响，然大体说来只是有些文化人类学的踪影。"③由此可以看出，姜亮夫对人类文化学中图腾研究的历程。姜亮夫把禹作为夏民族的图腾。他在《九歌解题》中谈到，在夏人心目中大禹是有功之人，"盖禹之功，故周以来圣君贤相之所欲缵继者也，故重修夏乐，不敢度越，而南方之学者，更神其说曰，得之自天，而启承之……"④他从文字学的角度解释了"禹"与龙之间的关系，禹是夏族"中心之人"，"禹字从虫从九，即后蚪字之本"。

　　闻一多关于图腾的研究起步晚于姜亮夫，但是闻一多的成果更为丰富。他的研究可以分成三个阶段，他从"伏羲"的传说入手，经由《神话与诗》，逐步过渡到了楚国人图腾"龙"的研究。

　　他的《伏羲考》从人首蛇身谈到龙与图腾，开始探求中华古老文化源头。

―――――――――――

① 岑家梧：《图腾艺术史》，学林出版社 1986 年版，第 1 页。
② 林家骊：《姜亮夫年谱简编》，《职大学报》2012 年第 4 期。
③ 姜亮夫：《姜亮夫全集·楚辞通故》第一卷，云南人民出版社 2002 年版，第 10 页。
④ 姜亮夫：《古史学论文集》，上海古籍出版社 1996 年版，第 2—3 页。

闻一多借助于发现的考古资料,结合《楚辞》等中国古代典籍考证伏羲与女娲为人首蛇身的形象。关于伏羲与女娲的关系历史上存在两种不同的说法:其一为兄妹说,其二为夫妻说。夫妻说出现得最晚,也最值得怀疑,清代以后考古发现了人首蛇身的男女,二人两尾呈相交状,使伏羲与女娲为夫妻的观点"才稍得确定"①。当时人类文化学的研究报告给了闻一多很大的启发,为他进一步确定伏羲与女娲为夫妻的观点奠定了基础。闻一多认为,兄妹配偶是伏羲女娲传说的最基本轮廓,这个"轮廓在文献中早被拆毁,它的复原是靠新兴的考古学,尤其是人类学的努力才得完成的"②。他特别强调了考古学和人类学对于人类始祖图腾伏羲与女娲研究的贡献。他列举了东汉的画像中伏羲与女娲的形象,如《亚洲腹地考古记》中隋代高昌阿斯塔那墓室绢画画像、重庆沙坪坝石棺前额画像等,这些新的考古发现为他的楚辞图腾研究提供了证据。他高度评价了人类学给他的研究带来了新的气息:"人类学可供给我们的材料,似乎是无限度的。我并不曾有计划的收集这些材料。目前我所有的材料仅仅是两篇可说是偶尔闯进我视线来的文章。"③其中一篇指的是发表于当时中央研究院历史语言研究所的《人类学集刊》第一卷第一期有《苗族洪水故事与伏羲女娲的传说》的文章。闻一多认为,人类学对于确定伏羲与女娲关系做出了贡献,不仅仅是因为故事的发现,而且使文献当中有关二人的传说得到了印证,"最要紧的还是以前七零八落的传说或传说的痕迹,现在可以连贯成一个完整的有机体了"④。

确定了伏羲与女娲的关系,闻一多进一步探讨了超自然形体人首蛇身的意义,以及它的起源与流变。他认为,中国古籍中的交龙、螣蛇、两头蛇等传说共同的来源就是人首蛇身的伏羲和女娲。闻一多确信这是"荒古时代的图腾主义(Toemism)的遗迹"⑤。龙到底是什么?闻一多的答案是:"它是一种图腾(Toem),并且是只存在于图腾中而不存在于生物界中的一种虚拟的生物,

---

① 闻一多:《闻一多全集・神话与诗经》第三卷,湖北人民出版社 1993 年版,第 59 页。
② 闻一多:《闻一多全集・神话与诗经》第三卷,湖北人民出版社 1993 年版,第 59 页。
③ 闻一多:《闻一多全集・神话与诗经》第三卷,湖北人民出版社 1993 年版,第 64 页。
④ 闻一多:《闻一多全集・神话与诗经》第三卷,湖北人民出版社 1993 年版,第 67 页。
⑤ 闻一多:《闻一多全集・神话与诗经》第三卷,湖北人民出版社 1993 年版,第 78 页。

因为它是由许多不同的图腾糅合成的一种综合体。"①中国的龙图腾,局部像马,像狗,像鱼,像鸟,像鹿,有兽类的四脚,马的头,鬣的尾,鹿的角,狗的爪,鱼的鳞和须,但它的主要基本形态是蛇,这表明当初在众图腾单位林立的时代,蛇图腾最为强大,它兼并与固化了许多弱小单位。他说龙在最初本是一种大蛇的名字。闻一多在龙与蛇的关系上并没有探讨得特别清楚,"龙与蛇二名从来就纠缠不清,所以我们在引用古书中关于龙蛇的传说时,就无法,也不必将它们分清"②。他的一大贡献在于确定了伏羲和女娲的形象为中国图腾龙的早期的形象,且龙是一种水生生物,具有灵性。中国的龙图腾团族大概就是古代所谓的"诸夏",或至少和他们同姓的若干夷狄。他们起初都住在黄河流域的上游,后来一部分向北迁徙,即后来的匈奴;一部分向南迁移,形成了周初南方荆楚、吴越各蛮族;留在原地的部分称为商地,形成了中国几千年文化的核心。在《两种图腾舞的遗留》③中对《尚书大传・虞传》记载的三代禅让改乐的故事做了分析。从虞到夏,模拟的羽族舞变成了水族舞蹈,说明两个民族属于两个不同的图腾团族。羽族的凤,变成了水族的龙。"龙族的诸夏文化,才是我们真正的本位文化,所以数千年来我们自称为华夏,历代帝王都说是龙的化身……总之,龙是我们立国的象征。"④

　　闻一多进一步探讨了龙图腾与楚国的关系。在《伏羲考》中,闻一多认为祝融之后的八姓中的"芈"姓也是以龙为图腾的团族。芈姓的四支夔、越、蛮芈、荆皆为龙族。他从汉字演变和构字法的角度说明了芈姓的四支与龙的关系。

　　　　芈姓又有蛮芈,而荆本在荆蛮。其实古代南方诸侯都称蛮,所以夔越也还是蛮。芈姓四支都是蛮。"芈",也许就是"蛮"之声转。"蛮"字从"虫"《说文》曰"南蛮蛇种",尤为芈姓是龙族的确证。巴、芈二姓都是龙族,而都出于祝融,则祝融可能也是龙子。"融"字从"虫",本义当是一种

---

① 闻一多:《闻一多全集・神话与诗经》第三卷,湖北人民出版社1993年版,第79页。
② 闻一多:《闻一多全集・神话与诗经》第三卷,湖北人民出版社1993年版,第80页。
③ 闻一多:《闻一多全集・神话与诗经》第三卷,湖北人民出版社1993年版,第164页。这篇文章是根据闻一多的手稿整理而成。
④ 闻一多:《闻一多全集・神话与诗经》第三卷,湖北人民出版社1993年版,第86页。

蛇的名字。①

闻一多认为"祝融"实为《山海经》中的"鯈蠕"。他引《郑语》史伯曰:"夫黎为高辛氏火正。以淳(焞)耀敦大天明地德,光照四海。故命之曰'祝融'。"又曰:"祝融,亦能昭显天地之光明。""光照四海,与出入有光和。"他推断祝融是一条火龙,与火山粘合而成为火山神。他又将这一推断与《楚世家》中所说的"重黎为帝喾高辛氏居火正,甚有功,能光融天下,帝喾命曰祝融"结合在了一起。闻一多的这种研究方法从文字学的角度证明楚之先祖与龙图腾之间的关系。这一结论从理论上是可以成立的,但闻一多的推断方法有时会具有一定的偶然性,需要有进一步的证据来证明,还欠缺展开的环节。

1943 年 7 月 5 日,闻一多的《端节的历史教育》发表,1947 年他的《端午节考》发表,这两篇文章探讨了图腾神龙与吴越风俗、端午习俗之间的关系。吴越人的断发、文身是使自己看起来是一个真正的龙子,能让蛟龙认为自己是他的族类,从而获得安全的保障,这是"十足的图腾主义式的心理"②。吴越人认为龙就是自己的图腾,闻一多用图腾主义的理论分析吴越人与龙之间的关系。远古时期科技还不够发达,当人类受到自然界的威胁又难以进行解释的时候,就会怀疑存在着某种超自然的力量正在发生作用。这种超自然的力量就来自于祖先的保护神,保护神的形象便是图腾。他们在自己的身体上和日常用具上刻上图腾的形状,来强化自己和图腾之间的关系,以获得图腾的保护。关于端午的节日,闻一多明确提出这和屈原没有关系。"端午本是吴越民族举行图腾祭的节日,而赛龙舟便是祭祀仪中半宗教,半社会性的娱乐节目,至于将粽子投到水中,本意是给蛟龙享受的,那就不用讲了。总之,端午是个龙的节日,它的起源远在屈原以前——不知道多远呢!"③在每年盛大的图腾祭中,吴越人将食物献给图腾神吃。水面上的龙舟竞渡,给图腾神欢乐,也给自己欢乐。这一幅热闹的情景之下却是"一副战栗的心情","吁求着生命的保障"④。他还从心理学的角度探求了吴越族对龙图腾的敬畏。《荆楚岁时

---

① 闻一多:《闻一多全集·神话与诗经》第三卷,湖北人民出版社 1993 年版,第 92 页。
② 闻一多:《闻一多全集·楚辞编》第五卷,湖北人民出版社 1993 年版,第 11 页。
③ 闻一多:《闻一多全集·楚辞编》第五卷,湖北人民出版社 1993 年版,第 11 页。
④ 闻一多:《闻一多全集·楚辞编》第五卷,湖北人民出版社 1993 年版,第 13 页。

记》记载了五月五日龙舟竞渡纪念屈原,从此时开始少有人怀疑屈原与端午节之间的关系。闻一多楚辞图腾研究的一大贡献在于厘清了端午的起源与屈原之间没有必然的联系,而中国的端午节和图腾龙之间却存在着密切的关系。这在 20 世纪上半叶楚辞人类文化学的研究领域里是一个重大突破。

1944 年 7 月 2 日,闻一多的《龙凤》发表,进一步探讨了"龙"的起源和中华民族的关系。龙与凤分别代表了中国古代民族中的两个单元——夏民族和殷民族。闻一多认为龙是原始夏人的图腾,凤是原始殷人的图腾。夏与殷虽然已经距离图腾文化时代比较远,但是在夏与殷两代之前就已经形成了一种制度和信仰。因此他认为可以把"龙凤当作我们民族发祥和文化肇端的象征"①。楚人是夏人的后裔,以"烛龙"为图腾,龙是楚人的象征。在历史发展的长河中,图腾式的民族社会演变成了封建制的国家,龙凤也成为"帝德""天威"的标记。闻一多关于龙凤的研究不仅对楚辞研究有重要意义,而且对推断中华民族文化图腾的起源也有重要意义。

3. 楚辞与仪式

人类早期的仪式活动能够揭示出人类对动物及自然现象不能正确认识时所产生的迷惑。人类学家涂尔干和瑞芮伯朗将"礼仪视为具有增强作用的集体情绪和社会整合现象"。这一时期的学者对楚辞中的仪式活动从文化人类学的角度进行了分析,主要涉及节日仪式、祭祀仪式、婚嫁仪式。

屈原为后人留下了瑰丽的楚辞,也留下了一个节日——端午节。事实上对于端午节及其仪式与屈原之间是否存在确切关系,学者们并没有详细梳理过,直到 20 世纪以后随着楚辞研究的深入,学界把这一问题纳入了研究视野。

闻一多的《端午考》《端节的历史教育》分析了端午风俗的由来。端午节最重要的两件事就是龙舟竞渡和吃粽子,已经作为两种仪式固定在中国人的文化生活里。端午传说的四分之三即屈原、伍子胥、勾践在南方,南方的地区三分之二属于吴越,即伍子胥、勾践,闻一多由此推出"端午可能最初只是长江下游吴越民族的风俗,自东汉以来,吴越地域渐被开辟。在吴越文化与中原

---

① 闻一多:《闻一多全集·神话编》第三卷,湖北人民出版社 1993 年版,第 159 页。

文化的对流中,端午这个节日才渐渐传播到长江上游以及北方各地"①。端午的发源地应在当时的吴越地区,古代吴越民族以龙为图腾,属于龙图腾团族。他们都接受了图腾的信仰,因此端午节就是龙图腾团族举行图腾祭祀的节日。《淮南子·要略篇》中记载"龙忌",许慎《注》曰:"中国以鬼神之事曰忌,北胡南越皆谓'请龙'。"②北胡,指匈奴,他们的"请龙"风俗,又称为"龙祠"。端午节的龙舟竞渡、吃粽子、请龙、龙祠作为仪式保留了下来。在关于端午的论述当中,闻一多意识到自己还缺少一个重要的越民族史料来证明"请龙",他只找到了匈奴人"龙祠"的相关史料。对于端午的仪式,闻一多还论及"彩丝系臂",这种风俗是"文身之遗",因为"文身的主要部位本是手臂"。③ 也就是说,历史上文身的习惯被放弃后,人们还把这种形式保存在衣襟间。龙形虽然已经不再明确,但是五彩丝线依然是五色龙的象征。端午节竞渡的龙舟也是"龙纹"从身体扩张到了身体以外的用具。闻一多的贡献在于认识到端午风俗仪式与龙图腾之间的关系,无论是南方的民族,还是北方的民族,他们都有共同的图腾信仰。图腾文化消失后,文身变成了衣服的纹饰,龙舟也只剩下了龙的形象,遇到宗教仪式的时候,古老民族信仰的图腾形态就会出现。"于是我们便看到穿着模拟文身的彩衣的水手们划着龙舟——一幅典型图腾社会的'浮世绘'。"④

闻一多认为,龙舟竞渡的仪式按《岁时记》的记载起源于越王勾践时期,虽然不是很可靠,但足可以说明这种仪式很古老。屈原与端午的故事最早的记载见于六朝时期的《荆楚岁时记》:

> 五月五日竞渡,俗为屈原投汨罗日,伤其死所,并命舟楫以拯之。舸舟取其轻利,谓之飞凫,一自以为水军,一自以为水马,州将及土人,悉临水观之。

隋代杜台卿已经怀疑过端午与屈原的关系,闻一多认为,杜台卿的解释虽然不是很正确,但是他的"拯溺"之说确实有道理的。闻一多明确指出,端午的仪

---

① 闻一多:《闻一多全集·楚辞编》第五卷,湖北人民出版社1993年版,第34页。
② 闻一多:《闻一多全集·楚辞编》第五卷,湖北人民出版社1993年版,第37页。
③ 闻一多:《闻一多全集·楚辞编》第五卷,湖北人民出版社1993年版,第42页。
④ 闻一多:《闻一多全集·楚辞编》第五卷,湖北人民出版社1993年版,第45页。

式和屈原没有必然的联系,从古代吴越到今天,端午"求生"的意义已经成为了过去,应该给他"我们时代所需要的意义"。"但为这意义着想,哪有比屈原的死更适当的象征?是谁首先撒的谎,说端午节起于纪念屈原,我佩服他那无上的智慧!端午,以求生始,以争取生得光荣的死终,这谎中有无限的真!"①闻一多对端午仪式的认识超越了传统楚辞学的限制,并把它放到20世纪大的文化人类学背景中进行重新审视。他的研究立足于文化人类学中的巫术仪式,认为端午仪式与巫术仪式存在着某种共通之处。这种仪式中包含一个假设——存在一种威胁人们生存超自然的生物,人们通过龙舟竞渡、短发文身、彩丝系臂等仪式劝说超自然的蛟龙停止对人的伤害。

关于楚辞祭祀仪式的研究,历来楚辞学者的视线多集中在作品《九歌》上。《九歌》有两种概念,一个是儒家典籍中所记载的《九歌》,另一个则是神话传说当中的《九歌》。闻一多在《什么是九歌》中对神话的《九歌》和经典《九歌》进行了区分,两者看起来虽然名字相同,却似乎没有什么特别的联系。他认为神话《九歌》:"是夏人的盛乐,或许只郊祭上帝时方能使用。……正如一般原始社会的音乐,这乐舞的内容颇为猥亵。只因原始生活中,宗教与性爱颇不易分,所以虽猥亵而仍不妨为享神的乐。"②"神话的九歌,一方面是外形固守着僵化的古典格式,内容却在反动的方向发展成教诲式的'九德之歌'一类的九歌,一方面是外形几乎完全放弃了旧有的格局,内容则仍本着那原始的情欲冲动,经过文化的提炼作用,而升华为飘然欲仙的诗"。③ 经典的《九歌》是教诲式的"九德之歌"。"各民族的诗歌都偏重表达文化思想,自然和超自然力量以及深切的情感。"④闻一多认为,楚辞中的《九歌》是神话的,属于祭歌的形式,《东皇太一》《礼魂》是迎送神曲。从祭祀仪式的角度来说,迎神送神是祭歌的传统形式,迎送仪式在祭礼中处于重要地位。位于《九歌》首尾两章的《东皇太一》是迎神曲,《礼魂》是送神曲,二者是祭者对神的迎送,且被迎送的神只有东皇太一这一位神。《九歌》中其他的神,没有被迎送,这是由东

---

① 闻一多:《闻一多全集·楚辞编》第五卷,湖北人民出版社1993年版,第14页。
② 闻一多:《闻一多全集·楚辞编》第五卷,湖北人民出版社1993年版,第338页。
③ 闻一多:《闻一多全集·楚辞编》第五卷,湖北人民出版社1993年版,第338页。
④ [美]拉斐尔·比尔斯:《文化人类学》,河北教育出版社1993年版,第507页。

皇太一的地位决定的。"东皇太一是上帝,祭东皇太一即郊祀上帝。只有上帝才能够得上受主祭者楚王的专诚迎送。其他九神论地位都在王之下,所以典礼中只为他们设享,而无迎送之礼。"①祭礼是为东皇太一而设,其他九神到场,"合好效欢虞泰一"②。九神一面效欢太一,一面以太一的从属资格来受享。效欢时替主人帮忙,受享时做陪客。九神地位不同,身份有尊卑。闻一多从宗教祭祀仪式的角度对《九歌》中神的职能和地位进行了论述,神各司其职,他们在宗教仪式中的地位和作用也各不相同。闻一多认为,从宗教仪式的角度来说《东皇太一》《礼魂》是"祭歌主体的迎送神曲",其余九章"只是祭歌中的插曲","插曲的作用是凑热闹,点缀场面,所以可多可少,甚至可有可无"。③ 这一观点的例证和问题已在前文提及,此处不再赘述。闻一多确定了《九歌》仪式中祭祀的主体神——东皇太一的仪式,并列出了一个详细的仪式框架,说明了个体或群体神的社会地位。今天看来,《九歌》中表现的仪式是非常复杂的,闻一多从仪式的构成、人物在仪式中所担负的祭祀职责等进行了详细的剖析,说明他对楚辞人类文化学的研究已经达到了一个高度,超越了以前学者泛泛而浅显的研究,深入了祭祀仪式内部,并注意到了其结构构成。

从文化人类学的角度来说,所有的宗教仪式都是由与个体或群体生活中产生的愿望或重要事件引发的,简单的仪式往往与小的事件相关联,由众多仪式组成的复杂的典礼仪式往往与重大的事件相连。这也说明了祭祀的东皇太一在楚人的心目中地位十分重要。学者姜亮夫也认为《九歌》中所祀者东皇太一是楚国重要的神,重要的祭祀仪式是以他为中心展开的。"古者天子以春秋祭太一东南郊","又此亦如宋人最尊太一,祀于东,则曰东太一,于西则曰西太一,于中央则曰中太一……"④他认为太一是所祭祀诸神中"天神之最贵者"⑤。姜亮夫指出《九歌》是楚国的"国家祀典,非诸侯祀典"⑥。按照周代的世法,有天下者祭百神,诸侯在其地则祭之,亡其地则不祭,所以诸侯不得祭

---

① 闻一多:《闻一多全集·楚辞编》第五卷,湖北人民出版社1993年版,第342页。
② 逯钦立:《先秦汉魏晋南北朝诗》,中华书局1983年版,第150页。
③ 闻一多:《闻一多全集·楚辞编》第五卷,湖北人民出版社1993年版,第343页。
④ 姜亮夫:《姜亮夫全集·楚辞通故》第一卷,齐鲁书社1985年版,第202页。
⑤ 姜亮夫:《姜亮夫全集·楚辞今译讲录》第七卷,云南人民出版社2002年版,第234页。
⑥ 姜亮夫:《姜亮夫全集·楚辞学论文集》第八卷,云南人民出版社2002年版,第287页。

天,仅能祭社稷。综合来看,《九歌》中所祭天神占到半数以上,姜亮夫由此得出《九歌》是楚国的"国家祀典",非诸侯祀典。"国之大事,在祀与戎。"古代中国,祭祀是和战争一样都是国家最重要的事,也逐渐成为国家仪式的组成部分。"礼有五经,莫重于祭"。中国古代祭祀有严格的等级制度,天神称祀,地祇称祭。天子祭祀天神地祇,诸侯大夫祭祀山川之神,士庶祭祀祖先和灶神。按照姜亮夫对《九歌》中被祭祀者的分类,可以看出属于天子祭祀范畴的神占了多数,也正好支撑他《九歌》是楚国的"国家祀典"的观点。"《九歌》中东皇太一、东君、云中君、大司命、少司命属天神,河伯、山鬼属地祇山川之神,湘君、湘夫人、国殇属于人鬼,皆非齐民之所得崇祀可知。"[1]古人认为,祭祀与国运息息相关,这一仪式就被延续保留了下来。

姜亮夫进一步证明了"《九歌》非全为楚祀"。诸侯祭祀名山大川,终于春秋战国之时。在殷商的祀典中有上帝、社、祖妣、风雨之神、山川之神、没祀河之神。春秋之时,楚国北疆没有到达黄河,楚国虽然有"僭王之事","祀仪在天",因此楚人不祀河伯。在《九歌》出现了河伯,为何楚人要祭祀黄河? 姜亮夫在《九歌解题》中认为:"《九歌》有《河伯》者,必本于先民旧传之礼。"[2]他根据传说中多言河者,乃夏民族所特有,也是"河之文化之所由生"。夏文化中的宗神为治河之神禹,"夏民族之文化,即以河为孕毓之区。则崇祀河神,必为夏民族普遍遗习"。[3] 因此,"《九歌》有河神者,必本于夏之遗习无疑"[4]。战国时楚国祭祀仍然保留夏代先民的传统,可见楚人祭祀风俗十分古老。

综上所述,在这一时期,楚辞文化人类学的研究比上一个阶段的研究更加深入,文化人类学思潮已经深深影响到了楚辞学者,也产生了丰富的研究成果,成为 20 世纪楚辞学术史上一个研究活跃的时期。

二、楚辞文化人类学的评价

五四新文化运动以后,文化人类学思潮成为中国现代学术系统中重要的

---

① 姜亮夫:《姜亮夫全集·楚辞学论文集》第八卷,云南人民出版社 2002 年版,第 287 页。
② 姜亮夫:《姜亮夫全集·楚辞学论文集》第八卷,云南人民出版社 2002 年版,第 288 页。
③ 姜亮夫:《姜亮夫全集·楚辞学论文集》第八卷,云南人民出版社 2002 年版,第 288 页。
④ 姜亮夫:《姜亮夫全集·楚辞学论文集》第八卷,云南人民出版社 2002 年版,第 288 页。

组成部分,受其影响,楚辞研究者的文化心理、思维方式、文学观念也相应地发生了变化,把"精神独立,思想自由"的现代学统内化为楚辞学者的文化人格,这成为了中国楚辞学向现代学术转型与发展的内在动力。现代学术与楚辞学的发展密切相关已是不争的事实,也是重要的历史经验。

（一）楚辞文化人类学的成就

1. 文化心理的突破

五四时期倡导的以民主和科学为标志的激进主义文化思潮与楚辞学的现代化有着深刻的关系,特别是文化人类学思潮为楚辞学带来了文化心理上的重大突破。

从文化史的角度来说,学术文化应是人类文化总系统中的精华与核心。它是体现文化体系进步与否、民族文化心理结构优化与否的重要尺度。五四运动以后建构的新的学术体系打破了传统的以儒家思想道德为主的文化体系,这使楚辞学具有了现代学术文化的基本品性。文化人类学作为一种新的文化思潮进入楚辞研究领域,使学者的文化心理突破固有的认知,形成新的学术视野。从汉代开始,楚辞的研究就纳入了经学体系,《楚辞》成为儒家"圣典",屈原也成为忠君爱国的典范。19世纪末20世纪初,楚辞学开始由传统学术向现代学术转型,学者们力求恢复楚辞文学的本原,剥去了覆盖在楚辞上面的层层经学外衣,探求其文学性内核。文化人类学的研究方法使古老的楚辞学融合现代的研究方法,学术视野进一步扩大,开始建立世界文化与楚辞文学之间的联系。比如茅盾在《楚辞与中国神话》中把英国人类学派神话学家安德留·兰对原始人万物有灵的世界观与中国的楚辞中的神话进行对比,只不过茅盾在著述中描述为"泛灵论""精灵主义""精灵崇拜"等。神话中把自然物神化、人格化、人兽易形、人兽通婚等现象都当成万物有灵观的反映。茅盾提出了中国神话分成北、中、南三部分的观点。他认为北方神话具有北方民族宇宙观所特有的严肃的现实"气味",如洪水神话、共工头触不周山、女娲补天造人神话、愚公移山和黄帝伐蚩尤的神话等;中部神话以色彩鲜明见长,楚辞中的神话和《高唐赋》中的巫山神女神话是典型的代表;南方神话产生于南方的少数民族,而后渐渐北行,盘古开天辟地则属南方民族神话的代表。按照地域对神话进行分类,对于探究神话的起源和融合有着十分重要的意义,甚至从神话故事的演变中可以看到人类迁徙与融合的痕迹。当时，大多数学者所做的神话分类都是针对于世界性神话，只有茅盾针对的是中国神话，这有助于中国神话研究的发展，代表着中国神话研究已经开始步入系统化和科学化的阶段。茅盾还运用了倾向于神话学的方法研究盘古神话的问题。在当时资料极端缺乏的情况下，他提出不仅要把中国古代神话与外国神话进行比较，而且要把国内神话进行比较，特别是把汉族神话与少数民族神话进行比较，探求其起源和传播的路径与思路，为研究中国古代神话提供了一种方法。

当学者们突破了传统的文化心理范畴时，他们发现从文化的角度重新审视楚辞可以看到一个更加精彩的世界。楚学者们结合现代考古发现去探究楚辞的文化，其中展现出来的楚国的风俗、仪式和图腾崇拜等方面和中原地区有着巨大的差异，特别是楚文化中保留了许多原始文化的印记。五四运动之前的学者并没有真正认识到楚辞文献的文化性质和价值，五四以后鲁迅首先正确评价了楚辞对神话研究的价值，他说："《天问》是中国神话和传说的渊薮。"①鲁迅认为，神话与巫的信仰密切相关，而楚辞的诞生地楚国，正是一片巫族文化十分盛行的土地。文学的发展由神话演进到传说，再由传说渐变成小说，人们对神的信仰虽然逐渐远离，但早期故事中的文学性内核却保存了下来。鲁迅论述了神话与文学创作之间的关系，之后茅盾等分别向纵深方向进行了阐述。茅盾认为楚辞中保留了大量的神话材料，特别是秦汉之前的神话，它们反映了中华民族的原始信仰及生活状况。茅盾正确地评价中国古籍在神话研究中的价值，认为它们是研究中国古代神话的一个关键。神话是流传于古代人民口头的故事，由于经济和文化发展的不平衡，特别是文化发展的不平衡，有的神话故事流传在民间口头，有的神话故事记录于文人之书。他在《楚辞与中国神话》中写道："原始人民……以自己的生活状况，宇宙观，伦理思想，宗教思想，等等，作为骨架，而以丰富的想象为衣，就创造了他们的神话和传说。"②他认为中国神话的价值在于"合于原始信仰和原始生活"③。因此，楚辞是我国神话宝库中的珍贵遗产。

---

① 许寿裳：《亡友鲁迅印象记》，当代世界出版社 2015 年版，第 7 页。
② 茅盾：《楚辞与中国神话》，《文学周报》1929 年第 6 卷。
③ 茅盾：《中国神话研究》，《小说月报》1925 年第 16 卷第 1 期。

　　文化人类学像一把钥匙打开了楚辞这一文化宝藏,楚辞中展现出来的楚国的风俗、仪式和图腾崇拜等吸引了学者的目光。学者们结合神话传说和历史遗存,重新探讨楚辞中的文化信息。这些内容几千年来一直尘封在楚辞的世界里,直到 20 世纪以后在文化人类视野的关照下,才散发光彩。例如《山鬼》中关于山鬼的形象历来众说纷纭,王逸以为山鬼比喻臣,公子谓"椒也","言己所以怨公子椒者,以其知己忠信,而不肯达,故我怅然失志而忘归也"。①洪兴祖提出山鬼为"夔""枭阳"的猜测。朱熹认为《山鬼》中表现的是君臣之义。"知公子之思我而然疑作者,又知君之初未忘我,而卒困于谗也。至于思公子而徒离忧,则穷极愁怨,而终不能忘君臣之义也。以是读之,则其它之碎义曲说,无足言矣。"②在古代楚辞学的视野中,人们对山鬼的理解始终没有脱离比、兴等表现手法。在文化人类学思潮的影响下,关于楚辞宗教和神话的研究开始逐步走向深入。楚国从原始社会走来,楚人的生活散发着神秘的气息,他们对于巫有特殊的感情。之前的学者也注意到了楚地巫风盛行,重视祭祀和占卜,但是没有进行深入地探讨。他们延续了中国古代感悟式的学术研究方式,没有建立起严密的逻辑体系。20 世纪以后的学者,基于文化人类学的研究重新探讨楚辞与风俗、宗教等内容的关系,试图建立楚辞文化人类学体系。闻一多在《九章的再分类》中分析了《山鬼》,他说:

　　　　在宗教史上,因野蛮人对自然现象的不了解与畏惧,倒是自然神的崇拜发生得最早。次之是人鬼的崇拜,那是在封建型的国家制度下,随着英雄人物的出现而产生的一种宗教行为。最后,因封建领主的逐渐兼并,直至大一统的帝国政府行将出现,像东皇太一那样的一神教的上帝才应运而生。③

苏雪林以"人神恋爱"阐释《九歌》,这在近代楚辞的研究中是一个极有创新性的观点。闻一多对此做了高度评价:"苏雪林女士以'人神恋爱'解释《九歌》的说法,在近代关于《九歌》的研究中,要算最重要的一个见解,因为他确实说

①　(宋)洪兴祖:《楚辞补注》,中华书局 2013 年版,第 81 页。
②　(宋)朱熹:《楚辞集注》,上海古籍出版社 1979 年版,第 45—46 页。
③　闻一多:《闻一多全集·什么是九歌》第五卷,湖北人民出版社 1994 年版,第 345 页。

明了八章中大多数的宗教背景。"①闻一多认为"人神恋爱"只是"八章"的宗教背景。宋代以后洪兴祖"夔""枭阳"之类的说法影响深远,直到清代顾天成提出"山鬼即巫山神女"。在文化人类学的关照下山鬼成为楚地之神,学者闻一多、孙作云等人按照现代的研究方法论证了山鬼即楚神。

2. 思维方式的转换

思维方式是思考问题的根本方法,它对人们的言行起决定性作用。当学术研究的思维方式发生转换时,直接影响学术研究的发展走向。时代背景和文化背景的不同,使得学者们研究楚辞的思维方式有很大差别。在文化人类学视野下,楚辞研究思维方式的变化就是重视楚辞的背景研究,把楚辞放到人类文化发展史的大背景下理解楚辞作品。学者们跳出传统学术义理、考据、辞章研究的范畴,用文化人类学的方法对楚辞进行研究,并取得了丰硕的成果。

首先,学者关注楚辞的时代背景。

闻一多是楚辞文化人类学研究的探索者之一,他特别强调楚辞的背景研究,在对待《楚辞》和《诗经》的研究上他的态度是一致的。在《楚辞校补》引言中他特别强调较古的文学作品所以难读的原因,其中一个就是"先作品而存在的时代背景与作者个人的意识形态,因年代久远,史料不足,难于了解"②。《诗经》与《楚辞》的创作年代都比较久远。在《风诗类钞甲》中闻一多提到:"缩短时间距离——用语体文将《诗经》移至读者的时代,用下列方法带读者到《诗经》的时代:考古学(关于名物尽量以图画代解说)、民俗学、语言学。"③这是闻一多的一个主要观点,也是他楚辞文化人类学研究的一个重要原则,所以他给自己定下了楚辞研究的课题"说明背景"。闻一多认为,考古学和民俗学的知识对于研究楚辞有着重要意义,作品因为年代久远,人们阅读和理解作品产生困难,文字障碍容易将读者陷于"多歧亡羊的苦境",以后传本的讹误也害人不浅。

关于屈原之死,学者们众说纷纭,闻一多分成"泄忿说""洁身说""忧国

---

① 闻一多:《闻一多全集·什么是九歌》第五卷,湖北人民出版社 1994 年版,第 351 页。

② 闻一多:《楚辞校补·引言》,巴蜀书社 2002 年版,第 1 页。

③ 闻一多:《闻一多全集·诗经编(下)》第四卷,湖北人民出版社 2004 年版,第 457 页。

说",其中的"忧国说"最不可信。他认为:"一个历史人物的偶像化的程度,往往是与时间成正比的,时间愈久,偶像化的程度愈深,而去事实也愈远。"①闻一多认为时间越是距离比较久远的,人们对屈原和《离骚》的认识越偏离事实,汉代人对屈原的理解应该是接近事实本身的。闻一多强调:"一种价值观念的发生,必有它的背景。"②不同的时代背景下,人们对屈原的评判也各不相同。屈原的狷介是由《渔父》的作者看出来的,因为这是在混乱的战国末年,屈原的抗争、愤恨与不屈服在时代背景的衬托之下丝毫不显突兀,忠臣则是大一统的帝王下的顺民的观点,到了汉代,他反倒被解读成了温柔敦厚的代表。"总之,忠臣的屈原是帝王专制时代的产物,若拿这个观念读《离骚》,《离骚》是永远谈不通的。"③闻一多的研究著述,如《伏羲考》《龙凤》《高唐神女传说之分析》《司命考》《歌与诗》《端午考》等都是为研究楚辞的背景展开的。五四运动后,学者们认识到文化人类学的观点和方法可以充分解释社会发展、思想文化、风俗习惯和宗教信仰等对楚辞学的影响,闻一多、茅盾、苏雪林、孙作云等一批学者跳出传统学术的研究范畴,给 20 世纪的楚辞学带来了新的活力。

其次,学者关注楚辞创作主体与楚国文化之间的关系。

文化人类学强调文化的多样性和文化的相对性,这是由于人类思想的多样性,以及各式各样的风俗和世界观的差别而引起,这些因素都可以影响人的行为和心理。文化与塑造人格、引发行为有着密切的关系,由于个体之间的差异相当大,反映出遗传所造成的气质以及生活情境影响下的个性不同,所以在文化人类学视角下,楚辞研究者把关注点投到了楚辞创作主体与楚国文化之间的联系上。

茅盾指出,自王逸起一干注家"把当时的神话材料全部抛弃不引以为解释",从而把楚辞单纯看成是屈原的思君之作,这种解读是不科学的。他认为"南方民族曾有不少的神话靠《楚辞》而保存至今"④,所以对楚辞中的这一部

---

① 闻一多:《闻一多全集·楚辞编·读骚杂记》第五卷,湖北人民出版社 2004 年版,第 4 页。
② 闻一多:《闻一多全集·楚辞编·读骚杂记》第五卷,湖北人民出版社 2004 年版,第 4 页。
③ 闻一多:《闻一多全集·楚辞编·读骚杂记》第五卷,湖北人民出版社 2004 年版,第 5 页。
④ 茅盾:《中国神话研究初探·前言》,上海古籍出版社 2011 年版,第 9 页。

分材料必须从神话学的角度加以研究。茅盾认为屈原的作品是"直接取材于当时传诵的神话传说"①,《楚辞》的来源不是北方的《诗经》,刘勰、顾炎武等人以"《诗经》一尊"的观念"抹煞了《楚辞》的真面目",把《楚辞》和《诗经》混在一起,"仅以时代先后断定他们的'血统关系'是不科学的"。②《楚辞》并不是凭空产生,神话才是南方文学的源泉。在茅盾看来,神话是一个动态发展的过程,它会随着社会的发展、文学演进,以及受哲学和宗教的影响而演变和消亡。茅盾认为人类社会愈是向前发展,人对神的崇拜也就愈会淡漠,这也是中国古代神话支离破碎、仅存片断的重要原因,而过早的历史化的是中国古代神话的一个显著特征。中国北方人太过"崇实","对于神话不感浓厚的兴味,故一入历史时期,原始信仰失坠以后,神话亦即销歇,而性质迥异的南方人,则保存古来的神话,直至战国而成为文学的源泉。只看现在我们所有的包含神话材料最丰富的古籍,都是南方人的著作,便可恍然"。③ 茅盾从南北方的文化特点和创作主体的个性分析了楚国保存神话的可能性,他提出:"我以为《天问》是屈原在闲暇时所写的杂感——对于神话传说中不合理部分之感想,和他的身世穷愁无关。"④屈原独特的个性和楚国的文化有密切关系,尽管历史上有相关的记载,也提到了创作主体和楚文化的关系,但是茅盾认为《隋书·经籍志》和黄伯思的评价"未免幼稚了些",淮南王刘安的解释又"太抽象"。茅盾把楚辞当成南方的"文人的纯文学作品",它的创作者用"民间流传的神话传说,以抒情咏怀","虽为文人的文学作品,而能直诉于民众的情绪,激起深切的共鸣"⑤。茅盾从楚辞创作的来源出发,确定其与楚国神话之间存在联系,这也是楚辞能流传的原因。屈原与楚国民众有共同的文化心理基础,作品中的情绪虽然作为一种主观表现,但是与社会现实有密切的关系,它是对现实生活的反映与评价,能够引起民众的共鸣。

---

① 茅盾:《中国神话研究初探·楚辞与中国神话》,上海古籍出版社 2011 年版,第 135 页。
② 茅盾:《中国神话研究初探·楚辞与中国神话》,上海古籍出版社 2011 年版,第 134 页。
③ 茅盾:《中国神话研究初探·楚辞与中国神话》,上海古籍出版社 2011 年版,第 134 页。
④ 茅盾:《五卅运动与商务印书馆罢工》,《新文学史料》1980 年第 2 期。
⑤ 茅盾:《中国神话研究初探·楚辞与中国神话》,上海古籍出版社 2011 年版,第 135 页。

3. 楚辞研究的延伸

中国古代楚辞学的研究内容集中在义理、考据和辞章上,五四前后对楚辞文学的研究开始向交叉学科延伸,拓展了楚辞学的领域。在这一时期,中国的知识分子接触西方的文化,开拓了眼界,也让他们开始反思楚辞学。他们没有一味地照搬西方的文化人类学的理论和研究方法,而是大胆创新,开创了中国化的楚辞文化人类学的研究,让楚辞的研究内容得以拓展。传统楚辞学中都是静态的关照,文化人类学的观点渗入之后,学者开始研究文化起源与楚辞产生的关系。

从历史上看,文学研究的内容随着社会历史文化和经济的发展变化而变化。不同的时代,各种社会思潮往往会与文学研究密切相关。这种相关性表现在两个突出的方面:第一,文学研究的现状和文学的价值标准。学者都会按照各自的理论主张和价值取向对文学作品进行研究。在学术史上,一种新文学研究内容的开拓与勃兴往往同社会历史和文化习俗等因素密切相关。楚辞文化人类学使古老的楚辞焕发新的生机。第二,文学研究是一种个体性很强的精神活动,文学研究是学者个体创造。这意味着学者研究的着眼点与其兴趣和爱好有直接的关系,他们按照自我的心理倾向选择文学作品,并在具体研究中推动文学研究的繁荣、发展和进步。这一时期楚辞学内容的拓展,为20世纪后半期楚辞学的研究奠定了基础。闻一多、茅盾、姜亮夫、孙作云等人的楚辞研究借鉴文化人类学的内容,让文化人类学的研究方法延伸到了楚辞领域。特别是在楚辞神话学、楚辞民俗学的研究上,学者们进行了大胆的创造。"受五四民主和科学的革命精神的左右,目的性很明确。他主张学习外国,但却反对一味摹拟欧美,主张大胆创造。""这种自行创造之宏愿",自始至终贯穿在他的楚辞研究中。学者们借鉴欧洲的神话学,是为了"创造一个中国神话的系统,为建立中国的神话学,为把中国神话置于世界神话之林,贡献自己的力量"①。

(二)楚辞文化人类学研究的不足

20世纪上半叶楚辞文化人类学的研究虽然取得了丰硕的成果,但是也存

---

① 茅盾:《中国神话研究初探·前言》,上海古籍出版社2011年版,第13页。

在明显的不足,这与文化人类学在中国的传播和发展有密切的关系。这一时期,中国的文化人类学研究处于刚刚起步阶段,而西方的文化人类学已经建立起了一个相对完整的学科体系。无论是在文化人类学学科建设还是在学术研究方面,中国当时都相对滞后,这也不可避免地使中国的楚辞文化人类学的研究存在一些不足之处。

1.楚辞文化人类学理论体系缺乏系统性

从中国文化人类学的发展来说,20世纪上半叶还没有建立起完整的学科体系,楚辞文化人类学的研究也必然会受到影响。西方文化人类学在20世纪初已经建立起了基本的学术体系,在发展过程中形成了众多学派,如古典进化论派、法国社会学派、反进化论诸派、精神分析学派等。中国的文化人类学在蔡元培的倡导下刚刚起步,到20世纪三四十年代出现了文化人类学研究的热潮,这直接影响到了楚辞学。在楚辞文化人类学的研究中,学者本着创新的原则对传统学术进行重新审视,尽管他们的目的非常明确,即立足于科学和民主的批判精神,但是在研究的过程中由于个人的认识差异、科技发展的局限,学者们往往抓住文化人类学中自己感兴趣的某一个研究点进行探究,这导致楚辞文化人类学的研究集中在几个点上,如楚辞神话学、楚辞民俗学、楚辞宗教学等。如闻一多侧重楚辞神话学的研究,便对高唐神女等神话传说进行了考证。这样一来就造成了不同研究点的成果水平不一,而且彼此之间无法相互贯通,容易产生主观片面的缺陷,各个研究层面尚不能有机系统地结合在一起。

2.楚辞文化人类学研究证据不够充分

文化人类学之所以受到楚辞学者的重视,一方面是学者们认识到人与自然关系的变化影响到文学艺术的发展,开始重视对自身文化的研究;另一方面是,随着人类各民族之间交往的空前广泛和深入,学者需要更全面、深刻地认识自己的文化和他人的文化。

文化学人类研究范围比较大,涉及考古、生物等,还涉及跨地区跨民族的文化研究,对于楚辞学者来说选择合适的佐证材料相对比较困难。比如茅盾试图运用欧洲文化人类学派的神话理论来解决中国神话问题。"当时,大家有这样的想法:既要借鉴于西洋,就必须穷本溯源,不能尝一脔而辄止。我从前治中国文学,就曾穷本溯源一番过来,现在既把线装书束之高阁了,转而借鉴于欧洲,自当从希腊、罗马开始,横贯十九世纪,直到'世纪末'。……因而也给我一个机会对十九世纪以前的欧洲文学作一番系统的研究。这就是我当时从事于希腊神话、北欧神话之研究的原因。"①他阅读了希腊、罗马、印度、古埃及、北欧、北美印第安、非洲、澳洲、新几内亚、南太平洋诸岛等地区的神话和传说、民族志、风土志、旅行游记等。从众多的研究材料中寻找与楚辞神话相关的佐证材料确实不是件容易的事。茅盾在论述楚辞来源的时候说:

> 我们承认《楚辞》不是凭空生出来的,自有它的来源;但是其来源却非北方文学的《诗经》,而是中国的神话。我们认清了这一点,然后不至于将《九歌》解释为屈原思君之词与自况之作,然后不至于将《天问》解释为愤懑错乱之言了。②

关于这一段论述,茅盾认为《楚辞》的来源是中国的神话,却又割裂了文学从《诗经》到楚辞的发展脉络,证据显然比较薄弱。在接下来的论述中,茅盾分析了"何以中国神话独成为中国南方文学的源泉"这一问题,他认为原因有两点:

> 一是北中国并没产生伟大美丽的神话;二是北方人太过'崇实',对于神话不感浓厚的兴味,故一入历史时期,原始信仰失坠以后,神话亦即销歇,而性质迥异的南方人,则保存古来的神话,直至战国而成为文学的源泉。只看现在我们所有的包含神话材料最丰富的古籍,都是南方人的著作,便可恍然。③

这样的论述虽然有点武断,中国北方也产生了大量的神话,如黄帝战蚩尤等,这些神话也反映到了楚辞中。因此茅盾的研究虽然确认了楚辞与神话存在关系,但是夸大了神话对楚辞产生的影响。文学的起源是多方面的,神话只是文学起源的一个方面。在文学作品中神话还有被历史化的过程,如果研究楚辞的起源与神话的关系,这些因素都应该考虑进去。

在楚辞文化人类学的研究中考证、训诂、名物等研究内容也存在诸多问

---

① 茅盾:《商务印书馆编译所生活之二》,《新文学史料》1979 年第 2 期。
② 茅盾:《中国神话初探》,上海古籍出版社 2011 年版,第 134 页。
③ 茅盾:《中国神话初探》,上海古籍出版社 2011 年版,第 134 页。

题。在考证方面,学者多引历史文献说明问题,较少使用物证或者口述历史的方法。尽管王国维已经提出了三重证据法,但是在楚辞文化人类学的研究中使用考古资料证明的相对还是较少。闻一多在楚辞名物的考证上下了很大功夫,许多解释别出新意,他证明的过程多是在浩如烟海的文献中寻找有利的证据,而较少从考古材料中寻找证据。比如闻一多在证明楚民族的高唐(阳)以先姚而兼神媒、与夏民族的涂山氏属同类时,引用了大量的文献,涉及《艺文类聚》《左传》《元和郡县志》《华阳国志》《水经注》,没有一个证据涉及考古资料和口述文献。闻一多在论述伏羲和女娲是苗族祖先时证据也明显不足。这种带有个人主观倾向,选取有利于支撑自身论点的材料进行研究的方式,很容易使研究成果主观和片面化。

楚辞文化人类学研究过程中,学者多把研究内容和文化现象做横向比较,如中国文化与外国文化,中国北方民族与南方民族的比较等。横向比较便于从楚辞的内容中获得新的认识,这固然会有一些创造性的突破,但是从逻辑的角度看,是否存在可比性、比较点选择的是否正确,这些都需要谨慎对待。比如闻一多在《伏羲考》论述伏羲和女娲的作为图腾的演变过程时,与阿玛巴人"龟部族""小鸟的部族"的发型、中国古代越族的龙文身进行横向比较,说明对图腾龙的崇拜。这是否完全如闻一多说的那样,有待进一步考证。

20 世纪楚辞学者对文化人类学的探索尽管有一些不足之处,但他们在楚辞学的开拓上仍功不可没。20 世纪后半期楚辞文化人类学的研究大放异彩,后辈在前人的研究基础上继续前行。

第五节　民族主义思潮与楚辞学

这里所谈的民族主义是一种思想状态,它为新中华民族精神的形成奠定了坚实的基础。英国学者爱德华·卡尔认为:"民族主义通常被用来表示个人、群体和一个民族内部成员的一种意识,或者是增进自我民族的力量、自由或财富的一种愿望。"[1]在民族主义思潮的影响下,楚辞学中出现了民族主义

---

① 杨赞、卢芳华:《现代民族主义的几种定义》,《中共天津市委党校学报》2009 年第 3 期。

研究的倾向,为 20 世纪上半叶的楚辞学书写了别样的一笔。

一、民族主义思潮的兴起

近代以来,西方思想文化涌入中国,唤醒了中国人的民族意识。仁人志士关心民族命运和国家前途,他们崇高的爱国情感在历史发展过程中积淀,逐步形成民族主义,推动了中华民族解放运动的发展,为建立中华人民共和国奠定了思想基础。

(一)萌芽期

晚清以后,西方的坚船利炮强行轰开了中国封闭已久的国门,华夏中心论开始瓦解。伴随着西方列强的入侵,中华民族的屈辱与西学的挑战唤醒了中国人的民族意识。林则徐、龚自珍、魏源等人为了抗御外侮主张学习西方,这是唤起中国民族精神的开始。

林则徐是中国开眼看世界的第一人。他在禁烟的过程中为了防务需要设立译馆,收集英军资料,开始关注西方世界。他主编和翻译了《四洲志》《华夏夷言》等,这是近代中华民族了解西方世界的最初资料。尽管林则徐的思想体系应仍以儒家的“修身齐家治国平天下”为根本,但是时代的巨变使他开始面向世界,以经世致用为取向,接受和学习西方新技术。

龚自珍对晚清的封建统治进行了理性的批判,认为“治世”光环下的黑暗危机已经无可救药,各种问题起源于专制政治的腐朽和社会上的贫富不均。在他看来,制度是束缚人才的一个重要因素,“京师贫”而真正有才华的人“则四山实矣”,并热切盼望“山中之民,有大音声起,天地为之钟鼓,神人为之波涛矣”①。“山中之民”是改革中坚力量。他希望通过改革,创造出一个良好的环境。

与龚自珍侧重理性批判思想不同的是魏源的思想更具建设性。他既清醒地认识到清朝统治的腐朽,又认识到了列强侵略中国的贪婪。如果想达到“制夷”的目的,必须先了解列强,学习其长处。魏源不仅强调了学习、借鉴西方的文化和技术,更重要的是他强调了“制夷”。魏源提出学习西方的目的是

---

① (清)龚自珍:《龚自珍全集·尊隐》第一集,上海古籍出版社 1999 年版,第 88 页。

抗击列强、战胜列强，这反映了他的危机意识和自强的民族精神。他批评了当时的保守派，反对他们把西学看成"奇技淫巧""形器之末"。魏源敏锐地指出，如果"不善师外夷者"，则"外夷制之"，他强调了向西方学习的紧迫性和必然性。魏源所主张的学习西方，不仅仅是学习"战舰""火器""养兵练兵之法"，凡是对军事民用有利的都在学习之列。为了更好地了解西方社会，魏源还设立了译馆，翻译并归纳整理西方列强的资料。"然则欲制外夷者，必先悉夷情始；欲悉夷情者，必先立译馆，翻夷书始。"①对于魏源的一系列举措，梁启超认为："中国士大夫之稍有世界地理智识，实自此始。"②

　　林则徐、龚自珍、魏源等人通过了解西方国家，看到一个与中国大不相同的世界，逐步开始打破中国人对国家和民族的传统认识。中国古代在儒家思想基础上形成了"家国一体"论，以"修身齐家治国平天下"为基本信条。中国传统的国家是基于"族群"概念，族群内部以儒家文化维系统治秩序和伦理秩序，形成了宗法制度。这样国家就与家族紧密联系在一起，没有形成现代的国家和民族意识。同时中国人受"华尊夷卑"华夏中心论的影响至深，时至晚清，人们对民族的理解仍然局限在"夏夷之辨"。面对19世纪的西方文明，"天朝上国"却不堪"坚船利炮"的一击。知识分子在了解和接受西方文明的过程中，传统夷夏观逐渐削弱，追求民族独立与民族富强的民族主义渐渐萌芽。王韬曾经批评道："苟有礼也，夷可进为华；苟无礼也，华则变为夷，岂可沾沾自大，厚己以薄人哉？"③

　　晚清民族危机加重也是中国近代民族主义萌芽的一个重要原因。鸦片战争以后，清政府面对西方列强的侵略，不断地割地赔款，国家和民族面临空前的危机。林则徐、魏源等开明人士试图寻找救亡图存的道路。洋务派则以儒家精神为安身立命之本，同时以务实的态度学习西方。虽然他们对西方的科学技术积极接受，但是对西方的制度和文化基本上持排斥态度。开明人士和洋务派的努力并没有改变中国被欺侮的命运，甲午战争后西方列强进一步掀起瓜分中国的狂潮。亡国灭种的论调不断增高，"救亡图存"成为时代的主旋

---

①　（清）魏源：《海国图志·筹海篇三·议战》卷二，岳麓书社1998年版，第26页。

②　梁启超：《中国近三百年学术史》，中国书店1985年版，第324页。

③　王韬：《弢园文录外编·华夷辨》，上海书店出版社2002年版，第245页。

律。仁人志士试图寻找国家独立和民族自强的道路,内能富国强兵,外能拒敌御侮。这个时期知识分子的内心是矛盾的,他们一方面极力推崇西方的政治制度和科学技术,赞赏西方的先进与发达;另一方面又对西方列强的侵略怀有民族仇恨。他们深厚的爱国情怀和冷静的科学思维交织在一起,形成一个难以解开的心结,最后凝聚在了国家情感和民族意识之上。

(二)形成期

从 20 世纪初到九一八事变之前是中国民族主义的形成期,中国的民族主义逐步形成,并影响到了一些楚辞学者,他们开始以民族主义的视角观照楚辞,开辟了楚辞学的新领域。

梁启超是近现代中国民族主义发展过程中的旗帜性人物,他的思想转变与中国国家民族形象的塑造有直接的关系。1899 年,梁启超流亡日本时在《东籍月旦》一文中说:"鸦片战争及洪、杨之难,其搜罗事实而连贯之,能发明东西民族权力消长之趋势。"[1]这里的"民族"一词是中国人采用"民族"现代意义的肇始。1902 年,梁启超在《论中国学术思想变迁之大势》中说:"上古时代,我中华民族之有海思想者厥惟齐。故于其间产出两种观念焉:一曰国家观,二曰世界观。"[2]至此,形成了"中华民族"一词,但他并没有做进一步阐述。1902 年,他发表《论民族竞争之大势》,以民族主义为中心考察近代世界历史,"近四百年来,民族主义,日渐发生,日渐发达,遂至磅礴郁积,为近世史之中心点。顺兹者兴,逆兹者亡"[3]。英、法、德等国家之所以强大,是因为他们都建立了民族国家。他认为当时中国的现状是"二十世纪民族竞争之惨剧",对此他明确提出:"今日欲救中国,无他术焉,亦先建设一民族主义之国家而已。"[4]1903 年,他在《政治学大家伯伦知理之学说》中进一步论述了国民与民族之差别及其关系,提出了民族的特质和中国民族主义的范畴。他认为民族在居住地、血统、肢体、语言、文字、宗教、风俗、生计等方面有共同之处,这些固有的性质也会遗传给子孙。梁启超还针对当时的排满情绪提出了大民族

---

[1]　梁启超:《梁启超全集·东籍月旦》,北京出版社 1999 年版,第 333 页。

[2]　梁启超:《梁启超全集·论中国学术思想变迁之大势》,北京出版社 1999 年版,第 573 页。

[3]　梁启超:《梁启超全集·论民族竞争之大势》,北京出版社 1999 年版,第 887 页。

[4]　梁启超:《梁启超全集·论民族竞争之大势》,北京出版社 1999 年版,第 899 页。

主义:"合汉、合满、合蒙、合回、合苗、合藏,组成一大民族。"①他主张联合满、汉等中国各民族建立一大中华民族,以对抗世界其他现代民族国家。1906年,梁启超写了《历史上中国民族之观察》,指出中华民族是在我国境内所有民族在千百年历史演变中形成的,是民族大融合的结果。梁启超总结说:"现今之中华民族自始本非一族,实由多民族混合而成。"②至此,梁启超完整表述了"中华民族"的现代意义。

他之所以研究中华民族的形成,是因为当时的时代背景,"世界眈眈六七强,方俎置我中国汲汲谋剖食日不给"③,他希望自己的研究内容能够"唤起我民族共同之感情,抑将益增长我民族畛域之感情"④。五四运动以后,梁启超对"中华民族"的研究继续深入,并指出了民族的特性。在1922年的《中国历史上民族之研究》中,梁启超指出中华民族是一个"极复杂而极巩固之民族"⑤,在几千年的发展过程中,这个民族具有强大的同化异族的能力,它也为巩固自己付出"极大之代价"。他满怀激情地指出:"此民族在将来绝不至衰落,而且有更扩大之可能性。"⑥他还涉及了民族文化、有公用之语言文字等,养成"共有之信仰学艺及其他趣嗜",是经无数年无数人协同努力形成一特异之"文化枢系"。⑦ 梁启超是我国较早研究民族心理学的学者,他关于中华民族和民族主义的论述成为中国近代民族主义理论的雏形。

孙中山在民族主义发展的过程中也做出了重要贡献。他的民族主义观经历了一个前后发展变化的过程。早期孙中山的民族观是以汉族为核心的,对于少数民族尤其是清朝统治者所属的满族有强烈的排斥情绪。他在1905年的《中国同盟会总章》中提出了自己的政治纲领:"驱除鞑虏,恢复中华,建立

---

① 梁启超:《梁启超全集·政治学大家伯伦知理之学说》,北京出版社1999年版,第1069—1070页。
② 梁启超:《梁启超全集·历史上中国民族之观察》,北京出版社1999年版,第3420页。
③ 梁启超:《梁启超全集·历史上中国民族之观察》,北京出版社1999年版,第3419页。
④ 梁启超:《梁启超全集·历史上中国民族之观察》,北京出版社1999年版,第3419页。
⑤ 梁启超:《梁启超全集·中国历史上民族之研究》,北京出版社1999年版,第3450页。
⑥ 梁启超:《梁启超全集·中国历史上民族之研究》,北京出版社1999年版,第3450页。
⑦ 梁启超:《梁启超全集·中国历史上民族之研究》,北京出版社1999年版,第3435页。

民国,平均地权。"①在这一时期,孙中山的民族观是比较狭隘的,是以汉族为中心的华夷观念。其所谓"驱除鞑虏"即指少数民族。他认为满族消灭了中国,汉族人成为了奴隶。他的目的之一是"恢复中华",这样孙中山就等于将汉族与满族等少数民族割裂开来了,实际上是将汉族放置到了一个孤立的境地,并不利于国家的统一。1912年,孙中山对民族的认识上升到了一个新的阶段,跳出了狭隘的民族主义范围,认为:"合汉、满、蒙、回、藏诸地为一国,即合汉、满、蒙、回、藏诸族为一人。是曰民族之统一。"②1919年是孙中山民族思想的转变期,受五四运动的影响,他对民族主义有了全新的认识:"即汉族当牺牲其血统、历史与夫自尊自大之名称,而与满、蒙、回、藏之人民相见于诚,合为一炉而冶之,以成一中华民族之新主义⋯⋯"③从这个时期开始,孙中山摒除了对少数民族的偏见,他革命奋斗的目标是建立一个"统一、完整的国家",在统一国家内各个民族相互认同、相互融合,民族精神是凝聚各个民族的联系纽带。他说:"如果再不留心提倡民族主义,结合四万万人成一个坚固的民族,中国便有亡国灭种之忧。我们要挽救这种危亡,便要提倡民族主义,用民族精神来救国。"④1924年,孙中山在《中国国民党第一次全国代表大会宣言》中明确提出了"民族主义"的意义:"国民党之民族主义,有两方面之意义:一则中国民族自求解放;二则中国境内各民族一律平等。"⑤在这里,他提出了"民族平等"的观点,进一步升华了民族主义的内在涵义。

在梁启超和孙中山等人的倡导下,以华夏为核心的传统民族主义渐渐向现代民族主义转变,特别是中华民族思想和精神的确立,强化了人们对民族、国家认同感,民族主义成为消除亡国灭种之忧的最好的精神武器。

(三)高涨期

如果说鸦片战争是开明知识分子民族意识的觉醒,那么五四运动是民族

---

① 孙中山:《孙中山全集·中国同盟会总章》第一卷,中华书局1982年版,第284页。
② 孙中山:《孙中山全集·中华民国临时大总统宣言书》第二卷,中华书局1982年版,第2页。
③ 孙中山:《孙中山全集·三民主义》第五卷,中华书局1982年版,第187页。
④ 孙中山:《孙中山全集·三民主义·民族主义》第九卷,中华书局1982年版,第188—189页。
⑤ 孙中山:《孙中山全集·中国国民党第一次全国代表大会宣言》第九卷,中华书局1982年版,第118页。

精英的运动,抗日战争则彻底激发了中国人的民族精神。尽管从晚清开始中国人的民族意识已经开始增强,但是对于普通民众来说对民族的认同感还是比较弱的。20 世纪 30 年代以后,日本加紧侵略中国的步伐,中华民族面临亡国灭种的危险,这时民族主义和中华民族精神成为中国人民奋勇抗日的强大内驱力。

自鸦片战争以来中国不断受到西方列强的侵略,国内局势动荡。辛亥革命虽然推翻了清朝的帝制,但并没有形成统一的中央政府,地方势力割据一方,百姓在贫困中挣扎。这一时期人们的家族的观念仍然很重,而民族和国家的观念非常淡薄,对于民族自豪感和民族抗争精神的认同感很低。抗日战争爆发以后,面对日军的残暴,甚至有些人不愿意去参军,因为在当时的农村里,人们受"好铁不打钉,好男不当兵"的观念影响很深。在百姓的心目中家族的利益才是应该放在首位的。男性在家里有极其重要的位置,承担着生产、赡养、生育等多种功能,一旦牺牲,整个家族都将陷入困境。抗战爆发后,虽然广大农民对日寇怀有国恨家仇的朴素情感,许多人也明白"参军光荣"的道理,但许多农村家庭仍不愿意送孩子去参军打仗,就是因为要维护家族的稳定与发展。除此之外,当时中国的识字率比较低也限制了民族意识和国家意识的形成。1938 年,晋察冀根据地管辖的区域面积大概 10 万方公里,人口 1200 多万,出版物屈指可数,它们拥有的读者,还不及人口的 2%。①

全面抗日战争爆发后,中国民众亲眼见识到日本侵略者的残暴,日本侵略者成为中国人共同的敌人,战争的恐惧和民族愤怒的情绪使人们逐渐意识到国家正在面临空前的灾难。在中国人民共同反对日本侵略者压迫的时候,爱国主义把全体中国人凝聚在了一起。1935 年 12 月,中国共产党在瓦窑堡召开会议,提出了抗日民族统一战线策略的总路线:"党的任务就是把红军的活动和全国的工人、农民、学生、城市小资产阶级、民族资产阶级的一切活动汇合起来,成为一个统一的民族革命战线。"②1937 年卢沟桥事变,日本发动了全

① 刘增杰、赵明等编:《抗日战争时期延安及各个抗日民主根据地文学运动资料(中)·论边区的文化运动(社论)》,知识产权出版社 2010 年版,第 585 页。

② 毛泽东:《毛泽东选集·论反对日本帝国主义的策略》第一卷,人民出版社 2009 年版,第 151 页。

面侵华战争。7月8日,中国共产党通电全国,号召国共合作和全民族团结,建立民族统一战线抵抗日本的侵略。1937年,中国共产党派周恩来等将《中共中央为公布国共合作宣言》交给蒋介石。"9月22日,国民党中央通讯社发表中共中央宣言;23日,蒋介石发表实际上承认中国共产党合法地位的谈话。中共中央的宣言和蒋介石谈话的发表,宣告国共两党重新合作,抗日民族统一战线形成。"①在全民族共同抗日的大环境下,民族主义得到了广泛传播。

在抗日战争期间,一些楚辞学者对民族主义有了更深入的认识,闻一多、茅盾等人都对民族主义发表看法。1944年,3月1日闻一多在昆明《中央日报》第2版《周中专论》栏目中发表《家族主义与民族主义》一文。他认为在中国家族主义起步较早,中国三千年的封建文化是以家族主义为中心的。与之相反的一种文化势力是民族主义,它在中国是"比较晚起的东西"。"在家族主义的支配势力之下,它的发展起初很迟钝,而且是断断续续的,直至最近五十年,因国际形势的刺激,才有显著的持续的进步。然而时代变得太快,目前这点民族意识的醒觉,显然是不够的。"②在他看来,中国全民族的抗战"确乎踏上了民族主义的路",但这条路似乎是扇形的,开端时路面很窄。中国要想发展民族主义,必须扫清以儒家"孝"为中心的家族主义之路,走民族主义的道路。在外来势力的不断侵略和有识之士的大力呼吁之下,这一点终于实现了。1944年12月25日,昆明文化界在云大广场召开护国起义十九周年纪念大会。闻一多发表演讲:"你们看,我们的队伍这么长! 这是人民的力量。因为是人民的力量,所以他是伟大的,谁也不敢抵挡! 这是时代的洪流!"

二、楚辞民族主义的高涨

20世纪上半叶,中国的楚辞学者在动荡的社会环境中进行学术研究,这也造就了他们独特的心理状态。在大部分学者的人生观中,修身所要达到的目的是进一步齐家、治国、平天下。家、国、天下与自我主体有着不可分的关

---

① 中国共产党简史编写组:《中国共产党简史》,人民出版社、中共党史出版社2021年版,第74页。

② 闻一多:《家族主义与民族主义》,1944年3月1日昆明《中央日报》。

系。在这一特殊时期,国家和民族的命运与学者们的个人命运、学术研究紧密联系在一起。作为知识分子,他们往往受到文学作品的熏陶,充满了理想主义和爱国主义情怀,他们对于家、国的理解充满着热爱与理想化的期待,可这偏偏和当时中国社会的现状形成了鲜明的对比。这些爱国知识分子的心中有一种刻骨铭心的痛,这种痛苦与民族国家的命运相纠结,融汇到楚辞研究中。

(一)国家意识

近代中国饱受列强的摧残,国内各军事政治势力互相角逐,知识分子在夹缝中生存。在这样的背景下,屈原在楚辞中所表达的对楚国的热爱、对理想的追求都在近代知识分子心中产生了强烈的震撼。屈原在作品中描述的国家生存环境与近代中国的现状是如此相似,这引发了学者们强烈的共鸣,因此学者们在关照楚辞的时候开始涉及国家意识。

晚清的曹耀湘在《读骚论世》中借解读楚辞抒发自己对国家命运的担忧。曹耀湘是湖南长沙人,晚清楚辞学者,著有《读骚论世》《楚辞注》。他用知人论世的方法,通过研究屈原生活的时代理解屈原的作品。正如其在《题解》部分所言:"读骚之法必详考屈子一生用舍事迹,合以楚国兴衰本末,按时事以求之,然后先贤贯天地,揭日复月之精忠,千载而下,如将见之,所谓诵诗读书,知人论世也。"①曹耀湘认为,如果研究屈子的事迹,一定要结合楚国兴衰的变化,以时间系事才能够了解屈原作为忠贤之臣的情感。他把屈原的事迹、行踪以及楚国的发展和楚辞中的章句紧密结合起来做《屈子编年》。如楚怀王二十四年,楚国"倍齐而合秦",他把此事与《离骚》中"后悔遁而有他""羌中道而改路"联系起来。② 曹耀湘对屈原的政治才华和政治敏锐给予了高度的评价,认为楚王任用屈原,楚国就得以休养生息,疏远屈原,则楚国动荡。

> 考六国之事,势利于纵而不利于横,屈子谋国必主纵而不主横,怀王初任屈原之时,诸侯合纵,楚方强盛;迨屈原既疏,然后绝齐交而见欺于张仪,楚军大败,危乱将至,怀王悔祸,复用取用,诸侯复合纵,楚与齐韩善,

---

① 王珏玲:《曹耀湘〈读骚论世〉述要》,《湖南科技学院学报》2018 年第 3 期。

② 王珏玲:《曹耀湘〈读骚论世〉述要》,《湖南科技学院学报》2018 年第 3 期。

而国得以少安者数年；秦昭王立，与楚为婚，楚背纵而合秦，屈原于是被
放，屈原既放以后，楚军叠败，诸侯共起而攻之，则覆亡之不暇矣。①

曹耀湘着重描述了楚国当时的情景，这与晚清末期中国所面临的局势是何等
的相似。作为知识分子，曹耀湘无法在政治上实现自己的理想，进不能治国，
只好退而笃信佛教，为近代佛教典籍的刊刻做出了重要贡献。

（二）民族意识

在20世纪的楚辞研究中，较早流露出民族意识的是刘师培和鲁迅等人，
但是他们对民族意识的看法却不尽相同。

1. 刘师培楚辞论著中的民族意识

刘师培既是一位楚辞学者，又是中国近代民族主义的开拓者。他在《中
国民族志》中完整建构了民族主义思想。他的家乡扬州是明末清初史可法抗
击清军的地方，史可法英勇就义后，清军屠城十日，扬州城内血流成河。许多
扬州士人心中有反满情绪，刘师培生长在扬州，自然也会受到这种情绪的感
染。他"少读《东华录》，夙具民族思想，尤佩仰章太炎学术"②，这一时期只能
说刘师培具有朦胧的民族主义思想，真正促使他形成民族主义思想是鸦片战
争以来沉重的民族危机。满清的腐朽统治使刘师培的民族主义具有"排外"
的情绪，他主张对内"明华夏之防"，"脱满清之羁绊"，对外"定中外之界"，
"以免欧族之侵凌"。刘师培认为："民族者，由同血统之家族化合不同血统之
异族而成一团体者也。"③他强烈反对帝国主义入侵中国，"德之据胶洲湾，法
之据广洲湾，其为祸于将来诚不可测"④。他认为民族主义事关民族生死存
续，当欧洲民族入侵亚洲，如果民心涣散必将为人所欺，"故忧亡国更忧亡
种"⑤。

刘师培从民族形成的角度探究楚辞的文学特点。他依据西方的文化地理
学说，结合他的民族观念，分析地域对民族性格的影响。南方民族性格崇尚虚

---

① 王珏玲：《曹耀湘〈读骚论世〉述要》，《湖南科技学院学报》2018年第3期。
② 冯自由：《革命逸史·刘光汉事略补述》中册，中华书局1987年版，第513页。
③ 刘师培：《刘申叔遗书·中国民族志序》，江苏古籍出版社1997年版，第600页。
④ 李妙根编：《刘师培文选·醒后之中国》，上海远东出版社2011年版，第132页。原载《醒
狮》1905年9月29日第1期。
⑤ 刘师培：《刘申叔遗书·中国民族志·白种之侵入》，江苏古籍出版社1997年版，第629页。

无,作品多抒情言志;北方民族崇尚实际,作品叙事说理。这些论述与他在《中国民族志》中对民族形成的论述有相似之处,如他说满族为野蛮民族,辫发胡装,居"不毛之乡","椎结左衽"。当然他对满族的论述有排满的情绪,这与他的民族主义观有关。刘师培把中国南方和北方以地理环境进行区分,他认为北方属于"山国",南方属于"泽国"。北方山国"地土硗瘠,阻于交通",这形成了北方的民族"崇尚实际,修身力行,有坚韧不拔之风"。南方属于泽国,"土壤膏腴,便于交通,故民之生其间者,崇尚虚无,活泼进取,有遗世特立之风。"①楚国"北有江汉,南有潇湘",属于"泽国"。他认为楚辞诞生地楚国属于中国的南方,楚人的性格可以代表南方人的性格。"老子之学起于其间。从其说者,大抵遗弃尘世,渺视宇宙,以自然为主,以谦逊为宗。如接舆沮溺之避世,许行之并耕,宋玉屈平之厌世(虽为寓言,然足证荆楚民俗之活泼进取矣)。"②③他进一步分析了楚民族的性格,虽然屈原和宋玉都属于厌世的性格,特别是屈原悲剧性的结局,但是整体而言,荆楚民族的性格还是活泼进取的,强调自然和自我。

刘师培认为,经济与民族的心理有密切关系,"夫民富则习于奢侈,士文则习于虚浮。奢侈则日趋于淫,虚浮则日趋于薄。民俗既薄,则好义之心衰,而奢侈之风又足以趋一境之民,悉以乐天为宗旨。心有所乐,则趋义之心不能敌其恋生之心"④。楚国经济发达,生活富裕,整个民族以乐天为宗旨,南方的文学作品也以言志抒情为主。因而刘师培从地域文化的角度,认为屈原所作属于南方之文。

刘师培还有一个观点,汉民族文化是由北方文化和南方文化共同组成的,只不过是不同的历史时期,南北文化的发展程度、特点各不相同。他以民族文化的成果支撑他的民族主义观点,在民族生存充满危机的时候,他对中华民族的前途并不悲观,对中国未来充满了信心。"吾测中国之前途,唯有光荣,吾

---

① 刘师培:《刘申叔遗书·南北诸子学不同论》,江苏古籍出版社1997年版,第549页。
② 注:此为文中双行小字。
③ 刘师培:《刘申叔遗书·南北诸子学不同论》,江苏古籍出版社1997年版,第549页。
④ 刘师培:《刘申叔遗书·左庵外集·江苏乡土历史教科书叙》,江苏古籍出版社1997年版,第1764页。

料中国之未来,唯有奋进。"①在他看来,中华民族历史上有过分裂,但是中华民族无论是南方还是北方共同创造了灿烂的中华文化。

在刘师培的论述中,把中国古代的研究经验同西方地理学说结合,对不同地域的文化现象进行了解释,值得注意的是,刘师培没有用联系的观点看问题,他仅仅看到了南北之间的相异之处,忽视了双方之间相互交流、相互影响而可能产生的后果。尽管刘师培的研究有不足之处,但是他把民族与地理、经济等影响民族性格的内容综合在一起考察,突破了传统楚辞学的视角。《南北文学不同论》中采用文化地理学的方法研究文学史,开创了楚辞学的新局面。

2. 鲁迅楚辞论著中的民族意识

鲁迅是五四新文化运动的重要参与者,中国现代文学的奠基人之一。毛泽东评价说:"鲁迅的方向,就是中华民族新文化的方向。"②他少年时就喜欢读楚辞,喜欢诗人屈原。我们可以通过一些史料可以看出鲁迅与楚辞、屈原的关系。

一九一四年十二月三十日……午后至留黎厂文明书局买《文衡山手书离骚》一册……③

书账　文衡山书离骚真迹一册〇·三五　十二月三十日

一九二四年九月八日　晴。上午以改定之讲稿寄西北大学出版部。自集《离骚》句为联,托乔大壮写之。下午孙伏园、李晓峰来并交《桃色之云》板权费七十。晚李庸倩来。④

一九二六年十月五日……收三弟所寄书五包三弟所寄书籍五包九种八十五本,又杂书一包四种六本,共泉三十元五角,下午得信,一日发。⑤

书账　离骚图二种四本　四·〇〇⑥

一九二六年十一月五日……下午伏园自广州回,持来遇安信并代买

---

①　李妙根编:《刘师培文选·醒后之中国》,上海远东出版社 2011 年版,第 131 页。原载《醒狮》1905 年 9 月 29 日第 1 期。

②　毛泽东:《毛泽东选集·新民主主义论》第二卷,人民文学出版社 2007 年版,第 698 页。

③　鲁迅:《鲁迅全集·日记》第十五卷,人民文学出版社 2005 年版,第 145 页。

④　鲁迅:《鲁迅全集·日记》第十五卷,人民文学出版社 2005 年版,第 528 页。

⑤　鲁迅:《鲁迅全集·日记》第十五卷,人民文学出版社 2005 年版,第 640 页。

⑥　鲁迅:《鲁迅全集·日记》第十五卷,人民文学出版社 2005 年版,第 657 页。

之广雅书局书十八种三十四本①

　　书账　《屈原赋注》等三种五本　二·二〇②

　　一九三二年十二月三十一日　昙，风。午后季市来。下午得介福、伽等信。为知人写字五幅，皆自作诗。……为达夫云："洞庭浩荡楚天高，眉黛心红浣战袍。泽畔有人吟亦险，秋波渺渺失'离骚。'"③

　　书账　影印萧云从《离骚图》二本　四·〇〇④

据好友许寿裳回忆："鲁迅在弘文学院时，已经购有不少的日本文书籍，藏在书桌抽屉内，如拜伦的诗、尼采的传、希腊神话、罗马神话等等。我看见了这些新书中间，夹着一本线装的日本印行的《离骚》——这本书，他后来赴仙台学医，临行时赠给我了——稍觉得有点奇异。"⑤由此可见，鲁迅非常喜欢诗人屈原。鲁迅原本为学医而东渡日本，在"幻灯片事件"中受到极大的刺激，意识到国人灵魂更需要拯救，于是做出弃医从文的决定。怀着救国理想的鲁迅认识到要改变中华民族的命运，就必须要改变中国人的精神，他开始创办杂志《新生》。"……在冷淡的空气中，也幸而寻到几个同志了，此外又邀集了必须的几个人，商量之后，第一步当然是出杂志，名目是取'新的生命'的意思，因为我们那时大抵带些复古的倾向，所以只谓之《新生》。"⑥"新生"是鲁迅对中华民族美好未来的期盼，他曾经提出"取今复古，别立新宗"的文化发展构想。正如廖诗忠在《鲁迅与先秦文化的深层关系》所评价的他追求中华民族的现代"新生"⑦。

　　鲁迅对屈原和楚辞的认识正是在中华民族大的发展背景之下形成的，他所处的历史时代与屈原生活的历史时代具有相似性，都是民族处于生死存亡的危急关头。尽管他没有专门的楚辞著作，他关于屈原和楚辞的观点分散在著作中，但是通过搜集整理相关资料可以看出鲁迅对屈原的认识。

---

① 鲁迅:《鲁迅全集·日记》第十五卷，人民文学出版社 2005 年版，第 644 页。

② 鲁迅:《鲁迅全集·日记》第十五卷，人民文学出版社 2005 年版，第 657 页。

③ 鲁迅:《鲁迅日记》第二集，人民文学出版社 2006 年版，第 341 页。

④ 鲁迅:《鲁迅日记》第二集，人民文学出版社 2006 年版，第 344 页。

⑤ 许寿裳:《亡友鲁迅印象记》，当代世界出版社 2015 年版，第 7 页。

⑥ 鲁迅:《呐喊·自序》，人民文学出版社 2012 年版，第 3 页。

⑦ 廖诗忠:《鲁迅与先秦文化的深层关系》，上海三联书店 2005 年版，第 21 页。

鲁迅在《汉文学史纲要》中肯定了屈原和楚辞在中华民族文化史上的地位，他高度评价屈原的贡献"逸响伟辞，卓绝一世"。楚辞在语言、思想、文采、旨意等都不同于《诗经》，楚辞最突出的一点就是"不遵矩度"，这对后世的影响甚至在《诗经》之上。"不遵矩度"，正好符合鲁迅的"别立新宗"文化构想，楚辞之所以形成这一特质，与其诞生的时代背景有关，当时楚国正处于氏族制度逐渐瓦解，封建社会亟待形成的关键时刻，楚辞便属于社会变革之际的新生力量，因而它与《诗经》不同。

鲁迅在《摩罗诗力说》中对孔子"思无邪"的诗教精神进行了批判，这束缚了诗人的创造性，不能使诗人的"心声"得到充分的抒发。屈原虽然被谗放逐，却创造了"卓绝一世"的楚辞，在韵文的发展上属于"新生"的力量。在肯定的同时，鲁迅也指出了楚辞的缺点："然中亦多芳菲凄恻之音，而反抗挑战，则终其篇未能见，感动后世，为力非强。"①他认为屈原诗中描写众香草缠绵悱恻，缺乏生命的力量，没有反抗挑战的勇气。由此可以看出，鲁迅从文学发展和文学的社会功能上对楚辞进行了评价：从文学发展来说，鲁迅对楚辞在文学形式上的创新给予了高度评价；从文学的社会功能上来说，他认为楚辞中表达的情感对民族发展来说而无裨益。楚辞反映屈原内心世界各种情感，抒情主体把自己的内心体验和感受作为表现对象，唤起读者对情感的体验。虽然感动了很多人，但是对于激发民族的生命力并无益处。

鲁迅赞扬屈原"放言无惮，为前人所不敢言"，这是一种勇敢的精神，是个性的张扬。历史上班固曾经对屈原这种精神提出过质疑："今若屈原，露才扬己，竞乎危国群小之间，以离谗贼。然责数怀王，怨恶椒兰，愁神苦思，强非其人，忿怼不容，沉江而死，亦贬絜狂狷景行之士"②。他从儒家处世角度批评屈原过于张扬个性，最终落得悲惨的结局。而鲁迅欣赏的恰恰就是屈原的"放言无惮"，敢于"直谏"。他批评宋玉："然虽学屈原之文辞，终莫敢直谏，盖掇其哀愁，猎其华艳，而'九死未悔'之慨失矣。"③鲁迅认为："盖人文之留遗后

---

① 鲁迅：《鲁迅全集·坟·摩罗诗力说》第一集，人民文学出版社 1973 年版，第 55 页。
② 班固：《楚辞补注·离骚序》，中华书局 2013 年版，第 49 页。
③ 鲁迅：《汉文学史纲要》，上海古籍出版社 2005 年版，第 24 页。

世者,最有力莫如心声。"①《楚辞》为屈原之"心声",楚民族之"心声",然而中华民族的"心声"何在?"今索诸中国,为精神界之战士者安在?"②他期待着有"介绍新文化之士人",有"先觉之声",打破"中国之萧条",然而"惟沉思而已夫"!鲁迅希望出现"新声","至力足以振人,且语之较有深趣者",这是民族新文化的方向。在1907年的《摩罗诗力说》中,鲁迅肯定了屈原的战斗精神和爱国思想,这与他创办《新生》杂志、倡导文艺运动、改变"愚弱的国民"的精神状态、唤起中国人民觉悟的初衷是一致的。

　　鲁迅曾经说过:"惟有民魂是值得宝贵的,惟有他发扬起来,中国才有真进步。"③他去世之后人们把写着"民族魂"的绸幛覆盖在灵柩上,鲁迅精神因此被称为中华"民族魂",鲁迅精神体现了民族精神。从1930年开始,国民党反动派为了配合反革命军事围剿,发起了反革命文化"围剿"。日本帝国主义在东北发动了九一八事变,东北大片国土沦丧。在北京和上海掀起了所谓"民族主义文学"运动,在文化界似乎真要求有所谓的"民族主义"文学来救国救民。国民党上海市党部委员朱应鹏和文化特务王平陵、傅彦长等人创办了《前锋周报》《前锋月刊》等鼓吹"民族主义文学"。鲁迅在1930年11月9日给崔真吾的信中说:"今年是'民族主义文学家'大活动,凡不和他们一致的,几乎都称为'反动',有不给活在中国之概,所以我的译作是无处发表,书报当然更不出了。"④鲁迅经过一年观察,认真分析了"民族主义文学"与国民党反革命军事"围剿"之间的关系,写下了长篇论文《"民族主义文学"的任务和运命》痛击文化特务。他犀利地指出"宠犬派文学"所倡导的"民族主义文学","比起侦探,巡捕,刽子手们的显著的勋劳来,却还有很多的逊色"。虽然他们"锣鼓敲得最起劲","未行直接的咬,而且大抵没有流氓的剽悍,不过是飘飘荡荡的流尸"。⑤鲁迅直接指明了什么是所谓"民族主义文学"产生的根源,这与阶级斗争和帝国主义加强对中国的统治有必然联系。"一到旧社会的崩

①　鲁迅:《鲁迅全集·坟·摩罗诗力说》第一集,人民文学出版社1973年版,第65页。
②　鲁迅:《鲁迅全集·坟·摩罗诗力说》第一集,人民文学出版社1973年版,第101页。
③　鲁迅:《华盖集续编·学界的三魂》,上海文艺出版社1991年版,第25页。
④　王观泉:《鲁迅年谱》,黑龙江人民出版社1979年版,第116页。
⑤　王观泉:《鲁迅年谱》,黑龙江人民出版社1979年版,第122—123页。

溃愈加分明,阶级的斗争愈加锋利的时候,他们也就看见了自己的死敌,将创造新的文化,一扫旧来的污秽的无产阶级,并且觉到了自己就是这污秽,将与在上的统治者同其命运,于是就必然漂集于为帝国主义所宰制的民族中的顺民所竖起的'民族主义文学'的旗帜之下,来和主人一同做一回最后的挣扎了。"①从这里我们可以看出鲁迅所倡导的民族主义文学应该是无产阶级"创造新的文化"。鲁迅的处境、追求与思想,都同屈原有着一定的契合点,屈原所处的战国时代正面临着旧社会的崩溃,屈原敢于直言,创作了"逸响伟辞,卓绝一世"的楚辞,成为当时楚国民族新文化的代表。这种民族新文化也是鲁迅一直倡导和追求的。

鲁迅赞扬屈原的个性,对屈原的作品也怀有由衷的喜爱,据学者整理,屈原在鲁迅作品中提及 8 次,楚辞提及 2 次,《离骚》提及 8 次,《天问》提及 2 次,《九歌》和《九章》各 1 次②。鲁迅喜欢屈原的诗句并多次引用。他把自己的人生体验同整个中华民族的命运与楚辞表达的情感紧密联系起来。作品中讲述了中华民族在深沉苦难的背景下,知识分子和农民悲惨的命运。他"哀其不幸,怒其不争"。《彷徨》发表的时候,正是五四以后,新文化运动阵营内部出现分化,他"变了散伏的游勇,布不成阵了"③,"感到寂寞"和"荒凉",他借屈原在楚辞中表达的孤独寂寞之情抒发自己心中的郁闷。在鲁迅的作品中多次化用楚辞中的句子,如《无题》诗:"一支清采妥湘灵,九畹贞风慰独醒。无奈终输萧艾密,却成迁客播芳馨。"④1933 年国民党反动派加紧对革命力量进行军事文化"围剿",鲁迅写下了这样的诗句,句句和屈原作品有关。诗人屈原在险恶的环境中保持自己高洁的人格,不屈服,不妥协,与之相同的是鲁迅在国民党的白色恐怖威胁之下也依旧保持着革命的斗志,这是两人精神的契合点。然而屈原最终无法找到拯救楚国的出路,只能沉江而死,表达自己最后的抗争,鲁迅却从共产党人的身上看到了民族的希望,毅然前行。

廖诗忠在《鲁迅与先秦文化的深层关系》中指出,鲁迅文化思想的终极母

---

①　王观泉:《鲁迅年谱》,黑龙江人民出版社 1979 年版,第 123—124 页。

②　以上数据来自廖诗忠:《鲁迅与先秦文化的深层关系》,上海三联书店 2005 年版。

③　鲁迅:《鲁迅自选集·自序》,安徽人民出版社 2012 年版,第 2 页。

④　鲁迅:《鲁迅诗集》,人民文学出版社 2001 年版,第 73 页。

题是中国民族的现代"新生"①。钱理群曾指出："鲁迅不是一般的文学家,而是具有原创性的,民族思想源泉性的思想家、文学家。"②鲁迅的楚辞研究以民族主义文化为起点,把屈原对民族刻骨铭心的痛与国家的命运相结合,走出一条与其他楚辞学者截然不同的研究道路。

3.游国恩楚辞论著中的民族意识

作为现代楚辞学的集大成者,游国恩从 20 世纪 20 年代就开始了楚辞研究。20 世纪 30 年代他在青岛的时候就着手《楚辞注疏长编》的撰写工作,但一直没有发表。直到抗日战争胜利以后,才由胜利出版公司出版《屈原》。那时日本帝国主义已经开始侵略中国,在这样的时代背景之下,游国恩的楚辞研究必定饱含着家国之痛的感慨。在《屈原·题记》中,他这样写道:"回忆十年前,在一个岛上教书,讲授楚辞。那时候正是日本加紧侵略华北的时候。平津不必说,我就亲眼看见日本浪人捣毁胶海关。他们公开的偷运白银和白面,种种不法行为,闹得不成样子。我真的在替国家担忧。我那时讲《楚辞》,的确是有意在做宣传工作,宣传三户亡秦的民族主义。"③由此我们可以看出,游国恩楚辞研究的背景是国家陷入危难的关键时刻,且与民族主义存在密切的关系。

在 1946 年出版《屈原》中,游国恩专设置两章,分别为"从屈原的死到楚国的灭亡"和"文学的潜力与楚国的复兴"。他详细描写了屈原生活的时代背景,楚国对内无法任用贤才,权臣当道,"陷于混乱的境地"④;楚国对外无法抵御虎狼似的强秦。"上距屈原之死只有五十余年",楚国灭亡了。游国恩认为:"文学的力量是无形的。这无形的力量是为潜力。从我国文学史上看来,文学所表现的力量以楚辞为最大。已经亡了的楚国差不多是靠他恢复起来的。"⑤楚国的声调为楚声,屈原的辞赋为楚辞。楚辞"说楚语,作楚声。纪楚

---

① 廖诗忠:《鲁迅与先秦文化的深层关系》,上海三联书店 2005 年版,第 30—31 页。

② 钱理群:《我为何、如何研究鲁迅——2017 年 5 月 29 日在北京大学人文社会科学研究院"鲁迅与当代中国"学术论坛上的讲话》,《文艺争鸣》2017 年 10 月。

③ 游国恩:《游国恩楚辞论著集》第三卷,中华书局 2008 年版,第 408—409 页。

④ 游国恩:《游国恩楚辞论著集》第三卷,中华书局 2008 年版,第 538 页。

⑤ 游国恩:《游国恩楚辞论著集》第三卷,中华书局 2008 年版,第 539 页。

地,明楚物",是楚国文化的结晶,也是最具楚地色彩和民族特点的,代表了楚国的民族性。楚国虽然已经消散在历史的烟云中,但是通过屈原的事迹及其作品,这个古老的国度始终被人们铭记和探究,其民族精神和民族特色也流传至今,从未断绝。游国恩列数了楚国灭亡以后,陈涉、吴广、项羽、刘邦等人奋起抗秦,终于推翻了秦朝的统治,这种抗争精神"至今尚未我中华民族全体所不忘"①。这也是游国恩给学生讲《楚辞》的一个重要原因。他希望通过《楚辞》激发学生的民族热情,投入伟大的民族战争中去。据游国恩的女儿游宝谅回忆,他在着手做《楚辞注疏长编》的时候,正是"日本对我加紧侵略,华北局势危急之时。他忧心国事,极欲借讲注《楚辞》唤醒民心,奋起救国"。② 在《楚辞注疏长编》序言中说:"屈子之文,最易激发人情,宜为秦人之所忌;度其时《楚辞》一书,非焚即禁,与《诗》《书》百家同例。其幸而获存者,则秦之速亡,讽诵犹在人口故也。嗟夫! 国难深矣! 世之人倘亦有读屈子之文而兴起者乎? 则庶乎三闾之孤愤为不虚;而区区之志,亦可与忠义之士相见於天下矣。"③游国恩把楚辞研究与发扬蹈厉、唤起人心、鼓舞人民进行民族解放斗争联系在了一起。

(三)爱国情怀

从宋代开始,学者对屈原的爱国情怀就非常重视。每到朝代更迭、社会动荡的时候,这种情怀就被楚辞学者所关注。经过五四新文化运动的洗礼,进步知识分子爱国热情高涨,楚辞研究让人们对屈原的爱国情怀有了新的认识。

1. 谢无量楚辞论著中的爱国情怀

在中国文学研究新旧交替的阶段,谢无量是中国 20 世纪以来最早以现代眼光研究楚辞的学者之一。谢无量在《楚词新论》中分析了屈原的思想,一个是超人思想,一个是爱国思想。他认为屈原的爱国思想与屈原的人格有密切关系,"屈原的人格是创造的,自信的,自觉的"④。这些从作品《离骚》中的诗句可以看出。如"亦余心之所善兮,虽九死其犹未悔。""人生各有其所乐兮,

① 游国恩:《游国恩楚辞论著集》第三卷,中华书局 2008 年版,第 543 页。
② 游宝谅:《游国恩先生年谱》,《淮阴师范学院学报(哲学社会科学版)》2002 年第 1 期。
③ 游国恩:《游国恩楚辞论著集》第一卷,中华书局 2008 年版,第 5 页。
④ 谢无量:《楚词新论》,商务印书馆 1924 年版,第 57 页。

余独好修以为常。虽体解吾犹未变兮,岂余心之可惩。"①屈原是楚国的王族,参与楚国的内政和外交,他的爱国情感是强烈的,空有一腔爱国心,可是楚国已经衰败到了如此地步,诗句中流露出对国运无法挽回的悲凉。谢无量批驳了"北学派的迂腐先生",认为他们对楚辞的解释存在着很大的误导作用。在这些人的笔下,屈原成了"忠臣义士","句句都说是喻君,篇篇都说是讽谏,好像屈原因为上一两条陈给楚君他不肯用竟投水自尽了"。② 谢无量也同样强调了南北文化派别之间的差异,他认为从春秋战国时期,中国的学术就已经分做了南北两派,北方文学相对南方文学起源的更早一点,也就更加迂腐守旧。"北方学派好比一个守旧党,他们要保存古来圣帝明王的遗法,回复周公的旧典。南学好比一个革新党,他们主张破坏旧思想,用新的方法来改造社会国家。"③谢无量与北方学派的观点相反,认为屈原是一个"得大用的政治家",一个"很有野心的爱国者"。他具体分析了屈原爱国思想的三个来源。其一,民族思想。谢无量认为楚辞代表南方文学,他从南北地缘差异分析了南方民族的性格特点——"刚决的爱国心"④。屈原作为楚辞这种文体的开创者,久居楚国沅湘巫黔,他的爱国思想受到这种地方感情的影响。其二,屈原是王族,在国家形势威迫的情况下,"爱国思想更容易发生"。他在内政和外交上总是未尽其才,这更容易引起他的爱国冲动。其三,屈原喜欢音乐,在流放期间广泛接触南方民间音乐。南乐激昂抗厉,更能激发人的志气,对屈原的爱国思想影响很大。一部楚辞流传千载,一个纪念伟大诗人的节日延续至今,这与楚辞的合乐性有关。"屈原用南方固有的音乐、文学的材料来帮助他爱国运动的,是要振作鼓舞楚国的国民来做那创造事业的。"⑤

　　谢无量并不赞同在封建社会屈原被冠以"忠君爱国"四字的评价,人们评价的侧重点往往集中在对君主的忠心上面。相反,他极力赞扬屈原的爱国热情,认为忠君和爱国之间是有差别的,屈原所效忠的并非统治者,而是国家。

---

① 谢无量:《楚词新论》中用的是"人生",常见版本为"民生"。
② 谢无量:《楚词新论》,商务印书馆 1924 年版,第 60 页。
③ 谢无量:《楚词新论》,商务印书馆 1924 年版,第 4—5 页。
④ 谢无量:《楚词新论》,商务印书馆 1924 年版,第 61 页。
⑤ 谢无量:《楚词新论》,商务印书馆 1924 年版,第 63—64 页。

他直言上谏,指出君主的错误,也是希望能以此作为"救国之方"。谢无量说:"若以屈原仅惓惓于一人之惠,既不见用,发奋至死,此殊未然。盖惟有政治思想者,其爱国乃愈甚。屈原怀救国之方,闵斯人之不得其所,宗国将沦为丘墟,而己无借以拯之,是其最痛心之事,非如世俗所谓牵于君臣之义而已。"①可以说,谢无量拨开了那道忠君的幌子,看到了屈原真正的爱国情感。他慨叹屈原"费了许多苦心,可惜楚国亡的太快,他那残余的气势尚可以报仇革命,到底把秦的统治推翻了"②。他想象屈原不知做了多少"爱国运动",楚辞"文学化、音乐化的爱国精神嵌入国民的脑海之中",这使屈原成为"倒秦"的先锋。谢无量的这些论断与激情澎湃的五四爱国运动紧密联系在一起。五四之后,他积极支持新文化运动,投身革命活动,以屈原的爱国精神激励着人们。他指出"楚声那种激昂抗厉自然能够鼓舞革命的精神",楚汉间参与革命的刘邦和项羽都喜欢楚声。谢无量的思想先进,析理透辟,他的《楚词新论》完成之后为孙中山所赞赏。

2. 郭沫若楚辞论著中的爱国情怀

郭沫若从 20 世纪 30 年代开始发表楚辞研究的文章,他一直赞成屈原是一个爱国主义者。他认为屈原深受儒家思想的影响,"他的作品这样告白着,他的行为也这样告白着"③。郭沫若对先秦时代的学术思想进行了分析,从孔子开始,士人们都怀抱着大一统的心愿,希望能把中国的局面统一起来。孔子、墨子、荀子、陈良、许行等人择国而仕,都是为了达到一统天下的目的。但是屈原却不同,他出使过齐国,有能力在那里享受优厚的待遇,但并未选择留下,依旧选择陷在楚国流离颠沛,他希望能够看到楚国来统一天下。郭沫若认为这种坚持正是因为屈原对楚国的热爱,"他的悲愤的文辞也就是楚人的呼吸"。"楚人特别爱他的辞,特别哀他的死,更由他的辞与死而增涨了民族的义愤。"④郭沫若高度评价了屈原的精神和他创造的楚辞,楚国虽然灭亡,"但

①　谢无量:《谢无量文集·中国六大文豪》第六卷,中国人民大学出版社 2011 年版,第 20—21 页。
②　谢无量:《楚词新论》,商务印书馆 1924 年版,第 64 页。
③　郭沫若:《郭沫若全集·历史编》第四卷,人民出版社 1982 年版,第 57 页。
④　郭沫若:《郭沫若全集·历史编》第四卷,人民出版社 1982 年版,第 60 页。

楚人的精神上的生产却收到了意外的成功"。作为新文化运动的旗手,郭沫若具有强烈的爱国情怀和革命激情。郭沫若在写作《屈原》时,日本已经开始入侵东北,中国大片土地沦陷,国民党反动政府却消极抗日,制造了"沪难"。郭沫若借《屈原》对此予以抨击和讽刺。他在《屈原·序》中指出:"自从屈原死后,凡是神经过敏的诗人稍一不得志便要自比屈原,其实屈原是不好比拟的。""因为要想成就一个屈原,那儿须得有一幕亡国灭种的惨剧",所以他说,"我国的屈原,深幸有一,不望有二"。① 郭沫若还在文末特别注明"写于 1935年沪难三周年纪念日"。作为一个马克思主义学者,郭沫若看到了屈原的爱国热情,也深刻分析了屈原悲剧的原因——他没有把"当时的民众领导起来,向秦人作一殊死战"。屈原"念念不忘的是君,是当时的执政者,是自己的怀才不遇"②。郭沫若使用历史唯物主义的观点进行了客观分析,他认为屈原只认识到上的力量,而没有认识到下的力量。屈原寄厚望于楚王,希望能依靠统治者的决策来改变国家现状,他虽然替人民发声,看到了百姓疾苦,却从未想过要将他们动员起来一同抗争,最终一腔爱国热情只能化作"一肚皮的牢骚",最终只好以一死来爆发。郭沫若看到了屈原悲剧的根源,他不光拥有着与屈原同样深厚的爱国热情,最终也寻找到了改变国家的希望。

三、楚辞民族主义的评价

从民族主义角度探索楚辞是 20 世纪上半叶楚辞研究阐释学中的一个重大突破。如果以研究视角划分传统楚辞阐释学,要么侧重经学,要么侧重理学,要么侧重心学,到了清代以后更注重考据学。楚辞民族主义的研究使古代学术与民族发展紧密联系在一起,楚辞学开始走出固有的学术空间,走向了更广阔的天地。

(一)从民族文化精神认识楚辞

随着研究者个性、文化、理想等方面的变化,这一时期楚辞研究内容不再局限在楚辞的音、义等方面,而是着眼于民族文化和精神的构建,这是楚辞文

---

① 王继权、童炜钢:《郭沫若年谱》,江苏人民出版社 1983 年版,第 290—291 页。
② 郭沫若:《郭沫若全集·历史编》第四卷,人民出版社 1982 年版,第 71 页。

化研究最主要的特点之一。中华民族的文化是各民族在其历史发展过程中创造和发展起来的,具有本民族特点的物质文化和精神文化。这种文化对于民族的延续、对于国家的存亡有着特别重要的意义。楚辞民族主义的研究把楚辞放在了民族文化史的位置上,特别强调了楚辞对于中华民族文化精神的作用。

正如刘师培所言,中国北方文学重叙事说理,南方文学重抒情言志。《诗经》与《楚辞》分别是中国文学现实主义和浪漫主义的源头。《诗经》所体现的是山地的礼乐文明和宗法制度;《楚辞》所体现的是泽国的巫术文化和抒情传统。无论是《诗经》还是《楚辞》,其中所渗透的都是中华民族精神品质,这种思想内涵也延续到后世的文学作品中,将爱国主义情怀、民族的自信心与自豪感等特质都传承了下来,因而民族精神与文学作品密不可分。"文化传统是不死的民族魂。它产生于民族的历代生活,成长于民族的重复实践,形成为民族的集体意识和集体无意识。"①

20世纪上半叶,中国国家前途渺茫的时候,一些人认为中国人种劣于白种人。刘师培批评此观点说:"或者曰中国之民族无可灭之理也,呜呼,为此言者,直自欺欺人之词耳。"②刘师培意识到外国侵略者已经不是中国某个民族的敌人,而是全中国人的敌人。中国面临亡国灭种危险,要想挽救中国就必须树立民族团结的旗帜,唤醒各族人民共同反抗外国侵略,争取民族独立,建立统一的中国,这就需要有能够体现民族精神的文化对人们进行引导。《诗经》是中华民族北方上古文化精神的写照,《楚辞》是中华民族南方民族文化精神的写照。鲁迅言:"楚虽蛮夷,久为大国,春秋之世,已能赋诗,风雅之教,宁所未习? 幸其固有文化,尚未沦亡,交错为文,遂生壮采。"③楚国文化与北方文化截然不同,正因为楚国处于中国古代所谓的蛮荒之地,只有那里的奇山异水才能孕育出特有的楚地文化,自由而灵动。楚辞中反映的中国南方民族特有的文化也成为中华民族文化精神的重要组成部分。屈原敢于直言,这正

---

① 庞朴:《文化传统与传统文化》,《中华文化地域文化研究——福建省炎黄文化研究会20年论文选集》第一卷,第4页。

② 刘师培:《刘申叔遗书·中国民族志·白种之侵入》,江苏古籍出版社1997年版,第629页

③ 鲁迅:《汉文学史纲要》,译林出版社2014年版,第39页。

是社会面临变革时极为需要的文化精神,所幸楚亡其固有的文化却在中华民族的历史长河中从未间断。

"《离骚》之出,其沾溉文林,既极广远。"①楚辞作为中华民族特有的艺术形式,民族文化精神体现在审美意识、审美情趣、创作原则上。从民族文化精神的角度认识楚辞的内容和价值,充分体现了现代楚辞学的特点。带着这样一种诉求,学者们的研究超越了楚辞表层的内容,深入民族精神的层面,寻找中华民族精神的源头,古老的楚辞学也显得更加深沉和厚重。

(二)从民族文化精神认识屈原

在民族主义文化思潮影响下,屈原成为中华民族精神的象征。他高洁的人格、敢于抒发内心不平的胆识、开拓创新的勇气,以及对祖国的一片赤诚之心,与五四新文化运动所倡导精神内核高度一致。在特定的时期,屈原精神成为中国人民团结一心、抵御外来侵略的精神支柱。

屈原的爱国情怀在 20 世纪再一次被高扬。历史上诸多学者都谈到过屈原的爱国主义精神,从宋代的朱熹到清代的王夫之,但学者们对屈原爱国情怀的感受从未如此深刻。有着五千多年灿烂文明的中华民族自鸦片战争以来,经历了深重的苦难,屈原的爱国情怀深深激励着中华儿女。在不同的历史时期,学者对屈原爱国情怀有着不同的理解。20 世纪屈原爱国情怀的意义已经超越了历史上任何一个阶段,历史上学者们所谈屈原爱国情怀是发生在中华民族内部的,但面对外来势力入侵、西方思想传入、中国社会发生变革的特殊时期,学者所理解的爱国情怀已经超出了原有中华民族的界限,是针对外国侵略者的更加纯粹的爱国主义。屈原的爱国精神激励中华民族不屈不挠、自强不息,中华儿女以血肉之躯前赴后继地抗击侵略者,谱写了一曲曲悲壮的战歌。抗日战争时期,游国恩、闻一多等楚辞学者把三尺讲台当成宣讲屈原爱国精神的阵地,激励着青年学子走向抗日的前线。1942 年太平洋战争爆发后,中国人民的抗日战争进入最艰难的相持阶段。蒋介石不但消极抗日,更是掀起反共高潮,悍然发动"皖南事变",大肆屠杀抗战爱国军民。郭沫若对国民党的倒行逆施义愤填膺,满怀激情创作了话剧《屈原》,借古喻今,赞扬屈原的

---

① 鲁迅:《汉文学史纲要》,译林出版社 2014 年版,第 38 页。

爱国主义精神。郭沫若塑造的屈原形象已经成为中国戏剧史上的经典,它唤起了全国人民对于国民党残害同胞的愤怒,唤起了人民保家卫国的爱国热情。日寇侵略,山河破碎,国民党镇压革命、封锁陕北、围歼新四军、摧残进步文化,"全中国进步的人们都感受着愤怒",郭沫若"把这时代的愤怒复活在屈原时代里"。① 1942 年 4 月 3 日,话剧《屈原》由中华剧艺社首次在重庆公演,受到群众的热烈欢迎,连续演出 21 场。白杨回忆说:"许多群众半夜里就带着铺盖来等待买票;许多群众走了很远的路程,冒着大雨来看演出。剧场里,台上台下群情激昂,交融成一片。"②1949 年 7 月,茅盾在《十年来国统区革命文艺运动报告提纲》中写道:"在这个时期中,国统区的文艺运动仍旧继续保持与巩固着广泛的统一战线,而对反动派进行了不屈不挠的战斗。小说、诗歌、戏剧等等部门,都曾出现了暴露反动统治,鼓舞人民革命情绪的作品,例如:皖南事变以皖南事变以后《屈原》的演出,引起强烈的回响,在当时起了显著的政治作用。"③

楚辞民族主义的研究提出了许多新的见解,拓展了楚辞阐释学的范围,但是也不得不承认楚辞民族主义的研究也存在一些缺陷。

这一时期楚辞与民族文化的关系的研究相对来说比较片面,学者由于所处的时代背景和社会文化环境的制约,他们只抓住了民族主义中的爱国情怀和民族意识,对于楚辞更深层次的民族心理探究相对较少,且对于民族主义中的爱国情怀和民族意识缺乏更深刻的认识。

学者们运用文化批评的模式研究楚辞,民族主义理论支撑明显不足。他们缺乏一个完整的民族主义理论体系,使得楚辞研究缺乏系统性和全面性,且学者没有就其所涉及的范围展开具体、深刻的论证,显得比较分散肤浅。以鲁迅为例,其对民族主义的认识很大一部分来自先秦文化,楚辞又是先秦文化中重要的组成部分。鲁迅的论述往往分散在《汉文学史纲要》《摩罗诗力说》等著作

---

① 郭沫若:《郭沫若全集·文学编·序俄文译本史剧〈屈原〉》第十七卷,人民文学出版社 1989 年版,第 250 页。

② 白杨:《悼念郭老·敬爱的郭老,深切悼念您》,生活·读书·新知三联书店 1979 年版,第 251 页。

③ 茅盾:《文学运动史料选·在反动派压迫下斗争和发展的革命文艺》第五卷,上海教育出版社 1979 年版,第 665 页。

中,没有集中论述。游国恩虽然明确说明自己是在通过楚辞宣扬"楚虽三户,亡秦必楚"的民族主义,但是在他的论述中却较少具体谈及。这是由于学者们一方面想发掘楚辞中的民族主义精神,但这种目的仅仅存在于头脑意识之中,不能有个明晰的研究脉络,因此造成了成果散乱、逻辑不清的缺陷。另一方面因为缺乏明确的理论指导,难以对楚辞中的民族主义和民主精神进行系统的梳理。不过学者们探索的勇气值得后人钦佩,他们的研究视角为古老的楚辞学带来了新的生机。视角的更新和视野的扩大极大地激发了学者们探索的热情和兴趣,20世纪后半叶,林庚、詹安泰等学者对楚辞民族主义的研究更加深入。

第六节　女性主义思潮与楚辞学

楚辞性别研究是楚辞领域里一块独特的天地,女性主义思潮与楚辞学是楚辞性别研究中的一部分。进入20世纪以后,楚辞性别研究逐步进入了学者的研究视角。楚辞性别研究是一个多元化的、跨学科的研究领域,它涉及社会学、心理学、文化研究、人类学、历史学和语言学等多学科。特别是20世纪以后,西方女性主义思潮在中国开始广泛传播,丰富了楚辞性别研究的内容。

一、古代的楚辞女性研究

楚辞自诞生以来,对于其中性别的研究主要经历了四个阶段:楚辞性别意识的懵懂期、楚辞性别意识的觉醒期、楚辞性别研究的畸形期、楚辞性别研究的新时期。楚辞性别意识的懵懂期,涉及在中国封建思想统治之下的楚辞女性研究;楚辞性别意识的觉醒期,是女性主义思潮影响下的楚辞研究,也是本节讨论的重点内容;楚辞性别研究的畸形期,是在女性主义思潮影响下,楚辞性别研究偏离了正常的学术轨道;楚辞性别研究的新时期,无论是楚辞女性主义的研究视角,还是楚辞学者的构成都发生了很大的变化,这是女性主义思潮影响下楚辞研究的再发展。

20世纪以前的中国古代楚辞研究是建构在中国古代学术基础之上的,研究内容涉及校勘、训诂、韵读、评论、考证等。基于中国长达两千多年的封建思想统治,楚辞女性研究是学者们较少涉猎的范畴。

（一）汉代的楚辞女性研究

据目前可以见到的文献，楚辞诞生以后关于性别的研究可以追溯到王逸。他已经注意到，在楚辞中提到了众多的女性。他在《离骚·序》中说："《离骚》之文，依《诗》取兴，引类譬喻，故善鸟香草，以配忠贞；恶禽臭物，以比谗佞；灵修美人以媲于君；宓妃佚女以譬贤臣。"①在楚辞汉学时代，经学思想占统治地位，以经解骚成为汉代楚辞研究的一个特点。王逸以《诗经》为尺度解读《离骚》，他说屈原"独依诗人之义而作《离骚》，上以讽谏，下以自慰"②。他对楚辞性别的研究主要集中在女性的比兴手法上，他依据《诗经》的比兴手法，重在对"美人""女""女媭"的身份进行阐释。"美人"在屈原作品中主要集中出现在《离骚》《思美人》《抽思》三部作品中。其中《离骚》出现了 1 次，"惟草木之零落兮，恐美人之迟暮"③。王逸以为："美人，谓怀王也。人君服饰美好，故言美人也。"④传统意义上"美人"指女性，王逸解读成男性形象。《抽思》中出现了两次："少歌曰：与美人抽怨兮，并日夜而无正。"⑤"结微情以陈词兮，矫以遗夫美人。"《思美人》中出现了 1 次："思美人兮，擥涕而伫眙。"⑥《楚辞章句》中自《离骚》以下，王逸没有再对"美人"做出其他解释，也就是说"美人"就是指怀王，指君。"女"在屈原作品《离骚》《天问》中出现了 14 次，"女媭"1次。《离骚》中的"女"字，共出现了 8 次，其中 6 次为"臣"或"同志"之义，1 次为"女媭"组合，王逸以为是屈原的姐姐。1 次通"汝"字。王逸以女喻臣，他说："女，阴也，无专擅之义，犹君动而臣随也，故以喻臣。"⑦《天问》中"女"字出现了 7 次，基本都是特指神话传说中的具体人物。刘勰在《文心雕龙》也注意到了《离骚》中的关于女性的描述："至于託云龙，说迂怪，丰隆求宓妃，鸩鸟媒娀女，诡异之辞也。"⑧刘勰认为《离骚》中描述了怪诞奇异的景象，如假托

---

① （宋）洪兴祖：《楚辞补注·离骚序》，中华书局 2013 年版，第 2—3 页。
② （宋）洪兴祖：《楚辞补注·离骚后叙》，中华书局 2013 年版，第 48 页。
③ （宋）洪兴祖：《楚辞补注·离骚后叙》，中华书局 2013 年版，第 6 页。
④ （宋）洪兴祖：《楚辞补注·离骚经》，中华书局 2013 年版，第 6 页。
⑤ （宋）洪兴祖：《楚辞补注·九章》，中华书局 2013 年版，第 139 页。
⑥ （宋）洪兴祖：《楚辞补注·九章》，中华书局 2013 年版，第 146 页。
⑦ （宋）洪兴祖：《楚辞补注·离骚经》，中华书局 2013 年版，第 14 页。
⑧ 范文澜：《文心雕龙注》，人民出版社 1958 年版，第 46—47 页。

驾云龙,说迂阔怪异之事,雷神丰隆寻求宓妃,托鸩鸟作媒向娀女求婚,等等。他也注意到了《离骚》中:"士女杂坐,乱而不分,指以为乐,娱酒不废,沉湎日夜。"他只是指出了女性在屈原作品中的行为与众不同,并没有进一步分析原因。

王逸、刘勰的楚辞研究虽然没有明确的性别意识,但是已经关注到了作品中出现的女性形象,可以说他们处在楚辞性别研究的懵懂时期。汉代儒家思想上升为国家意识形态,儒生们对儒家典籍《诗》《书》《礼》《乐》《易》《春秋》进一步研究,逐步形成经学。东汉许多经学之士登上政治舞台,他们或为地方官员,或出将入相,形成了以经治国的局面。王逸认为屈原的《离骚》"依托《五经》以立义","智弥盛者其言博,才益多者其识远。屈原之词,诚博远矣"①。王逸始终以儒家学说的观点解读屈原作品,儒家提倡"克己复礼",在这种情况下,女性通常被当做"色",是一种需要克服的诱惑。因此在王逸看来,屈原作品当中的女性形象代表的必然不是现实意义,另有象征的意味。他从经学思想出发,对《离骚》中的女性进行依经立义,附会儒家思想,开后世楚辞性别研究的先河,但他的女性研究与后世的女性主义思潮有很大的区别。

(二)宋代的楚辞女性研究

宋代儒家不再信守以经解骚的训诂之学,注重通过经典直接探求、发挥义理,这是中国思想文化史上的重要变革,也影响到了楚辞学。

在楚辞的性别问题上,洪兴祖的《楚辞补注》基本没有对王逸的解释提出质疑,只是在个别"女"字的位置补充上了音韵的内容。如:"思九州之博大兮,岂唯是其有女?"补曰:"女,细吕切。"②鉴于王逸的《楚辞章句》和洪兴祖的《楚辞补注》详于训诂,作为程朱理学的集大成者朱熹,作《楚辞集注》,补二书"未得意旨"之不足,在王逸、洪兴祖旧注基础上重新注释屈宋作品,阐述其对屈原创作意旨之理解。对于《离骚》中出现的"女"字朱熹并没有全部注释,如"众女嫉余之蛾眉兮"一句未注。"哀高丘之无女"一句,朱熹注曰:"女,神女,盖以比贤君也。于此又无所遇,故下章欲游春宫,求宓妃、见佚女、留二姚,

---

① (宋)洪兴祖:《楚辞补注·离骚经序》,中华书局2013年版,第49页。
② (宋)洪兴祖:《楚辞补注·离骚经》,中华书局2013年版,第35页。

皆求贤君之意也"。①"相下女之可诒"一句,注曰:"下女,谓神女之侍女也。诒,遗也。游春宫、折琼枝,正欲及荣华之未落,而因下女以通意于神妃。"②"见有娀之佚女"一句,注曰:"佚,美也。谓帝喾之妃,契母简狄也。"事见《商颂》。《吕氏春秋》曰:"有娀氏有美女,为之高台而饮食之。"③"孰求美而释女"一句,注曰:"美女以比贤君,求美以比求贤夫。言天下之大,非独楚有美女,但当远逝而无疑,岂有美女求贤夫而舍汝者乎?"④"聊浮游而求女"一句,注曰:"言我和此调度以自娱,而遂浮游以求女,如前所言虙妃、佚女、二姚之属,意犹在于求君也。"⑤

综上所述,在《离骚》中朱熹所注的"女"字除了"下女""佚女"指具体的人物之外,基本上都是比喻贤君。朱熹认为读《诗》离不开赋比兴,《楚辞》亦然,但是二者是有区别的。"《离骚序》诵《诗》者先辨乎此,则三百篇者,若网在纲,有条而不紊矣。不特《诗》也,楚人之词,亦以是而求之,则其寓情草木,托意男女,以极游观之适者,变《风》之流也;其叙事陈情,感今怀古,以不忘乎君臣之义者,变《雅》之类也。"⑥由此可以看出,朱熹认为楚辞中无论男性还是女性都具有象征性的意义,无论是叙事还是抒情,都"不忘乎君臣之义"。他对《离骚》中"美人"的解释为:"美人,谓美好之妇人,盖托词而寄意于君也。迟,晚也。此承上章,言己但知朝夕修洁,而不知岁月之不留,至此乃念草木之零落,而恐美人之迟暮,将不得及其盛年而偶之,以比臣子之心,唯恐其君之迟暮,将不得及其盛时而事之也。"⑦他对《抽思》中"美人"的理解与《离骚》中相同,"美人,已见《骚经》,亦寄意于君也。"⑧《思美人》中朱熹释:"美人,说见上篇,寄意于君也。"⑨从朱熹对美人的所指来看,他与王逸和洪兴祖的观点一

---

① (宋)朱熹:《楚辞集注》,上海古籍出版社1979年版,第17页。
② (宋)朱熹:《楚辞集注》,上海古籍出版社1979年版,第17页。
③ (宋)朱熹:《楚辞集注》,上海古籍出版社1979年版,第18页。
④ (宋)朱熹:《楚辞集注》,上海古籍出版社1979年版,第19—20页。
⑤ (宋)朱熹:《楚辞集注》,上海古籍出版社1979年版,第24页。
⑥ (宋)朱熹:《楚辞集注》,上海古籍出版社1979年版,第2页。
⑦ (宋)朱熹:《楚辞集注》,上海古籍出版社1979年版,第4页。
⑧ (宋)朱熹:《楚辞集注》,上海古籍出版社1979年版,第85页。
⑨ (宋)朱熹:《楚辞集注》,上海古籍出版社1979年版,第91页。

致,认为美人指君;王逸和洪兴祖指明了就是指"怀王",而朱熹没有明确指出具体的人物身份。至于为什么"美人"指"君",朱熹与二人的推理过程迥然不同,他以"美好之妇人"为本体,而王逸"美人谓怀王也,人君服饰美好,故言美人也"。所以比较朱熹与王逸对"美人"性别的理解,也就产生了差异,朱熹认为美人原指女性,王逸认为美人原指男性。

"刘向郑玄,亦皆以二妃为湘君。"①王逸以为湘君者为湘水神,而谓湘夫人乃二妃也。洪兴祖指出湘夫人为尧的两个女儿娥皇和女英。在《湘君》中朱熹首次指明了湘君的性别,他说:"此篇盖为男主事阴神之词,故其情意曲折尤多,皆以阴寓忠爱于君之意。而旧说之失为尤甚,今皆正之。"②

(三)明代的楚辞女性研究

明代封建专制统治进一步加强,政府对于思想文化的控制更加严厉。程朱理学被奉为儒家正统学说。明朝公布《科举成式》制定了科举考试法规,"四书""五经"成为科举考试的"课本"。科举考试中还增加朱元璋的《御制大诰》,宣扬绝对军权,要求臣民服从。朱元璋还规定国子监和科举考试禁用《孟子》一书,下令把孟子牌位从孔庙中逐出。他让翰林学士刘三吾对《孟子》中"民为贵,社稷次之,君为轻""君有大过则谏,反复之而不听,则易位"等儒家思想的精华内容删除。③ 明朝统治者的文化专制使学术遭到禁锢,复古思潮兴盛,楚辞备受明人推崇,对楚辞中人物性别的研究也更加细致。

汪瑷的《楚辞集解》对《离骚》中"恐美人之迟暮"一句,采用朱熹对"美人"的解释:"美人,谓美好之妇人,盖托词而寄意于君也。"④《抽思》中"矫以遗夫美人",汪瑷释:"美人,亦指君也。"⑤《思美人》中汪瑷认为:"美人,谓美好之妇人,盖托词而寄意于君也。《诗》曰:'云谁之思,西方美人。'盖亦贤者托言,以思西州之盛王也。王逸解此思美人为屈子思念怀王。……虽不可考其所作之年,要之在襄王之时,而非怀王之时则可必也。"⑥汪瑷对美人的解释

① (明)汪瑷:《楚辞集解·湘君》,北京古籍出版社1994年版,第25页。
② (宋)朱熹:《楚辞集注》,上海古籍出版社1979年版,第35页。
③ 金净:《科举制度与中国文化》,上海人民出版社1990年版,第183页。
④ (明)汪瑷:《楚辞集解》,北京古籍出版社1994年版,第39页。
⑤ (明)汪瑷:《楚辞集解》,北京古籍出版社1994年版,第184页。
⑥ (明)汪瑷:《楚辞集解》,北京古籍出版社1994年版,第205页。

基本与朱熹相同,但他不同意王逸的美人指怀王之说,指出应是襄王。对《离骚》中的"女"字,汪瑗的解释既有沿袭朱熹之说,又有所创。"哀高丘之无女"和"相下女之可诒"两句汪瑗也采用了朱熹的说法。"女,神女,盖以比贤君也。"①"下女,神女之侍女也。亦见《湘君》。诒,遗也。相视其下女之忠厚而不佻巧者,将托之遗佩于神女也。此章不言不遇者,承上章,观下章自可见也。或曰,上言求天帝,故曰阍者;此言求神妃,故曰下女。虽藉阍者以开关,托下女以诒佩,要之即指天帝神妃而言也。"②关于"佚女"的解释,汪瑗也采用了传统的说法,特指神话传说中的女性。"思九州之博大兮,岂惟是其有女"一句,汪瑗也解释为贤君。求美,文中求两美。"两美,盖以男女俱美以比君臣俱贤也。信修而慕,言男有信修之美,则美女必爱慕之;女有信修之美,则美男必爱慕之。词虽浑讲而意则重女之慕男也。"③"聊浮游而求女"一句,汪瑗释为:"女,如前所言虑妃、佚女、二姚之属,意犹在于求君也。"④"女媭之婵媛兮"中汪瑗对"女媭"的解释,打破了传统的说法。他说:"旧以女媭为屈原之姊,甚谬。"⑤"媭者,贱妾之称,以比党人也。屈原以蛾眉自比,故前言众女之嫉,指其党之盛也,此言女媭之詈,斥其德之贱也。"⑥由此可见,在楚辞的女性研究上朱熹的观点对汪瑗的影响是很大的。

总体而言,朱熹和汪瑗对于楚辞作品中女性形象的理解一脉相承,他们并没有将女性当成具体的人物形象进行理解和分析,而是将其放到了与诗句中其他意象同等的位置上,猜测其各种寓意,而忽视最本真的面貌。究其原因,朱熹作为理学的集大成者,使得儒家伦理思想的体系最终完成,从宋代开始,理学进入了成熟的时期。宋明理学下的女性被牢牢地束缚在了伦理道德的枷锁之中,以贞洁守德为女性最重要的生存规范。对于朱熹、汪瑗等人来说,女性不具有独立的地位与人生价值。楚地民风开放,楚辞中刻画了或鲜活艳丽,或大胆奔放的女性形象,重视容色服饰的描写。而在儒家的观点当中,正如孔

---

① (明)汪瑗:《楚辞集解》,北京古籍出版社 1994 年版,第 76 页。
② (明)汪瑗:《楚辞集解》,北京古籍出版社 1994 年版,第 76 页。
③ (明)汪瑗:《楚辞集解》,北京古籍出版社 1994 年版,第 85 页。
④ (明)汪瑗:《楚辞集解》,北京古籍出版社 1994 年版,第 99 页。
⑤ (明)汪瑗:《楚辞集解》,北京古籍出版社 1994 年版,第 57 页。
⑥ (明)汪瑗:《楚辞集解》,北京古籍出版社 1994 年版,第 57 页。

子所提倡的"贤贤易色",不赞成从容貌角度来对女性进行评价。从根源上说,儒家以为"色"乃是人性的渴慕与追求,荀子的女祸论便认为变乱由女子的容色而起。楚辞中描写美丽的女性,这显然并不符合儒家传统,使得理学家们在进行解读的过程中,就自然而然将这样的描写当做了某种喻义来进行解释。

对于《九歌》中湘君和湘夫人的性别研究上,汪瑗也别出心裁。他认为湘君是湘江之神,湘夫人为其夫人,不是指其他人;娥皇和女英不是湘夫人。

> 然湘君者,盖泛谓湘江之神;湘夫人者,即湘君之夫人,俱无所指其人也。或以为尧之二女死于湘,有神奇相配焉。湘君谓奇相也,湘夫人,谓二女也。或以为湘君谓尧之长女娥皇,为舜正妃,故称君;湘夫人谓尧之次女女英,为舜次妃,自宜降称夫人。或以为天帝之二女,俱非是也。瑗按:韩愈《黄陵庙碑文》,于娥皇女英事亦终疑之而不信。《礼记·檀弓》曰:"舜葬于苍梧之野,盖三妃未之从也"。据此则二妃从舜死于江湘之说可不必信矣,诸家不稽之言又何足取哉?①

汪瑗的这些观点直接影响到了王夫之、屈复等人。

明代中后期以后,政治统治风雨飘摇,党争加剧,文人在政治夹缝中生存,他们把自己身世和遭遇与屈原相比,这时的楚辞研究带有浓厚的个人抒情色彩,把楚辞中的女性研究与政治意义紧密结合起来。

赵南星,东林党人,经历了政治风波,被贬乡里。他在《离骚经订注》中把屈原的"求女"与"患郑袖之蛊"联系在了一起。他说:"昔者幽王信用褒姒,谗巧败国。其大夫伤之,思得贤女,以配君子,故作《车辖》之诗曰:'四牡骓骓,六辔如琴,觏尔新昏,以慰我心。'屈原患郑袖之蛊,亦托为远游,求古圣帝之妃,以配怀王,而高丘无女,宓妃纬繣,鸩与雄鸠,不可为媒,终不能得,无可以慰心者。此屈子之意也。而论者以为谲怪虚无,非法度之正。过矣! 王逸之解,又以为屈子欲得贤智,与之事君。夫人臣而令媒妁求母后,以比于共事君者,岂不悖哉! 此皆不论其世之蔽也。"②赵南星首次将"求女"与郑袖之惑联

---

① （明）汪瑗:《楚辞集解》,北京古籍出版社 1994 年版,第 115 页。
② 姜亮夫:《姜亮夫全集·楚辞书目五种》,上海古籍出版社 1993 年版,第 78 页。

系起来,但他没有进一步分析。

黄文焕和赵南星有着相似的政治经历,他刚正不阿,受到"钩党之祸"的牵连,触怒崇祯皇帝,入刑部大狱。黄文焕的遭遇使他与屈子同命相怜,他写道:"入刑曹,即析陶诗,挟日而毕。端阳已届矣,言念正则被谗伐功,与钩党奇比、讲学市声,殆侣同况。屈焉伐诸,余焉市诸?取小奚所赍进两架书,抽《楚辞》朗诵之,更广繙诸诂,衹斤斤字义间,至曲折所系,去屈子本怀,不知尚隔几里。"①黄文焕注意到屈原的作品中多言女性,于是在《楚辞听直·楚辞合论》中专辟一节《听女》,就楚辞中的女性进行讨论。他对楚辞女性的研究在中国古代楚辞学中是比较全面的,他或许是受到赵南星的影响把求女与郑袖联系到了一起。"二十五篇多言女……盖寓意在斥郑袖耳。惟暗斥郑袖,故多引古之妃嫔,欲以此为吾王配焉。怀王外惑于上官大夫,内惑于郑袖。观其盛怒张仪,欲得甘心,乃仪卒通楚用事,设辨于郑袖,脱身而去,用事之人,非上官辈耶?此其表里为奸,讵属一日?使有贤妃,何致脱仪于国中,反劳师于远伐耶?"②他认为不只《离骚》中言"求女",《远游》《九歌》《九章》的佳人、美人都和郑袖有关系,但不止于此,还与"美人聘楚"有关,最终导致楚国的灭亡。黄文焕关于"求女"的解释直接影响到了清代钱澄之、林云铭等人。

(四)清代的楚辞女性研究

清代是中国古代楚辞学的最后一个时期,楚辞女性研究在这时也进行了一次总结。

王夫之是清朝前期的楚辞研究者,他经历了明朝的灭亡,清建立以后隐退深山。他并没有对屈原作品中的美人、女、求女等一一做出解释,只选部分注释。在《离骚》中,王夫之对"岂惟是其有女"和"孰求美而释女"做了详细的解释。王夫之注曰:"有女之女,如字。以婚姻譬臣主相遇,言不必楚乃可仕也。再言曰者,卜人申释所占之义。释女之女,音汝,谓原抱道怀才,求贤者自不能舍。"③由此看来,王夫之认为屈原是以女自比,以婚姻比喻君臣相遇。在湘君与湘夫人的认识上王夫之受明人汪瑗的影响明显,他认为王逸所谈的湘

---

① (明)黄文焕:《楚辞听直·序》,南京大学出版社 2017 年版,第 1 页。
② (明)黄文焕:《楚辞听直·听女》,南京大学出版社 2017 年版,第 254—255 页。
③ (清)王夫之:《楚辞通释·湘君》,上海人民出版社 1975 年版,第 17—18 页。

君和尧女舜妻之事不足采,《九歌》中均无此意,"盖湘君者,湘水之神,而夫人其配也"①。

李光地也是一位明朝的遗民,他对楚辞女性的研究也与前人有很大的差异。对于屈原所描述的"求女",王逸以为"上下左右,以求索贤人,与己以求索贤人,与己合志者也",朱熹以为是求贤君,李光地则认为是感悟楚王,求贤人以复兴楚国;"高丘无女"是感伤楚国上位无人。他把"宓妃"比喻民间士人,她"行与时乖,泉石自嬉,傲世自逸";他把有娀之佚女比喻来自他邦游士,诗人想与之联络,但是无良媒,事故不成。

林云铭在《楚辞灯》里认为"求女"是求"知我类我者"。林认为女媭是屈原之姊:"先借一女媭出头,说出许多没道理的话,令人逃又逃不去,辩又辩不来。见得仕途中都是妇人为政,凭他如何颠倒,无可置喙也。"②他认为屈原的悲剧,缘于妇人为政,但没有进一步说明原因。朱冀在《离骚辨》中对林云铭的观点进行了批驳,他指出,林云铭将屈原之姊"巾帼丈夫"女媭与郑袖联系起来不可信。朱冀认为,如果林云铭所描述的成立,那么屈原"君臣父子间,俱有可疑"。由此可以看出,朱冀是以忠孝大义作为思考问题的出发点。王邦采在《离骚汇订》中则认为无论"见帝"还是"求女",都是屈原求索的过程。"求女"体现了屈原是一片深情,神女比喻良辅。宓妃指位高望重的大臣,屈原想和他们一起辅佐君王,但是"古大臣纵情声色,杜门免祸,多此类也"。王邦采认为有娀之佚女比喻民间正直之士。

屈复在《离骚新注》中认为《离骚》的"哀高丘之无女"一句意为:"楚国尽为朋党,丈夫中无可语者,女中或有,亦未可知,自去天门,将济水登山、系马少息,忽而回顾,不觉流涕。哀楚国并女亦无有也。"他认为屈原在男性中没有找到有共同语言的人,既然"丈夫中无可语者",就"转而求之女子"。胡文英在《屈骚指掌》中认为求女是通过"上下求索,思得贤臣以达吾之忱于君也"③。高丘无女其注曰:"无女,喻君侧之无贤人。"④他开"求通君侧之人"一

① (清)王夫之:《楚辞通释·湘君》,上海人民出版社1975年版,第31页。
② (清)林云铭:《楚辞灯》,华东师范大学出版社2012年版,第19页。
③ (清)胡文英:《屈骚指掌》卷一,北京古籍出版社1979年版,第11页。
④ (清)胡文英:《屈骚指掌》卷一,北京古籍出版社1979年版,第12页。

说的先河,后人梅曾亮沿袭此说"求所以通君侧之人",游国恩也受此说的影响。蒋骥关于求女的研究最具有求实的精神,他继承了朱熹求女是求贤君的说法,认为此说"全首文理,如丝丝入扣"①,并分析了人们不接受此说的理由:"以求君他国为大禁","以女喻君,有谬经旨"②。他说:"夫惟择君他国,故有修远、求索之言。今身事故主,何用求索? 身居本国,何言修远?"③蒋骥还对求女的两个阶段叩阍和远游做了分析,说明了两次求女的差异。从这些可以看出古代楚辞学发展到蒋骥时期,对楚辞女性的研究已经开始逐步建立整体的思维模式,开始打破了以前感悟式的研究方式,为楚辞性别研究向现代学术过渡做了早期的探索工作。

性别作为人类社会最基本的一对关系,不可避免与居于社会主导地位的价值观念具有同一向度,楚辞研究中也不能脱离这一规律。王逸、刘勰、洪兴祖等人对于屈原作品女性的认识,具有社会历史和文化的烙印,他们的观念体现了"性别政治"论。在注释楚辞华丽的文学外衣下,"性别政治"隐涵而不彰。在中国历史上君王以男性居多,女性屈指可数,即使是屈原作品中出现了美人的形象,但是还是一个女性的外壳,内核是男权的实质,女性形象不具有独立的地位,只是作为附庸或象征存在于文学作品当中。但随着时代的发展和学术研究的深入,楚辞研究的方法更加科学,人们对于女性形象的认识也逐渐客观。

二、女性主义在中国传播

晚清以后,中国闭关锁国的大门被打开,各种西方文化思潮涌入中国,女性主义也随之而来,中国女性的社会地位和人们的性别观念也在逐步发生变化。

(一)维新派的女性观的传播

从社会环境来说,近代以来女性解放运动的发展为楚辞性别研究提供了土壤。中国在与西方列强的交往过程中,女性的地位也得到极大的提高。封

---

① (清)蒋骥:《山带阁注楚辞·余论》卷上,上海古籍出版社1958年版,第184页。
② (清)蒋骥:《山带阁注楚辞·余论》卷上,上海古籍出版社1958年版,第194页。
③ (清)蒋骥:《山带阁注楚辞·余论》卷上,上海古籍出版社1958年版,第193页。

建社会中女性没有独立的社会地位，她们在家从父，嫁后从夫，夫死从子。在政权、神权、族权和夫权的束缚下，中国妇女的社会地位极为低下。从戊戌变法开始，维新派人士注重女性的价值，为中国妇女从封建专制主义的桎梏下解放出来做了早期的准备工作。19 世纪末 20 世纪初，中国民族资产阶级登上政治舞台，妇女解放成为维新变法的一部分。这时期的妇女运动被维新派视作实现男女平等的第一步。

社会上要求妇女解放的呼声越来越强烈，以康有为、梁启超、谭嗣同等资产阶级改良派为代表的人物大声疾呼妇女解放。他们首先从解放女性的身体入手，向封建伦理纲常观念发起挑战，号召女性摆脱缠足的迫害。维新派人士从国富民强的角度来重视女性身体价值，认为强迫妇女缠足是对中国女性的摧残。1882 年，康有为在广东南海创立不缠足会，入会者必须保证家中无妇女缠足。他说："女子何罪，而自童幼，加以刖刑，终身痛楚，一成不变，此真万国所无，而尤为圣王所不容者也。……下明诏，严禁妇女裹足。其已裹者，一律宽解。"①康有为说服了光绪皇帝，在全国推行不缠足运动。为了现身说法，以实际行动证明妇女不缠足的好处，康有为让自己的两个女儿康同薇、康同璧带头不缠足。他把妇女不缠足和社会改革紧密联系起来，作为其维新变法的重要组成部分。康有为进一步提出："欧美之人，体直气壮，为其母不裹足，传种易强也。回观吾国之民……为其母裹足，故传种易弱也。"②"以国之政法论，则滥无辜之非刑；以家之慈恩论，则伤父母之仁爱；以人之卫生论，则折骨无用之致疾；以兵之竞强论，则弱种展转之谬传；以俗之美观论，则野蛮贻诮于邻国，是可忍也，孰不可忍！"③可见他认为缠足会直接影响女性身体和繁衍后代，更进一步影响国家新生力量，导致弱种弱国。

维新派还提倡女学，创办女子学校，让妇女有受教育的权利。康有为提出："宜先设女学，章程皆与男子学校同。其女子卒业大学及专门学校，皆得

---

① 汤志均：《康有为政论集》上，中华书局 1981 年版，第 335 页。
② （清）康有为：《近代中国女权运动史料·请禁妇女裹足折》，传记文学社 1975 年版，第509 页。
③ 康有为：《大同书》，古籍出版社 1956 年版，第 330 页。

赐出身荣衔,如中国举人、进士、外国学士、博士之例,终身带之。"①他和康同薇一同筹建女学,1898 年中国人自办的第一所女学堂成立。梁启超在《论女学》中提出:"治天下之大本二:曰正人心,广人才。而二者之本,必自蒙养始。蒙养之本,必自母教始。母教之本,必自妇学始,故妇学实天下存亡强弱之大原也。"②梁启超认为提倡女学可以启发"智民"进而"强国",他把女性的技能和国家的发展紧密联系在了一起,批驳了"女子无才便是德"的传统观念。"世之瞀儒执此言也,务欲令天下女子,不识一字,不读一书,然后为贤淑之正宗,此实祸天下之道也。"③由此可以看出,兴办女学是维新派"开启民智""兴国智民"的一项重要内容,推动了中国近代教育的发展。

(二)马克思主义女性观的传播

20 世纪以后马克思主义在中国广泛传播,马克思主义女性观也随之在中国传播,对中国近代的妇女解放运动也产生的重要影响。新文化运动以后,"民主"和"科学"成为时代潮流。以李大钊、陈独秀等为代表的具有初步共产主义思想的先进分子,积极参与妇女解放运动,以提高妇女社会地位为根本出发点,探索妇女解放的科学道路。

在马克思主义产生之前,西方的女权主义理论关注的重点在男女两性的"自然差异"上。马克思主义从历史唯物主义的角度出发,把女性放在社会大环境中,从经济关系中探讨女性的社会地位。生产力成为妇女解放运动中的主要决定性因素,女性投身社会生产,创造生产价值,成为争取男女平等的一个途径,这一观点传入中国,从理论上进一步弥补了维新派女性观的不足。在中国近代史上,女性从事工业劳动出现在 1861 年,上海怡和丝厂建成。厂方从本地居民中招募女性后加以训练,雇佣 25 名女缫丝工,工资每天 100 铜板,约合 0.09 美元。"这时她们的工作已完全相等于而且超过了大部分欧洲丝厂的女工",而该厂"缫制的生丝总是受到欧洲市场的欢迎"④。1930 年的一项对 9 省 29 城市男女童工人数的统计,女工人数已达 374117 人,主要分布在纺

---

① 康有为:《大同书》,古籍出版社 1956 年版,第 330 页。
② 梁启超:《梁启超全集·论女学》,北京出版社 1999 年版,第 32 页。
③ 梁启超:《梁启超全集·论女学》,北京出版社 1999 年版,第 31 页。
④ 李帝:《近代中国女工的产生及婚姻家庭生活概况》,《昌吉学院学报》2007 年第 6 期。

织、化学、饮食等行业,占工人总数的46.6%。① 正如恩格斯所指出的:"妇女的解放,只有在妇女可以大量地、社会规模地参加生产,而家务劳动只占她们极少的工夫的时候,才有可能。"②妇女参加社会劳动,是"个体家庭"作为经济单位的解体,也是对以"父权制"家庭为基础的男性权威的颠覆。

马克思主义对婚姻中女性的地位也做了相关的论述。关于婚姻的论述,恩格斯在《家庭、私有制和国家的起源》中说:"如果说只有以爱情为基础的婚姻才是合乎道德的,那么也只有继续保持爱情的婚姻才合乎道德。"马克思主义女性观的传播对于中国几千年以来的封建婚姻制度无疑是一个巨大的挑战,它推动了中国近代的婚姻改革,也推动了女性解放的现代化进程。在中国封建文化统治之下"男尊女卑"的观念根深蒂固,李大钊、陈独秀、胡适、沈雁冰、毛泽东等人都积极提倡男女平等,改变封建女性陋俗。北京的少年学会、天津的觉悟社、河南的青年学会、浙江的永嘉新学会、上海的新人社等社团也都随之响应,提倡妇女解放,要求男女平等,主张男女同校,婚姻自主,废除娼妓等。马克思主义者反对把妇女解放引向资产阶级女权主义轨道上去,提出依靠劳动妇女建立社会主义自由平等的社会制度为根本目标,这标志着近代中国妇女解放思想提升到了一个新境界、新层次。

(三)媒介舆论引导女性观传播

尽管20世纪上半期中国的传媒业还无法和今天相比,但是也不可忽视媒介宣传对近代女性解放运动的影响。当时的媒介主要是报刊、出版和广播,人们对传播内容的接受程度,受到文化水平和经济条件的限制。能够读报看书的女性通常家庭环境相对较好,有读书识字的氛围,媒介宣传往往也会首先对这些人产生影响。

康有为的女儿康同薇成长在一个家庭氛围宽松的环境中,由于父母开明,她免去了缠足之苦。良好的家学渊源,加上她"天资颇颖,勤学强记",打下了良好的中西学基础。1897年,《知新报》在澳门创办,康同薇成了该报的一名记者。她发表了《女学利弊说》,呼吁提高妇女社会地位,实现男女平等。

---

① 李帝:《近代中国女工的产生及婚姻家庭生活概况》,《昌吉学院学报》2007年第6期。
② [德]马克思、恩格斯:《马克思恩格斯文集》第四卷,人民出版社2009年版,第181页。

1898 年,康同薇与梁启超夫人李蕙仙在上海创办《女学报》,这是我国第一份女报,也是我国最早的由妇女主持编辑、以妇女为读者的报刊。《女学报》的办报宗旨是:宣传变法维新,主张男女平等,主张婚姻自主,倡导女学,争取女权,提倡民主和科学。《女学报》旗帜鲜明的提出了男女平等的思想。"凡物无能外阴阳者矣。光有白黑,形有方圆,质有流凝,力有吸拒,数有奇偶,物有雌雄,人有男女,未有轩轾者也"①。康同薇从天赋人权角度出发提出男女天生应该是平等的,从根本上否定男尊女卑的观念。报刊公开提出女子参政的要求,请求"设贵妇院于颐和园","荐拔高等女学生及闺媛,入贵妇院受职理事"②。维新派希望通过《女学报》的宣传扩大影响。

1903 年,金天翮出版了《女界钟》。这是中国第一部提倡女性解放的妇女专著,敲响了女界革命的晨钟。他是近代著名革命活动家,为实现男女平等奔走发声。在书中他系统阐述了何为女权,女性应享有交友、营业、掌握财产、出入自由、婚姻自由等六种权利。这些权利至关重要,就像"空气之于天地",决不允许侵犯。从此之后,女权的运动有了明确的方向和目标。他甚至主张女性可以用暴力手段去争取自身权利,这就具有了暴力革命的色彩。1904 年,他为上海《女子世界》撰写发刊词所言:"女子者,国民之母也。欲新中国必新女子,欲强中国必强女子,欲文明中国必先文明我女子,欲普救我中国必先普救我女子,无可疑也。"③另外《东方杂志》、《妇女杂志》以及《大公报》副刊的专刊《妇女与家庭》④等媒体对中国女性社会角色的重新建构发挥了重要的舆论引导作用。

总之,中国妇女解放运动的发展为 20 世纪以后楚辞女性研究提供了土壤,楚辞学者在女性主义的框架下开始重新思考楚辞中的性别问题。

三、楚辞女性研究的拓展

20 世纪以后,古代楚辞学向现代学术转型,楚辞的女性研究开始逐步突

---

① 康同薇:《女学利弊说》,《女学报》1898 年第 7 期。
② 康同薇:《女子爱国说》,《女学报》1898 年第 5 期。
③ 金一:《女子世界发刊词》,《女子世界》1904 年第 1 期。
④ 1927 年 2 月 11 专刊创办时用《家庭与妇女》的名称,自 1927 年 6 月 11 日起到终刊用《妇女与家庭》的名称。

破传统的兴寄框架,拓展了楚辞女性的研究范围,楚辞性别意识开始觉醒。这一时期,两千多年的封建制度解体,社会的变革使中国学术界在研究文学作品的过程中也开始有意识地对性别问题加以关注,在楚辞研究领域最具有代表性的是游国恩的《楚辞女性中心说》,就楚辞中的女性进行专题研究。这是自楚辞诞生以来第一篇以女性为中心探讨楚辞的研究成果。楚辞女性研究的内容的拓展也出现了性别研究的畸形状态,对此学界展开了屈原性别观的大讨论。

(一)楚辞性别意识的觉醒

表 4-1　《新时代丛书》目录①

书名	著译者	初版
女性中心说	[日]堺利彦述　李达译	1922 年 1 月
社会主义和进化论	[日]高昌素之著　夏丏尊、李继桢译	1922 年 3 月
马克思主义和达尔文主义	[英]班纳柯支著　施存统译	1922 年 1 月
马克思学说概要	[日]高昌素之著　施存统译	1922 年 4 月
遗传论	[英]唐凯司德著　周建人译	1922 年 6 月
产儿制限论	[印]安部矶雄著　李达译	1922 年 10 月
进化论:从星云到人类	[英]麦开柏著　太朴译	1922 年 12 月
妇人和社会主义	[日]山川菊采著　祁森焕译	1922 年 11 月
儿童的教育	[瑞典]爱伦凯著　沈泽民译	1922 年 12 月

从上表可以看出其中堺利彦述的《女性中心说》和山川菊采的《妇人和社会主义》都涉及了女性问题。《女性中心说》1922 年初版,1923 年再版,1924 年印刷第三版,目前还可以见到 1926 年版本。这本书后来"被编入何炳松、刘秉麟主编的《社会科学小丛书》,继续出版"②。由此可见《女性中心说》这本书发行量比较大,在社会上形成了广泛影响。游国恩生活的青年时代恰好正是堺利彦述的《女性中心说》在中国畅销的时代,游国恩的《楚辞女性中心说》

---

① 柳和城:《挑战和机遇:新文化运动中的商务印书馆》,商务印书馆 2019 年版,第 145 页。
② 柳和城:《挑战和机遇:新文化运动中的商务印书馆》,商务印书馆 2019 年版,第 146 页。

可能受到堺利彦述《女性中心说》的影响。由于目前尚未找到游国恩与堺利彦述《女性中心说》的相关史料，只能是一种推测。

游国恩 1943 年在西南联大文史讲座演讲中提出"楚辞女性中心说"，后整理成文章收入《楚辞论文集》，1957 年由古典文学出版社出版。在这篇文章中游国恩认识到比兴手法的发现是中国文学在表现技巧上的一大进步。自从诗歌中有了比兴手法之后，"它才在文艺的领域中开辟了无穷无尽的新的境界"①。作为比兴的材料有草木、虫鱼、鸟兽、器物等，在楚辞中更为独特的是用"女人"作为比兴的材料。中国文学与"女人"发生关系，这是楚辞在表现技巧上的又一大进步。游国恩认为屈原愿意以女性作"比兴"的材料，"至少说明他对于妇女的同情和重视"②。更何况屈原事楚怀王被逐放，这与当时的妇人的命运又极为相似，"所以他把楚王比作'丈夫'，而自己比作弃妇，在表现技巧上讲，是再适合也没有的了"③。他认为屈原在作品中以弃妇自比，如果这一点弄不清，就很难读懂《楚辞》。

游国恩从美人、香草、荃荪、昏期、女媭、灵修、求女、媒理、其他九个方面论述了以女性为中心的楚辞观。

"美人"是理解楚辞女性观念的关键问题。游国恩对"美人"的解释，突破了传统楚辞学的研究视角，他把楚辞中的"美人"与《九歌》《九章》中的"美""佳人"联系起来进行解释。《离骚》中的"恐美人之迟暮"，是指屈原自己，这与前人的解释大相径庭。王逸等多数的研究者认为此处的美人指君王，王逸特别指出是指怀王。《思美人》中"思美人兮，擥涕而竚眙"，《抽思》中的"矫以遗夫美人"及"与美人抽怨兮"，这里的"美人"指怀王，理由是"屈原用'美人'二字，都兼有男女关系上相亲爱的意义。一面指自己，同时也指楚王。指自己的当然是美女子的意思；指楚王就是美男子的意思。"④从游国恩的论述中可以看出他对"美人"等词语的研究出现了性别转换，这种转换是以"指君"和"自况"两个视角作为标志的，但如此划分似乎又太过于僵化生硬，"美人"

---

① 褚斌杰：《屈原研究·楚辞女性中心说》，湖北教育出版社 2003 年版，第 253 页。
② 褚斌杰：《屈原研究·楚辞女性中心说》，湖北教育出版社 2003 年版，第 254 页。
③ 褚斌杰：《屈原研究·楚辞女性中心说》，湖北教育出版社 2003 年版，第 254 页。
④ 褚斌杰：《屈原研究·楚辞女性中心说》，湖北教育出版社 2003 年版，第 255 页。

二字代表男性或女性的统一标准究竟是什么,最终并未有所定论,因此这一说法还有待商榷。游国恩观点的创新之处在于"美人"突破了古代楚辞学中单指一人的研究范围,为楚辞性别研究提供了新的思路。

游国恩把对香草的解释与"美人"联系起来,他认为确定了"美人"可以指屈原自己,那就很容易理解这些香草的含义。前人解《楚辞》停留在"屈原以芳草比芳洁,滋兰树蕙比进贤"的认识上,并没有探明究竟。如果认识到"美人"可以指屈原,这些问题可以迎刃而解。他说:"女人最爱的就是花,所以屈原在《楚辞》中常常说装饰着各种香花(其他珠宝冠剑准此),以比他的芳洁;又常常以培植香草来比延揽善类或同志。"[1]这一分析难免带有主观性色彩,即便大多数女子倾向于喜爱美丽的花朵,这终究无法作为女性的标志性特征。至于珠宝冠剑,在古代的习惯当中,反倒更加倾向于男性的佩饰特点了,屈原自比女子的观点未必不成立,这样的证明显然还有所欠缺。

关于女媭,游国恩认为解释为屈原之姊的说法有些生硬。他认为女媭是楚人对夫人的通称,在《离骚》中"是一个假设的老太婆",可能与屈原"是师傅保姆之类罢了"。[2]屈原以女性自比,得罪了丈夫被弃,"大概保姆们应该会责骂他脾气太坏"。对女媭的解释,前人大约共有七大类二十余种解释,分别有"姐妹说""巫女说""女儿说""侍女说"等,各自从语音、释义、语境、历史文献的角度加以证明。游国恩的观点与前人迥然不同,其中逻辑尚需梳理,总归不论正确与否,他对女媭的研究还是有所创新。

关于求女,游国恩受到胡文英、梅曾亮等人的影响,继承了求"以通君侧"之人的说法。同样,他推导此观点的基础还是屈原以女性自比。《离骚》中屈原是一个弃妇的口吻,他想"重返夫家,非有一个能在夫主面前说得到话的人不可"。游国恩认为他所求的女子,可以看作使女婢妾等人的身份,并无别的意义。

尽管20世纪80年代夏太生在《论〈离骚〉人物性别的寓意问题——兼评游国恩先生的"楚辞女性中心说"》中对游国恩的观点提出了质疑,但游国恩

---

[1]　褚斌杰:《屈原研究·楚辞女性中心说》,湖北教育出版社2003年版,第255页。
[2]　褚斌杰:《屈原研究·楚辞女性中心说》,湖北教育出版社2003年版,第258页。

在楚辞性别领域里研究的开拓之功仍然不可忽视。游国恩之所以能提出这样的观点，一方面与当时的社会环境有关；另一方面与他敏锐的学术洞察力有关。20世纪上半叶，中国的女性解放运动大大发展，女性的地位有了显著提高。从游国恩本人来说，其敏锐的学术洞察力使其关注到楚辞与性别之间的书写关系。游国恩1920年来到北京求学，这时正值五四运动之后，新文化思潮影响日益扩大，年轻的游国恩一面接受了新文化的洗礼，一面醉心于学术研究。1925年《楚辞概论》一书完成，这部著作成为新楚辞学的奠基之作。正如陆侃如评价："这历史的方法和考据的精神便构成此书的价值。"①随着20世纪中国女性解放运动的发展，女性在就业、接受教育等方面均有了长足的发展。20世纪二三十年代，一些学者估计当时受过各种层次教育的女性人口接近200万。② 游国恩作为知识分子可以通过报刊、书籍等媒介了解中国妇女解放运动的发展，所以在他的楚辞研究中会提出"女性中心说"。

自游国恩的"楚辞女性中心说"开始，楚辞的性别研究开始进入了一个崭新的时期。学者们开始从女性研究逐渐转入性别研究，从原来无意识的状态逐渐走向自觉。楚辞性别研究的出现也是楚辞由古代学术向现代学术转型的一个标志。游国恩的"楚辞女性中心说"发表之后，学术界很快展开了屈原是否为同性恋的大讨论。

（二）楚辞性别研究的畸形期

在这一时期对屈原性别的研究开始走向畸形，形成了以孙次舟、朱自清、闻一多、郭沫若为中心的大讨论。

1944年"诗人节"，成都文艺界抗敌协会举行的茶话会上，孙次舟提出屈原是弄臣的观点。1944年9月，孙次舟在《中央日报》发表文章《屈原是文学弄臣的发疑》，指出屈原是同性恋者，这在当时学术界引起轩然大波。他这篇文章详细论述了屈原是"后代的传说"、屈原是弄臣、是同性恋者。孙次舟说："研究历史，而不注重'史源'，只信后代的传说，那是危险的事。"③他认为在战国末年纯文艺家尚未获得独立的地位，只能作人君的一种弄臣而存在。

---

① 游国恩：《楚辞概论》，商务印书馆1939年版，第3页。

② 郭箴一：《中国妇女问题》，商务印书馆1937年版，第113页。

③ 黄中模：《现代楚辞批评史》，湖北教育出版社1990年版，第222页。

"陪伴人君玩耍嬉戏,还未能取得崇高的社会地位。"①他们无政治建树和思想研究,只是陪伴着君王们开心寻乐的男妾。孙次舟把屈原与上官大夫的政治斗争描述成弄臣"争风吃醋的勾当",是一个"富有娘儿们气息的文人"。这一观点颠覆了古代楚辞学中的屈原形象,成为屈原性别讨论的导火索。

在座谈会上,孙次舟发表了屈原是弄臣的观点后,任教于省立成都师范学校的陈思苓 1944 年 8 月 10 日在《中央日报》副刊上发表一篇赞扬屈原的文章。文中虽然没有正面点出孙次舟及其论点,但主题与其形成了一个鲜明对比。孙次舟《屈原是文学弄臣》的文章发表后,陈思苓立即写了《屈原辨正·专答"文学弄臣"的主张者》,完成之后几经辗转,《中央日报》才在社会舆论的压力下不得不发表了这篇文章。陈思苓在第 58 期《国文月刊》上再次发表了驳孙次舟的文章《离骚"淫"字辨》。

在争论的过程中朱自清非常同情孙次舟,便发文章寄给了远在昆明的闻一多,并送去了孙次舟的第二篇文章《屈原讨论的最后申辩》。闻一多说:"孙先生也那样客气的说道'闻一多先生大作如写成,定胜拙文远甚',(这仿佛是硬拖人下水的样子,假如不是我神经过敏的话。)这来,我的处境便更尴尬了,我当时想,如果再守口如瓶,岂不成了临阵脱逃吗? 于是我便决定动笔了。"②

对于孙次舟的观点,闻一多并没有像之前的几位学者那样言辞激烈地辩论,而是从另外一个角度来阐明问题:"孙先生以屈原为弄臣,是完全正确的指出了一桩历史事实,不幸的是,他没有将这事实在历史发展过程中所代表的意义,充分的予以说明,这,便是误会之所由发生吧!"③他并不完全反对孙次舟的说法,认为屈原的身份如何其实并不是重点,因为无论怎样的身份也不妨碍屈原是个政治家,他一直在坚持不懈地斗争与呼吁,这些都是不可否认的。闻一多从社会历史发展的角度,指出了战国时代文人的历史地位,他认为了孙次舟只注意到了屈原的"脂粉气",而忽略了屈原的"火气",这是对屈原的"大

---

① 　黄中模:《现代楚辞批评史》,湖北教育出版社 1990 年版,第 224 页。

② 　闻一多:《闻一多全集·楚辞编》第五卷,湖北人民出版社 1993 年版,第 18—19 页。

③ 　闻一多:《闻一多全集·楚辞编》第五卷,湖北人民出版社 1993 年版,第 19 页。

不公平"。"屈原最突出的品性,无宁是孤高与激烈。"①闻一多认为屈原在从一个"文化奴隶"向政治家转变,但是他失败了。他指出了孙次舟错误的根源:"我们可以知道孙先生的误会,是把事实看倒了头,那便是说,事实本是先有弄臣;而后变成文人,(而且不是一个寻常的文人!)孙先生却把它看成先有文人,而后变成弄臣。这一来,真是'失之毫厘,谬以千里'了!"②闻一多认为屈原是"一个为争取人类解放而具有全世界历史意义的斗争的参加者"③。在他的观点里存在着两个屈原,一个"竭忠尽智,以事其君",另一个"露才扬己,怨怼沉江",前者代表着集体精神,后者代表着个人精神,正如对于屈原是"弄臣"还是"抗争者"这两个定位一般,如果他是弄臣,那么就是命运与国家安排给他的位置,但抗争是他自己的选择,代表着屈原真正的精神所在,闻一多肯定的是屈原高洁的品质和同恶势力做斗争的"火气"。

1946 年 5 月,郭沫若也加入了讨论,连续写了《屈原不会是弄臣》《从诗人节说到屈原是否弄臣》两篇文章,对孙次舟的论点进行了批驳。郭沫若在《屈原不会是弄臣》里就孙次舟提到的两个问题"蛾眉"和"众女的谣诼"进行了批驳。在战国时代"蛾眉",还不能成为形容女性眉毛的专门用语。他根据《离骚》的描述,认为"屈原的面貌毫无疑问是相当美的"④,但是这不能成为屈原是男妾的依据。"众女的谣诼"事实上是怀王的宠姬郑袖恼羞成怒而加以反噬,而并非情敌争宠之间的嫉妒。"这样才可以离间屈原,而屈原在事实上也就遭了离间。"⑤郭沫若认为在当时屈原所处的年代,君臣关系都是主奴关系,要说屈原也是奴隶,那是说得过去的;如果说他完全是以声色事人的一位相公,证据太不够。在《从诗人节说到屈原是否弄臣》中,郭沫若进一步批驳了孙次舟的观点,证明屈原是伟大的。"他的诗意识是人民意识,他的诗形式是民间形式,他是彻内彻外的一个人民诗人。他要享受两千多年来的民族崇敬,

---

① 闻一多:《闻一多全集·楚辞编》第五卷,湖北人民出版社 1993 年版,第 21—22 页。
② 闻一多:《闻一多全集·楚辞编》第五卷,湖北人民出版社 1993 年版,第 25—26 页。
③ 闻一多:《闻一多全集·楚辞编》第五卷,湖北人民出版社 1993 年版,第 27 页。
④ 郭沫若:《郭沫若全集·文学编》第二十卷,人民文学出版社 1992 年版,第 73 页。
⑤ 郭沫若:《郭沫若全集·文学编》第二十卷,人民文学出版社 1992 年版,第 73 页。

那并不是没有理由的。今天的诗人们正是意识着要遵守这样的道路。"①至此,这场关于屈原是否是弄臣和同性恋的论争告一段落,郭沫若的两篇文章起到了总结性的作用。

在这场争论中涉及了楚辞学史上从未涉及的一个全新话题——屈原性别取向的扭曲。孙次舟提出的"屈原是同性恋者"的论断打破了屈原传统的形象,无论是在楚辞经学、楚辞理学以及楚辞考据学时代,学者们都不会从这样的角度评价屈原。正如郭沫若所言,孙次舟"虽然观念新颖,却嫌证据太不够"。在中国两千多年的封建社会中,文学的性别研究是一个讳莫如深的话题。孙次舟以畸形的性别观"同性恋"来否定屈原、否定楚辞在中国文学史上的地位,必然会遭到学者的批驳,这次关于楚辞性别的讨论拓展到了文学创作主体的内心世界。应该说孙次舟楚辞研究畸形的性别观为 20 世纪后半期,乃至新世纪的楚辞研究提供了一个新思路,使楚辞的研究从女性扩大到了性别内容,为楚辞研究带来了新的学术增长点,但是屈原同性恋论也给 20 世纪后半期楚辞的性别研究埋下了隐患。

四、楚辞女性主义的影响

20 世纪后半期,性别问题在世界范围内逐渐成为文化研究的热点。国外不少学者结合女性主义理论、现代性社会理论以及后殖民主义理论等进行文学研究。80 年代以后,随着东西方文化交流的日益频繁,关于文学的性别研究逐步增多。楚辞性别研究经历了尚不成熟阶段的畸形期,20 世纪后半期有了进一步的发展,成为一个学术热点问题。学者们对前两个阶段楚辞性别研究的成果进行了剖析,从多重角度探讨屈原、宋玉的女性情结,以及楚辞中人物的性别,并拓展到了女性楚辞研究群体。

(一)对 20 世纪上半叶楚辞女性研究的评价

学者夏太生首先对游国恩的"楚辞女性中心说"提出了质疑。游国恩认为屈原在楚辞中以女子自比,夏太生则用《离骚》举例说明,屈原笔下的性别在不断地转换:"诗的抒情主人公形象并非完全以'女人'的面目出现的,经常

---

① 　郭沫若:《郭沫若全集·文学编》第二十卷,人民文学出版社 1992 年版,第 77 页。

也以男子的本来面目出现。'乘骐骥以驰骋兮,来吾导夫先路。'描写的是剽悍勇武的男性形象……至于上下求索,托媒'求女'的描写,更表明主人公是一位男性。"①他针对游国恩的观点进行了一一反驳,并认为"在诗人的笔下,有时是君夫臣妇,有时又变为臣夫君妇。而把己比作夫,把君比作妇,是对儒家在君臣关系方面的伦理道德观念的有力挑战。"②之所以在诗中出现这样的现象,其根源在于战国时期的民本思想迅速崛起,屈原具有强烈的民主思想,它敢于斥君,敢于革新传统君臣关系的比喻方法。在那个士可以择君而事的时代,他"有选择的主动权和充分余地,这倒是有点象男子择妻而娶的模式。这种风气为屈原把君比为妇,臣比为夫提供了客观的基础"③。

屈原创造这一比喻的一个原因就是他深受古代神话的影响。夏太生认为在南楚的神话传说中比较完整地保存着反映母系氏族的神话,屈原的《天问》中就有母系社会的神话的记载,所以把君比作女子就不难理解了。夏太生把楚辞性别研究与历史史实和神话传说联系起来,探寻了屈原把君比作女子的缘由。

（二）从屈原的女性情结拓展到宋玉的女性情结

学者还从多重角度探讨屈原的女性情结。如一些学者还从"求女"的角度出发探求"女性"的寓意。如周建忠的《〈离骚〉"求女"平议》中对"求女"的研究进行了梳理,有求贤臣、求君、求贤妃、求君臣、求理想、求爱情、求知音、求楚后、求女中英杰和虚构说。学者产生分歧的原因在于对创作方法、研究范围、研究对象和参照系数的认识不同,他们理解的范围、对象与参照系数均有所不同。

如果说前几个历史时期,学者的视线观点集中在屈原和屈赋作品的性别研究上,那么毛庆《宋玉辞赋女性美及其创作心态》一文则拓展了楚辞性别研究的视角,将目光从屈原转移到了宋玉及其辞赋上。他认为:"宋玉是我国文

---

① 夏太生:《论〈离骚〉人物性别的寓意问题——兼评游国恩先生的"楚辞女性中心说"》,《求是学刊》1987 年第 3 期。

② 夏太生:《论〈离骚〉人物性别的寓意问题——兼评游国恩先生的"楚辞女性中心说"》,《求是学刊》1987 年第 3 期。

③ 夏太生:《论〈离骚〉人物性别的寓意问题——兼评游国恩先生的"楚辞女性中心说"》,《求是学刊》1987 年第 3 期。

学史上第一位以极大的精力大胆全面描写女性并取得很大成功的文人。他在前代基础上发展创造的一套较完整的艺术手法,足为文坛圭臬,对文学史产生了很大影响。"①他探讨了宋玉描写女性的原因是政治功利因素,为了劝谏楚王做一位励精图治、奋发有为的君王。封建社会的主要规范就是礼,宋玉笔下的女性都知书守礼。宋玉是政治上的失意者,"失意的心情需要人慰抚,能够做到这点的,只有女性,只有女性世界是宋玉生活中和心中的一块安定的绿洲,一座避风港。这种心理和感情则必定要在作品中表现出来"②。毛庆还进一步从"心灵的压抑"、"人格的扭曲"两方面分析了宋玉的创作心理。他比较了屈原和宋玉在描写女性方面的差异:"屈原常自喻女子而男子气十足,宋玉总以男子自居而女性心理很重:一句话,以传统的美学概念概括,屈原是阳刚,宋玉是阴柔。"③毛庆对楚辞性别的研究跳出了屈原和屈赋的圈子,拓展到了宋玉及其作品,并从创作主体的心理层面对作品中反映的女性阴柔美进行了更深入的探索。他立足中华传统文化,结合中外性别研究的成果,思考宋玉作品的性别问题,具有开拓之功。

关于楚辞中人物的性别的研究,学者的研究视点主要集中在《九歌》诸神性别研究上。苏雪林在《〈九歌〉中人神恋爱问题》中认为《九歌》十祀,"分为男女两类",女神为湘夫人,余皆为男性。④。林河在《〈九歌〉与沅湘民俗》中认为《九歌》中没有女神,他承认湘夫人是女性,但"湘夫人是湘君的夫人,她是神的妻子,而不是神"。龚维英在《〈九歌〉诸神本系女性神考辨》中认为《九歌》描述的时代"处在人类最低阶段的部族"阶段,十祀始初的性别当全系女性,在历史的发展中又有所演变。他在《〈九歌〉主神东皇太一性别考》中分析《九歌》经历过从百越文化、苗蛮文化到荆楚文化三个阶段,东皇太一也由

① 毛庆:《论宋玉辞赋的女性美及其创作心态》,《山西师大学报(社会科学版)》1992 年 7 月第 19 卷第 3 期。

② 毛庆:《论宋玉辞赋的女性美及其创作心态》,《山西师大学报(社会科学版)》1992 年 7 月第 19 卷第 3 期。

③ 毛庆:《论宋玉辞赋的女性美及其创作心态》,《山西师大学报(社会科学版)》1992 年 7 月第 19 卷第 3 期。

④ 苏雪林:《屈赋论丛》,国立编译馆中华丛书编委会 1980 版,第 100—101 页。

一开始的女性身份演变成了"两性同体的阴阳人"①。杨林在《简论少司命的性别》中,论证了少司命是男性神。黄震云的研究则跳出了男性、女性的范畴,对《九歌》中的湘君、湘夫人重新认识。在《〈湘君〉〈湘夫人〉性别的识别和屈原的行踪》中他认为二湘是古乐九歌的一部分,篇名如同后代的乐府题名,湘君、湘夫人更不能看成女性。屈原在编订时结合了自己的身世情怀,记录的是等待出国使者和见到出国使者回朝的情景。

(三)崛起的女性楚辞研究群体

女性楚辞研究者是近些年崛起的研究群体。在长达两千多年的楚辞学发展中,男性一直把持着学术话语权。直到 20 世纪上半期出现了女性楚辞学者苏雪林,她从文化学的角度推动了楚辞学的发展。进入 20 世纪后半叶,女性楚辞研究者逐渐增多,她们以独特的感悟和深刻的体认与男性学者一起助推楚辞学的发展。特别是 80 年代以来,女性楚辞研究者成为一道亮丽的风景。女性楚辞研究者涉及了楚辞学的多个领域,除了传统的屈原生平、作品、人格研究,还有楚辞美学、楚辞民俗学、楚辞训诂学、楚辞传播学、楚辞学史等。女性楚辞学史的书写已经成为当代楚辞研究的重要组成部分。女性楚辞研究的兴起给新时期的楚辞学注入了新的生机与活力,逐步构建起具有鲜明女性意识的楚辞研究理论,推动了楚辞学向纵深化和多元化的方向发展。

综上所述,楚辞性别研究近百年来取得了可喜的成果,也成为楚辞文化转型中最独特也最具有挑战性的话题。特别是楚辞学受到心理分析、解构主义理论、接受美学等一大批现代文艺理论的影响,改变了楚辞学的传统分析模式和思考方式。楚辞性别研究的关键词也由当初的"女性"转向"性别",楚辞研究的开放性和多元性也由此体现了出来。

第七节　马克思主义与楚辞学

五四运动是中国近代史上反帝反封建的伟大革命,波澜壮阔的思想革命对中国文化产生了深远的影响。辛亥革命后中国社会的矛盾继续加剧,帝国

---

① 龚维英:《〈九歌〉主神东皇太一性别考》,《云梦学刊》1990 年第 2 期。

主义加紧侵略,军阀残害百姓,农民起义最后都以失败告终,仁人志士开始探索新的救国道路。十月革命的胜利不仅是俄国革命的胜利,也是马克思主义的伟大胜利,它改变了人类历史的发展方向,给全世界被压迫民族指明了解放的道路,开辟了民族解放运动的新时代。十月革命对中国产生了深刻的影响,让中国人民看到了民族解放的希望。十月革命后,马克思主义在中国广泛传播,具有初步共产主义思想的知识分子走上历史舞台。这时楚辞学正处于从古代学术向现代学术转型的时期,经历了五四运动或者受到五四新文化思潮影响的楚辞学者,在研究内容和研究方法上都产生了很大变化,迥异于传统的楚辞学。

一、学者对马克思主义的接受

以《青年杂志》的创刊为标志拉开了新文化运动的序幕,开启了中国思想解放的闸门。新文化运动既是对传统文化的批判,又是对新思想的传播。十月革命后,李大钊开始潜心研究社会主义,并且用唯物史观来分析中国社会的种种问题。之后,新文化运动中的"问题和主义"之争进一步加速了马克思主义的传播。

(一)马克思主义的传播与五四文化思潮

辛亥革命并没有让中国政治上实现真正的和平和民主,北洋军阀统治中国政坛,知识分子开始寻求新的出路。辛亥革命推翻了中国的封建帝制,动摇了原有的思想文化体系,又由于军阀掌握政权,思想控制相对松懈。因此在旧的思想文化体系解绑,人们对新的出路又十分迷茫的时候,各种思想纷繁复杂,相互冲击交融,勃然兴起的新文化运动在中国传播了马克思主义。

1.马克思主义的凸显

这一时期,中国的思想界混乱而复杂,除了马克思主义以外,还有空想社会主义、基尔特社会主义、新村主义、无政府主义、修正主义等。西方思潮在传播的过程中,科学社会主义即马克思主义,以其独特的思想特征逐渐在中国进步的知识分子中产生较大影响,并在其他思想当中凸显出来。

(1)社会主义思潮涌入

在蓬勃兴起的新文化运动中,西方各种社会主义学说涌入中国,形成了百家争鸣的局面。在异彩纷呈的社会思潮中，社会主义成为最值得关注的一种，它们对中国思想界产生了重要的影响。

"社会主义"作为一种社会学的思想诞生于16世纪的欧洲，在经历了近三百多年的发展后在欧洲产生了许多分支，直到19世纪三四十年代后，马克思、恩格斯总结欧洲工人运动的经验，把社会主义从空想发展到科学社会主义阶段。他们批判地吸收了空想社会主义的思想成果，紧密结合国际工人运动，使科学社会主义在工人阶级中迅速传播。20世纪初"社会主义"开始出现在中国的媒体上。孙中山在辛亥革命后曾对社会主义"必竭力赞成之"，"余实完全社会主义家也"①。他认为民国成立后，虽然民族、民权两个主义已经达到，但是民生主义还没有解决；民生问题是社会革命的问题，只有解决好，才能"一面图国家富强，一面当防资本家垄断之流弊"；防资本家垄断之流弊的政策"无外社会主义"②。1912年10月，孙中山在演讲中进一步全面地阐述了他对社会主义的理解。这次演讲是在上海中国社会党本部举行的，主题是社会主义派别及其批评。孙中山介绍了社会主义在中国存在的必要性和必然性，除此之外，他还指出："社会主义不独为国家政策之一种，其影响于人类世界者，既重且大。循进化之理，由天演而至人为，社会主义实为之关键。"③他把社会主义放到人类社会发展的大背景中，提出天演进化与社会主义的差别，"社会主义所以尽人所能，以挽救天演界之缺憾也。其所主张，原欲推翻弱肉强食、优胜劣败之学说，而以和平慈善，消灭贫富之阶级于无形"④。孙中山的演讲对社会主义在中国的传播起到了积极的作用，扩大了社会主义学说在中国的影响。

十月社会主义革命的成功，让中国进步的知识分子认识到社会主义是战胜资本主义的强大力量，这进一步激发了他们宣传社会主义的热情，社会主义盛极一时。然而这种旺盛是空洞而缺乏根基的，人们羡慕其能够带来的力量，

---

① 孙中山：《大总统与社会党》，《民立报》1912年1月1日。
② 孙中山：《孙中山全集·在南京同盟会会员饯别会的演说》第二卷，中华书局1982年版，第323页。
③ 孙中山：《孙中山全集·在上海中国社会党的演说》第二卷，中华书局1982年版，第507页。
④ 孙中山：《孙中山全集·在上海中国社会党的演说》第二卷，中华书局1982年版，第508页。

却并不清楚到底什么是社会主义,这在当时是非常普遍的现象。一般劳动者不知道尚属正常,可是就连热切渴盼社会主义的知识分子对社会主义了解的都比较少。当时各种社会主义流派种类繁多,孙中山曾经感慨道:"社会主义有五十七种,不知那一种是真的。"①他认为社会主义之派别分为:"一、共产社会主义,二、集产社会主义,三、国家社会主义,四、无政府社会主义。"②当时中国的社会主义"除了科学社会主义即马克思主义以外,还有空想社会主义、基尔特社会主义、无政府主义、修正主义、新村主义、泛劳动主义、工读主义以及合作主义,而无政府主义中还有什么无政府个人主义、无政府共产主义、无政府工团主义、社会的无政府主义、团体的无政府主义,等等,都打着'社会主义'旗号,蜂涌而来"③。如梁启超是"基尔特社会主义"的主要代表,主张中国应当培植社会主义的种子④。

(2)马克思主义的传播

五四新文化运动中西方社会主义文化思潮纷纷传入中国,马克思主义作为一种学说也同样走入了国人视野。李大钊等先进的知识分子比较早地接受马克思主义,并开始在中国进行宣传和介绍。马克思主义在和基尔特社会主义的辩论中逐步凸显出来。

李大钊是中国早期的马克思主义者,从1918年下半年开始他集中发表了一系列介绍马克思主义、宣传十月革命的文章,如《俄国革命之比较》《庶民的胜利》《布尔什维主义的胜利》和《我的马克思主义观》等。1918年,陈独秀和李大钊创办《每周评论》积极宣传马克思主义。1923年,陈独秀在《科学与人生观》序言中介绍了马克思主义唯物史观,向唯心史观发出了挑战。"我们相信只有客观的物质原因可以变动社会,可以解释历史,可以支配人生观,这便是'唯物的历史观'。"⑤李达翻译了《唯物史观解说》《马克思经济学说》等书籍系统地介绍马克思主义学说。通过中国早期先进知识分子的宣传,马克思

---

①　张昭军、孙燕京:《中国近代文化史》,中华书局2012年版,第217页。

②　孙中山:《孙中山全集·在上海中国社会党的演说》第二卷,中华书局1982年版,第508页。

③　丁守和:《中国现代史论》,中国社会科学出版社1980年版,第179页。

④　张东荪:《第三种文明》,《解放与改造》创刊号,1919年9月1日。

⑤　张君劢:《科学与人生观·序言》,岳麓书社2001年版,第7页。

主义很快成为当时中国社会上最有影响力的思想意识形态。梁启超感慨："马克思差不多要和孔子争席,易卜生差不多要推倒屈原。"他认为马克思主义已经撼动了儒家思想的社会地位,西方的文化思想在社会上产生了广泛的影响力。胡适看到马克思主义在中国思想界取得的地位也感到焦虑,他认为"主义"是很危险的,是"政客"用来害人的。他说中国的舆论界仍然使其非常失望。"一班'新'分子天天高谈基尔特社会主义与马克思社会主义,高谈'阶级战争'与'赢余价值';内政腐败到了极处,他们好像都不曾看见,他们索性把'社论'、'时评'都取消了,拿那马克思——克洛泡特金——爱罗先珂的附张来做挡箭牌。"①

1920 年,英国社会学家罗素来中国访问,在北京讲学一年。他与中国各界人士广泛接触,对中国的社会问题进行了细致考察与分析。五四新文化运动时期是中国文化思想史上激情澎湃的年代,罗素近二十个主题的演讲受到广泛关注,全国迅速掀起"罗素热"。他认为,在实业发达的国家实行共产主义的好处在于避免革命战争,然而中国不具备发展社会主义的条件,因为中国的实业仍旧落后。他的观点得到了梁启超、张东荪等人的响应,这让思想本来就不很坚定的青年们对社会主义的希望开始动摇。围绕社会主义是否适应中国的问题,李大钊、陈独秀等马克思主义者迅速回应,双方展开了激烈的讨论。

马克思主义者在与其他思想派别辩论的过程当中逐步取得了决定性胜利,在众多的社会主义流派中脱颖而出,真正在中国站稳了脚。1919 年共产国际和苏联派代表来中国,直接促进了马克思主义在中国的传播。

2. 五四文化思潮加速马克思主义的传播

在五四文化思潮中马克思主义开始广泛传播,全国出版了大量宣传马克思主义的进步刊物和著作,成立了研究马克思主义的学术团体。

马克思主义传播的一个重要载体就是书籍,学者们翻译出版了大量著作。《共产党宣言》《社会主义从空想到科学的发展》《雇佣劳动与资本》等著作相继翻译出版,这为马克思主义的进一步传播创造了条件。

期刊方面除陈独秀主编的《新青年》、李大钊和陈独秀主持的《每周评论》

---

① 胡适:《胡适文存·我的歧路》第二集,黄山书社 1996 年版,第 331 页。

外,还有毛泽东主编的《湘江评论》、周恩来和邓颖超等在天津创办的《觉悟》、戴季陶等人编辑的《星期评论》。上海的《星期评论》、杭州的《浙江评论》、成都的《星期日》等报刊也加入了宣传和介绍马克思主义的队伍,扩大了马克思主义的影响。

研究马克思主义的学术团体在 1920 年以后相继出现,如李大钊在北京组织了"马克思学说研究会",陈独秀在上海组织了"马克思主义研究会",毛泽东组织了"新民学会",周恩来组织了"觉悟社",恽代英组织了"共存社"等。这些团体都致力于马克思主义的宣传与研究,极大地促进了马克思主义的传播。

(二)楚辞学者对马克思主义的接受

在 20 世纪上半期的楚辞研究中,马克思主义中的历史唯物主义和唯物辩证法对楚辞研究影响最大。这种世界观和方法论为楚辞学从传统学术向现代学术转型奠定了扎实的理论基础。在传统的楚辞研究过程中,存在过于主观和片面的问题,马克思主义传入中国以后,显然对此造成了冲击。当然并不是所有的楚辞研究者都接受了这一思想,一些学者在研究过程中用了唯心主义的世界观关照楚辞,对楚辞产生了片面的、错误的认识;一些学者逐步接受了马克思主义,用全新的视角研究楚辞,为楚辞学的发展做出了贡献。

1. 楚辞学者对马克思主义的片面认识

胡适作为新文化运动中的一名干将,虽然在提倡白话文、宣扬个性解放方面做出了卓越贡献,但是在对马克思主义的态度上,其与陈独秀、李大钊等人走上了相反的道路。胡适在研究楚辞问题上出现了唯心主义倾向。唯心主义是同唯物主义相对立的,认为精神是第一性的,物质是第二性的,精神决定物质,物质是精神的产物。胡适认为屈原是一个传说,"当时必有楚怀王的故事或神话流传民间,屈原大概也是这种故事的一部分"[1]。他认为随着时间的流逝,楚怀王的神话渐渐消失,剩下了屈原的故事,屈原由原来的配角变成正角了。"后来这一部分的故事流传久了,竟仿佛真有其事,故刘向《说苑》也载此事,而补《史

---

[1]　胡适:《胡适文存·读〈楚辞〉》第二集,黄山书社 1996 年版,第 67 页。

记》的人也七拼八凑的把这个故事塞进《史记》去。"①他的这些观点大多数为推测,没有准确的客观依据,更没有把屈原和楚辞放到历史的大背景下去进行研究。胡适对屈原的主观认识,决定了他对楚辞文学价值的判断,他认为如果屈原的传说不推翻,楚辞只是一部忠臣的教科书,而不是文学。在楚辞研究上胡适未能使用历史唯物主义的方法看待问题,他对屈原和楚辞的认识偏向唯心主义。

刘师培作为经学、史学、文学研究者,曾与章太炎、蔡元培、谢无量等积极参与反清革命活动。他参与《警钟日报》和《国粹学报》的编辑工作,积极为《中国白话报》撰稿宣传革命主张,为马克思主义的传播做出过贡献。他成立了"社会主义讲习会",创办《天义报》和《衡报》,宣传社会主义理论,提倡废除等级制度、实现共产主义,还组织翻译《共产党宣言》等。但他终究没有挣脱封建思想的束缚,在新文化运动前期为袁世凯称帝大力鼓吹。1919 年在北京大学任教期间反对新思想,提倡"讲学(即旧学)救时",认为新文化运动是"功利倡而廉耻丧,科学尊而礼义亡,以放荡为自由,以攘夺为责任"②。刘师培从唯心主义角度出发,把人的主观意识作为认识世界的出发点,没有真正认识到马克思主义是顺应历史发展潮流的思想,这导致他后期认识的偏差。当遇到革命低谷的时候他放弃了革命立场,最后走到宣扬旧制度和旧的伦理思想的地步。这是他思想认识上的落后之处,但我们也不能否认刘师培在楚辞考据学研究上的贡献。

2. 楚辞学者对马克思主义的接受

历史唯物主义是马克思主义理论的一个重大发现,是关于人类社会发展的基本理论。历史唯物主义认为社会历史的发展有客观规律,经济基础决定上层建筑,物质的生产方式决定社会生活、政治生活和精神生活;社会存在决定社会意识,社会意识又可以影响社会存在;生产力决定生产关系;在阶级社会,阶级斗争可能会引发社会革命,夺取国家政权。这一系列理论为 20 世纪上半叶的楚辞研究提供了科学的支撑。楚辞学史上一大批经历了五四新文化运动洗礼的学者,在历史发展的进程中顺应时代潮流,逐步认识并接受了马克思主义,用马克

---

① 胡适:《胡适文存·读〈楚辞〉》第二集,黄山书社 1996 年版,第 67 页。
② 刘师培:《请看北京学界思潮变迁之进状》,《公言报》1919 年 3 月 18 日。

思主义的世界观和方法论指导学术研究,开辟了楚辞学的新天地。

　　谢无量是楚辞研究中较早接受社会主义理论的学者。1901 年在南洋公学期间,他与马一浮等创办翻译会社,编辑出版《翻译世界》杂志,内容涉及社会主义著作。在新文化运动中,谢无量经常在《新青年》发表文章,用白话文编写国学书籍。《平民文学之两大文豪》《楚词新论》《古代政治思想研究》这三部作品曾经被孙中山所赞赏。在 20 世纪初学术大变革的时代,他成为传统学术向现代学术转型的过程中重要推动者、见证者和参与者。其楚辞学著述虽然不多,但是其学术思想已经凸显出历史唯物主义的独特范式。他在楚辞研究主题、理论术语、研究方法等方面树立了中国楚辞学书写的典范,建构起楚辞学史的基本模式。谢无量敞开胸怀接受新潮思想,创造性地把历史唯物主义与楚辞学结合,赋予楚辞学新的时代价值。谢无量提出了“大文学史”的概念,对于这个名词,他没有进行过多解释,但可以理解为这是一种广义的文学观念。在进行文学研究时,他的研究对象既包括纯文学作品,又包含传统学术,这也是他接受了新文化思潮之后的选择。谢无量的大文学史观科学客观地整理出了中国文学史的研究体系,他把楚辞放在中华文化发展的历史背景下比较《楚辞》与《诗经》的差异,确定“《楚辞》是代表南方文学一部最古的书,屈原自然是楚辞这种文体开创的人。所以要研究楚辞,先要研究屈原那时候南北思想的异同是怎么样”[①]。他从南方的历史文化背景,考察屈原的生平、思想、楚辞的篇目、《离骚》的新释以及楚辞评论家之评论。他以历史发展的眼光来评价楚辞,认为楚辞是“创新国”,楚辞的精神是“刚性的”“自觉的”。从楚辞研究的核心问题、理论词汇、研究方法和评价标准来看,谢无量的楚辞研究科学客观,已经有了马克思主义的痕迹。

　　郭沫若是新文化运动的一名骁将,性格就像他的诗一样激烈,学术研究却深沉而厚重。在新文化运动中,他是创造社的旗手,为中国新诗摇旗呐喊,成为中国新诗歌的奠基者。他在新诗《匪徒颂》中热情歌颂具有反抗精神的革命者,“匪徒们”表现出五四时代狂飙突进的革命精神。他参加过国民革命军的北伐,参加过南昌起义,后加入中国共产党。中国共产党的指导纲领是马克

---

① 谢无量:《谢无量文集·楚词新论》第七集,中国人民大学出版社 2011 年版,第 355 页。

思主义,他把学术研究与马克思主义紧密结合起来,运用马克思主义关于人类社会学发展规律,参考历史文献资料研究中国社会历史,证明中国经历了原始社会、奴隶社会与封建社会的发展历程,开创了唯物史观派。"马克思主义的传入、唯物史观派史学的诞生,是 20 世纪中国史学变迁史上的重大事件。这一新的史学形态的出现及其演变,不仅因对中国共产主义运动的重要支持而具有突出的社会史意义,还因为对中国古老史学传统的深刻改造而具有不可轻忽的学术史意义。"[1]在楚辞研究上,郭沫若的学术思想也是在逐渐进步和发展的,大致可以以 1935 年为界,分成两个时期。1935 年之前,郭沫若身上还有着一种属于少年的浪漫,他凭着感性的认识热爱着屈原与他的作品,但在理论方面尚未形成系统的认知。他站在浪漫主义的立场上对屈原进行审视,这个时期的郭沫若充满激情,研究屈原的过程中感性思维占了主导。1935 年后,他已经能够成熟地运用马克思主义的唯物史观,从时代、政治、经济和文化背景探究屈原的思想和楚辞的产生,成为马克思主义楚辞研究的开拓者。在这一时期,郭沫若的《屈原研究》出版。郭沫若与廖平、胡适、侯外庐在关于楚辞研究的三场论战中逐步阐明了其马克思主义楚辞观,为 20 世纪乃至新世纪的楚辞研究指明了方向。在这一阶段,郭氏的屈原形象已经树立起来,并且逐渐丰满。随着中华人民共和国的建立,中华文化逐渐走向世界,屈原被评为世界四大名人,郭沫若参加了许多纪念屈原诞辰的文化活动,也接受了更多新思想。他肯定了屈原是一位先进的学者,屈原的思想和世界观都是进步的,并且进一步从唯物史观的角度对其进行研究。

侯外庐 24 岁时结识了李大钊,表达了自己追求真理的愿望,并希望通过能翻译马克思主义的著作来提高理论水平,也可以为国内的追求真理者提供营养。他的想法得到了李大钊的赞同。1927 年,侯外庐受马列主义的熏陶在巴黎加入了中国共产党。在苏联期间他开始翻译《资本论》,直到 1932 年,侯外庐与王思华合译的《资本论》第一卷第一分册才由生活书店出版。侯外庐不仅在中国马克思主义史学史上有特殊地位,而且他以马克思主义理论为指导对中国文化思想史进行梳理,对楚辞学的转型起到了重要作用。他采用社

---

① 王学典:《20 世纪中国史学评论》,山东人民出版社 2002 年版,第 59 页。

会史与思想史并行研究的方法,重新认识屈原的思想及其产生的时代背景。他"实事求是""独立自得"的治学精神为楚辞学者所敬仰。侯外庐看到了在时代大变革时期屈原世界观与方法论之间存在的矛盾。他指出,屈原虽身为楚国贵族,但他始终站在人民群众的角度上思考问题,代表群众的呼声,这一点符合马克思主义原理,是先进的、进步的。然而受到时代的限制,屈原的认识终归有局限性,因为他的世界观是落后的。侯外庐把楚辞研究视角集中在屈原思想方面。他于 1942 年发表了两篇文章《屈原思想渊源的先决问题》(1942 年 1 月《中苏文化》第 11 卷第 2 期,《新华日报》1942 年 4 月 22 日转载)和《申论屈原思想(衡量屈原的尺度)》(1942 年 1 月《中苏文化》第 11 卷第 2 期),在楚辞研究界引起了一场论战。

马克思主义唯物史观要求人们从现象中揭示事物发展演变的基本规律,这让学者们认识到社会存在与社会意识之间的关系、经济基础与上层建筑之间的关系、生产力与生产关系之间的关系。马克思主义的引入给古老的楚辞学带来了新的生机,学者从历史发展、社会变迁、文学发展等不同的角度对屈原和楚辞进行再认识,开辟出楚辞学的新天地。游国恩、陆侃如、姜亮夫等学者也受到马克思主义的影响,他们为 20 世纪的楚辞研究做出了巨大贡献。

二、马克思主义楚辞学的论战

20 世纪上半叶,关于马克思主义楚辞学发生了三次论战,郭沫若都参与其中,第一次以胡适和陆侃如为中心,第二次以郭沫若和胡适为中心,第三次以郭沫若和侯外庐为中心。

(一)以胡适和陆侃如为中心的论战

这次关于楚辞的论战与"整理国故"运动密切相关。五四以后,以胡适为首的新文化运动的领导者提出以现代的眼光重新审视中国典籍,用现代意识审视传统文化,再造中华文明。从客观上来说,"整理国故"具有现代的立场、批判性的态度和科学的精神,然而在这场运动中却出现了传统与现代、现代与现代内外交困的局面。一方面"整理国故"被守旧派利用,打出"六经以外无文"的旧招牌,为复古气焰助燃;另一方面,"整理国故"参与者内部主张不一致,导致新文化运动参与者内部出现论战,焦点集中在屈原有无的问题上。

1922 年 8 月胡适写完《读〈楚辞〉》在读书会上发表讲演,9 月刊登在当年的《读书杂志》第一期。后他将此文寄给学生陆侃如,陆侃如撰文《读〈读楚辞〉》发表在《努力周报·读书杂志》第四期。他们师生二人的争论点燃了 20 世纪第一次楚辞论战的导火索,接下来梁启超、游国恩、郭沫若、鲁迅、岑仲勉等人都加入了论战的行列。

陆侃如上大学期间受胡适的影响选择了中文系。他曾经醉心于整理国故,还与同学游国恩等组织"述学社",出版了《国学月报》,其中第一期即为《楚辞号(一)》。作为学生,他敬重老师,但并没有迷信于老师,对胡适的观点进行了逐条批驳,指出了胡适楚辞研究方法中的错误,如关于屈原传传末的叙事错误,还述及司马迁以后的谥法。陆侃如指出:"崔适先生在《史记探源》里曾指出《屈原贾生列传》末几句是褚先生补的,而胡先生却因这极小一部份而牵动全文,比较下来似以崔说为妥。"①事实上,陆侃如文章中的观点正是在按马克思主义方法论来评价胡适研究的错,他认为胡适"因这极小一部份而牵动全文"犯了以偏概全的错误,没有从整体的角度宏观看待问题。马克思主义唯物辩证法是对客观规律的正确反映,它要求人们一切从实际出发,实事求是,在认识和实践活动中自觉地运用发展、辩证的观点。胡适从唯心主义出发,脱离了楚辞和历史发展演变中的具体情况,特别是《史记》等在流传过程中产生的问题,仅仅因为古籍叙述出现的抵牾或者错乱就否定屈原的存在,进而否定屈原作品的真实性,这样的结论自然有失偏颇。

陆侃如还从辞赋发展史的角度分析了《卜居》《渔父》和《离骚》的差异,回答了胡适的疑问。他认为:"《卜居》、《渔父》与《离骚》等篇的异点,只在体裁。一是注重抒情的,一是注重叙事的;一是诗歌;一是偶然有韵的散文。《卜居》、《渔父》的体裁与宋玉的《风赋》、《好色赋》一样,与欧、苏的《秋声赋》、《赤壁赋》一样。我常以为'楚辞'与'赋'当合作一类,而再以形式分为二类:第一类为诗歌,如《离骚》,《招魂》,《鹏鸟赋》,《悼李夫人赋》等篇属之;第二类为散文,如《卜居》、《七发》、《子虚赋》、《羽猎赋》等篇属之。这种散文在屈原前已有(如《老子》),在屈原时也有,在屈原后更多:故以文学史的眼光

---

① 褚斌杰编:《屈原研究·读〈读楚辞〉》,湖北教育出版社 2003 年版,第 41 页。

看来,他作《卜居》《渔父》是件很合理的事。"①辩证唯物主义认为物质存在具有复杂性和多样性,物质世界处在永恒的运动、变化、发展之中,作为文学体裁和文学内容也在随着时代的发展变化而变化。陆侃如从辞赋演化过程确定《卜居》《渔父》与屈原其他作品存在差异的合理性。他认为《卜居》《渔父》为屈原所作,只是文体在屈原生活的后半期发生了变化。如今再看陆侃如的观点,难免有不甚准确之处,但是他对辞赋文体发展演变的见解,已经暗合了马克思主义的研究规律,代表着一种全新客观的思维方式,对楚辞研究有着十分重要的启发意义。

对于屈原生活的时代,陆侃如批驳了胡适"传说的屈原……必不会生在秦汉以前"的观点。陆侃如认为传说与时代存在关系,"譬如现在民间传说的诸葛亮是根据于千馀年后的《三国演义》的,我们难道也去怀疑诸葛亮的时代"②,他以联系的观点分析问题,由此类比推出屈原生活在战国时代的合理性。胡适认为屈原是"文学箭垛""伦理箭垛",陆侃如推测胡适是根据《离骚》中思君的诗句产生这样的说法。他则提出屈原生活的时代是一个"有信史时代","公元前四世纪的中国却是一个个人著作很发达的时代,故我们很可说这些诗是屈原一个人作的"③。陆侃如确认《离骚》等篇目包括屈原应该产生在战国时代,而不是秦汉以后,"屈原只有一个,一方面是《离骚》等篇的著者,一方面兼差做那个忠臣传说的主人公"④。

胡适和陆侃如师生二人关于楚辞的辩论,不论对与错,我们都不可否认他们在楚辞学现代化进程中所做的贡献。通过陆侃如的论述可以看出,作为经历了新文化运动洗礼的学生,陆侃如已经接受了马克思主义的某些观点,并正在逐步运用于楚辞研究实践当中。

在马克思主义传入中国以后,梁启超曾经有两次关于社会主义的争论,一次是与孙中山,一次是与张东荪。且不论他是否接受马克思主义理论中的社会主义学说,事实上他参与这两次激烈的思想争论,客观上推动了近代中国社

①　褚斌杰编:《屈原研究·读〈读楚辞〉》,湖北教育出版社 2003 年版,第 40 页。
②　褚斌杰编:《屈原研究·读〈读楚辞〉》,湖北教育出版社 2003 年版,第 43 页。
③　褚斌杰编:《屈原研究·读〈读楚辞〉》,湖北教育出版社 2003 年版,第 43 页。
④　褚斌杰编:《屈原研究·读〈读楚辞〉》,湖北教育出版社 2003 年版,第 43 页。

会主义学说的传播。孙中山认为民生主义即社会主义,倡导土地国有政策,核心内容是"平均地权""土地国有"。梁启超认为社会主义"当以解决资本问题为第一义,以解决土地问题为第二义"。二人论争的实质不是马克思的"科学社会主义",实质是要改良还是要革命的问题。20世纪20年代初,英国哲学家罗素访华,他提出中国的当务之急是兴办实业、发展教育,而不是走社会主义道路,且中国不具备走社会主义道路的条件。由此张东荪在报刊上发表了一系列文章支持罗素的观点。梁启超支持张东荪,反对马克思主义,主张走实业救国的改良道路。他指出,"吾以为社会主义所以不能实现于今日之中国者,其总原因在于无劳动阶级"[1],中国目前最迫切的问题是如何"以使多数人取得劳动者地位为第一义。地位取得,然后改善乃有可言"[2]。梁启超与张东荪都认为人类社会的发展需要遵循一定的规律,越过资本主义去发展社会主义是不现实的事情。因此,中国最根本的问题还是解决人民温饱和工业极其不发达的问题。另一派则是陈独秀和李达的阵营,他们认为中国必须立即实施社会主义。他们将中国的情况放置在国际环境大背景之下,认为自鸦片战争以来,中华民族已经饱受资本主义压迫,人们对资本主义具有厌恶、抵触的情绪,这就是资本主义的发展缺乏群众基础难以扎根的原因,更何况目前资本主义社会也存在着一定的矛盾和问题,亟待改进。这次论争的焦点是:中国应该走社会主义的革命道路还是走实业救国的改良主义道路。

除了两次关于社会主义的论争之外,同年11月梁启超在南京东南大学文哲学会发表讲演,后整理成《屈原研究》发表在11月18—24日的《晨报副镌》。在学界出现了以胡适为首的屈原否定论的声音后,梁启超作为著名的学者,针锋相对地提出了自己的观点。他不仅肯定了屈原的存在,还对屈原在文学史上的成就做了高度的评价。他在《屈原探究》中把屈原提高到中国个性文学始祖的地位,这与胡适的观点截然不同。在肯定了屈原文学史上的地位后,梁启超从资产阶级的立场结合西方文艺理论和美学理论进一步探讨了

---

[1] 梁启超:《梁启超全集·复张东荪书论社会主义运动》,北京出版社1999年版,第3331页。

[2] 梁启超:《梁启超全集·复张东荪书论社会主义运动》,北京出版社1999年版,第3329页。

屈原的人格和心理。作为资产阶级的改良派，他没有用马克思主义的唯物论和辩证法认识屈原、分析屈原的作品，而是从心理学的角度探求屈原的内心世界，勾勒了一个完整的心理变化轨迹。

梁启超首先以屈原自杀为出发点来探究屈原的心理、人格。人格在希腊语中指演员在舞台上戴的面具，后来这个词语借用到心理学中，人在社会中角色的不同，人格的外在表现就不同。梁启超把握住了人格的重要性，但同时他也忽视了一点，那就是人格具有复杂性。人格的形成既与先天遗传因素有关，又与后天成长环境相连，二者相互作用而形成人格。民族、阶级等也是影响人格外在因素。梁启超在对屈原人格的研究时，孤立地从文学作品看人格的形成，忽略了影响人格形成的遗传、民族、阶级等因素，他关于屈原人格的论述背离了辩证唯物主义的认识论。辩证唯物主义认为人的意识是人脑的机能，是对物质世界的反映，是长期发展的产物。屈原的心理状态与人格特质虽然能够通过自杀表现出来，但梁启超并没有探究其形成的深刻根源。如果研究者脱离了屈原生活的时代、屈原的家族身世、屈原的阶级性等，那必然要走向错误。

梁启超从主观意识出发，认为屈原自杀是因为他是"一位有洁癖的人，为情而死"。他的"恋人"是"那时的社会"，理想又不能实现，因此他只能拿自己的生命去殉"单相思"。在梁启超看来，屈原有极高寒的理想，又具有极热烈的感情，这导致他形成了独特的人格。梁启超从《九歌·山鬼》中去探求屈原的人格，他认为这些诗句是屈原"用象征笔法描写自己人格"①。《九歌》是楚国的民间祭歌，《山鬼》是楚人祭祀中的一个重要部分，屈原以优美的笔触描绘了一个一尘不染山鬼的形象，这在学界已经成为共识。梁启超认为屈原在哲学上有很高的见解，可是现实跟他的理想有很大的差距，他"一面很达观天地的无穷，一面很悲悯人生的长勤"②；屈原虽然屡受打击，但是他认定真理和正义，不与流俗之人相容，因此受他们的压迫是必然的；最重要的是他自己独立不迁、站稳脚跟。"我决定要打胜他们，打不胜我就死。""这是屈原人格的

① 褚斌杰编：《屈原研究·屈原研究》，湖北教育出版社 2003 年版，第 16 页。
② 褚斌杰编：《屈原研究·屈原研究》，湖北教育出版社 2003 年版，第 17 页。

立脚点,他说也是如此说,做也是如此做。"①梁启超肯定了屈原人格的存在,也高度评价了楚辞的价值,但这都是建立在唯心主义基础上的,他用外在现象和作品去解释人格与心理,实际上是一种本末倒置的行为。由于没有把握住生活经历、时代背景等人格形成的基础,梁启超的解读也就容易带有主观倾向性,这是与马克思主义相违背的。

1923 年,梁启超在清华大学讲课时编著的一部讲义《要籍解题及其读法》,两年后在《清华周刊》发表,后收入《饮冰室合集·专集》部分。梁启超选取《论语》《孟子》《史记》《荀子》《韩非子》《左传》《国语》《诗经》《楚辞》《礼记》等十余部"有永久价值"的重要古籍做解题,引导青年学生对古书产生"兴味"。"生当今日而读古书,头一件,苦于引不起兴味来;第二件,苦于没有许多时间向浩如烟海的书丛中埋头钻研;第三件,就令耐烦费时日勉强读去,也苦难得其要领。"②梁启超想给学生以提示,引导他们读书,"想替青年们添一点趣味,省一点气力"③。在《要籍解题及其读法·楚辞》部分,梁启超分成了《〈楚辞〉之编纂及其篇目》《屈原赋二十五篇》《屈原之行历及性格》《〈楚辞〉注释书及其读法》几部分。在《屈原研究》中,梁启超重在论述屈原的人格,在《要籍解题及其读法·楚辞》中,梁启超对《楚辞》进行了较为全面的论述。梁启超列要籍解题与胡适发起的"整理国故"运动有关,胡适开了《一个最低限度的国学目录》,梁启超写了《国学入门书要目及其读法》,之后其他人也列出了国学目录,学界形成了一股开列国学目录的之风,这反映了知识阶层对新文化运动的反思。

郭沫若一生热爱屈原、学习楚辞、研究屈原。他说:"屈原是我最喜欢的一位作家,小时候就爱读他的作品。"④1921 年 5 月 26 日郭沫若在《女神·序诗》,中公开宣称以自己是个无产阶级者,他说:

　　我是个无产阶级者。

---

① 褚斌杰编:《屈原研究·屈原研究》,湖北教育出版社 2003 年版,第 23 页。
② 梁启超:《梁启超全集·要籍解题及其读法·自序》,北京出版社 1999 年版,第 4617 页。
③ 梁启超:《梁启超全集·要籍解题及其读法·自序》,北京出版社 1999 年版,第 4617—4018 页。
④ 郭沫若:《屈原·序》,开明书店 1935 年版,第 1 页。

> 因为我除个赤条条的我外，
>
> 什么私有财产也没有。
>
> 《女神》是我自己产生出来的，
>
> 或许可以说是我的私有，
>
> 但是，我愿意成个共产主义者，
>
> 所以我把她公开了。①

"我愿意成个共产主义者"是郭沫若直抒胸臆的表白，表达了他对无产阶级的敬仰和对共产主义的向往。后来郭沫若自述称：

> 马克思主义是怎样一种内容，并不甚了解。日本人在当时把布尔什维克叫做"过激派"。但我当时却想作无产者、想当个共产主义者，这种思想表现在 1921 年写的《女神·序诗》中。我以为马克思、恩格斯、列宁是了不起的人物，但对马克思主义的具体内容，却很茫然。②

虽然说这时候郭沫若还不是一个成熟的马克思主义者，但是他已经对马克思有了模糊的认识。1925 年，郭沫若亲眼目睹了五卅惨案，巡捕和山东大汉在那儿堵塞着行人，"有的端起步枪来威骇，有的举起木棍来乱打"，"没穿制服的外国巡捕，两手都握着手枪，鹰瞵鹗视地东奔西突"，"巡捕的木棍、步枪、手枪，都对着人潮"③。1925 年 10 月，郭沫若作杂文《穷汉的穷谈》，批驳林植夫对共产主义的诬蔑，"从正面论述了共产主义，以澄清人们对共产主义的种种模糊认识"。④ 之后他又创作杂文《共产与共管》《马克思进文庙》等，在与林植夫等人关于马克思主义的论战中提高了自己的理论水平。1926 年 7 月，郭沫若投笔从戎，参加了国民革命军北伐，任北伐军总政治部宣传科长、副主任。1927 年郭沫若撰写了《请看今日之蒋介石》揭露了蒋介石背叛革命的行径，产生了巨大影响，郭沫若因此受到通缉。在参加南昌起义途中，他加入中国共产党。郭沫若这一时期已经阅读了大量的马克思主义理论著作，比较全面地掌握了马克思主义哲学。他的《中国古代社会研究》成为中国马克思主义史学

---

① 　郭沫若：《郭沫若全集·文学编·女神序诗》第一卷，人民出版社 1990 年版，第 3 页。

② 　王继权、童炜钢：《郭沫若年谱》，江苏人民出版社 1983 年版，第 116—117 页。

③ 　王继权、童炜钢：《郭沫若年谱》，江苏人民出版社 1983 年版，第 191 页。

④ 　王继权、童炜钢：《郭沫若年谱》，江苏人民出版社 1983 年版，第 196 页。

的奠基之作,"把中国实际的社会清算出来,把中国的文化、中国的思想,加以严密的批判"①。

1921 年,郭沫若创作历史诗剧《湘累》,描写爱国诗人屈原被放逐后的一个生活片断,表现了屈原的爱国主义情怀和对现实的反抗精神。郭沫若说这部历史剧"实际上就是'夫子自道'。那里面的屈原所说的话,完全是自己的实感"。② 郭沫若借助屈原把自己心中的积怨喊了出来。在学界为屈原有无展开讨论的时候,他却把楚辞中的内容与自己创作的新诗联系在了一起,以楚辞中的香草"辛夷"作为诗集名,以杜荃作为自己的笔名,可见郭沫若对楚辞的喜爱。1926 年 8 月,北伐途中经过汨罗,郭沫若作诗《北伐途次》:

> 屈子行吟处,今余跨马过,
>
> 晨曦映江渚,朝气涤胸科。
>
> 揽辔忧天下,投鞭问汨罗,
>
> 楚犹有三户,怀石理则那?③

面对汨罗江,郭沫若表达了自己与屈原一样心忧天下的情怀。他所进行的革命事业,与屈原同恶势力的斗争是一样的,充满了曲折与艰辛。特别是在革命失败后郭沫若流亡日本期间,屈原的精神和气节深深鼓舞着他。他在日本警宪的严密监视下,以惊人的毅力从事古史和古文字的研究。郭沫若在《金文丛考·重印弁言》中写道,之所以做这样的研究是向两方面挑战,一是自己"所怀抱的挑战意识",一是"所冒犯的沉溺的危险"④,向以胡适为首的"国粹"派发起的挑战。他曾在扉页上写道:"大夫去楚,香草美人。公子囚秦,《说难》《孤愤》。我遭其厄,愧无其文。爰将金玉,自励坚贞。"⑤郭沫若以屈原的"去楚"类比自己离开祖国流亡日本的遭际;屈原的坚贞不屈、百折不挠,也代表着他不会自暴自弃的坚定决心。对于信仰的忠诚、对祖国的热爱伴随着郭沫若渡过了困境。

---

① 郭沫若:《郭沫若全集·历史编·中国古代社会研究·自序》第一卷,人民出版社 1982 年版,第 9—10 页。

② 王继权、童炜钢:《郭沫若年谱》,江苏人民出版社 1983 年版,第 108 页。

③ 王继权、童炜钢:《郭沫若年谱》,江苏人民出版社 1983 年版,第 209 页。

④ 郭沫若:《金文丛考》,人民出版社 1954 年版,第 4 页。

⑤ 郭沫若:《金文丛考》,人民出版社 1954 年版,第 6—7 页。

在这个历史时期,郭沫若与胡适在学术研究的观点和方法上是对立的,这导致他们在对屈原和楚辞的态度截然不同。胡适坚持"实验主义"的治学方法,提倡"尊重事实,尊重证据""大胆的假设,小心的求证"的治学精神。他说:"我治中国思想与中国历史的各种著作,都是围绕着'方法'这一观念打转的。'方法'实在主宰我40多年来所有的著述。"①他提倡"用历史演变的眼光追求传说的演变","用严格的考据方法来评判史料",不过胡适提出"人类用常识来判断推测的方法"明显属于唯心主义。对此郭沫若曾批评说:"胡适提倡实验主义,主张用科学方法批判文化遗产是好的。但他所用的方法,并不科学。"②他批评以胡适为首的"国故派":"你们除饱读戴东原、王念孙、章学诚之外,也应该知道还有马克思、恩格斯的著作,没有辩证唯物论的观念,连'国故'都不好让你们轻谈。"③1925 年,郭沫若在大夏大学时讲授《文学概论》,后来郭沫若回忆说:"我那时对于文学,已经起了一种野心,很想独自树立一个文艺论的基础。""一个时代有一个时代的条件,一个时代有一个时代的感情,因而一个时代有一个时代的文艺。"④郭沫若的思想是在进步中逐渐演化的,他看到了历史唯物主义的重要性,把对屈原和楚辞的理解放到了战国时代,从历史唯物主义的角度研究屈原和他生活的时代环境,从而得出科学严谨的结论。特别是郭沫若在 1930 年完成《中国古代社会研究》一书后,他的马克思主义理论日渐成熟。从 1934 年开始,他继续着手进行屈原的研究,这些为 20 世纪 40 年代郭沫若与胡适关于屈原的论战打下了坚实的理论基础。

(二)郭沫若与胡适的论战

1. 对胡适的批驳

郭沫若与胡适论战的焦点是关于屈原有无的问题,是对"屈原否定论"一次比较彻底的批判,郭沫若以马克思主义理论为出发点,证明历史上确有屈原其人。郭沫若认为,胡适提出的关于屈原的五个问题,看似非常犀利,实则是错误的,一项也不能成立,他逐一进行了批驳。

---

① 胡适:《治学的方法与材料》,《新月》1928 年 11 月 1 卷 9 号。
② 郭沫若:《郭沫若全集·蒲剑集·屈原考》第十九卷,人民出版社 1992 年版,第 101 页。
③ 杜蒸民:《郭沫若与胡适的传统文化观比较》,《郭沫若学刊》1991 年第 4 期。
④ 王继权、童炜钢:《郭沫若年谱》,江苏人民出版社 1983 年版,第 190 页。

（1）叙述抵牾

胡适指出《史记》不可靠，《屈原贾生列传》尤其不可靠。胡适提出孝文帝之后应该是孝景帝继位，《史记》成书于汉武帝时期，司马迁更不可能知道武帝以后的谥号，他以这两点作为否定《史记》真实性的依据，显然犯了以偏概全的错误。其实早在胡适之前，廖平便指出《史记·屈原贾生列传》文意不连贯、事实前后矛盾的问题，以此来证明《史记》不可靠。对此郭沫若提出反驳，指出早就有人说过那是后人所增。他引殿本《史记》第八十四卷考证中凌稚龙的说法，讲明"孝文崩"应该是"孝景崩"的错误。郭沫若认为："有了贾谊和刘安以及做《卜居》《渔父》的作者楚人在前，《屈原传》在细节上纵使有疏失和为后人所窜改的地方，而在大体上是不能推倒的。"①他一语道破此类观点当中的逻辑漏洞："更何况屈原的存在与否和《屈原传》的可靠与否也没有必然的关系。"②

（2）叙事不明

在胡适提出的"叙事不明"这一理由中一共涉及五个小问题。其一，"疏""放"和出使齐国的问题。郭沫若认为这是合理的："既疏了，既不在位了，而又使于齐，又谏重大的事，我们如想到现在的一些要人下野出洋且发抒伟论的近事，便可以不费笔墨地得到了解。"③在后面的论述中，郭沫若进一步考辨了屈原的放逐时间和次数。郭沫若提出了一次放逐说，他根据《史记》记载"王怒而疏平"，认定楚王是疏远屈原，而不是"放逐"。"上官大夫在怀王面前诋毁屈原的罪状，仅仅是夸功，并不就是该受流刑的大罪"，"而且如果是受了流刑，后来又使齐，又谏王那倒真是讲不通的"。其二，胡适所疑的"'虽放流'，忽说'迁之'"，郭沫若做了进一步的解释，"疏"之后，被"迁"之前，司马迁用了"放流"二字，这里"放流"不是"放逐"，而是"放浪"。他说"放流"当成"流谪"解，是后来的人讲错了的。"放流"就等于"放浪"，"并不是说屈原在楚怀王时便遭过流刑"④。其三，胡适第三个疑问涉及两个问题：一是"秦虎狼之国

---

① 郭沫若：《郭沫若全集·历史编·屈原研究》第四卷，人民出版社 1982 年版，第 15 页。
② 郭沫若：《郭沫若全集·历史编·屈原研究》第四卷，人民出版社 1982 年版，第 15 页。
③ 郭沫若：《郭沫若全集·历史编·历史人物》第四卷，人民出版社 1982 年版，第 12 页。
④ 郭沫若：《郭沫若全集·历史编·历史人物》第四卷，人民出版社 1982 年版，第 12 页。

不可信",这句话到底是昭睢所言,还是屈原所言;二是张仪传中无"何不杀张仪"一段,也无"怀王悔,追张仪不及"。郭沫若认为昭睢不是屈原,"他与屈原同时而且大约是同志,所以他们说话相同。使齐时他是做了屈原的副使或随员"①。屈、景、昭为楚国的公族,也就是"三闾",在历史发展的过程中,屈由"甲氏"演变而来,"说它是音变固可以"②。郭沫若注:"马叙伦说'甲借为屈,音同见纽'。(《庄子义证》第二十三卷十三页。)"③他进一步证明了昭氏流传了下来,《庄子·齐物论》中有善鼓琴的昭氏,其名为文,儿子承继父业。因此昭睢与屈原不是一个人,不能画等号。《张仪传》中无"何不杀张仪"及"怀王悔,追张仪不及"两段,郭沫若用《史记》互见式笔法回答了胡适的疑问。其四,"汉中""黔中"以及"汉中之半"的问题,胡适认为《屈原传》《张仪传》和《楚世家》说的秦所取之地不同。郭沫若则认为:"是胡适太着急,把原书看脱了一半。"④其五,胡适的疑问是《史记》屈原传中前面称"屈平"后半部分又称"屈原",前后不一致。郭沫若认为,司马迁在屈原传的第一句就交代清楚了,"称平称原本是两可"⑤;从训诂学的角度来说"高平曰原"、"上平曰原",不能够说司马迁是误把两个人合成一个人。

2. 否定论之源

郭沫若认为这股"疑古"之风,是从欧洲开始的,"这种风气当然也就随着文化的传播而传染了中国"⑥。当欧洲人怀疑荷马的存在,以为他是神话中的人物,怀疑戏剧家莎士比亚,莎翁最多不过是当时的一名演员而已。郭沫若明确指出,胡适论断的根据是实验主义。他是站在实验主义的立场,"因为他是一位道地的实验主义者。自'五四'以来,提倡实验主义,不遗余力,他主张一切都要有真凭实据;不过问题就在乎他的凭据是不是真实。"⑦

他还用出土文物证明了楚国的存在。20世纪30年代,在安徽寿春李家

① 郭沫若:《郭沫若全集·历史编·屈原研究》第四卷,人民出版社1982年版,第13页。
② 郭沫若:《郭沫若全集·历史编·屈原研究》第四卷,人民出版社1982年版,第13页。
③ 郭沫若:《郭沫若全集·历史编·屈原研究》第四卷,人民出版社1982年版,第13页。
④ 郭沫若:《郭沫若全集·历史编·屈原研究》第四卷,人民出版社1982年版,第13—14页。
⑤ 郭沫若:《郭沫若全集·历史编·屈原研究》第四卷,人民出版社1982年版,第14页。
⑥ 郭沫若:《郭沫若全集·蒲剑集·屈原考》第十九卷,人民出版社1992年版,第108页。
⑦ 郭沫若:《郭沫若全集·蒲剑集·屈原考》第十九卷,人民出版社1992年版,第100—101页。

姑堆发现的古墓里,挖出八百多件铜器和其他器皿。根据铜器上所刻文字,经专家考证这些是楚幽王的东西。幽王是楚亡国倒数第二位君主,寿春是当时楚都。郭沫若认为,这是最直接的证据,除此之外,还有间接的证据,那就是《史记》之前的一些文献记载。如贾谊生活在汉文帝时,很受赏识,但被别人嫉妒,贬谪长沙,怀才不遇,郁郁而终。他崇拜屈原,被贬长沙后曾有一篇为后世传诵的《吊屈原赋》。另外,稍晚还有淮南王刘安写过一篇《离骚传》,虽失传,但其中对屈原评价的一部分被收入《史记》屈贾列传,成为这篇传里非常精彩的一段。刘安生活的时代距离屈原不远,可以作为"一个强有力的证人"①。

郭沫若批驳胡适的时候中国正处于战乱年代,他没有看到胡适的原文,他看到的这一段也是由谢无量的《楚词新论》中转录的。由于他没能看到胡适《读楚辞》的原貌,无法彻底驳倒胡适的论点,对胡适"屈原必不会生在秦汉以前"没有论及,这就为后来的屈原否定论东山再起埋下了隐患。之后如何天行、丁迪豪、卫聚贤等人进一步论述屈原不存在的问题。中华人民共和国成立之后,朱东润等人再次重提屈原否定论。

新文化运动中,以胡适为首"整理国故派"虽然对于打破经学束缚下的楚辞研究具有积极的意义,但是胡适的观点最终还是走向了唯心主义。郭沫若作为马克思主义学者,以历史唯物主义的视角,从生产力与生产关系、经济基础和上层建筑的辩证关系层面来考察屈原所生活的年代,说明了在大变革的过程中,屈原的存在以及屈原的人生价值的意义。这场围绕屈原及其作品的论战持续了将近三十年的时间,郭沫若始终立场坚定,旗帜鲜明。

新文化运动以来,思想界百花齐放,学术研究领域百家争鸣。当时马克思主义并不算是思想界的主流,部分学者们未能对此进行接受和学习,他们一方面因袭守旧,另一方面又试图将各种新的观念运用到学术研究中去,但又缺乏经验,因此产生了许多激烈或偏颇的观点。郭沫若较早学习、运用马克思主义中的历史唯物主义和辩证唯物主义,通过论战的形式纠正偏差,为楚辞研究做出了突出贡献。

---

① 郭沫若:《郭沫若全集·蒲剑集·屈原考》第十九卷,人民出版社 1992 年版,第 108 页。

（三）郭沫若与侯外庐的论战

郭沫若与侯外庐关于屈原思想的论战发生在 1942 年。1938 年，侯外庐抵达重庆后与郭沫若相识，当时郭沫若任文化工作委员会主任。据侯外庐回忆，两人第一次见面是在天官府文工会所在地。初次见面关于《资本论》的话题就把"两人的思想完全沟通了"①；关于中国古代史的话题更是拉近了二人的距离。当时"重庆的学术空气活跃"②，"不少朋友做同一门学问，彼此并不保守"③。"学术界中，朋友们信仰相同而观点各异，是很普通很常见的现象。"④

1941 年 12 月 21 日，郭沫若在中华职业学校发表讲演，题目是《屈原考》，《屈原的艺术与思想》为这篇演讲稿的下篇。在这篇文章中，郭沫若认为屈原的思想可以分为文学艺术与儒家精神两点，不过他论述的内容主要集中在文学艺术层面，认为楚辞作品的出现在春秋战国时代。这一时期文学开始接近生活，将书面的古文通俗化了，变得朗朗上口。因而郭沫若认为，屈原的诗歌也相当于一场革命。他强调此点，是为了证明屈原的思想在当时的历史背景之下并非落后，而是十分伟大和具有变革性的。郭沫若的观点证明了文学与历史的关系，在历史发展的演变中文学从历史中独立了出来，并形成了独特的审美规范。

郭沫若发表了这篇文章之后，1942 年 1 月，侯外庐撰文《屈原思想底秘密》，"恭恭敬敬地向郭老提出异议"⑤。

> 我的文章刚写好，听说郭沫若完成《屈原》历史剧。《屈原》一剧很快上演。我的《屈原思想底秘密》于二月也发表在《新华日报》上。我的文章发表后，郭沫若立刻答以《屈原思想》（三月发表在《新华日报》），把论题的分歧点全面展开了。我又写《屈原思想渊源底先决问题》。四月份，《先决问题》一文刚发完第一部分，《新华日报》国际版负责人于怀同志

① 侯外庐：《韧的追求》，生活·读书·新知三联书店 1985 年版，第 128 页。
② 侯外庐：《韧的追求》，生活·读书·新知三联书店 1985 年版，第 128 页。
③ 侯外庐：《韧的追求》，生活·读书·新知三联书店 1985 年版，第 130 页。
④ 侯外庐：《韧的追求》，生活·读书·新知三联书店 1985 年版，第 132 页。
⑤ 侯外庐：《韧的追求》，生活·读书·新知三联书店 1985 年版，第 133 页。

（乔冠华）对我说"不要辩下去啦，国民党在拍手呢。"故此，《先决问题》一文在《新华日报》上只刊登了一半就中断了。两个月后，我把郭老的《屈原思想》和我的三篇（将《先决问题》未发表的后半部分独立成篇，题为《申论屈原思想——衡量屈原的尺度》）汇成一个专栏，一并刊登在我自己主编的《中苏文化》第十一卷二，三期上。①

这就是郭沫若和侯外庐论战的始末。在这场论战中二人的争论有三点共识，其一，二人都认为封建社会始于秦汉之交，所以把春秋战国时代看作大变革的时代，封建制在"难产中的时代"②。其二，二人都承认屈原是儒家思想的代表。其三，二人都肯定了屈原的伟大人格以及屈原诗篇的不朽。郭沫若和侯外庐关于屈原思想的争论分歧在对屈原儒家思想的评价、作品的归属上。对屈原儒家思想的评价是二人关注的焦点问题。

关于屈原的儒家思想，郭沫若认为，屈原的思想是进步的，侯外庐认为屈原的思想是矛盾的，"这一秘密，是归结到他的世界观和方法论之间的矛盾"③。

面对时代变革，侯外庐认为，屈原的世界观是错误的。屈原的矛盾之处就在于一方面他是一位代表人民发声的诗人，另一方面他又是贵族阶级的一员，这就导致了屈原既有反映人民困苦的心愿，又难免对理应没落的公族制度产生同情。现实中他生活在"战国时代的暴风雨"④里，在表达情感的诗里"对过去黄金时代"⑤充满了追意。"'变态'的时代，诗人看不入眼（不忍），他在这一大时代'穷困'了！这是认识屈原的第一个命题，也是他的诗篇（历史的，兼自传的）所表现得最亲切的要旨。"⑥因此，在研究屈原思想的时候，"更要了解他的诗篇的怨忧，理解他对于当时楚国社会的愤恨"。侯外庐认为，对于这一点从屈原的名字与别号"平均""正则"可以看出一些信息。在屈原生活

---

① 侯外庐：《韧的追求》，生活·读书·新知三联书店1985年版，第133页。
② 侯外庐：《韧的追求》，生活·读书·新知三联书店1985年版，第133页。
③ 侯外庐：《中国古代思想学说史·屈原思想的秘密》，辽宁教育出版社1998年版，第267页。
④ 侯外庐：《中国古代思想学说史·屈原思想的秘密》，辽宁教育出版社1998年版，第268页。
⑤ 侯外庐：《中国古代思想学说史·屈原思想的秘密》，辽宁教育出版社1998年版，第268页。
⑥ 侯外庐：《中国古代思想学说史·屈原思想的秘密》，辽宁教育出版社1998年版，第268页。

的时代,楚国的"公族"正处在死亡的前夜,他们"暴露出统治者挣扎的狂暴"①,屈原在诗中对他们进行了极致的描写。作为人民作家的屈原,用他的歌声代表了人民,反映了一个时代,因此侯外庐认为,屈原的诗歌具有同普希金诗歌一样的价值,诗歌中既描写了现实,又表现出他对没落公族制寄托的同情感。

侯外庐认为,仅仅了解了这些还不足以探究屈原思想的秘密,于是他从当时的社会生产力和生产关系入手,对屈原的思想作了进一步的探讨。侯外庐分析了当时已经"氏族"混战"到了最后清算的时代了"②。在大变革的历史时代,秦国和楚国都是后起国家,它们并没有受到"先王建制"的严格束缚。作为来到了历史舞台上的新生表演者,这两个国家都具有着竞争历史领导者的实力,最终哪一方能够获胜,根源就在于哪一方能够更迅速地适应社会变革。屈原在政治思想上是以改造楚国自居,他的诗歌充满了理想主义的色彩。"他的诗歌也有托尔斯泰的暴露性,对于楚国的腐败制度,满腹悲愁,忠实地唱出它的没落底必然结果。"③在这个特殊的时代,屈原的忠贞节操是人民幽怨的代表,在新兴人类不能独立地走上历史舞台的时候,他又恋忆于古旧的"王制"。屈原的诗歌是"战国时代的一面镜子"④。屈原所追求的召唤,是旧时代的魂魄,屈原的理想是中国奴隶制的残余的梦想,屈原的悲剧是历史的悲剧。因此,侯外庐得出结论:"屈原的世界观,和他的求真的方法论是矛盾的,本质上是反动的招魂,亚细亚古代社会的氏族制残余的梦想。战国时代在矛盾中,伟大的诗人所以成为一面历史的镜子,正是他的思想矛盾的秘密。"⑤侯外庐的观点说明了文学与意识形态的关系,按照他的表述,屈原的诗歌是奴隶制意识形态的反映。这是侯外庐研究的一个最大弊端,即抛开了屈原作品的文学性去空谈历史。

侯外庐对于郭沫若的历史剧《屈原》也做出了的评价。这一剧作创作于

① 侯外庐:《中国古代思想学说史·屈原思想的秘密》,辽宁教育出版社 1998 年版,第 269 页。
② 侯外庐:《中国古代思想学说史·屈原思想的秘密》,辽宁教育出版社 1998 年版,第 272 页。
③ 侯外庐:《中国古代思想学说史·屈原思想的秘密》,辽宁教育出版社 1998 年版,第 273 页。
④ 侯外庐:《中国古代思想学说史·屈原思想的秘密》,辽宁教育出版社 1998 年版,第 273 页。
⑤ 侯外庐:《中国古代思想学说史·屈原思想的秘密》,辽宁教育出版社 1998 年版,第 274 页。

中国抗日战争最艰难的阶段,郭沫若借屈原之口,借楚国的背景,揭露了蒋介石政治的腐败,号召全国人民提高警惕。剧作家具有为社会现实服务的责任和义务,侯外庐赞成道:"这样做不仅是有利的,而且也是必要的。"①但是,他不同意史学家郭沫若把屈原塑造成一个儒家人物,在他的"头脑塞进法家思想,以至有损历史的真实"②。对此,郭沫若在 1942 年 4 月 19 日的《历史·史剧·现实》一文中进行了回应:"历史研究是'实事求是',史剧创作是'失事求似',史学家是发掘历史的精神,史剧家是发展历史的精神。"③

郭沫若在《屈原思想》中针锋相对,对侯外庐的观点提出了质疑。他认为屈原思想有矛盾,但是内容与侯外庐不同。在郭沫若看来:"屈原的世界观是前进的、革命的,而他的方法——作为诗人在构思与遣词上的技术——却不免有些保守的倾向。"④他从历史唯物主义的角度来展开论述,把中国古代社会及其意识形态的发展作为推理的重要依据。他用大规模的奴隶从事生产来说明中国殷周时期社会性质是奴隶社会。他结合古史记载、训诂学、考古学证明了中国奴隶的解放,"庶人"的出现以及"庶人"从事的农耕工作。当时中国在生产力条件和生产关系条件的成熟下,社会形态开始从奴隶制向封建制转化。

"这个蜕变时期,大抵就在春秋、战国时代。"⑤社会变革在意识形态上反映出来,主要表现在六个方面。其一,人民的价值提高了。以前人们的价值连牛马都不如,六畜与人民同科的,例如《周官》:"凡得获货赇人民六畜者,委于朝,告于士。"郭沫若引《留鼎铭》铭文,五个人的价值仅仅超过了一匹马。文献载明留鼎这位先生曾以一匹马和一束丝去换五个人。在战国时代有了"民为贵,社稷次之,君为轻。(《孟子·尽心下》)"的议论。其二,伦理思想变革,人道主义的思潮澎湃。人民的价值提高了,仁道思想的产生,故伦理思想也发生了变革。"儒家倡导仁,道家倡导慈,墨家倡导兼爱。"⑥仁、慈、爱,尽管各个

① 侯外庐:《韧的追求》,生活·读书·新知三联书店 1985 年版,第 135 页。
② 侯外庐:《韧的追求》,生活·读书·新知三联书店 1985 年版,第 135 页。
③ 郭沫若:《郭沫若谈创作》,黑龙江人民出版社 1982 年版,第 137 页。
④ 郭沫若:《郭沫若全集·历史编·历史人物》第四卷,人民出版社 1982 年版,第 77 页。
⑤ 郭沫若:《郭沫若全集·历史编·历史人物》第四卷,人民出版社 1982 年版,第 84 页。
⑥ 郭沫若:《郭沫若全集·历史编·历史人物》第四卷,人民出版社 1982 年版,第 87 页。

学派叫法不同,但是都是让人互相尊重,"特别是在上者要尊重在下者的人格"①。郭沫若认为"仁"字在战国时候是一个新名词。在以前的卜辞和金文中是没有出现过的,这应该是伦理道德方面一个革命性的成果。其三,政治思想发生了变革,德政思想成为了普遍的潮流。在这一时期,"道家捧出黄帝,儒家捧出尧、舜,墨家捧出夏禹"②,尽管各个学派崇拜的任务不同,但都主张"为政以德",倡导"整个中国民族的大公祖以为统一的基点"③。其四,无神论主张产生。郭沫若揭示了中国从氏族制到奴隶制,再到春秋战国时神的变化。在氏族制时是"万汇皆神",在奴隶制时是"万物一神",而到春秋、战国时代则成为"民者神之主"。郭沫若认为"道儒两家都是无神论者"④,道家所主张的只有一个无形无影的"道",这是超越空间时间的,似虚而又非虚的一种实体;儒家主张"理",宇宙变化的道理,阴阳刚柔对立而生。其五,智识下移。古代贵族或奴隶主拥有智识的权利,另外就是王室、公室乃至王室公室中少数史巫,一般的人民都是无智识的文盲,更不用说奴隶了。春秋、战国时代,儒、道、墨的大师虽然多是世族出身,而他们的弟子则多是庶人。如孔子弟子三千,无形中普及了教育和文化。其六,文体革命。郭沫若认为,人类自有文字以来很快地便为贵族所垄断,古代的文体都和民众有很大的距离,如"训诰""雅颂"。"文体异常的简单,异常的奥妙,异常的定型化,而类似于化石。"⑤这种文体是贵族政治统治上的需要,让文体与人民脱离,才愈显得神秘。春秋、战国时代是一个变革的时代,随着智识下移,出现文学革命,文章逐渐语体化、大众化。郭沫若分析正是基于这样一种大变革的时代,生产关系从奴隶制到封建制的转变必然反映在意识形态上,也就是思想革命上。因此,他推出屈原的思想"明显地是带有儒家的风貌"⑥。

郭沫若证明屈原具有儒家思想的目的是为了批驳侯外庐称其"落后"的

① 郭沫若:《郭沫若全集·历史编·历史人物》第四卷,人民出版社 1982 年版,第 87 页。
② 郭沫若:《郭沫若全集·历史编·历史人物》第四卷,人民出版社 1982 年版,第 88 页。
③ 郭沫若:《郭沫若全集·历史编·历史人物》第四卷,人民出版社 1982 年版,第 88 页。
④ 郭沫若:《郭沫若全集·历史编·历史人物》第四卷,人民出版社 1982 年版,第 89 页。
⑤ 郭沫若:《郭沫若全集·历史编·历史人物》第四卷,人民出版社 1982 年版,第 90 页。
⑥ 郭沫若:《郭沫若全集·历史编·历史人物》第四卷,人民出版社 1982 年版,第 90 页。

说法。他在研究中将屈原还原在其所处的历史背景中来考察,屈原面临的是由奴隶制蜕变为封建制的社会变革时期。诗中充满了对社会的不满与抗争,他不满的是不公的社会,抗争的正是落后的制度。屈原的观点并非反动,而是符合社会发展规律的。郭沫若认为,屈原之矛盾在于其思想进步和旧习惯未能彻底改变的矛盾,并非是世界观和方法论两者之间产生的根源性矛盾。

为了进一步论述自己的说法,郭沫若从楚辞文本出发,详细探求了屈原儒家思想的表现。其一,屈原注重民生。屈原太息掩涕不忘民生与不忘君国的思想密切相连。"他之所以要念念不忘君国,就是想使得民生怎样可以减少艰苦,怎样可以免掉离散。"①他爱民心切,一想到老百姓的受苦受难便只好"自己镇定下来",不会像其他的人"楚材晋用"。其二,屈原怀抱德政。他想以德政来让楚国统一中国。侯外庐认为,屈原留恋的是楚国的公族"旧时代的魂"②,郭沫若对此进行了批评,他认为,屈原所称道的"前王"或"前圣"并不是楚国的先公先王,是"大一统"。因此,屈原的思想它本质上是"一种革命的、前进的思想,想推翻君主世袭制,并不是迷恋'旧时代的魂'"③。

郭沫若进一步探求了屈原儒家思想的来源。陈良是楚国儒家的代表,他曾经有许多门徒。"陈良,楚产也,悦周公、仲尼之道,北学于中国。北方之学者,未能或之先也。彼所谓豪杰之士也。子之兄弟事之数十年,师死而遂倍之。"④郭沫若认为,依照年代上来推算,屈原说不定是陈良的弟子或者是私塾弟子。屈原还曾出使过七国,应该与北方的儒者接触过,可惜在这方面他仅能推测,并未找到可靠的资料来证明。郭沫若认为《招魂》是屈原的作品,在这个作品中出现了四方之神的描述,这与屈原的儒家思想并不矛盾。"这解释也很简单,便是屈原并不是一位纯粹的思想家,而是一位卓越的艺术家。他在思想上尽管是北方式的一位现实主义的儒者,而在艺术上却是一位南方式的浪漫主义的诗人。"⑤

---

① 郭沫若:《郭沫若全集·历史编·历史人物》第四卷,人民出版社 1982 年版,第 91 页。
② 郭沫若:《郭沫若全集·历史编·历史人物》第四卷,人民出版社 1982 年版,第 93 页。
③ 郭沫若:《郭沫若全集·历史编·历史人物》第四卷,人民出版社 1982 年版,第 95—96 页。
④ 杨伯峻:《孟子译注·滕文公上》,中华书局 1960 年版,第 125 页。
⑤ 郭沫若:《郭沫若全集·历史编·历史人物》第四卷,人民出版社 1982 年版,第 101 页。

综上所述,其实侯外庐与郭沫若争论的焦点问题集中在了"对于作为儒者的屈原,他《问天》《招魂》所寓之理想,究竟是'以德政实现中国一统',还是前王之制的魂魄,说得再简单些,究竟是社会进步的理想,还是倒退的奴隶制残余的梦想"①。

郭沫若与侯外庐各执己见,互不相让。侯外庐回忆:

> 辩论屈原思想时,可能因为时机不妥当,郭老曾经发火。但是,他火他的,我坚持我的。过了几十年,火气早已经烟消云散,而彼此的观点,都不曾退让分毫。②

二人的辩论,双方仅仅是把问题铺开,而没有继续深入下去,就问题本身而言,也没有得出什么结论。侯外庐说:"如果有人要追问结果的话,可以说,结果是文学和艺术战胜了史学和哲学。今天,已经抹不去中国人心目中郭沫若所加工的屈原形象。史学和哲学严肃的面孔,显然不及艺术的魅力容易让人们接受。"③

今天从学术发展史的角度来看,这场争论以屈原的儒家思想为出发点探讨了他在古代史研究上的位置。二人把马克思主义与中国古代社会的发展结合起来认识屈原的思想,突破了前人的研究,也体现了五四以来新文化思潮对楚辞学的影响。不过他们侧重点不同,郭沫若注重从历史和艺术的角度分析屈原思想产生的必然性。侯外庐则更注重从政治的层面认识屈原的思想。正如黄晓武所言:"郭沫若和侯外庐的古代思想史研究在马克思主义传统中借用了不同的理论资源,具有各自不同的特征。在40年代的语境中,他们的研究展现了政治与学术之间的复杂关系。"④马克思主义楚辞学的研究从郭沫若开始逐步走向成熟,他立足于时代和社会的广阔背景,从政治、经济和文化的关系研究楚辞;以历史发展的眼光,从生产力和生产关系、经济基础和上层建筑的辩证关系上来考察屈原的思想和他生活的时代,开辟了马克思主义楚辞研究的新思路。

---

① 侯外庐:《韧的追求》,生活·读书·新知三联书店1985年版,第134页。
② 侯外庐:《韧的追求》,生活·读书·新知三联书店1985年版,第135—136页。
③ 侯外庐:《韧的追求》,生活·读书·新知三联书店1985年版,第135页。
④ 黄晓武:《1942年郭沫若与侯外庐关于屈原思想的论争》,《中国现代文学研究丛刊》2006年第六期。

三、马克思主义楚辞学的影响

马克思主义与古老的楚辞学相结合,给传统的学术带来了新的气息。

(一)注重作品文本解读

传统楚辞学注重的是考据和训诂,疏于对作品的解读,这具有很大的历史局限性和不足。考据和训诂重在对作品的字、词进行疏解,探究文中字、词、句表面上的意思,而后再由注释者根据自身的理解加以解读,这样的研究方式就会导致研究者不能从整体层面来把握作品内容。由于学者忽视了对文本本身的解读,楚辞学中更多的是历代文人主观附会的内容,因此楚辞会失去本来面貌。无论是汉学楚辞、宋学楚辞,还是明清楚辞学都存在这些现象。马克思主义被引入楚辞学领域是 20 世纪楚辞学的重大事件,一部分楚辞研究者开始接受新思想,采用新方法,重新对楚辞加以审视,并且通过论战的形式,将这种变革的影响扩大。郭沫若和侯外庐都成为了马克思主义学者的代表人物,他们用唯物论和辩证法指导楚辞研究。科学的方法有助于把对楚辞的解读从传统训诂和考据的束缚当中解放出来。学者们对屈原作品和屈原思想的认识提高到一个科学的高度,楚辞不再是表达个人主观思想和政治追求的工具,而是回到文本本身。学者们结合作品产生的时代背景重新进行审视,对于作品特征、屈原思想有了更加客观的研究方法,这有助于推动楚辞学向科学化迈进。

(二)反映学科融合趋势

以马克思主义为指导的楚辞学,从史学、社会学、语言学、文学等不同的人文学科出发融合楚辞文本的意义进行研究,这反映出新文化运动后人文科学之间相互交流、渗透和融合的趋势。

郭沫若在考察中国古代社会从奴隶到庶人身份的变化时,借助了古史、铭文、训诂,以及现实生活中的实例。一方面他依靠古史的记载说明殷周时代的人民地位是在家内奴隶之下,是人中的最下等。例如《左传》昭公七年楚国的芈尹无宇说的"人有十等……故王臣公,公臣大夫,大夫臣士,士臣皂,皂臣舆,舆臣隶,隶臣僚,僚臣仆,仆臣台。马有圉,牛有牧。"①解释"人鬲",采用

---

① 郭沫若:《郭沫若全集·历史编·历史人物》第四卷,人民出版社 1982 年版,第 79 页。

了《说文》中的"睡",从瓦麻声。以鬲字作为人民身份的一种称呼是假借。鬲"本是一种三只封底空脚而形颇似鼎的器皿,就是后世鼎锅的祖先,鼎锅下面还有三个小乳头形的脚,就是那三个空脚的退化了"①。他还用周成王时的《令簋》上的铭文:"姜赏令(人名)贝十朋,臣十家,鬲百人"②,证明有"鬲"的人的地位在臣之下,与贝朋之类同为赏赐的物品,因此证明了鬲存在的时代是奴隶社会。从"鬲"的读音上看与"黎"同,他推测"黎大概是中国(主要是南方)的先住民族",黎人的一部分现今在海南岛上。郭沫若这种多学科融合的方式为以后的楚辞研究开辟了新的思路。

(三)认识文学与社会存在

马克思主义是一套完整的理论体系,包括马克思主义哲学、马克思主义政治经济学等。其中关于社会存在决定社会意识,生产力决定生产关系等方面的理论直接被楚辞研究者应用。

学者们把文学与社会、历史、哲学、道德、宗教等内容联系起来,从历史发展的高度来认识文学与现实的关系。侯外庐《屈原思想的秘密》一文中,用了大量篇幅研究屈原生活时代的生产方式,特别是把中国古代奴隶社会的亚细亚生产方式的研究融入到楚辞研究中,以此来考察屈原生活的时代和屈原的思想。关于"亚细亚生产方式"这一概念,最早是由马克思在《政治经济学批判·序言》中提出的:"大体说来,亚细亚的、古代的、封建的和现代资产阶级的生产方式可以看做是社会经济形态演进的几个时代。"③而侯外庐在这一论述上进行扩展,把亚细亚生产方式当做楚辞产生的社会背景。他认为中国古代奴隶制正是由亚细亚生产方式占主导地位,封建社会要想发展,必须谋求变革,但这种变革却是不彻底的,走上了一条"人惟求旧,器惟求新"的道路,这就导致了氏族的残留,最终还是束缚了封建社会的发展。侯外庐从这一概念出发,不是将屈原的思想当做抽象悬浮的观念来研究,而是为这种思想确立了一个特定的历史范畴,将其放置在当时的社会物质条件下进行审视。虽然他

---

①　郭沫若:《郭沫若全集·历史编·历史人物》第四卷,人民出版社1982年版,第80页。

②　郭沫若:《郭沫若全集·历史编·历史人物》第四卷,人民出版社1982年版,第80页。

③　马克思:《马克思恩格斯选集·政治经济学批判·序言》第二卷,人民出版社1972年版,第33页。

得出的一些结论遭到了郭沫若的反驳,但实际上侯外庐已经使用了"新史学"的观念来分析楚辞学的相关问题,扭转了之前唯心主义史学研究方法上的一些弊端。

第五章　近代楚辞学在中国学术史上的贡献

五四新文化运动后,中国历史发生了翻天覆地的变化,中西文化互相融合对楚辞学产生了巨大的影响。在各种新文化思潮的影响下,楚辞学从古老的学术向现代学术迈进。在特殊的历史阶段,楚辞学完成了由传统学术向现代学术的转型。20世纪上半叶楚辞学术史已经定格,其中学者们取得的成就对未来学术的发展有着深刻的启示作用。

第一节　学术思想的转型

20世纪上半叶,楚辞学发展的一个最突出特点是建立了现代楚辞学的基本框架,这主要表现在楚辞学史的构建、楚辞学研究内容、楚辞学自我意识三个方面。

一、楚辞学史的构建

中国文学史学科的形成是在20世纪初,楚辞学史作为其中的一部分也是在这时开始构建的。这一时期,人们已经看到了文学史研究的意义和价值,它开始作为一个独立的学科而呈现出来,楚辞学史的构建应当说是在文学史学科发展的前提下逐步建构的。

在中国文学史学科建构的过程中,一个重要的人物就是刘师培。1906年春,刘师培在芜湖编辑出版了《中国文学教科书》,之后有《中国中古文学史讲义》《汉魏六朝专家文研究》《中国文学讲义概略》等。清代以前的文学研究大多数都是以经学为根本,而对于文章本身并不重视。刘师培改变了这种固有思想,将文学从经学的附庸地位当中独立出来,更加注重文学本体特征的探讨。他考察历代文学的变迁与发展,探究其来源,为文学史研究做出了突出贡献。此外,谢无量的《中国大文学史》《中国六大文豪》《平民文学之两大文豪》《中国妇女文学史》等也是中国文学史构建过程中的重要著作。胡适作为新文化运动的重要人物也撰写了《中国白话文学史》。学者们开始注重对中国文学史的书写,这也启发了楚辞学者。游国恩当时计划写《中国辞赋史稿》,楚辞是其中的一部分,因材料特别多,"与他部不称",便拿出楚辞部分单独出版,这就是《楚辞概论》——中国第一部楚辞学史的著作,也就是陆侃如所言的分类文学史。

陆侃如在《楚辞概论》的序言里谈到了当时文学史书写的种种现象:"近来我们常常叹息中国无好文学史:也有移译外人所著来充数的,也有杂钞文论诗话来凑成的,也有揽入经学今古文之争的,也有高论昆曲与国运之关系的。"①他进一步指出文学史书写产生这些现象的原因:"第一,若未研究过西洋文学史,体裁必难尽善。第二,若不注重考证,取材必不可靠。第三,若不先从小部分做起,研究不易精审。"②他评价《楚辞概论》是有楚辞以来一部空前的著作,不但可供文学史家的参考,且为了解楚辞的捷径。游国恩在《叙例》里也说明《楚辞概论》:"考证十之七,批评十之三。"③他认识到古代文学史与古代历史相同,时代与作者多舛误,所以详细论述,力求获得可信的结论。他特别指出王逸的《楚辞章句》中篇目顺序"多凌乱",于是游国恩"依次考定之次序叙述,以符史例"。值得注意的是,游国恩坚持用历史的眼光与整体的观念看待问题,使用现代的研究方法进行楚辞研究。游国恩并没有一味地摒弃和否定前人的观点,而是积极吸收其中优秀的部分,保留了楚辞学的深厚底蕴。1929—1933 年,游国恩在武汉大学和青岛大学任教期间讲授中国文学史,完成《中国文学史讲义》,内容包括先秦两汉至南朝宋代部分。1934 年,游国恩通过商务印书馆出版《先秦文学》,收入"万有文库"和"百科小丛书"。

①　游国恩:《游国恩楚辞论著集·楚辞概论序》第三卷,中华书局 2008 年版,第 1 页。
②　游国恩:《游国恩楚辞论著集·楚辞概论序》第三卷,中华书局 2008 年版,第 1 页。
③　游国恩:《游国恩楚辞论著集·叙例》第三卷,中华书局 2008 年版,第 5 页。

在这两部书中都涉及了楚辞部分。

　　游国恩明确提出了文学史研究的任务："我国历史至长也,作家与篇章至夥也,其间文学与学术政治社会种种关系尤至复杂,卒不可理。是故治文学史者,贵得其要,其要维何? 如说明文学之变迁及其盛衰之状况也;推求文学变迁与盛衰之因果也;考证篇章之真伪及其时代之先后也;评断文学之价值也。凡此四端,皆文学史家之所有事也。"①这是游国恩治文学史的准则,也为后来的文学史书写者指明了方向。文学史在新文化运动前后是一门新兴的学科,中国古代往往将文学与经学、史学混为一谈,没有专门的文学史。游国恩作为中国文学史学科的开创者,他的治学风格明显有"五四"新学术的印记。游国恩楚辞学史的书写也是在他的文学史研究框架之下进行的。楚辞作为楚国特有的文学样式,必然带有当地文化特色,游国恩联系战国的时代背景、政治经济、文化、社会思潮来说明外部环境对作家和文学发展的影响,奠定了 20 世纪楚辞学史的基础。

二、楚辞学研究内容

　　20 世纪上半叶,楚辞学者的学术视野在中西文化交流的背景下更加开阔,他们使用现代研究方法,使研究内容超越传统楚辞学,研究范畴变得更加丰富。其具体内容包括楚辞神话、楚辞考古、楚辞地理、楚辞性别、马克思主义楚辞研究等,这些都是传统楚辞学中没有涉及或者涉及较少的内容。在这个特殊的历史时期,学者们脱离了经学化的研究模式,把楚辞从经学的光环下解放了出来,逐渐恢复其文学的本来面貌。

　　在这一时期最有别于传统楚辞学的就是涉及考古的内容。历史上的楚辞研究基本上是依赖已有文献,从文本材料中进行推导,20 世纪上半叶有许多新的考古发现,同时王国维多重研究方法的提出,给予了楚辞学理论方面的支撑,使楚辞学的内容有了进一步的拓展。20 世纪上半叶中国最伟大的考古发现之一是甲骨卜辞,它对楚辞学产生了重要影响。如王国维依据殷墟卜辞对《天问》的内容做出了合理的解释。"该秉季德,厥父是臧,胡终弊于有扈,牧

———————————

① 　游国恩:《先秦文学史》,商务印书馆 1934 年版,第 8 页。

夫牛羊?""恒秉季德,焉得夫朴牛? 何往营班禄,不但还来?"他依据卜辞里面发现了殷的先人中有王亥、王亘和季的名字,才解释通亥、亘、季几个字的含义。王国维还在卜辞里找到一位"高祖夒",证明是《山海经》中所见的帝俊,后人称为"夋"的帝喾。郭沫若在王国维研究的基础上进一步证明,"知道帝喾、帝俊、帝舜、高祖夒实是一人,舜又是俊或夋的音变,古代的传说被周末北方的儒者搞乱了,把帝喾和帝舜化为了两个人,故尔后来的人便于《天问》不得其解。"①考古发现的实物材料为楚辞学中以前无法解释的内容提供了研究思路,这使楚辞的研究内容进一步明晰。

楚辞学历史上另一个具有重要意义的事件就是五四新文化运动把马克思主义传播到了中国,它在与各种思潮的交锋之中逐渐胜出。马克思主义理论与楚辞学相结合,为传统学术的研究提供了科学的世界观和方法论,并取得了丰硕的研究成果,今天看来这些学术成果亦具有科学性。20 世纪 30 年代以后,郭沫若等人运用马克思主义的唯物历史观重新考察屈原生活的时代,把生产力、生产关系和文学艺术的发展传播联系起来,为屈原和楚辞的研究提供了新的思路,由此也延伸出更多的研究内容。这为 20 世纪后半期楚辞学沿着科学的道路前进奠定了基础。

三、楚辞学自觉意识

楚辞学在 20 世纪上半期开始出现自觉意识,这是作为一门学科的觉醒。其标志主要表现在两个方面:楚辞学作为文化成分介入历史语境的构建;楚辞学在历史语境之中显出独特的姿态,发出独特的声音。这两重关系的交叉循环,代表着楚辞学与社会历史之间的彼此包容与开放。

历史上楚辞学与其他传统学术混为一谈,并未形成独立的位置,直到这一时期,楚辞才成为了一门单独的学科。在 20 世纪上半期的历史语境之中,楚辞学的文化内容而受到肯定,这意味着楚辞与一系列人文知识的融合势必会得到进一步加强。这时楚辞与宗教、哲学、社会学、历史学以及艺术之间形成了共同的意识形态结构。楚辞学在这一时期更密切地与社会文化生活联系在

---

① 郭沫若:《郭沫若全集·历史编》第四卷,人民文学出版社 1982 年版,第 31 页。

一起,屈原的爱国情怀成为中华民族抵抗外来侵略的强大精神支柱。特别是在抗日战争时期,屈原的精神鼓舞人们的斗志。1941年端午节,重庆举行了第一届诗人节的庆祝活动。郭沫若在重庆《新华日报》发表文章说:"抗战以来,由于国家临到了相当危险的关头,屈原的生世和作品又唤起了人们的注意。端午节的意义因而也更被重视了……"为了鼓舞群众,郭沫若用十天时间完成五幕话剧《屈原》。1942年4月,该剧由中华剧艺社在重庆国泰大剧院上演,引起巨大轰动。这部作品以鲜明的主题和昂扬的激情呼唤爱国主义,抵抗日本侵略,同时又以话剧的形式呈现出来,使得屈原的事迹与楚辞的内涵更加普及。学者们讲授楚辞,宣传"楚虽三户,亡秦必楚"的反抗精神和民族主义观念,在培养人才的过程中起到了教化作用。历史上楚辞学从未在中国社会上产生如此广泛而深刻的影响,它深厚的文化底蕴,深沉的爱国热情,其中蕴含的顽强精神,经过数千年的积淀和学者们的不懈努力,终于在新思想和新方法出现之后焕发出强大的生机与活力。学者们将其思想内涵一代代传承下去,激励人们前行。

第二节　研究视域的转型

古代楚辞学在近两千年的发展历程中,学者们的研究基本是在中华文化的话语体系内展开。20世纪上半期的楚辞学突破了传统的学术话语体系,打开了一扇通往世界的大门。历史上每一次重大的社会转折都会引起楚辞学的学术变化,但是20世纪以后楚辞学的变化却不同于以往,学者们在中西文化交流的视角下重新审视楚辞学,开始了楚辞学与世界文化的融合。

一、逐步增强世界意识

在特定的历史语境中,学术研究作为一种文化成分介入历史语境的建构。20世纪上半叶的特定历史语境中,楚辞学者们逐步走出传统学术的范畴,寻找楚辞与世界文化的联系。

在楚辞学从古代向现代转型的过程中,梁启超是较早有世界意识的学者,他把西方的文艺理论和科学方法引入楚辞研究中。梁启超作为中国近代的思想启蒙者,较早地接受了西方的文化思想。1918 年,梁启超游历欧洲,对欧洲社会现实和文化有了更深刻的了解,这是他学术思想的转折点。他的楚辞研究成果也正是从这一时期集中出现的。梁启超的楚辞著作虽然只有《屈原研究》《要籍解题及其读法·楚辞》《老孔墨以后学派概观》第二节第五部分,但是从其论述中已经可以看出明显的世界意识,他把楚辞与西方文化一起进行了比较。他在游历欧洲之前主张学习欧洲文化,甚至有些盲目推崇,而后梁启超的思想又发生了转变。他在欧洲游历时正值第一次世界大战之后,看到凋敝的景象与他想象中的繁荣富足相去甚远,这使得梁启超意识到,西方的模式同样是有缺憾的,依托欧美模式挽救祖国的设想并不能够成立。回国之后梁启超清楚地认识到西方文化的弊端,开始变得冷静和理性。他转而寄希望于发展教育、培养人才,以中国传统文化来改变现状。梁启超重新审视国学,对其中的优秀部分加以接收,肯定中国传统文化的价值,同时以中西文化融合的视角进行优化,这说明梁启超的楚辞研究中已经具备了明显的世界意识。梁启超这样描述作品《招魂》的思想:"他的思想,正和葛得的《浮士特》(Goethe:Faust)剧上本一样;《远游》便是那剧的下本。总之这篇是写怀疑的思想历程最恼闷最苦痛处。"①梁启超把屈原的苦闷与欧洲作品歌德的《浮士德》中的思想进行对比,这可以说是楚辞具有世界意识的一个表现。他在描述屈原自杀前心境的时候,用在罗马美术馆看到的一尊额尔达治武士石雕遗像来表现:含泪的微笑。正如方铭所言:"考察梁启超先生的演讲稿《屈原研究》,其价值不在于他提出了多少重要的新观点,而在于他的研究方法和价值判断上具有时代特点和世界特点……作者站在世界文学发展史的高度,来概括屈原作品的艺术魅力和艺术价值。"②

在之后的楚辞学研究中,陆侃如、闻一多、郭沫若等人分别从不同的视角把楚辞学与世界文化联系起来。从此楚辞学结束了长达两千多年的封闭状态,成为中国与世界文化沟通的桥梁。楚辞学逐步增强的世界意识,不仅在社会动荡的当时起到了促进学术进步、提高国民文化水平的作用,也为以后的楚

---

① 褚斌杰编:《屈原研究》,湖北教育出版社 2003 年版,第 15 页。

② 方铭:《20 世纪新楚辞学建立的过程考察》,《淮阴师范学院学报》(哲学社会科学版)2000 年第 4 期。

辞学开辟了一个新思路,楚辞学因此焕发出新的生机。

二、建立楚辞话语系统

伴随着中国楚辞学从古代向现代的转型,西方的文学理论和术语也融入了楚辞学中。这些新的语汇与传统楚辞学术语共同构成了中国楚辞学的常用术语。20 世纪上半期正是西方术语大规模引入和使用的时期,特别是在五四新文化运动之后,经过学者们的努力,现代楚辞学基本的话语系统被成功构建,并一直延续至今。

早在 1907 年鲁迅的《摩罗诗力说》中就涉及了楚辞研究,他在其中"摩罗"诗派部分提到了屈原。他说:

> 今且置古事不道,别求新声于异邦,而其因即动于怀古。新声之别,不可究详;至力足以振人,且语之较有深趣者,实莫如摩罗诗派。摩罗之言假自天竺,此云天魔,欧人谓之撒但,人本目以裴伦(G.Byron)。今则举一切诗人中,凡立意在反抗,指归在动作,而为世所不甚愉悦者悉入之,为传其言行思惟,流别影响,始为宗主裴伦,终以摩迦(匈加利)文士。凡是群人,外状至异,各禀自国之特色,发为光华;而要其大归,则趣于一:大都不为顺世和乐之音,动吭一呼,闻者兴起,争天拒俗,而精神复深感后世人心,绵延至于无已。虽未生以前,解脱而后,或以其声为不足听;若其生活两间,居天然之掌握,辗转而未得脱者,则使之闻之,固声之最雄桀伟美者矣。然以语平和之民,则言者滋惧。①

"摩罗诗派"主要是指以拜伦为代表的欧洲浪漫主义诗歌流派,他们强调情感的抒发和个性化的表达,重视想象力在文学创作中的作用,代表着一种回归本真,以及勇于反抗和挑战的叛逆精神。鲁迅希望能够以此冲击儒家诗教,打破封建束缚,使得对于文学作品的评判能够回到艺术审美的层面上来。他把屈原的楚辞归到了"摩罗"诗派,说明了其对于心灵的震撼作用。鲁迅高度赞扬屈原的作品能够勇于吐露自己的心声,但也批评他的作品词藻艳丽,凄凉的音调多,而反抗和挑战的声音没有呈现出来。这奠定了楚辞学建立现代话语系

---

① 鲁迅:《鲁迅全集·坟·摩罗诗力说》第一集,人民文学出版社 1973 年版,第 65 页。

统的基础,以后学者们开始在楚辞研究中大规模借鉴和使用西方的文学理论和术语。

梁启超在楚辞现代话语系统的建立中也做出了重要贡献。《屈原研究》首先在楚辞学中引入了西方的文艺美学理论,梁启超在中西方话语系统下,从多学科交叉的文化环境中比较东西方的艺术表现的异同。他从心理学入手探讨屈原行为的动机和屈原作品所包含的情感。在对屈原之死成因的探索上,梁启超提出与"殉国""洁身自好"截然不同的"殉情"说。他所谓的"殉情",说得更具体些应该是殉国家之情和民族之情。对于屈原之死的意义,梁启超的观点也是振聋发聩:"犯罪的自杀是怯懦,义务的自杀是光荣。"①这些独特、新颖的观点,在古代楚辞学话语系统内是不可能出现的。

"意境"是中国古代文艺理论里特有的一个概念,是中国抒情文学高度发达的产物。梁启超将意境理论向前推进了一步,提出"客观意境"说。他认为屈原的作品是"不歌的诗"。"自'屈原赋'始。几千字一篇的韵文,在体格上已经是空前创作。那波澜壮阔,层叠排界,完全表出他气魄之伟大。有许多话讲了又讲,正见得缠绵悱恻,一往情深。有这种技术,才配说'感情的权化'"②。梁启超肯定了屈原作品中的情感,而情感也应通过一定的表现形式才能表达得更加深刻、淋漓尽致。正是客观意境的技巧使屈原的作品富有"生命",这种技巧在《九歌》中表现得尤其充分。如"君不行兮夷犹,蹇谁留兮中洲。美要眇兮宜修,沛吾乘兮桂舟。令沅湘兮无波,使江水兮安流"(《湘君》)③。梁启超认为这才是"有生命的文学","能令自然之美,和我们心灵相触逗"④。他的论述虽然简短,但是涉及了意境的主体和客体内容,这是前所未有的。在此之前中国古代文论里面关于意境的论述中往往用"象外之象""意外之味""情境"等词语来表达,梁启超引入了西方哲学中的术语,并与中国文论中的"意境"结合,形成了新的语汇。在楚辞学由古代向现代转型的过程

---

① 褚斌杰编:《屈原研究》,湖北教育出版社 2003 年版,第 29 页。
② 梁启超:《梁启超全集·屈原研究》,北京出版社 1999 年版,第 4044 页。
③ 以上引文据梁启超《屈原研究》原文,见梁启超:《梁启超全集·屈原研究》,北京出版社 1999 年版,第 4044 页。
④ 梁启超:《梁启超全集·屈原研究》,北京出版社 1999 年版,第 4044 页。

当中,学术语言的规范和创新是必不可少的环节。

之后游国恩、陆侃如、茅盾、闻一多等学者在楚辞研究著述中纷纷引入西方话语系统,涉及文化人类学、修辞学、心理学等,为现代楚辞话语系统的建立奠定了基础。

第三节　研究范式的转型

在五四文化思潮影响下,20世纪上半期楚辞学研究的一个重要贡献就是建立了全新的研究方法。这使楚辞学的研究方法更加科学,有别于传统的感悟式研究。

一、系统的方法

楚辞学从诞生以来就与经学密不可分,在数千年的发展过程中脱离了文学研究的实际,纳入了儒家的道德体系。在传统的楚辞学中,无论是章句还是训诂都和儒家的道德操守和人格理想联系在一起,进而表达研究者"修身齐家治国平天下"的理想。正如朱熹在《诗集传》序言中所言:"章句以纲之,训诂以纪之,讽咏以昌之,涵濡以体之,察之情性隐微之间,审之言行枢机之始,则修身齐家平均天下之道,其亦不待他求而得之于此矣。"①虽然朱熹是在说《诗经》的研究方法,但是《诗经》和《楚辞》分别作为中国现实主义和浪漫主义文学的代表,在中国古代学术史的发展过程中,研究方法实际有很多相似之处。20世纪上半叶,楚辞研究的一个突出特征就是使用系统的研究方法。

系统的研究方法克服了章句、训诂研究的弊端,把楚辞作为一个文学的整体,研究其在学术史的地位和贡献。古代楚辞学注重文字训诂和史地、名物、典章制度的考证,其优点在于研究视点从小处着眼。近两千年来诸多楚辞研究积累了丰富的资料,其缺点往往在于会忽略对文学作品的整体把握,得出的结论相对片面。进入20世纪以后,由于学者们所处的历史时代和学术眼界的不同,他们已经认识到古代楚辞学研究方法的弊端,并开始逐步调整,把楚辞

———————————

① 朱熹:《诗集传·诗集传序》,中华书局2010年版,第2页。

作为一个文学的整体来进行考察。

以游国恩的楚辞研究为例,他的《楚辞概论》被誉为现代楚辞学的奠基之作,已经开始运用系统的研究方法。陆侃如在《楚辞概论》的序言中就谈到,游国恩这种系统的研究方法是书中一大亮点。在这部著作中不再受到传统楚辞学的研究视角的限制,研究对象不仅仅局限于屈原和楚国作品方面,还包括了汉代模拟楚辞的创作者及其作品。同时,游国恩把楚辞作为一部文学作品放到历史的长河中,审视它的来龙和去脉,深入探求楚辞的文学类别,以及这种文体在地域、时间、空间方面的联系,并且分析了其对后世文学的影响。作为文学作品,其产生的历史土壤是绝对不可忽视的。楚辞作为先秦时期中国南方文学的代表,游国恩梳理了其与北方文学《诗经》和南方吴越歌谣之间的关系,认为是楚国的地域文化加上大诗人屈原独特的人生经历和情感体验,才孕育了流传千古的华丽辞章——楚辞,他从横向和纵向打通了楚辞研究的脉络。在游国恩的庞大楚辞研究计划《楚辞注疏长编》中,对楚辞的全部作品做详细的研究,以纂义的体例呈现。这种体例既可以从小处着眼,逐句对楚辞详细解释;又可以从大处着眼,梳理历史上诸多学者的研究观点,最后再加按语,力争进行科学客观的评价。这种系统的研究方法是古代楚辞学者很少使用的。尽管游国恩这个庞大的楚辞研究计划没有全部实现,只出版了《离骚纂义》《天问纂义》两部,但是他在楚辞研究中所使用的整体性的研究方法为后来的楚辞研究者提供了参考。在这种方法的指导之下,楚辞研究更加理性,逐步脱离古代学术的直觉式的研究方法向科学化迈进。

二、历史的方法

中国古代的学术研究一个最主要的研究方法就是直觉感悟式的研究,这种方法有很强的随意性和主观性,往往导致学术研究只停留在现象的表面,对学术变化的深层原因和发展规律无法做出科学的解释。20世纪上半期的楚辞研究中,学者们在自觉或者不自觉地逐步克服传统学术研究方法的弊端,使用历史研究方法。

历史研究方法成为20世纪上半叶楚辞学的重要特点。历史方法也称为实证的方法,学者力图按照文学发展的脉络和历史事实来说明真相。楚辞作为一部文学作品,其中必然会反映出一定的历史事实,古代学者断想式的研究方法已经无法承担楚辞学的重负。五四新文化运动后,楚辞如何成为"人的文学",又如何与"思想革命"联系在一起,都是亟待解决的问题。学者按照历史事实来研究文学的历史,用一些概念、范畴和模式来说明历史真实,排除各种非本质的因素,降低主观倾向对于研究成果造成的影响。他们力求通过考察楚辞产生的历史环境,说明文学与社会的关系,进一步探讨文学史演变的深层原因和规律。尽管这些研究不一定正确或完善,但他们的研究方法代表着一种新的思维方式,对楚辞学的发展有很大的促进作用,也有别于传统楚辞学。比如郭沫若的楚辞研究更注重从历史唯物主义的角度考察楚辞和屈原所生活的时代。据郦道元《水经注·江水注》记载,秭归是屈原的故乡,他引袁山松的说法:"屈原有贤姊,闻原放逐,亦来归,喻令自宽。全乡人冀其见从,因名曰秭归。即《离骚》所谓'女婴婵媛以詈余'也。"①郭沫若批评说"这完全是臆解",屈原的故乡不是在秭归县境内。他从楚辞文本出发,说:"这因为屈原被放逐之地是在'汉北'(见《抽思》)。后又自窜湘沅间,并非归老故乡。秭归的'归'字是古归子国的孑遗,金文有《归伯簋》,便是那个归国的遗器。秭字不能解,并不是因为姊姊回来而名之曰'秭归'。"②郭沫若从出土的归国遗器上的铭文判定是秭归的"归"字,是古归子国的孑遗,而不是姊姊归来的意思。这种研究方法在古代楚辞学史上是比较少见的,虽然屈原故乡究竟在何处仍然未有定论,但郭沫若以历史遗器作为判定证据,表现出更加科学化的研究趋势。

　　历史的方法让楚辞学逐步脱离直观的感悟走向理性,建立起一整套清晰的学术规范。在传统楚辞研究中,古代学者缺乏系统性客观性的意识,将零散的章句、训诂、点评杂乱地堆积在一起,这就容易造成得出结论的逻辑方法不够清晰,容易受到研究者主观倾向的影响,从而引发各种错漏之处。对此,现代楚辞学者进行了系统的爬梳,他们通过崭新的视角,试图建立一个明确的阐释理论或者阐释范畴。比如闻一多、茅盾感兴趣于楚辞文化人类学的研究,借

---

① 郭沫若:《郭沫若全集·历史编·屈原研究》第四卷,人民出版社 1982 年版,第 20 页。
② 郭沫若:《郭沫若全集·历史编·屈原研究》第四卷,人民出版社 1982 年版,第 20 页。

鉴了文化人类学中考古、语言学、神话学、宗教学等多方面的内容，试图对楚辞进行全面的阐释。

在进行楚辞的研究过程中，全新研究方法的建立标志着楚辞学进入到了一个崭新的阶段。在此之前，楚辞研究已经持续了近两千年，在传统方法下得出来的成果虽然十分丰富，却缺少系统性和客观性，更没有将楚辞真正作为一种文学作品去看待。随着参与进来的研究者越多，这种弊端便愈加明显，因此楚辞学呼唤着新的突破。20世纪初的学者们找到了正确科学的方法，楚辞学将沿着这条道路继续前行，并得到进一步的发展。

参考文献

一、著作类

1.（汉）司马迁:《史记》,中华书局 1999 年版。

2.（汉）王逸:《楚辞章句》,明隆庆五年朱氏夫容馆刻本 1577 年版。

3.（汉）班固:《汉书·艺文志》,中华书局 1999 年版。

4.（汉）班固:《两都赋序》,《六臣注文选》,中华书局 2012 年版。

5.（南北朝）颜之推:《颜氏家训》,王利器集解:《颜氏家训集解·文章第九》,上海古籍出版社 1980 年版。

6.（南朝）范晔:《后汉书·蔡伦传》,中华书局 2000 年版。

7.（南朝）刘勰:《文心雕龙》,詹锳:《文心雕龙义证》,上海古籍出版社 1989 年版。

8.（南朝）刘勰著,黄叔琳注,李详补注,杨明照校注拾遗:《增订文心雕龙校注》卷一,上册,中华书局 2000 年版。

9.（后晋）刘昫:《旧唐书·职官一·志第二十二（第四十二卷）》第六册,中华书局 1975 年版。

10.（唐）魏徵等:《隋书·经籍志》,中华书局 2000 年版。

11.（唐）欧阳询:《艺文类聚》,上海古籍出版社 1965 年版。

12.（宋）晁补之:《鸡肋集·变离骚序》第三十六卷,文津阁版《四库全书》,商务印书馆 2005 年版。

13.（宋）洪兴祖:《楚辞补注》,中华书局 2013 年版。

14.（宋）洪兴祖:《楚辞补注》,中华书局 1983、2013 年版。

15.（宋）周密:《齐东野语·绍熙内禅》,中华书局 1983 年版。

16.（宋）朱熹:《楚辞集注》,上海古籍出版社 1979 年版。

17.（宋）朱熹著,黎靖德编:《朱子语类》,中华书局 1986 年版。

18. （宋）黄伯思：《校定楚词序》，《东观余论》卷下，文津阁《四库全书》本。

19. （宋）郑思肖：《郑思肖集·心史·自序》，上海古籍出版社 1991 年版。

20. （宋）吴仁杰：《楚辞草木疏》，中华书局 1987 年版。

21. （宋）王应麟：《困学纪闻》，上海古籍出版社 2008 年版。

22. （宋）黄庭坚：《与元勋不伐书》，《山谷集·别集》卷十八，文津阁本《四库全书》第 372 集，商务印书馆 2005 年版。

23. （元）姚燧：《归来园记》，《牧庵集》卷八，文津阁本《四库全书》第 401 册，商务印书馆 2005 年版

24. （元）吴澄：《詹若麟渊明集补注序》，引自《楚辞评论资料选》，湖北人民出版社 1984 年版。

25. （元）祝尧：《古赋辩体》卷三，文津阁《四库全书》第 457 册，商务印书馆 2005 年版。

26. （元）何乔新：《楚辞序》，《椒丘文集》卷九，《明人文集丛刊》第一期第 9 辑，台北文海出版社 1970 年版。

27. （明）王世贞：《楚辞续》，《弇州四部稿》卷六十七，文津阁《四库全书》第 428 册，商务印书馆 2005 年版。

28. （明）汪瑗：《楚辞集解》，北京古籍出版社 1994 年版。

29. （明）黄文焕：《楚辞听直》，南京大学出版社 2017 年版。

30. （明）胡应麟：《诗薮》，上海古籍出版社 1979 年版。

31. （明）陈第：《毛诗古音考　屈宋古音义》，中华书局 2008 年版。

32. （明）陆时雍：《楚辞疏》楚辞卷九续修《四库全书》本（1301 册集部楚辞类），上海古籍出版社 2002 年版。

33. （清）胡文英：《屈骚指掌》，北京古籍出版社 1979 年版。

34. （清）王夫之：《楚辞通释》，上海人民出版社 1975 年版。

35. （清）顾炎武：《日知录·夫子言性与天道》第七卷，上海古籍出版社 2012 年版。

36. （清）戴震：《戴震文集》第九卷，中华书局 1980 年版。

37. （清）董诰等编：《全唐文》，上海古籍出版社 1990 年版。

38. （清）永瑢等：《四库全书总目》，中华书局 2003 年版。

39. （清）林云铭：《楚辞灯》，华东师范大学出版社 2012 年版。

40. （清）姚鼐：《古文辞类纂》，浙江古籍出版社 1998 年版。

41. （清）皮锡瑞：《经学历史·经学极盛时代》，中华书局 2008 年版。

42.（清）魏源：《海国图志》，岳麓书社 1997 年版。

43.（清）魏源：《魏源集》，中华书局 2018 年版。

44.（清）魏源：《圣武记·附夷艘寇海记》，岳麓书社 2011 年版。

45.（清）龚自珍：《龚自珍全集》，上海人民出版社 1975 年版。

46.（清）俞樾：《春在堂全书》第四册，凤凰出版传媒集团 2010 年版。

47.（清）王念孙：《读书杂志·战国策二》，江苏古籍出版社 1985 年版。

48.（清）廖平：《六译馆丛书·经话甲编》第二卷，四川存古书局 1927 年版。

49.（清）廖平：《古书考》，景山书社 1935 年版。

50.（清）廖平：《廖平全集》第十册，上海古籍出版社 2015 年版。

51.（清）廖平：《五变记笺述》，刘梦溪主编：《中国现代学术经典·廖平蒙文通卷》，河北教育出版社 1996 年版。

52.（清）崔述：《崔东壁遗书·古文尚书辨伪》，上海古籍出版社 1983 年版。

53.（清）张之洞：《张之洞全集》卷二百八十一，苑书义等编，河北人民出版社 1998 年版。

54.（清）李鸿章：《同治三年四月二十八日总理各国事务衙门奏折附江苏巡抚李鸿章致总理各国事务衙门函》，《筹办夷务始末（同治朝）》卷二十五，中华书局 2014 年版。

55.（清）王韬：《弢园文录外编》，辽宁人民出版社 1994 年版。

56.（清）盛宣怀：《呈进南洋公学新译各书并拟推广翻辑折》，宋原放主编：《中国出版史料·近代部分》（第一卷），湖北教育出版社 2004 年版。

57.（清）王闿运撰、吴广平校点：《楚辞释》，岳麓书社 2013 年版。

58.（清）康有为：《戊戌变法》第二册，《上清帝第二书》，上海人民出版社 1957 年版。

59.（清）康有为：《新学伪经考》，生活·读书·新知三联书店 1998 年版。

60.（清）蒋骥：《山带阁注楚辞》，上海古籍出版社 1984 年版。

61.（清）方东树：《昭昧詹言》，人民文学出版社 1961 年版。

62.（清）赵尔巽：《清史稿·儒林传三》，中华书局 1977 年版。

63.王国维：《沈乙庵先生七十寿序》，《观堂集林》，河北教育出版社 2003 年版。

64.王国维：《王国维文集》第四卷，中国文史出版社 1997 年版。

65.沈粹芬：《清文汇》，北京出版社 1996 年版。

66.章炳麟：《訄书·学变》，辽宁人民出版社 1994 年版。

67. 梁启超:《饮冰室文集》,中华书局 1989 年版。

68. 梁启超:《梁启超古典文学论著》,上海书店出版社 2013 年版。

69. 梁启超:《饮冰室合集》,中华书局 1989 年版。

70. 梁启超:《中国历史研究法》,上海古籍出版社 1998 年版。

71. 梁启超:《饮冰室合集 5》文集第 39 种,中华书局 1989 年版,2003 年重印。

72. 梁启超:《新民说》,闵杰著:《近代中国社会文化变迁》录(第二卷),浙江人民出版社 1998 年版。

73. 梁启超:《梁启超文选(上)·戊戌政变记》,中国广播电视出版社 1992 年版。

74. 梁启超:《中国近三百年学术史》,中国书店 1985 年版。

75. 梁启超:《梁启超全集》,北京出版社 1999 年版。

76. 梁启超:《清代学术概论》,上海古籍出版社 2000 年版。

77. 辜鸿铭:《中国人的精神》,海南出版社 1996 年版。

78. 刘师培:《刘申叔遗书·南北学术不同论》,江苏古籍出版社 1997 年版。

79. 刘师培:《中国中古文学史讲义》,凤凰出版社 2011 年版。

80. 刘师培:《南北文学不同论·南北诸子学不同论》,《清儒得失论——刘师培论学杂稿》,中国人民大学出版社 2004 年版。

81. 刘师培:《攘书·夷种篇》,《刘师培论学论政》,复旦大学出版社 1990 年版。

82. 谢无量:《楚词新论》,商务印书馆 1923 年版。

83. 谢无量:《中国六大文豪》,中华书局 1916 年版。

84. 谢无量:《谢无量文集》,中国人民大学出版社 2011 年版。

85. 胡适:《白话文学史》上册,上海古籍出版社 1999 年版。

86. 胡适:《胡适文存》第二册,黄山书社 1996 年版。

87. 胡适:《胡适日记》,山西教育出版社 1997 年版。

88. 张君劢:《科学与人生观》,黄山书社 2008 年版。

89. 饶宗颐:《饶宗颐二十世纪学术文集》,新丰出版股份有限公司 2003 年版。

90. 饶宗颐:《楚辞地理考》,商务印书馆 1946 年版。

91. 钱穆:《现代学术论衡》,台湾联经出版社 1998 年版。

92. 钱穆:《古史地理论丛部甲·〈楚辞〉地名考》,生活·读书·新知三联书店 2005 年版。

93. 钱穆:《中国近三百年学术史》,商务印书馆 1997 年版。

94. 钱穆:《文化与教育》,广西师范大学出版社 2004 年版。

95. 鲁迅:《汉文学史纲要·屈原与宋玉》,上海古籍出版社 2005 年版。

96. 鲁迅:《鲁迅全集·呐喊·自序》,人民文学出版社 2012 年版。

97. 鲁迅:《汉文学史纲要》,译林出版社 2014 年版。

98. 鲁迅:《彷徨》,海燕出版社 2015 年版。

99. 何天行:《楚辞作于汉代考·自序》,山西人民出版社 2014 年版。

100. 卫聚贤:《楚辞文献集成·〈离骚〉底作者》第二十八册,广陵书社 2014 年版。

101. 苏雪林:《苏雪林文集·我研究屈赋的经过》第四卷,安徽文艺出版社 1996 年版。

102. 苏雪林:《天问正简》,台北文津出版社 1974 年版。

103. 苏雪林:《屈赋论丛》,国立编译馆中华丛书编委会 1980 年版。

104. 苏雪林:《我一生研究楚辞的成绩》,黄中模、王雍刚:《楚辞研究成功之路——海内外楚辞专家自述》,重庆出版社 2000 年版。

105. 闻一多:《闻一多全集》,湖北人民出版社 1993 年版。

106. 闻一多:《楚辞校补》,巴蜀书社 2002 年版。

107. 陈奇猷校注:《韩非子新校注》,上海古籍出版社 2000 年版。

108. 钱玄同:《重论经今古文学问题》《钱玄同文集》第四卷,中国人民大学出版社 1999 年版。

109. 王云五主编,王代功述:《清王湘绮先生年谱》,台湾商务印书馆 1978 年版。

110. 张元济:《张元济书札》,商务印书馆 1981 年版。

111. 沈德鸿:《楚辞选读》,商务印书馆 1937 年版。

112. 茅盾:《茅盾全集》第十七卷,人民文学出版社 1989 年版。

113. 茅盾:《中国神话研究初探·楚辞与中国神话》,上海古籍出版社 2011 年版。

114. 茅盾:《文学运动史料选·在反动派压迫下斗争和发展的革命文艺》第五册,上海教育出版社 1979 年版。

115. 游国恩:《游国恩楚辞论著集》,中华书局 2012 年版。

116. 游国恩:《游国恩学术论文集》,中华书局 1999 年版。

117. 游国恩:《游国恩文选》,北京大学出版社 2010 年版。

118. 游国恩:《楚辞概论》,商务印书馆 1939 年版。

119. 游国恩:《先秦文学史》,商务印书馆 1934 年版。

120. 游国恩:《中国文学史讲义》,天津古籍出版社 2007 年版。

121. 卫瑜章:《离骚集释》,商务印书馆 1935 年版。

122. 姜亮夫:《楚辞通故》,云南人民出版社 1999 年版。

123. 姜亮夫:《姜亮夫全集》,云南人民出版社 2002 年版。

124. 姜亮夫:《楚辞学论文集》,上海古籍出版社 1984 年版。

125. 姜亮夫:《楚辞书目五种》,上海古籍出版社 1993 年版。

126. 胡小石:《胡小石论文集·〈楚辞〉郭注义徵》,上海古籍出版社 1982 年版。

127. 陆侃如:《陆侃如古典文学论文集》,上海古籍出版社 1987 年版。

128. 陆侃如、冯沅君:《中国史诗》,百花文艺出版社 1999 年版。

129. 刘永济:《屈赋通笺·叙论》,人民文学出版社 1961 年版。

130. 蒙文通:《蒙文通学记·治学杂语》,生活·读书·新知三联书店 1993 年版。

131. 蒙文通:《蒙文通文集》第三卷,巴蜀书社 1995 年版。

132. 郭沫若:《郭沫若全集·历史编·屈原研究》第四卷,人民出版社 1982 年版。

133. 郭沫若:《屈原·序》,开明书店 1935 年版。

134. 郭沫若:《屈原研究》,新文艺出版社 1953 年版。

135. 郭沫若:《纪念屈原》,世界四大文化名人屈原逝世二千二百三十周年纪念大会编印,1953 年版。

136. 郭沫若:《中国古代社会研究·自序》,群益出版社 1947 年版。

137. 侯外庐:《韧的追求》,生活·读书·新知三联书店 1985 年版。

138. 侯外庐:《中国古代思想学说史·屈原思想的秘密》,辽宁教育出版社 1998 年版。

139. 邵镜人:《王闿运》,朱传誉:《王湘绮传记资料》,台北天一出版社 1985 年版。

140. 蔡冠洛:《清代七百名人传·王闿运》,周骏富辑:《清代传记丛刊》第三辑,明文书局印行 1985 年版。

141. 李中华、朱炳祥:《楚辞学史》,武汉出版社 1996 年版。

142. 陈子展:《楚辞直解》,江苏古籍出版社 1988 年版。

143. 胡昭曦:《四川书院史》,四川大学出版社 2006 年版。

144. 丁伟志、陈崧:《中西体用之间——晚清文化思潮论述》,中国社会科学文献出版社 2009 年版。

145. 杨恩寰:《美学引论》,人民出版社 2005 年版。

146. 元青:《中国近代出版史稿》,南开大学出版社 2011 年版。

147. 苏精:《马礼逊与中文印刷出版》,台北学生书局 2000 年版。

148. 宋原放主编:《中国出版史料·近代部分》第一卷,湖北教育出版社 2004

年版。

149. 冯桂芬:《校邠庐抗议》,中州古籍出版社 1998 年版。

150. 叶再生:《中国近代现代出版通史》,华文出版社 2001 年版。

151. 杨扬:《商务印书馆:民间出版业的兴衰》,上海教育出版社 2000 年版。

152. 王建辉:《文化的商务》,商务印书馆 2000 年版。

153. 商务印书馆编辑部:《商务印书馆九十五年》,商务印书馆 1992 年版。

154. 茅盾:《我走过的道路》上册,人民文学出版社 1981 年版。

155. 汪原放:《回忆亚东图书馆》,学林出版社 1983 年版。

156. 廖幼平编:《廖平年谱》,巴蜀书社 1985 年版。

157. 万仕国:《刘师培年谱》,广陵书社 2003 年版。

158. 王鸣盛:《十七史商榷·序》,上海书店出版社 2005 年版。

159. 郜元宝编:《尼采在中国》,上海三联书店 2001 年版。

160. 杜春和等编:《胡适论学往来书信选》下册,河北人民出版社 1998 年版。

161. 刘梦溪:《中国现代学术要略》,生活·读书·新知三联书店 2008 年版。

162. 赵家璧:《中国新文学大系·建设理论集·导言》,上海文艺出版社 2003 年版。

163. 阿英主编:《中国新文学大系·史料索引》,上海良友图书印刷公司 1936 年版。

164. 郑宾于:《中国文学流变史》,北新书局 1930 年版。

165. 范文澜:《文心雕龙注》,人民文学出版社 1958 年版。

166. 冯友兰:《中国哲学简史》,北京大学出版社 2016 年版。

167. 丁祯彦:《20 世纪末的文化审视》,学林出版社 2000 年版。

168. 萧兵:《楚辞文化》,中国社会科学院出版社 1992 年版。

169. 赵霈霖:《现代学术文化思潮与诗经研究——二十世纪诗经研究史》,学院出版社 2006 年版。

170. 王继权、童炜钢:《郭沫若年谱》上,江苏人民出版社 1983 年版。

171. 童庆炳:《文学理论教程》,高等教育出版社 2004 年版。

172. 顾潮:《顾颉刚年谱》,中华书局 1993 年版。

173. 顾颉刚:《古史辨·玄同先生与适之先生书》,上海古籍出版社 1981 年版。

174. 杨伯峻:《孟子译注》,中华书局 1962 年版。

175. 杨伯峻:《春秋左传注》,中华书局 1990 年版。

176. 曹础基：《庄子浅注·盗跖》，中华书局 1982 年版。

177. 易重廉：《中国楚辞学史》，湖南出版社 1991 年版。

178. 毛泽东：《毛泽东选集》，人民出版社 1991、2005、2009 年版。

179. 于省吾：《泽螺居楚辞新证》，中华书局 2003 年版。

180. 李学勤：《走出疑古时代》，辽宁人民出版社 2007 年版。

181. 李诚：《楚辞论稿》，中国社会科学出版社 2006 年版。

182. 丁守和、殷叙彝：《从五四启蒙运动到马克思主义的传播》，生活·读书·新知三联书店 1979 年版。

183. 丁守和：《中国现代史论》，中国社会科学出版社 1980 年版。

184. 张昭军、孙燕京：《中国近代文化史》，中华书局 2012 年版。

185. 袁刚、孙家祥、任丙强编：《中国到自由之路·罗素在华讲演集》，北京大学出版社 2004 年版。

186. 王学典：《20 世纪中国史学评论》，山东人民出版社 2002 年版。

187. 褚斌杰编：《屈原研究·读〈读楚辞〉》，湖北教育出版社 2003 年版。

188. 王继权、童炜钢：《郭沫若年谱》，江苏人民出版社 1983 年版。

189. 刘增杰、赵明等编：《抗日战争时期延安及各个抗日民主根据地文学运动资料》，知识产权出版社 2010 年版。

190. 冯自由：《革命逸史·刘光汉事略补述》第三集，中华书局 1987 年版。

191. 朱维铮编：《刘师培辛亥前文选·醒后之中国》，生活·读书·新知三联书店 1998 年版。

192. 廖诗忠：《鲁迅与先秦文化的深层关系》，上海三联书店 2005 年版。

193. 王观泉：《鲁迅先生年谱》，黑龙江人民出版社 1979 年版。

194. 王继权、童炜钢：《郭沫若年谱》，江苏人民出版社 1983 年版。

195. 白杨：《敬爱的郭老，深切悼念您》，生活·读书·新知三联书店 1979 年版。

196. 陈奇：《刘师培年谱长编》，贵州人民出版社 2007 年版。

197. 刘煊：《中国文学研究现代化进程·闻一多研究中国文学的独创性》，北京大学出版社 1996 年版。

198. 刘庆云：《音调危苦　气格沉雄——读刘永济先生〈诵帚庵词〉》，《长江学术》第六辑，长江文艺出版社 2004 年版。

199. 岑家梧：《图腾艺术史》，学林出版社 1987 年版。

200. 闻黎明、侯菊坤：《闻一多年谱简编》，中国社科院编：《近代史资料》，中国社会科学院出版社 1989 年版。

201. 金铮：《科举制度与中国文化》，上海人民出版社 1990 年版。

202. 郭箴一：《中国妇女问题》，商务印书馆 1937 年版。

203. 黄中模：《现代楚辞批评史》，湖北教育出版社 1990 年版。

204. 胡钧编：《张文襄公年谱（卷一）》，文海出版社 1939 年版。

205. 汤炳正：《屈赋新探》，华龄出版社 2010 年版。

206. 袁珂：《山海经校注》，巴蜀书社 1996 年版。

207. 逯钦立：《先秦汉魏晋南北朝诗》，中华书局 1983 年版。

208. 宗白华：《三叶集》，安徽教育出版社 2006 年版。

209. 孙康宜、宇文所安主编：《剑桥中国文学史》上卷，刘倩等译，生活·读书·新知三联书店 2013 年版。

210. 王代功：《清王湘绮先生闿运年谱》，台湾商务印书馆 1978 年版。

211. 王瑶主编：《中国文学研究现代化进程》，北京大学出版社 1996 年版。

212. 辽宁大学历史系编：《中国近代史资料选编》第一分册，1978 年版。

213. 中国社会科学院语言研究所词典编辑室：《现代汉语词典》，商务印书馆 2010 年版。

214. 中国历史第一档案馆编：《英使马戛尔尼访华档案史料汇编》，国际文化出版公司 1996 年版。

215. 中国屈原学会编：《楚辞研究》，齐鲁书社 1988 年版。

216. 中国共产党简史编写组：《中国共产党简史》，人民出版社、中共党史出版社 2021 年版。

217. ［德］康德：《历史理性批判》，商务印书馆 1991 年版。

218. ［德］康德：《判断力批判》上卷，人民出版社 2002 年版。

219. ［德］黑格尔：《美学》第一卷，商务印书馆 1997 年版。

220. ［德］马克思：《政治经济学批判·序言》，《马克思恩格斯选集》第二卷，人民出版社 1995 年版。

221. ［德］马克思、恩格斯：《马克思恩格斯文集》第 4 卷，人民出版社 2009 年版。

222. ［德］恩格斯：《家庭私有制和国家的起源》，人民出版社 1999 年版。

223. ［英］伯特兰·罗素：《西方的智慧》，世界知识出版社 1992 年版。

224. ［英］罗素：《罗素五大讲演·社会结构学》，北京大学新知社 1921 年版。

225. ［英］泰勒：《原始文化》，上海文艺出版社 1993 年版。

226. [美]拉尔斐·比尔斯:《文化人类学》,河北教育出版社 1993 年版。

227. [美]勒内·韦勒克:《文学理论》,江苏教育出版社凤凰出版传媒集团 2005 年版。

228. [日本]赤土冢忠著作:集五《诗经研究》,东京研文社 1985 年版。

二、报刊杂志

1. 康同薇:《女学利弊说》,《女学报》1898 年第 7 期。

2. 康同薇:《女子爱国说》,《女学报》1898 年第 5 期。

3. 金一:《女子世界发刊词》,《女子世界》1904 年第 1 期。

4. 孙中山:《大总统与社会党》,《民立报》1912 年 1 月 1 日。

5. 康同薇:《新世界》,1912 年 6 月第 4 期。

6. 《东方杂志》,1916 年 1 月 13 卷 1 号。

7. 张东荪:《第三种文明》,《解放与改造》创刊号 1919 年 9 月 1 日。

8. 刘师培:《请看北京学界思潮变迁之进状》,《公言报》1919 年 3 月 18 日。

9. 周作人:《新文学的要求》,《晨报》1920 年 1 月 8 日第 7 版。

10. 李季:《社会主义与中国》,《新青年》1921 年 4 月 1 日第 8 卷第 6 号。

11. 赵景深,周作人:《童话的讨论》,《晨报副镌》1922 年 1 月 25 日第 3 版。

12. 钱玄同:《研究国学应该先知道的事》,《读书杂志》1923 年 8 月 5 日第 12 期。

13. 朱维之:《楚辞的研究》,《青年进步》1925 年第 82 期。

14. 茅盾:《中国神话研究》,《小说月报》1925 年第 16 卷第 1 期。

15. 茅盾:《楚辞与中国神话》,《文学周报》1928 年第 6 卷。

16. 刘咸:《第十五次国际人类学及史前考古学会议记》,《科学》1931 年第 7 期。

17. 许笃仁:《楚辞识疑》,1935 年《浙江省图书馆馆刊》4 卷 4 期。

18. 闻一多:《高唐神女传说之分析补记》,《清华学报》1936 年 1 月。

19. 闻一多:《家族主义与民族主义》,昆明《中央日报》第 2 版《周中专论》专栏 1944 年 3 月 1 日。

20. 郭沫若:《序俄文译本史剧〈屈原〉》,《人民日报》1952 年 5 月 28 日。

21. 陆侃如:《纪念五四,批判胡适》,《文史哲》1952 年第 3 期。

22. 郭沫若:《郭沫若同志答青年问》,《文学知识》1959 年 5 月号。

23. 茅盾:《商务印书馆编译所生活之二》,《新文学史料》1979 年第 2 期。

24. 茅盾:《五卅运动与商务印书馆罢工》,《新文学史料》1980 年第 2 期。

25. 程千帆:《刘永济传略》,《晋阳学刊》1982 年第 5 期。

26. 张梦新:《鲁迅和楚辞》,《杭州师院学报(社会科学版)》1984 年第 3 期。

27. 夏太生:《论〈离骚〉人物性别的寓意问题——兼评游国恩先生的"楚辞女性中心说"》,《求实学刊》1987 年第 3 期。

28. 龚维英:《〈九歌〉主神东皇太一性别考》,《云梦学刊》1990 年第 2 期。

29. 杜蒸民:《郭沫若与胡适的传统文化观比较》,《郭沫若学刊》1991 年第 4 期。

30. 徐志啸:《近代楚辞研究述评》,《思想战线》1992 年第 5 期。

31. 毛庆:《宋玉辞赋女性及其创作心态》,《山西师大学报(社会科学版)》1992 年第 19 卷第 3 期。

32. 庞朴:《文化传统与传统文化》,《中国社会科学季刊》1993 年第 4 期。

33. 王俊义、黄爱平:清代学术思想特色简论》,《中国社会科学院研究生院学报》1994 年第 4 期。

34. 周建忠:《中国二十世纪"楚辞学史"研究论文总目》,《职大学刊》1996 年第 1 期。

35. 黄灵庚:《〈离骚〉考异补》,《文献》1996 年第 1 期。

36. 黄凤显:《楚地域环境与楚辞文学》,《烟台大学学报(哲学社会科学版)》1996 年第 1 期。

37. 周建忠:《20 世纪楚辞研究的第一个高潮——〈楚辞研究一百年〉之二》,《中州学刊》1997 年第 5 期。

38. 郁龙余:《楚辞与文化交流》,《晋阳学刊》1998 年第 5 期。

39. 方铭:《20 世纪新楚辞学建立的过程考察》,《淮阴师范学院学报(哲学社会科学版)》2000 年第 4 期。

40. 游宝谅:《游国恩先生学谱》,《文教资料》2000 年第 3 期。

41. 踪凡:《刘向父子的汉赋研究》,《文献》2002 年第 1 期。

42. 沈晖:《苏雪林传略》,《江淮文史》2001 年第 4 期。

43. 蒋广学:《梁启超的现代学术思想与 20 世纪中国思想史之关系》,《江苏社会科学》2001 年 7 月。

44. 游宝谅:《游国恩年谱》,《淮阴师范学院学报(哲学社会科学版)》2002 年第 1 期。

45. 杨迎平:《苏雪林传略》,《湖北师范学院学报(哲学社会科学版)》2005 年第 5 期。

46. 李学勤:《弘扬国学的标志性事业》,《西南民族大学学报》2005 年第 9 期。

47. 黄晓武:《1942 年郭沫若与侯外庐关于屈原思想的论争》,《中国现代文学研究丛刊》2006 年第 6 期。

48. 苏永前:《民俗文化与中国文学精神的现代转型》,《西北民族大学学报(哲学社会科学版)》2006 年第 1 期。

49. 李帝:《近代中国女工的产生及婚姻家庭生活概况》,《昌吉学院学报》2007 年第 6 期

50. 汤漳平:《姜亮夫先生与楚语研究》,《辽东学院学报(社会科学版)》2008 年第 6 期。

51. 颜敏:《五四新文化与中国文学的现代学术转型》,《江西社会科学》2009 年第 4 期。

52. 杨赟、卢芳华:《现代民族主义的几种定义》,《中共天津市委党校学报》2009 年第 3 期。

53. 田玉琦:《谢无量古典文学研究的成就与特色》,《文学遗产》2010 年第 4 期。

54. 舒大刚编:《经学大师廖平评传》,《宜宾学院学报》2010 年第 1 期第 10 卷。

55. 罗军凤:《刘师培的春秋左传学研究与家学传统》,《中国文化研究》2011 年冬卷。

56. 林家骊:《姜亮夫年谱简编》,《职大学报》2012 年第 4 期。

57. 牛秋实:《王闿运、廖平与吴虞:学术与学风的地缘性影响》,《宜宾学院学报》2013 年第 1 期。

58. 苏永前:《在学术与思想之间:周作人对文化人类学的接受》,《浙江师范大学学报(社会科学版)》2015 年第 2 期。

59. 周建忠:《楚辞是门真学问》,《光明日报》2017 年 9 月 25 日,第 13 版。

60. 王珏玲:《曹耀湘〈读骚论世〉述要》,《湖南科技学院学报》2018 年第 3 期。

61. 周膺、吴晶:《良渚文化发现者何天行的学术成就和学术品格》,《浙江社会科学》2018 年第 7 期。

62. 钱理群:《我为何、如何研究鲁迅——2017 年 5 月 29 日在北京大学人文社会科学研究院"鲁迅与当代中国"学术论坛上的讲话》,《文艺争鸣》2017 年第 10 期。

63. [日本]稻畑耕一郎:《屈原否定论系谱》,《重庆师范大学学报》1983 年 12 月。

64. [日本]甲斐胜二:《〈文心雕龙〉论屈原与〈楚辞〉在文学史上的地位》,《论刘勰及其〈文心雕龙〉》,学苑出版社 2000 年版。